D1720095

# DIE PROFI-INVESTMENT-STRATEGIE

## MIT PHILIP A. FISHERS INVESTMENT-REGELN ZUM ERFOLG

# DIE PROFI-INVESTMENT-STRATEGIE

# MIT PHILIP A. FISHERS INVESTMENT-REGELN ZUM ERFOLG

Titel der Originalausgabe:
Common Stocks and Uncommon Profits
and Other Writings by Philip A. Fisher



Published by John Wiley & Sons, Inc.
Originally published in 1958 by Harper & Brothers
and in 1960 by PSR Publications

Die Deutsche Bibliothek – CIP-Einheitsaufnahme

**Fisher, Philip A.:**
Die Profi-Investment-Strategie. Mit Philip A. Fishers Investment-Regeln zum Erfolg. von Philip A. Fisher. - 1.Aufl. - Rosenheim : TM Börsenverl., 1999
Einheitssacht.: Common stocks and uncommon profits and other writings <dt.>
ISBN 3-930851-27-X


**TM BÖRSENVERLAG AG**
Salinstraße 1, 83022 Rosenheim
Telefon: 08031/2033-0
Telefax. 08031/2033-30

1. Auflage 1999

Printed in Austria
ISBN 3-930851-27-X

Übersetzt aus dem Amerikanischen
von Michael Wenz-Peters

Dieses Buch ist allen Anlegern gewidmet,
Kleinanlegern wie Großanlegern,
die es nicht mit der Weisheit halten:
»Ich habe mich schon entschieden,
verwirren Sie mich jetzt nicht mit Fakten!«

# Inhalt

# Einleitung

## Kenneth L. Fisher: Was ich aus den Schriften meines Vaters gelernt habe

Ich habe ungefähr fünfzehn Jahre gebraucht, um das vorliegende Buch zu verstehen. Als ich es zum ersten Mal las, fand ich es ziemlich schwierig. Ich war acht Jahre alt. Das Buch verdarb mir damals den Beginn vielversprechender Sommerferien. Zu viele schwierige Worte, ich brauchte ein Lexikon, es war schrecklich. Was meine schulischen Leistungen anging, war ich ein Spätzünder, und gehörte zu den Schlusslichtern meiner Klasse. Aber mein Vater hatte das Buch geschrieben, und ich war stolz auf ihn. In der Schule und von Nachbarn hatte ich gehört, das Buch sei ein großer Erfolg, und das stand auch in der Zeitung. Es war wohl das erste Investmentbuch, das es jemals in die Bestseller-Liste der New York Times geschafft hatte, was immer das auch bedeuten mochte. Es war unbedingt meine Pflicht, es zu lesen, und das tat ich auch. Als ich damit fertig war, war ich dann froh, dass ich es geschafft und den Rest des Sommers frei hatte.

Wer hätte gedacht, dass ich später eine große Investment-Firma gründen, selbst Bücher schreiben und einer der dienstältesten Kolumnisten in der siebenundneunzigjährigen Geschichte des Magazins »Forbes« werden würde, für das ich in mehr als zehn Jahren hunderte von Kommentaren schrieb, darunter die jährlichen Besprechungen der besten Investmentbücher? Vielleicht hat es ja geholfen, dass ich sagen konnte, ich hätte mein erstes Investmentbuch mit acht Jahren gelesen, selbst wenn ich es nicht verstand.

Als ich das nächste Mal ernsthaft an das Buch dachte, war ich zwanzig und stand kurz vor meinem College-Abschluss. Mein Vater hatte mir angeboten, mit ihm und meinem älteren Bruder zusammenzuarbeiten. In Wirklichkeit war es etwas komplizierter, aber hauptsächlich ging es um einen Job. Ich war eifrig, aber etwas skeptisch und wollte ausprobieren, ob dieser Job wirklich etwas für mich war. Also las ich »Ihr Geld richtig anlegen« noch einmal. Dieses Mal verstand ich nur ganz wenige Wörter nicht. Ich las von den 15 Punkten, nach denen mein Vater eine Aktie analysierte, und fragte mich, ob ich diese Methode wohl auf ein Unternehmen bei uns am Ort würde anwenden können. Wenn ja, so glaubte ich, bewies das die Vorteile einer Mitarbeit in der Firma meines Vaters.

Es funktionierte aber nicht. Es gab bei uns ein Holzunternehmen, dessen Aktien öffentlich gehandelt wurden, Pacific Lumber, und das eine gute Gewinnchance zu bieten schien. Auf die Leute, mit denen ich sprach, machte ein jugendlicher Detektiv auf der Suche nach Einzelheiten zur Wettbewerbssituation wenig Eindruck, zumal ich eindeutig schlecht darauf vorbereitet war, solche Informationen zu analysieren oder sonst etwas damit anzufangen. Ich wusste noch nicht einmal, wie man die richtigen Fragen stellt. Nachdem ich bei meinen ersten Gesprächspartnern auf Granit gebissen hatte, gab ich es auf. Die Sache machte mir aber klar, dass ich noch an mir arbeiten musste.

Für meinen Vater zu arbeiten war ein hartes Brot, etwa vergleichbar mit meinem ersten beruflichen Aktienkauf, einer Art umgekehrtem Zehner, die Aktie fiel von zehn auf eins. Ich habe dies alles nur erwähnt um zu zeigen, dass auch ein nicht allzu cleverer Zwanzigjähriger, der eine Menge Fehler machte, in ein paar Jahren lernen konnte, die Prinzipien des Buches ziemlich effektiv anzuwenden. Ich habe das geschafft, jeder kann das schaffen. Auch Sie.

Die Anwendung der 15 Punkte aus »Ihr Geld richtig anlegen« war eine immer wiederkehrende Erfahrung, die vor allem mit der richtigen Recherchemethode, der richtigen »Spürnase« zu tun hatte – es ging um die Analyse einer Aktie hier, einer anderen dort. Es funktionierte. Ich werde hier nicht über den Erfolg berichten, den mir diese Methode schon früh in meiner Karriere bescherte. Aber meine Karriere kam dadurch in Schwung, dass ich einige Anlagemöglichkeiten entdeckte, über die ich nur durch die »Gerüchteküche« und die 15 Punkte etwas wissen konnte. Ich wusste im Allgemeinen, wo ich ein Unternehmen einzuordnen hatte und wie es Erfolg haben würde und wie nicht. Wenn es keinen Erfolg hatte, wo lag dann das Problem? Schon bald verstand ich, warum mein Versuch mit den 15 Punkten in meiner College-Zeit fehlgeschlagen war. Zum einen liegt das Geheimnis in der richtigen Recherchetechnik, zu deren Erlernen man, wie bei allen Techniken, eine gewisse Zeit braucht. Dazu muss zum anderen die Fähigkeit kommen, Anzeichen zu entdecken, die auf die 15 Punkte hinweisen. Das ist der gleiche Unterschied wie zwischen dem Erlernen des Klavierspielens (Technik) und des Komponierens (Kunst). Man wird wahrscheinlich nicht mit dem Komponieren anfangen, bis man ziemlich gut Klavier spielen kann. Fast überall erlernt man eine Technik durch Übung, nicht anders. Man kann eine Kunst ohne die geringste eigene künstlerische Begabung zu würdigen wissen, oder man kann selbst zum Künstler werden, sobald man die Technik beherrscht.

Die Ziele meines Vaters haben nie ganz mit meinen Zielen übereingestimmt. Dieses Buch aber funktioniert bei seinen Zielen ebenso wie bei meinen. Er hat immer in Wachstumsaktien investiert und tut das noch heute. Mein Gebiet war eher die Wertanalyse, sozusagen ein anderes Paar Stiefel. Er suchte nach Anlagemöglichkeiten in Unternehmen, die ständig wuchsen und wo die Aktien zu einem vernünftigen Preis gekauft werden konnten, um praktisch nie mehr verkauft zu werden. Ich suchte nach Aktien, die besser als ihr Ruf und deshalb sehr billig waren.

Was ich sagen will, ist: die »Gerüchteküche« und die 15 Punkte funktionieren für beide Varianten. Nehmen wir zum Beispiel Punkt Nummer vier: eine überdurchschnittliche Vertriebsorganisation ist ebenso wichtig oder vielleicht noch wichtiger für ein hochwertiges Unternehmen ohne große natürliche Absatzdynamik wie für ein Unternehmen, dem der Wind in den Rücken bläst. Das gleiche trifft für Punkt fünf über die lohnende Gewinnspanne zu. Für ein Rohstoff produzierendes Unternehmen ohne natürliches Wachstum trifft es zu, dass Marktanteil, relative Produktionskosten und langfristige Gewinnspannen in der Regel eng zusammenhängen. Eine gute Unternehmensführung erweitert den Marktanteil und senkt die Produktionskosten oft dadurch, dass eine modernere Produktionstechnik eingeführt wird (in der Regel durch die Anwendung, nicht die Entwicklung neuer Technologien). Eine schlechte Unternehmensführung führt auf die eine oder andere Weise zu sinkenden Gewinnspannen, bis diese schließlich ganz verschwinden. So entdeckte ich im Jahr 1976 Nucor, einen kleinen Stahllieferanten mit günstiger Kostenstruktur, hervorragendem Management, innovativer Technologie, niedrigen Produktionskosten und einem relativ hohen Marktanteil in kleinen Nischen des Stahlmarktes, der seinen Marktanteil ausbaute und sich weitere Marktnischen erschloss. Ich kaufte Nucor-Anteile ihres Wertes, mein Vater ihrer Wachstumschancen wegen. Dieselben 15 Punkte.

Ich glaube, dass meinem Vater, einem genialen Eklektiker – zum Zeitpunkt der Veröffentlichung dieses Buches 51 Jahre alt und bereits sehr erfolgreich – nicht klar war, wie lange ein Anfänger zum Erlernen der Technik brauchen würde, die er langsam und intuitiv über die Jahre entwickelt hatte. Das Kapitel über die »Gerüchteküche« ist gerade drei Seiten lang; diese drei Seiten gehören jedoch zu den wichtigsten des Buches. Rückblickend ist mir klar, dass mein Vater die Techniken aus seinem Buch ausklammerte. Er setzte sie einfach voraus.

Mit den Jahren wendete ich diesen Prozess auf eine Vielzahl von Aktien an und gewann eine Menge Erkenntnisse. Das Geheimnis? Konzentrieren Sie sich auf die Kunden, die Konkurrenten und die Lieferanten. Ich habe die Technik und ihre Anwendung in meinem ersten Buch, »Super Stocks« (Dow Jones-Irwin 1984), beschrieben und auch Beispiele aus der Praxis genannt. Aber, wie gesagt, hierbei handelt es sich um die Technik. Wer fragt, bekommt Antworten. Die Kunst liegt aber darin, weitere Fragen – und zwar die richtigen – aus den Antworten abzuleiten, die man bekommt. Ich habe Leute erlebt, die unbeirrt ihren Standardfragebogen herunterbeten, unabhängig davon, welche Antworten sie erhalten. Das ist keine Kunst. Sie fragen. Ihr Gegenüber antwortet. Welche Fragen ergeben sich aus der Antwort? Und so weiter. Wenn man das in der Praxis gut beherrscht, ist man ein Komponist; ein Künstler; ein kreativer, findiger Anleger.

Zwischen 1972 und 1982 besuchte ich zusammen mit meinem Vater unzählige Unternehmen. Ich arbeitete nur ein Jahr für ihn, aber wir machten auch danach noch vieles gemeinsam. Wenn er Unternehmensprofile erarbeitete, formulierte er zunächst seine Fragen und tippte sie auf gelbe Seiten, mit genügend Raum für seine Notizen zwischen den einzelnen Fragen. Er wollte immer vorbereitet sein, und er wollte, dass seine Gesprächspartner dies wussten, damit sie seinen Besuch richtig einschätzten. Er nutzte die vorformulierten Fragen als eine Art Leitfaden. Außerdem stellte seine Fragenliste eine Art Rückfallposition für den Fall dar, dass das Gespräch schlecht lief und die Atmosphäre kühl wurde, wie dies manchmal der Fall war. In einem solchen Fall konnte er mit einer seiner vorformulierten Fragen schnell wieder auf Kurs kommen. Seine besten Fragen fielen ihm aber immer zwischendurch ein, wenn er einen Faden aufnahm, den er bei einer anderen, weniger wichtigen Frage entdeckt hatte. Solche kreativen Fragen waren die eigentliche Kunst. Hierin bestand meiner Ansicht nach seine Meisterschaft.

Wir haben in meiner Firma das System der »Gerüchteküche« und der 15 Punkte auf alle möglichen Unternehmen angewandt, meistens allerdings auf kleinere, in Schwierigkeiten befindliche Firmen. Einzelhändler, verschiedene Technologieunternehmen, Dienstleistungsunternehmen, Zement, Stahl, spezielle Chemikalien, Konsumgüter, Glücksspiel, was Sie wollen. Es hat nicht immer den letzten, entscheidenden Ausschlag gegeben, aber es hat etwas gebracht. Um das Verfahren in größerem Maßstab und für hunderte von Aktien im Jahr einsetzen zu können, haben wir den Prozess standardisiert und einen Leitfaden erarbeitet, mit dessen Hilfe unsere Rechercheure telefonisch Gespräche mit Kunden, Konkurrenten und Zulieferern führen. Das Verfahren ist nicht so durchschlagskräftig wie eine selbst durchgeführte Analyse einer einzelnen Aktie, aber es erlaubt uns, eine größere Bandbreite abzudecken. Was ich damit deutlich machen will, ist, dass das System der »Gerüchteküche« und der 15 Punkte sich lohnt, egal ob man es so einsetzt, wie mein Vater es ursprünglich konzipiert hat, oder in einer veränderten, etwas oberflächlicheren, dafür aber breiteren Variante.

Es sollte jedoch jetzt nicht der Eindruck entstehen, die einzigen lohnenden Teile von »Ihr Geld richtig anlegen« beträfen die »Gerüchteküche« und die 15 Punkte. Ich finde nur, dass das die Perlen in diesem Buch sind. Es gibt auch noch weitere Schätze zu entdecken und Ratschläge zu beherzigen. Ich war zum Beispiel 1990 schon achtzehn Jahre im Geschäft und ziemlich erfolgreich. Seit sechs Jahren schrieb ich Kolumnen für »Forbes«. In diesem Augenblick trat Saddam Hussein auf. Mit steigender Kriegsgefahr wurden die Anleger ängstlich, der Markt gab nach. Ich habe mich eine Menge mit Geschichte befasst und zwei Bücher über Finanzgeschichte geschrieben. Wie ich die Sache sah, erlaubt die Geschichte nur eine Schlußfolgerung: jetzt kaufen. Aber so viel Geschichte hatte ich auch noch nicht miterlebt. An einem Wochenende untermauerte ich meinen Entschluss, indem ich mir noch einmal das 8. Kapitel »Fünf Gebote beim Investieren« und das 9. Kapitel »Fünf weitere Gebote beim Investieren« ansah. Da wurde mir klar, dass die Furcht vor einem Krieg eine Gelegenheit zum Kaufen sein musste. Auf dieser Basis und auf der Basis meiner Wirtschaftsprognosen schrieb ich 1990 meine Kolumnen mit dem Grundtenor »Kaufen«. Diese Empfehlung angesichts der vorherrschenden Baissestimmung sicherte mir langfristig meinen Platz bei »Forbes«, wofür ich sehr dankbar war.

Sie werden auf diesen Seiten noch viele weitere wertvolle Tipps finden, und vielleicht profitieren Sie von ihnen genauso wie ich es tat. Ein wichtiger Schlussgedanke zu »Ihr Geld richtig anlegen« betrifft den grundlegenden Charakter dieses Buches. Es ist ein fundamentales Werk. Es vermittelt nicht nur Grundlagen des Investments, es war auch für eine Menge führender Investment-Fachleute ein grundlegender Teil ihrer Ausbildung. Viele Jahre lang war dieses Buch Teil des Lehrplans im Investment-Kurs der Stanford Graduate School of Business. Alle möglichen Studenten kamen nach Stanford, lasen das Buch und gehörten später zu den führenden Anlegern in diesem Land. Aber der Einfluss des Buches war noch breiter. So hat zum Beispiel Warren Buffett meinen Vater und sein »Ihr Geld richtig anlegen« als Grundlage für die Entwicklung seiner eigenen Anlagemethode bezeichnet. Ein kleiner Beweis? Lesen Sie die erste Warnung meines Vaters im 9. Kapitel: »Treiben Sie die Diversifizierung nicht zu weit.« Hier liegt die Quelle für einen Eckstein des Buffettismus. Sie bekommen diesen Hinweis aus derselben Quelle wie einst Buffett.

Zwischen dem ersten Buch meines Vaters und der Veröffentlichung von »Konservative Anleger schlafen ruhig« liegen keine grundsätzlichen Veränderungen am Aktienmarkt, aber es ist eine Menge Zeit vergangen. Ein ausgeprägter Haussemarkt, ein ausgeprägter Baissemarkt, die Marotten und Moden der Jahre zwischen 1958 und

1974. Meiner Ansicht nach war es an der Zeit, dass Philip A. Fisher der Welt noch einmal den Weg wies. Ich kann ohne Bescheidenheit sagen, dass er ohne meine Beharrlichkeit »Konservative Anleger schlafen gut« nie geschrieben hätte. Ich war damals noch ein junger Hohlkopf, aber ich konnte unausstehlich sein und ihn besser als jeder andere dazu bringen, eine bestimmte Sache zu tun. Wenn Sie seine Einleitung zu »Konservative Anleger schlafen ruhig« lesen, werden Sie sehen, dass ich für den Titel verantwortlich bin und »viele Dinge beigetragen habe, zu denen teilweise auch die Grundkonzeption dieses Buches gehört«.

Was mein Vater nicht sagt und aus Rücksichtnahme auf mich auch nie sagen würde, ist, dass die Sache so nicht geplant war. Wir besprachen den Inhalt gemeinsam, und, um ihm die Sache zu erleichtern, sollten wir eigentlich auch gemeinsam als Verfasser auftreten. Ich sollte auf der Basis unserer Überlegungen einen ersten Entwurf schreiben, den mein Vater dann überarbeiten würde. Auf diese Art und Weise würde er nicht zu viel Arbeitszeit investieren müssen. Zum Teil wollte ich ihn so dazu bringen, überhaupt Zeit dafür aufzuwenden. Es klappte nicht. Mein erster Entwurf war so schlecht, dass er den ganzen Text neu schreiben musste mit dem Ergebnis, dass mein Vater der alleinige Autor war und ein Buch entstand, dass für den Leser sehr viel besser ist und seinem Autor alle Ehre macht. Was ich geschrieben hatte, wäre für den Leser eine Zeitverschwendung und für meinen Vater eine Schande gewesen.

Die Passage über Motorola in Kapitel 6 zeigt den echten Phil Fisher. Hier erklärt er, warum Motorola ein großes Unternehmen ist, auch wenn viele damals anders darüber dachten. Es ist kaum möglich, dieser Argumentation zu folgen und nicht einzusehen, dass Motorola wirklich ein erstklassiges Unternehmen war. Und jetzt ein Blick auf die weitere Entwicklung. Motorola-Aktien sind auf den zwanzigfachen Wert gestiegen. Nach einundzwanzig Jahren sind aus einem Dollar mithin zwanzig geworden, das entspricht einer jährlichen Verzinsung von fünfzehn Prozent vor Dividenden – und das auf eine sichere Anlage in einem gut geführten Unternehmen, ohne jährliche Maklergebühren, ohne die Overhead-Kosten eines Investmentfonds und ohne große Mühen. Aber würde tatsächlich jemand eine einzelne Anlage einundzwanzig Jahre lang aufrechterhalten? Ich kann Ihnen versichern, dass zumindest Philip A. Fisher dies tat – es war seine größte persönliche Anlage. In derselben Zeit stieg der S&P 500 nur auf das Siebenfache. Das war und bleibt der Kern von Phil Fishers Methode. Er suchte große Unternehmen, die er wirklich kennen lernen konnte, und hielt ihre Aktien für eine lange, lange Zeit, in der sie in phänomenale Höhen stiegen. »Konservative Anleger schlafen ruhig« ist jedenfalls die beste Abhandlung darüber, wie man Wachstumsaktien kauft und hält, ohne zu große Risiken einzugehen.

Leute fragen mich oft nach meinem Verhältnis zu meinem Vater. Und da mein Vater ein seltsamer Mensch ist, da ich ein seltsamer Mensch bin und da manche Leute seltsam sind, gebe ich manchmal seltsame Antworten. Wenn ich zum Beispiel – was oft vorkommt – gefragt werde, an welches Erlebnis mit meinem Vater ich mich am liebsten erinnere, sage ich immer: »An das Nächste.« Dann versuchen einige, mich mit Fragen festzunageln wie: »Gab es denn keine besonders schönen Augenblicke, als Sie jünger waren?« Die gab es, wie ich bereitwillig zugebe. Er war der größte Gutenachtgeschichten-Erzähler der Welt, und seine Geschichten hatten absolut nichts mit dem Aktienmarkt zu tun. Als kleines Kind habe ich jeden Moment davon genossen – Leute wie das zunehmende Heer der Buffett-Jünger hassen diese Antwort. Sie wollen irgendetwas über Aktienanalyse hören. Aber da waren nie Emotionen involviert. Das war die Arbeit. Darum werde ich oft als Nächstes frustriert gefragt: »Wenn Sie die Erfahrungen Ihres Vaters in einen einzigen Satz fassen könnten, wie würde der lauten?«, und ich sage: »Lest seine Bücher und richtet euch danach!« Genau diesen Nutzen kann dies Buch für Sie haben.

# Teil I

# Ihr Geld richtig anlegen

# Vorwort

Die Veröffentlichung eines neuen Buches zum Thema Investment mag vom Verfasser einige Erläuterungen erfordern. Die folgenden Bemerkungen werden daher eher persönlicher Natur sein um zu erklären, warum ich der an Investment interessierten Öffentlichkeit ein weiteres Buch zu diesem Thema vorlege.

Nach einem Jahr an der damals gerade gegründeten Graduate School of Business Administration der Stanford University wechselte ich im Mai 1928 ins Geschäftsleben. Ich arbeitete in der Statistikabteilung der Vorläufer der heutigen Crocker-Anglo National Bank of San Francisco. Zwanzig Monate später übernahm ich die Leitung dieser Abteilung. In der heutigen Terminologie war ich Wertpapieranalyst.

Ich konnte die unglaubliche Finanzorgie, die ihren Höhepunkt im Herbst 1929 fand, und die darauf folgende schwierige Zeit von einem Logenplatz aus miterleben. Meine Beobachtungen führten mich zu dem Schluss, dass es an der Westküste großartige Möglichkeiten für eine auf Investment-Beratung spezialisierte Firma gäbe, deren Unternehmensphilosophie im genauen Gegenteil jenes alten und wenig vorteilhaften Diktums über gewisse Börsenmakler bestehen sollte – Männer, die den Preis von allem und den Wert von nichts kennen.

Am 1. März 1931 gründete ich Fisher & Co., damals eine Investment-Beratung, die ihre Dienste der allgemeinen Öffentlichkeit anbot, deren Interessen sich aber auf eine kleine Zahl von Wachstumsunternehmen beschränkten. Mit dem Unternehmen ging es aufwärts. Dann kam der Zweite Weltkrieg. Während der dreieinhalb Jahre, die ich mit verschiedenen Schreibtischjobs bei der Army Air Force verbrachte, wendete ich einen Teil meiner Freizeit auf eine Analyse der erfolgreichen und vor allem der nicht erfolgreichen Investment-Projekte auf, die ich in den letzten zehn Jahren zuvor selbst durchgeführt hatte oder andere hatte durchführen sehen. Als Ergebnis dieser Analyse wurden mir verschiedene Investment-Prinzipien klar, die von denen abwichen, die im Allgemeinen in der Finanzwelt als Evangelium galten.

Als ich wieder ins zivile Leben hinüberwechselte, beschloss ich, diese Prinzipien in die Praxis umzusetzen, und zwar in einem geschäftlichen Umfeld, das so wenig wie möglich von Nebensächlichkeiten gestört sein sollte. Seit mehr als elf Jahren hat sich Fisher & Co. nicht mehr an die allgemeine Öffentlichkeit der Anleger gewandt und betreut nie mehr als zwölf Klienten gleichzeitig. Die meisten dieser Klienten sind uns in diesem Zeitraum treu geblieben. Die gesamten Aktivitäten von Fisher & Co. haben sich auf das eine Ziel konzentriert, den Wert des eingesetzten Kapitals zu steigern. Mir ist klar, dass die letzten elf Jahre eine Zeit allgemein steigender Aktienkurse gewesen sind und dass jeder in diesem Geschäft einen guten Gewinn gemacht haben sollte. Bedenkt man aber das Ausmaß, in dem unsere Anlagen immer den allgemein akzeptierten Marktindizes voraus waren, so komme ich zu dem Schluss, dass die Verfolgung meiner Prinzipien sich in der Nachkriegsperiode in noch höherem Maße als gerechtfertigt erwiesen hat als in den zehn Vorkriegsjahren, in denen ich sie nur teilweise anwendete. Vielleicht noch wichtiger ist, dass sich diese Prinzipien in Zeiten eines statischen oder rückläufigen Marktniveaus als nicht weniger erfolgreich erwiesen haben als in den Zeiten rasanten Aufschwungs.

Bei der Analyse meiner Anlagen und der Anlagen anderer haben sich zwei Dinge als ausschlaggebend dafür herausgestellt, dass dieses Buch geschrieben wurde. Das eine ist die Notwendigkeit, Geduld aufzubringen, wenn eine Investition große Gewinne abwerfen soll – ich erwähne das noch mehrmals an anderer Stelle. Oder anders ausgedrückt: es ist oft einfacher vorherzusagen, wie sich der Preis einer Aktie entwickeln wird, als zu sagen, wann dies geschehen wird. Der zweite Punkt betrifft die trügerische Natur des Aktienmarktes. Dem Beispiel aller anderen zu folgen, wozu man manchmal einen fast unwiderstehlichen Drang verspürt, ist oft genau das Falsche.

Ich habe deshalb immer wieder in all den Jahren den Anteilseignern der von mir geleiteten Fonds die Prinzipien hinter dieser oder jener Maßnahme ganz genau erklärt. Nur so konnten sie nachvollziehen, warum ich ein ihnen völlig unbekanntes Wertpapier kaufte, und so dem Impuls widerstehen, diese Papiere wieder verkaufen zu wollen, bevor genug Zeit verstrichen war, dass der Kauf sich von den Kursen her zu rechtfertigen begann.

Allmählich wuchs der Wunsch, diese Investment-Prinzipien zusammenzustellen und in gedruckter Form herauszugeben, um besser darauf verweisen zu können. Hier lagen die ersten Anfänge dieses Buches. Dann dachte ich an die vielen Menschen, die über kleinere Vermögen verfügten als die Klienten unserer Firma und die über die Jahre zu mir gekommen waren um zu hören, wie sie als kleine Anleger den richtigen Start erwischen konnten.

Ich dachte an die Probleme der großen Zahl kleiner Anleger, die irgendwelche Meinungen und Ansichten über Kapitalanlagen aufgeschnappt haben, Hinweise, die sich nach einigen Jahren als teuer herausstellen können. Viele folgten solchen Hinweisen wahrscheinlich nur, weil sie nie grundlegendere Konzepte kennengelernt hatten. Schließlich dachte ich auch an meine zahlreichen Diskussionen mit einer weiteren Gruppe von Leuten, die an der Thematik aus anderer Perspektive interessiert waren. Hierbei handelt es sich um Unternehmensvorstände, Finanzvorstände und Finanzchefs von Aktiengesellschaften, von denen viele sehr interessiert an dieser Materie sind.

Ich kam zu dem Schluss, dass nach einem Buch wie diesem Bedarf besteht. Ich entschied mich für eine lockere Darstellungsweise, bei der ich Sie, den Leser, in der ersten Person anspreche. Ich wollte so ziemlich dieselbe Sprache und dieselben Beispiele und Analogien gebrauchen, die ich zur Erläuterung der entsprechenden Konzepte den Anteilseignern der von mir geleiteten Fonds gegenüber benutzte. Ich hoffe, dass meine Offenheit und meine oft vielleicht sehr direkte Art niemanden beleidigen wird. Besonders hoffe ich, Sie gelangen zu der Ansicht, dass der Wert der präsentierten Ideen meine Mängel als Autor vergessen lässt.

Philip A. Fisher
San Mateo, Kalifornien
September 1957

# Kapitel 1

# Lehren aus der Vergangenheit

Sie haben etwas Geld auf der Bank. Sie entschließen sich dazu, einige Aktien zu kaufen. Zu diesem Entschluss sind Sie gekommen, weil Sie mehr verdienen möchten, als sie es mit einer anderen Anlagemöglichkeit könnten. Vielleicht möchten Sie auch an Amerikas Wachstum teilhaben. Vielleicht denken Sie an frühere Zeiten, als Henry Ford die Ford Motor Company gründete oder Andrew Mellon die Aluminium Company of America aufbaute, und Sie fragen sich, ob Sie nicht ein junges Unternehmen entdecken können, das heute den Grundstein eines großen Vermögens auch für Sie legt. Oder Sie sind vielleicht eher ängstlich als optimistisch und möchten ein Polster für schlechte Zeiten. Nachdem Sie immer mehr von Inflation gehört haben, wünschen Sie sich daher eine sichere Anlage, die gleichzeitig vor einem weiteren Kaufkraftverlust des Dollar geschützt ist.

Ihre tatsächlichen Motive sind wahrscheinlich eine Mischung aus den genannten Gründen, der Nachbar, der mit seinen Aktien etwas Geld verdient hat, sowie die Broschüre, die in der Post war und erklärt, warum Midwestern Pumpernickel gerade jetzt ein günstiger Kauf ist, spielen auch eine Rolle. Hinter all dem liegt jedoch ein einziges wahres Motiv. Aus dem einen oder anderen Grund, auf die eine oder andere Weise kaufen Sie Aktien, um Geld zu verdienen.

Es ist daher logisch, vor dem Gedanken an den Kauf irgendwelcher Aktien erst einmal zu überlegen, welcher Weg in der Vergangenheit beim Geldverdienen am erfolgreichsten war. Schon ein oberflächlicher Blick auf die Geschichte des amerikanischen Aktienmarktes zeigt, dass zwei grundsätzlich unterschiedliche Methoden zur Anhäufung spektakulärer Vermögen geführt haben. Im 19. und frühen 20. Jahrhundert entstanden eine Reihe großer und viele kleine Vermögen dadurch, dass man auf den Wirtschaftszyklus setzte. Zu einer Zeit, in der ein instabiles Bankensystem eine Abfolge von wirtschaftlichen

Auf- und Abschwüngen verursachte, war es lukrativ, Aktien in schlechten Zeiten zu kaufen und in guten wieder zu verkaufen. Das traf vor allem auf Leute mit guten Verbindungen zu Finanzkreisen zu, die im vorab informiert waren, zu welchem Zeitpunkt die Belastung des Bankensystems zu groß wurde.

Der wichtigste Punkt aber ist vielleicht der folgende. Selbst in der mit der Einrichtung des Federal Reserve System 1913 zu Ende gehenden und mit der Gesetzgebung der frühen Roosevelt-Regierung hinsichtlich des Wertpapier- und Börsenwesens endgültig abgeschlossenen Ära haben Anleger mit einer anderen Methode sehr viel mehr Geld verdient und gleichzeitig geringere Risiken in Kauf genommen. Auch damals war es für eine viel größere Zahl von Anlegern viel gewinnträchtiger, wirklich herausragende Unternehmen aufzuspüren und ihnen durch alle Windungen des Marktes die Stange zu halten, als der spektakuläreren Praxis des billig Kaufens und teuer Verkaufens zu folgen.

Wenn diese Aussage überraschend erscheint, wird das folgende noch mehr überraschen. Hier kann auch der Schlüssel liegen, der die erste Tür zu erfolgreicher Geldanlage öffnet. An unseren verschiedenen Börsen werden heute nicht einige wenige, sondern dutzende von Unternehmen gehandelt, in die man vor beispielsweise 20 oder 25 Jahren $ 10.000 investieren konnte, um heute über einen Gegenwert zwischen $ 250.000 und einem Vielfachen dieses Betrages zu verfügen. Innerhalb der Lebensspanne der meisten Anleger und innerhalb der Zeit, in der deren Eltern für fast alle von ihnen Kapital hätten anlegen können, waren mit anderen Worten dutzende von Möglichkeiten vorhanden, für sich selbst oder für die eigenen Kinder das Fundament für ein beträchtliches Vermögen zu legen. Dafür musste man nicht an einem bestimmten Tag am Tiefpunkt einer wilden Börsenpanik kaufen. Die Aktien dieser Unternehmen waren Jahr um Jahr zu Kursen zu haben, die diese Art von Gewinnen möglich machten. Gefordert war die Fähigkeit, diese vergleichsweise geringe Zahl von Unternehmen mit herausragenden Anlagemöglichkeiten von der viel größeren Zahl von Unternehmen zu unterscheiden, deren Zukunft irgendwo zwischen mäßigem Erfolg und vollständigem Scheitern lag.

Gibt es heute Anlagemöglichkeiten, die in den kommenden Jahren prozentual ähnliche Gewinne versprechen? Die Antwort auf diese Frage verdient genaue Betrachtung. Wenn sie positiv ausfällt, beginnt der Weg zu wirklichem Gewinn durch Anlagen in Aktien klarer zu werden. Zum Glück gibt es deutliche Anzeichen dafür, dass die Anlagemöglichkeiten heute nicht nur ebenso gut wie im ersten Viertel dieses Jahrhunderts sind, sondern tatsächlich viel besser.

Ein Grund hierfür ist der Wandel, der in dieser Zeit in den Grundlagen der Unternehmensführung und entsprechend in der Unternehmenspolitik eingetreten ist. Vor einer Generation waren die führenden Köpfe eines großen Unternehmens üblicherweise Angehörige der Eigentümerfamilie. Sie betrachteten das Unternehmen als ihr persönliches Eigentum. Die Interessen von »Outsider«-Aktionären wurden weitgehend ignoriert. Wenn überhaupt über das Problem der Kontinuität im Management nachgedacht wurde, also über die Ausbildung von Nachwuchskräften für die aus Altersgründen ausscheidenden Vorgänger, dann ging es in der Regel um die Versorgung eines Sohnes oder Neffen, der die Führungsposition erbte. Die besten Fähigkeiten zum Schutz der Anlagen der einfachen Aktionäre waren selten ein Argument, das bei den Überlegungen des Managements im Vordergrund stand. In jener Zeit autokratischer Unternehmensführung hatte das alternde Management die Tendenz, jeglicher Innovation oder Verbesserung Widerstand entgegenzusetzen und sich oft sogar zu weigern, Vorschläge und Kritik auch nur anzuhören. Ein gewaltiger Unterschied gegenüber der heutigen ununterbrochenen Suche nach Möglichkeiten, die Dinge besser zu machen. Heute steht das Top-Management eines Unternehmens gewöhnlich in einem Prozess kontinuierlicher Selbstanalyse und wendet sich bei seiner nie endenden Suche nach Verbesserungen häufig sogar an Experten außerhalb der Organisation.

Früher war immer die Gefahr groß, dass die attraktivsten Unternehmen ihre Spitzenposition nicht halten konnten oder, sollte das doch der Fall sein, dass die Insider den ganzen Gewinn in die eigene Tasche wirtschafteten. Solche Gefahren für Investoren sind zwar heute nicht völlig ein Ding der Vergangenheit, sie stellen für einen vorsichtigen Anleger aber sehr wahrscheinlich kaum noch ein Risiko dar.

Ein Aspekt des Wandels in der Unternehmensführung verdient

Aufmerksamkeit. Hierbei geht es um die zunehmende Bedeutung von Forschung und Entwicklung für ein Unternehmen. Der Aktionär hätte hiervon kaum profitiert, hätte das Management nicht gleichzeitig gelernt, wie Forschungsergebnisse in ständig wachsende Gewinne für den Aktionär umzusetzen sind. Sogar heute noch scheinen vielen Anlegern die Geschwindigkeit dieser Entwicklung, ihre weiteren Perspektiven und die Auswirkungen auf Grundfragen der Investmentpolitik nicht völlig klar zu sein.

Noch Ende der zwanziger Jahre hatten nur ungefähr ein halbes Dutzend von Industrieunternehmen bedeutende Forschungsabteilungen. Nach heutigen Maßstäben waren dies kleine Abteilungen. Erst die Furcht vor Adolf Hitler beschleunigte die militärische Forschung, und damit begann auch eine Zunahme der industriellen Forschung.

Diese Zunahme hat bis heute angehalten. Eine in »Business Week« und einigen anderen Publikationen von McGraw-Hill veröffentlichte Untersuchung aus dem Frühjahr 1956 veranschlagte die Ausgaben privater Unternehmen für den Bereich Forschung und Entwicklung im Jahr 1953 auf $ 3,7 Milliarden. 1956 waren es schon $ 5,5 Milliarden und für das Jahr 1959 wurden über $ 6,3 Milliarden für diesen Bereich eingeplant. Ebenso bemerkenswert ist, dass diese Studie für das Jahr 1959 voraussagte, eine Reihe unserer führenden Industriezweige erwarteten einen Umsatzanteil zwischen 15 und über 20 Prozent bei Produkten, die es 1956 noch nicht gab.

Im Frühjahr 1957 wurde eine ähnliche Untersuchung aus demselben Haus veröffentlicht. Waren die Zahlen von 1956 schon beachtlich, dann könnte man diejenigen für 1957 als explosiv bezeichnen. Die Forschungsausgaben waren gegenüber dem Vorjahr um 20 Prozent auf insgesamt $ 7,3 Milliarden gestiegen! Über vier Jahre gerechnet macht das eine Steigerung von fast 100 Prozent aus. Das tatsächliche Wachstum der Forschungsausgaben war also so rasant, dass nach nur einem Jahr ein bereits um $1 Milliarde höherer Gesamtbetrag erreicht wurde, als ursprünglich für 1959 prognostiziert worden war. Die erwarteten Forschungsaufwendungen für 1960 wurden inzwischen auf $ 9 Milliarden geschätzt! Und das gesamte produzierende Gewerbe, nicht mehr nur einige ausgewählte Branchen wie in der ersten Untersuchung, erwartete 1960 einen Umsatzanteil von 10 Prozent bei Produkten, die es vor drei Jahren noch nicht gegeben hatte. Modell- oder Designänderungen wurden bei dieser Berechnung nicht als »neue Produkte« gewertet. Für einige ausgewählte Branchen war dieser Prozentsatz noch um ein Vielfaches höher.

Der Einfluss einer solchen Entwicklung auf den Investmentbereich kann kaum hoch genug eingeschätzt werden. Die Kosten des Forschungsbereichs werden so hoch, dass ein Unternehmen, das diesen Bereich vom kommerziellen Standpunkt aus gesehen nicht klug plant, unter der schweren Last der Betriebskosten ins Taumeln geraten kann. Zudem gibt es keinen einfachen und schnell anzuwendenden Maßstab, mit dem Management oder Investoren die Gewinnträchtigkeit der Forschung beurteilen können. Genau wie noch nicht einmal der beste Baseball-Profi erwarten kann, viel mehr als einen Treffer bei drei Schlägen zu erzielen, wird sich ein bedeutender Anteil aller Forschungsprojekte als unprofitabel herausstellen. Rein zufällig kann sich zudem eine außergewöhnliche Zahl solcher unprofitablen Projekte in einem bestimmten Zeitraum auch in dem besten Forschungslaboratorium häufen. Schließlich muss man mit sieben bis elf Jahren zwischen der Planung eines Projekts und dem Zeitpunkt rechnen, an dem sich hieraus erstmals positive Effekte auf die Gewinnentwicklung des Unternehmens ergeben. Sogar das gewinnträchtigste Forschungsprojekt stellt daher mit ziemlicher Sicherheit erst einmal eine finanzielle Belastung dar, bevor es den Gewinn der Aktionäre vermehrt.

Aber wenn auch die Kosten schlecht organisierter Forschung hoch und gleichzeitig schwer auszumachen sind, so können doch die Kosten einer Vernachlässigung der Forschung noch höher sein. In einigen wenigen Jahren wird die Einführung vieler neuer Materialien und neuer Maschinen stetig den Markt für tausende von Unternehmen verengen, die mit der Entwicklung nicht Schritt halten. Den gleichen Effekt wird der grundlegende Wandel haben, der mit dem Einsatz der elektronischen Datenverarbeitung in der Buchführung und dem Einsatz von Bestrahlung in der industriellen Produktion verbunden ist. Andere Unternehmen jedoch werden die neuen Entwicklungen aufmerksam verfolgen und sie mit einer entsprechenden Unternehmenspolitik zu enormen Umsatzsteigerungen nutzen. Dem Management einiger solcher Unternehmen wird es gelingen, weiterhin den höchsten Effizienzstandard im operativen Tagesgeschäft aufrechtzuerhalten und gleichzeitig hinsichtlich der langfristigen Zukunftsorientierung die Nase vorn zu haben. Die glücklichen Aktionäre dieser Unternehmen werden eher die Welt erben als die sprichwörtlichen Sanftmütigen.

Zusätzlich zu den Auswirkungen, die sich aus dem Wandel in der Unternehmensführung und der zunehmenden Bedeutung des Forschungsbereichs ergeben, gibt es einen dritten Faktor, der ebenfalls die Aussichten heutiger Anleger im Gegensatz zu früher verbessert. Später, wenn es um den Zeitpunkt für den Kauf und Verkauf von Aktien geht, werden wir diskutieren, ob, und wenn ja, wie der Wirtschaftszyklus die Investment-Politik beeinflussen sollte. Aber einen Aspekt dieser Frage sollten wir jetzt schon aufgreifen. Hierbei geht es um den Vorteil, den gewisse Arten von Stammaktien aufgrund der veränderten Politik auf Bundesebene vor allem seit 1932 versprechen.

Sowohl vor als auch nach diesem Datum haben sich beide großen Parteien einen wirtschaftlichen Aufschwung während ihrer Regierungszeit an die Fahnen geheftet, egal, wie wenig sie zu diesem Aufschwung beigetragen hatten. In ähnlicher Weise suchten sowohl die Opposition als auch die öffentliche Meinung die Schuld für eine Wirtschaftskrise bei der Regierung. Vor 1932 hätte sich jedoch eine verantwortungsbewusste Führung in beiden Parteien ernsthaft gefragt, ob es moralisch gerechtfertigt oder auch nur politisch klug sei, angeschlagene Wirtschaftszweige unter Inkaufnahme eines hohen Haushaltsdefizits zu stützen. Methoden zur Bekämpfung der Arbeitslosigkeit, die teurer waren als öffentliche Suppenküchen, wären nicht ernsthaft in Erwägung gezogen worden, unabhängig davon, welche Partei die Regierung stellte.

Seit 1932 ist dies alles anders. Ob die Demokraten mehr oder weniger an einem ausgeglichenen Haushalt interessiert sind als die Republikaner, mag dahingestellt sein. Aber seit Präsident Eisenhower hat die verantwortliche Führung der Republikaner, vielleicht mit Ausnahme des ehemaligen Finanzministers Humphrey, immer gesagt, falls es wirklich einen wirtschaftlichen Einbruch geben sollte, werde man nicht zögern, die Steuern zu senken oder andere ein Haushaltsdefizit begünstigende Maßnahmen zu ergreifen, um die Wirtschaft wieder in Gang zu bringen und die Arbeitslosigkeit zu beseitigen. Das ist ein gewaltiger Unterschied zu den Doktrinen, die vor der Großen Depression vorherrschend waren.

Selbst wenn dieser Politikwechsel sich nicht allgemein durchgesetzt hätte, gab es gewisse andere Veränderungen, die zu dem gleichen Ergebnis geführt hätten, wenn auch möglicherweise nicht so schnell. Die Einkommensteuer wurde erst unter der Regierung Wilson Gesetz. Bis in die dreißiger Jahre hatte sie keine besondere wirtschaftliche Bedeutung. In früheren Jahren stammten ein Großteil der Staatseinnahmen aus Zöllen und ähnlichen Verbrauchssteuern. Diese Einnahmen schwankten etwas im Laufe des Konjunkturzyklus, waren aber im Großen und Ganzen ziemlich stabil. Im Gegensatz hierzu resultieren heute 80 Prozent der Staatseinnahmen aus Unternehmens- und Einkommensteuern. Das bedeutet, dass jeder Konjunktureinbruch zu einem entsprechenden Rückgang der Staatseinnahmen führt.

Inzwischen sind verschiedene Maßnahmen wie die Subventionierung der Agrarpreise und die Arbeitslosenunterstützung Gesetz geworden. Genau zu dem Zeitpunkt, in dem ein wirtschaftlicher Niedergang die Staatseinnahmen in großem Maße mindert, führen die gesetzlich vorgeschriebenen Ausgaben in diesen Bereichen zu einem scharfen Anstieg der Staatsausgaben. Nimmt man die Entschlossenheit, jede ungünstige Wirtschaftsentwicklung durch Steuerminderungen, die Ausweitung des öffentlichen Sektors und die Bereitstellung von Mitteln für besonders betroffene Wirtschaftszweige zu bekämpfen, hinzu, dann wird schnell klar, dass das jährliche Haushaltsdefizit im Falle einer wirklich ernsten Rezession leicht \$ 25 bis \$ 39 Milliarden betragen könnte. Defizite in dieser Größenordnung würden genauso zu einer inflationären Entwicklung führen wie es die aus den Kriegsausgaben resultierenden Defizite in der Nachkriegsperiode taten.

Hieraus folgt, dass eine heute auftretende Rezession wahrscheinlich kürzer wäre als einige der großen Depressionen der Vergangenheit. Es ist fast unausweichlich, dass auf eine Rezession eine inflationäre Entwicklung folgt mit einer allgemeinen Erhöhung des Preisniveaus, die bereits in der Vergangenheit einigen Industriezweigen genutzt und anderen geschadet hat. Vor diesem wirtschaftlichen Hintergrund sind die Gefahren des Konjunkturzyklus für die Aktionäre finanziell schwacher Unternehmen so groß wie eh und je. Aber für den Aktionär eines Wachstumsunternehmens, das über ein ausreichendes Finanzpolster oder Kreditpotenzial verfügt, um ein oder zwei schlechte Jahre zu überstehen, ist eine Rezession unter den heutigen wirtschaftlichen Rahmenbedingungen eher ein temporärer Rückgang des Marktwertes seiner Anlage als eine grundlegende Bedrohung dieser Investition selbst, so wie es in den Jahren vor 1932 war.

Aus dieser inhärenten Tendenz zur Inflation, die Eingang in unsere Gesetze und die allgemeinen Ansichten über die wirtschaftspolitischen Pflichten einer Regierung gefunden hat, ist ein weiterer finanzieller Trend entstanden. Anleihen sind als langfristige Anlagemöglichkeiten für den Durchschnittsanleger unattraktiv geworden. Im Herbst 1956 erreichte der seit einigen Jahren anhaltende Anstieg der Zinssätze einen Höhepunkt. Erstklassige Schuldverschreibungen wurden zu den niedrigsten Preisen seit 25 Jahren gehandelt und viele Stimmen in der Finanzwelt befürworteten einen Wechsel aus Aktien, deren Kurse einen historischen Höhepunkt erreichten, in solche Wertpapiere mit festgelegter Verzinsung. Der im Vergleich zu normalen Zeiten außergewöhnlich hohe Ertrag von Anleihen gegenüber den Dividendenerträgen von Aktien schien ein solches Vorgehen nahezulegen. Kurzfristig kann sich eine solche Anlagepolitik früher oder später als gewinnträchtig herausstellen. Daher kann sie für kurz- oder mittelfristig orientierte Anleger attraktiv sein, also für Händler, die über den Scharfsinn und das Gefühl für den richtigen Zeitpunkt verfügen, wann sie kaufen und verkaufen müssen. Der Grund hierfür liegt darin, dass jede nennenswerte wirtschaftliche Rezession so gut wie sicher ein Nachgeben der Geldmarktzinsen und eine korrespondierende Steigerung der Anleihekurse verursacht, und das zu einer Zeit, zu der die Aktienkurse wohl kaum steigen werden. Für uns ergibt sich die Schlussfolgerung, dass erstklassige Schuldverschreibungen gut für Spekulanten und schlecht für langfristig orientierte Anleger sind. Diese Schlussfolgerung scheint der allgemein verbreiteten Ansicht in dieser Frage diametral zu widersprechen. Versteht man jedoch die Einflüsse, die von der inflationären Entwicklung ausgehen, liegt die Wahrheit dieser Behauptung auf der Hand.

In ihrem Rundbrief vom Dezember 1956 legte die First National City Bank of New York eine Tabelle vor, die den weltweiten Kaufkraftschwund des Geldes im Jahrzehnt zwischen 1946 und 1956 illustrierte. Die Tabelle enthielt Daten zu sechzehn wichtigen Staaten der freien Welt. In jedem einzelnen von ihnen war es zu einem bedeutenden Kaufkraftverlust gekommen. Am günstigsten stand immerhin die Schweiz da, wo die Kaufkraft nach Ablauf dieser zehn Jahre noch 85 Prozent des ursprünglichen Wertes betrug. Das entgegengesetzte Extrem verkörperte Chile, wo das Geld 95 Prozent seines ehemaligen Wertes verloren hatte. In den USA betrug der Kaufkraftschwund 29 Prozent und in Kanada 35 Prozent. Damit belief sich der Kaufkraftverlust des Geldes in diesem Zeitraum auf jährlich 3,4 Prozent, in Kanada auf 4,2 Prozent. Im Gegensatz hierzu betrug der Ertrag amerikanischer Staatsanleihen, die zu Beginn dieser Periode gekauft worden waren, zugegebenermaßen zu einem Zeitpunkt sehr niedriger Zinssätze, nur 2,19 Prozent. Unter Berücksichtigung der realen Kaufkraftentwicklung bedeutet das, dass diese erstklassigen Wertpapiere mit festgelegtem Ertrag ihrem Besitzer einen Verlust von 1 Prozent jährlich eintrugen.

Nehmen wir jedoch an, statt Anleihenmit den zu Beginn unserer Zehnjahresperiode recht niedrigen Zinssätzen zu erwerben, hätte ein Anleger Anleihenmit den recht hohen Zinssätzen kaufen können, die zehn Jahre später vorherrschten. Auch für diesen Fall legte die First National City Bank of New York in demselben Artikel Zahlen vor. Der Ertrag amerikanischer Staatsanleihenwurde gegen Ende der von uns betrachteten Periode auf 3,27 Prozent geschätzt. Auch in diesem Fall würde die Investition keinerlei Gewinn abwerfen, vielmehr entstände auch hier ein leichter Verlust. Sechs Monate nach Veröffentlichung dieses Artikels stiegen die Zinssätze jedoch steil an bis auf über 3,5 Prozent. Wie hätte ein Investor dagestanden, der zu Beginn unserer Zehnjahresperiode zu den höchsten Zinssätzen seit einem Vierteljahrhundert hätte investieren können? In der großen Mehrzahl der Fälle hätte es wiederum keinen realen Gewinn gegeben. In vielen Fällen wäre es tatsächlich zu Verlusten gekommen. Der Grund hierfür liegt darin, dass beinahe alle Käufer von Anleihen mindestens 20 Prozent Einkommensteuer auf die ausgeschütteten Zinsen hätten bezahlen müssen, bevor man die tatsächliche Rendite ihrer Investition hätte berechnen können. In vielen Fällen wäre die Besteuerung der Anleihenhalter noch viel höher ausgefallen, da nur die ersten $ 2000 bis $ 4000 des zu versteuernden Einkommens mit 20 Prozent besteuert werden. Hätte ein Investor steuerfreie Kommunalobligationen mit denselben hohen Zinssätzen gekauft, hätte er aufgrund des etwas niedrigeren Zinsniveaus bei diesen steuerfreien Wertpapieren mit seiner Anlage wiederum keinen realen Ertrag erzielt.

Diese Zahlen sind natürlich nur für die genannte Dekade zwischen 1946 und 1956 aussagekräftig. Sie zeigen jedoch, dass wir es mit einem weltweiten Trend zu tun haben, der wahrscheinlich nicht von politischen Veränderungen in irgendeinem Land umgekehrt werden kann. Wirklich wichtig im Hinblick auf die Attraktivität von Anleihen als langfristige Kapitalanlagen ist die Frage, ob für die nächsten Jahre ein entsprechender Trend erwartet werden kann. Meiner Ansicht nach zeigt eine sorgfältige Untersuchung des Inflationsmechanismus, dass inflationäre Schübe das Ergebnis einer Kreditexpansion in großem Umfang sind, der wiederum bedeutende, die monetäre Basis des Kreditsystems ausweitende Budgetdefizite zugrunde liegen. Das hohe Defizit im Zusammenhang mit dem Gewinn des Zweiten Weltkriegs legte die Basis für eine solche Entwicklung. Das Ergebnis war, dass Besitzer von Vorkriegsanleihen, die ihre Positionen in festverzinslichen Wertpapieren aufrechterhielten, mehr als die Hälfte des tatsächlichen Wertes ihrer Anlagen verloren.

Wie schon gesagt, erscheinen aufgrund gesetzlicher Vorschriften und vor allem aufgrund allgemein akzeptierter Vorstellungen vom Verhalten bei einer Depression ein oder zwei Punkte unausweichlich. Entweder geht es der Wirtschaft gut und hervorragende Aktien bringen einen besseren Ertrag als Anleihen, oder es kommt zu einer ernsthaften Rezession. In diesem Fall bringen Anleihen zeitweise einen höheren Ertrag als die besten Aktien, es wird jedoch eine Reihe defizitträchtiger Maßnahmen ergriffen, die zu einem weiteren bedeutenden Niedergang in der realen Kaufkraft festverzinslicher Wertpapiere führen. Es ist fast sicher, dass eine Wirtschaftskrise die inflationäre Entwicklung weitertreibt. Es ist außergewöhnlich schwierig, in solch unruhigen Zeiten den richtigen Zeitpunkt für den Verkauf von Anleihen zu bestimmen. Daher bin ich der Meinung, dass in unserer komplexen Wirtschaft solche Wertpapiere vor allem etwas für Banken, Versicherungsgesellschaften und andere Institutionen sind, die sie gegen Verbindlichkeiten in Dollar aufrechnen können, oder für Einzelanleger mit kurzfristigen Zielen. Anleihen bieten dem langfristig orientierten Anleger keine ausreichende Sicherheit gegen die Wahrscheinlichkeit eines weiteren Kaufkraftverlustes.

Bevor wir weitergehen, ist es sinnvoll, die verschiedenen Schlussfolgerungen für Anleger zusammenzufassen, die sich aus einer Betrachtung der Vergangenheit und aus einem Vergleich mit der gegenwärtigen Situation aus dem Blickwinkel des Anlegers ergeben. Unsere Überlegungen zeigen, dass diejenigen am erfolgreichsten investieren, die mit Glück oder Verstand ein Unternehmen finden, dessen Umsätze und Gewinne über die Jahre stärker wachsen als die Wirtschaft insgesamt. Glauben wir, ein solches Unternehmen gefunden zu haben, dann sollten wir ihm über lange Zeit hinweg die Treue halten. Unsere Überlegungen lassen auch vermuten, dass ein solches Unternehmen nicht notwendigerweise jung und klein sein muss. Unabhängig von der Größe kommt es vielmehr auf die Entschlossenheit und Fähigkeit des Managements an, weitere Wachstumserfolge zu erzielen und seine Pläne in die Praxis umzusetzen. Die Vergangenheit lehrt uns auch, dass das Wachstum eines Unternehmens vielfach mit seiner Forschungskompetenz auf naturwissenschaftlichem Gebiet zusammenhängt, einer Kompetenz, die es befähigt, wirtschaftlich erfolgreiche Produktlinien auf den Markt zu bringen. Ein solches Unternehmen muss über ein Management verfügen, das sich nicht durch eine Schwerpunktsetzung auf die langfristige Planung davon abhalten lässt, die tagtäglichen Aufgaben eines Wirtschaftsunternehmens außergewöhnlich gut zu meistern. Schließlich zeigt die Vergangenheit auch, dass es trotz der vielen spektakulären Anlagemöglichkeiten vor fünfundzwanzig oder fünfzig Jahren heute wahrscheinlich sogar noch mehr solcher Möglichkeiten gibt.

# Kapitel 2

# Das Geheimnis der »Gerüchteküche«

Als allgemeine Richtschnur mag das Gesagte hilfreich sein. Aber als praktischer Fingerzeig, wie man hervorragende Anlagemöglichkeitenausfindig macht, taugt es offenbar recht wenig. Wir wissen jetzt ungefähr, welchen Typ von Anlagemöglichkeit wir suchen sollten, aber wie findet der Anleger ein Unternehmen, das eine besondere Wertsteigerung verspricht?

Eine offensichtliche Möglichkeit ist, einen versierten Managementfachmann zu finden, der jede Abteilung eines Unternehmens unter die Lupe nimmt und aufgrund einer detaillierten Analyse des Führungspersonals, der Fertigung, des Marketingbereiches, der Forschungsabteilung und aller anderen wichtigen Bereiche zuverlässig sagen kann, ob das betreffende Unternehmen überdurchschnittliche Wachstums- und Entwicklungspotenziale aufweist oder nicht. Das klingt logisch und ist recht praxisfern.

Solch ein Vorgehen mag vernünftig erscheinen. Unglücklicherweise gibt es verschiedene Gründe, warum es dem durchschnittlichen Investor in der Regel nicht offensteht. Zunächst einmal gibt es nur wenige Fachleute, die über die für eine solche Aufgabe notwendige Qualifikation als Spitzenmanager verfügen. Die meisten von ihnen bekleiden hochrangige und hoch bezahlte Positionen im Topmanagement. Sie haben weder Zeit noch Lust, eine Tätigkeit wie die geschilderte zu übernehmen. Hätten sie beides, dann wäre immer noch zweifelhaft, ob die Wachstumsunternehmen unseres Landes jemandem außerhalb ihrer Firma die für eine qualifizierte Beurteilung erforderlichen Daten zugänglich machen würden. Einige dieser Daten wären für tatsächliche oder potenzielle Konkurrenten zu wertvoll, als dass man sie an eine nicht dem Unternehmen verpflichtete Person weitergeben würde.

Glücklicherweise steht dem Anleger noch eine zweite Möglichkeit offen, eine Methode, die bei richtiger Anwendung alle Anhaltspunkte ergibt, die man zum Auffinden einer wirklich hervorragenden Anlagemöglichkeit braucht. Aus Mangel an einem anschaulicheren Begriff spreche ich hier von der »Gerüchteküche«.

Wenn ich diese Methode im Folgenden erläutere, wird der Durchschnittsanleger in einer ganz bestimmten Weise reagieren. Er wird sagen, wie nützlich diese Recherchemethode auch für alle möglichen Leute sein möge, für ihn komme sie nicht in Frage, weil er kaum eine Möglichkeit habe, sie anzuwenden. Mir ist klar, dass die meisten Anleger nicht das zu leisten in der Lage sind, was notwendig wäre, um aus dem ihnen zur Verfügung stehenden Kapital den größten Gewinn zu ziehen. Ich denke aber, sie sollten zumindest verstehen, was und warum es getan werden sollte. Nur so können sie den professionellen Anlageberater aussuchen, der ihnen am besten weiterhilft. Nur so können sie die Arbeit ihres Beraters adäquat beurteilen. Und wenn sie nicht nur verstehen, was erreicht werden kann, sondern auch, wie es erreicht werden kann, werden sie erstaunt feststellen, dass sie selbst von Zeit zu Zeit die wertvolle Tätigkeit ihrer Anlageberater noch fruchtbarer und gewinnträchtiger ausschöpfen können.

Die Flüsterpropaganda über Unternehmen ist eine bemerkenswerte Sache. Es ist erstaunlich, wie akkurat Stärken und Schwächen eines Unternehmens aus einem repräsentativen Querschnitt der Meinungen von Leuten herausgelesen werden können, die in der einen oder anderen Weise mit dem betreffenden Unternehmen zu tun haben. Die meisten Menschen sprechen gerne über ihre Arbeit und geben bereitwillig Auskunft über Konkurrenten, vor allem wenn sie sicher sind, dass sie selbst nicht namentlich genannt werden. Man gehe zu fünf Unternehmen einer bestimmten Branche, stelle jedes Mal intelligente Fragen über Stärken und Schwächen der übrigen vier und in neun von zehn Fällen wird man ein überraschend detailliertes und genaues Bild der fünf Unternehmen erhalten.

Konkurrenten sind aber nur eine und nicht notwendigerweise die beste Quelle für eine Expertenmeinung. Ebenso erstaunlich ist, wie viel man von Zulieferern und Kunden über den wahren Charakter eines Unternehmens erfährt, mit dem sie zu tun haben. Wissenschaftler im Hochschulbereich, in Regierungsstellen oder in konkurrierenden Unternehmen sind eine weitere fruchtbare Quelle wertvoller Daten. Dasselbe gilt für die leitenden Persönlichkeiten in Fachverbänden.

Besonders bei der zuletzt erwähnten Gruppe, vielfach aber auch bei den übrigen genannten Quellen, kann man zwei Dinge gar nicht genug betonen. Zum einen muss der Auskunft suchende Anleger jenseits jeden Zweifels deutlich machen, dass seine Informationsquelle niemals ans Licht kommen wird. Zum Zweiten muss er sich peinlich genau daran halten. Anderenfalls ist die Gefahr, einen Informanten in Schwierigkeiten zu bringen, so groß, dass ungünstige Meinungen einfach nicht mehr geäußert werden.

Es gibt noch eine Gruppe, die für den zukünftigen Anleger auf der Suche nach einer »Bonanza« von unschätzbarer Hilfe sein kann. Diese Gruppe kann jedoch genauso viel Schaden wie Nutzen bringen, wenn der Anleger nicht sorgfältig urteilt und sich nicht bei anderen rückversichert, was die Zuverlässigkeit der erlangten Informationen angeht. Es handelt sich bei dieser Gruppe um die ehemaligen Beschäftigten eines Unternehmens. Dieser Personenkreis verfügt häufig über echtes Insiderwissen in Bezug auf die Stärken und Schwächen eines Unternehmens. Genauso wichtig ist, dass ehemalige Beschäftigte in der Regel freimütig über diese Dinge reden. Es gibt allerdings immer genug ehemalige Beschäftigte, die der zutreffenden oder auch falschen Meinung sind, sie seien zu Unrecht entlassen worden, oder das Unternehmen wegen berechtigter Klagen verlassen haben. Man muss daher genau hinterfragen, warum ein Angestellter der untersuchten Firma nicht mehr angehört. Nur so kann man das Ausmaß etwa vorhandener Vorurteile erkennen und es bei der Bewertung der erhaltenen Informationen berücksichtigen.

Trägt man Informationen über ein Unternehmen aus einer ausreichenden Zahl unterschiedlicher Quellen zusammen, gibt es keinen Grund anzunehmen, dass alle gesammelten Daten miteinander übereinstimmen müssten. Das ist in Wirklichkeit auch überhaupt nicht notwendig. Bei wirklich herausragenden Unternehmen wird das sich ergebende Bild so kristallklar sein, dass selbst ein nur mittelmäßig erfahrener Anleger, der weiß, wonach er sucht, beurteilen kann, welche Unternehmen interessant genug sind, damit sich der nächste Schritt lohnt. Dieser nächste Schritt besteht darin, mit Führungskräften des Unternehmens zu sprechen, um so die noch bestehenden weißen Flecke im Bild des Unternehmens zu schließen.

# Kapitel 3

# Welche Aktie soll man kaufen?

## Fünfzehn Punkte, die man beim Kauf einer Aktie beachten muss

Was muss ein Investor wissen, um eine Anlagemöglichkeit zu finden, die ihm in einigen Jahren mehrere hundert Prozent Gewinn bringt oder entsprechend mehr in einem längeren Zeitraum? Welche Eigenschaften muss ein Unternehmen aufweisen, um seinen Aktionären mit hoher Wahrscheinlichkeit ein solches Ergebnis zu garantieren?

Es gibt 15 Punkte, mit denen sich ein Investor meiner Ansicht nach befassen sollte. Ein Unternehmen kann immer noch ein El Dorado für Anleger sein, auch wenn es bei dem einen oder anderen dieser Punkte die Anforderungen nicht erfüllt. Bleibt es bei vielen Punkten hinter den Anforderungen zurück, entspricht es nicht meiner Definition einer lohnenden Investition. Einige dieser Punkte betreffen die Unternehmenspolitik, bei anderen geht es darum, wie effektiv die Unternehmenspolitik umgesetzt wird. Einige Punkte betreffen Bereiche, über die man sich hauptsächlich aus Quellen außerhalb des Unternehmens informiert, bei anderen wendet man sich am besten an Mitarbeiter des Unternehmens. Diese 15 Punkte sind folgende:

### Punkt 1: Bietet das Unternehmen Produkte oder Dienstleistungen an, deren Marktpotenzial zumindest für einige Jahre nennenswerte Umsatzsteigerungen möglich macht?

Es ist keineswegs unmöglich, einen guten einmaligen Gewinn mit einer Anlage in einem Unternehmen zu erzielen, dessen Umsatzkurve stagniert oder sogar rückläufig ist. Eine bessere Kostenkontrolle im operativen Geschäft kann manchmal zu einer Steigerung des Nettoeinkommens führen, die groß genug ist, um den Marktpreis der Aktien dieses Unternehmens steigen zu lassen. Ein solcher einmaliger Gewinn ist genau das, worauf viele Spekulanten vor allem aus sind. Er stellt aber keine Möglichkeit für Anleger dar, die an einem möglichst hohen Gewinn aus ihrem Investment interessiert sind.

Dasselbe trifft auf eine weitere Konstellation zu, die manchmal einen noch beträchtlich höheren Gewinn verspricht. Bei dieser Konstellation ergibt sich aufgrund veränderter Rahmenbedingungen für einen begrenzten Zeitraum von einigen Jahren eine hohe Umsatzsteigerung, die dann wieder abbricht. Ein Beispiel hierfür ist die Situation der Rundfunkgerätehersteller zum Zeitpunkt der kommerziellen Einführung des Fernsehens. Für mehrere Jahre ergaben sich gewaltige Umsatzsteigerungen. Heute verfügen fast 90 Prozent der amerikanischen Haushalte mit Stromversorgung über ein Fernsehgerät und die Umsatzentwicklung stagniert wieder. Mit vielen Unternehmen in dieser Branche konnte man große Gewinne erzielen, wenn man früh genug Anteile kaufte. Als die Umsatzkurve sich wieder abflachte, ging auch die Attraktivität dieser Aktien zurück.

Nicht einmal die hervorragendsten Wachstumsunternehmen müssen notwendigerweise in jedem Jahr eine Umsatzsteigerung gegenüber dem Vorjahr aufweisen. In einem späteren Kapitel werde ich zu zeigen versuchen, warum die Schwierigkeiten kommerzieller Forschung und die Marketingprobleme bei neuen Produkten Umsatzsteigerungen tendenziell eher in Form ungleichmäßiger Schübe als in Gestalt einer Jahr für Jahr ansteigenden Kurve auftreten lassen. Auch die Unberechenbarkeiten des Wirtschaftszyklus erschweren eine Gegenüberstellung von Werten für verschiedene Jahre. Man sollte Wachstum daher nicht auf jährlicher Basis beurteilen, sondern indem man beispielsweise immer mehrere Jahre zusammenfasst. Einige Unternehmen versprechen ein überdurchschnittliches Wachstum nicht nur für die nächsten Jahre, sondern auch noch für eine beträchtliche Zeit darüber hinaus.

Bei den Unternehmen, die über mehrere Dekaden hinweg spektakuläre Wachstumserfolge erzielt haben, lassen sich zwei Gruppen unterscheiden. In Ermangelung besserer Begriffe werde ich die eine Gruppe als »erfolgreich und fähig«, die andere als »erfolgreich aufgrund von Fähigkeit« bezeichnen. Für beide Gruppen ist ein hohes Maß an Managementkompetenz Voraussetzung. Kein Unternehmen wächst über mehrere Jahre hinweg nur aufgrund glücklicher Umstände. Ein Unternehmen muss vielmehr über einen hohen Grad an geschäftlichem Geschick verfügen, um Kapital aus einer günstigen Entwicklung zu schlagen und seine Wettbewerbsposition gegen Angriffe von außen zu sichern.

Ein Beispiel für die Kategorie »erfolgreich und fähig« ist die Aluminium Company of America. Die Gründer dieses Unternehmens waren Männer mit großen Visionen. Sie sahen richtig voraus, dass es für ihr neues Produkt wichtige kommerzielle Anwendungen geben würde. Weder sie noch irgendjemand sonst konnte jedoch das Potenzial des Aluminiummarktes vorhersehen, das sich über die kommenden siebzig Jahre entwickeln sollte. Die Entwicklung des Aluminiummarktes war das Ergebnis technischer und wirtschaftlicher Faktoren, von denen das Unternehmen eher profitierte, als dass es sie bewirkte. Alcoa hatte und hat immer noch in hohem Maße die Fähigkeit, solche Entwicklungen zu ermutigen und von ihnen zu profitieren. Wenn die Rahmenbedingungen, wie zum Beispiel die Entwicklung des Luftverkehrs, jedoch nicht die Eröffnung neuer, umfangreicher Märkte bewirkt hätten, Einflüsse völlig außerhalb der Kontrolle von Alcoa, wäre das Unternehmen zwar dennoch gewachsen – nur sehr viel langsamer.

Die Aluminium Company of America hatte das Glück, sich in einer noch attraktiveren Branche wiederzufinden, als es von den Gründervätern des Unternehmens vorausgesehen worden war. Jeder weiß natürlich, welche Vermögen die Altaktionäre dieser Gesellschaft verdient haben, die an ihren Aktien festhielten. Vielleicht nicht so allgemein bekannt ist, wie gut auch Nachzügler mit dieser Aktie noch gefahren sind. Als ich die erste Ausgabe dieses Textes schrieb, lagen Alcoa fast 40 Prozent unter ihrem Rekordhoch von 1956. Aber auch dieser »niedrige« Preis lag noch 500 Prozent über dem Durchschnittspreis, zu dem die Aktie 1947, vor gerade einmal zehn Jahren, zu haben war.

Nehmen wir nun Du Pont als Beispiel für die zweite Kategorie von Wachstumsaktien, die ich als »erfolgreich aufgrund von Fähigkeit« beschrieben habe. Dieses Unternehmen war ursprünglich nicht der Hersteller von Nylon, Zellophan, Plexiglas, Neopren, Polyester oder ähnlicher Erfolgsprodukte, mit denen es in der Öffentlichkeit oft identifiziert wird und die sich für den Anleger als so gewinnträchtig erwiesen haben. Du Pont stellte über lange Jahre Sprengpulver her. In Friedenszeiten verlief die Wachstumskurve des Unternehmens parallel zu der des Bergbaus. In den letzten Jahren wäre es vielleicht etwas schneller gewachsen, da es seine Umsätze aufgrund verstärkter Straßenbauaktivitäten steigern konnte. Dies alles aber hätte nicht mehr als einen unbedeutenden Bruchteil des Geschäftsvolumens ausgemacht, das sich aufgrund der Symbiose von hervorragender wirtschaftlicher und finanzieller Urteilskraft und höchster technischer Leistungsfähigkeit bis auf ein Umsatzvolumen von über zwei Milliarden Dollar jährlich steigerte. Das Unternehmen setzte die im Geschäft mit Sprengpulver gewonnenen Kenntnisse und Fähigkeiten ein, brachte Produkt um Produkt auf den Markt, und seine Geschichte wurde zu einer der großen Erfolgsstories der amerikanischen Wirtschaft.

Der Neuling unter den Anlegern, der sich zum ersten Mal mit der chemischen Industrie auseinandersetzt, könnte es für einen glücklichen Zufall halten, dass die Unternehmen, die aufgrund verschiedener Aspekte ihrer Unternehmenstätigkeit als die besten Anlagemöglichkeiten gelten, auch die attraktivsten Wachstumsprodukte der Branche herstellen. Das wäre eine Verwechslung von Ursache und Wirkung, vergleichbar mit dem Fall der unbedarften jungen Dame, die nach der Rückkehr von ihrer ersten Europareise ihren Freundinnen erzählte, welch schöner Zufall es sei, dass große Flüsse oft genau mitten durch große Städte fließen würden. Betrachtet man die Geschichte von Unternehmen wie Du Pont, Dow oder Union Carbide, so wird klar, dass diese Unternehmen hinsichtlich ihrer Umsatzentwicklung in die Kategorie »erfolgreich aufgrund von Fähigkeit« fallen.

Das treffendste Beispiel für ein Unternehmen dieser Kategorie ist vielleicht General American Transportation. Als das Unternehmen vor etwas mehr als fünfzig Jahren gegründet wurde, schien das Eisenbahnwesen eine interessante Branche mit guten Wachstumsperspektiven zu sein. In den letzten Jahren gab es kaum eine andere Branche, die schlechtere Wachstumsaussichten aufwies. Aber als die veränderten Perspektiven der Eisenbahnen die Herstellung von Güterwagen in einem immer ungünstigeren Licht erscheinen ließen, halfen Erfindungsreichtum und Flexibilität dem Unternehmen, seine Gewinne weiter zu steigern. Darüber hinaus nutzte die Unternehmensführung die in ihrem bisherigen Geschäft erworbenen Kenntnisse und Fähigkeiten, sich in weiteren Produktlinien mit guten Wachstumsaussichten zu engagieren.

Ein Unternehmen, das deutliche Umsatzsteigerungen über eine Reihe von Jahren hinweg verspricht, kann sich als Goldmine für einen Anleger erweisen, egal in welche der beiden genannten Kategorien es fällt. Beispiele wie die General American Transportation machen jedoch eines ganz klar: Auf jeden Fall muss der Anleger darauf achten, dass das Management des Unternehmens hervorragend ist; ist dies nicht der Fall, wird der Umsatzanstieg nicht von Dauer sein.

Die richtige Beurteilung der langfristigen Umsatzentwicklung eines Unternehmens ist für einen Anleger von herausragender Bedeutung. Ein oberflächliches Urteil kann zu falschen Schlussfolgerungen führen. Ich habe ja schon auf das Beispiel der Unterhaltungselektronik hingewiesen, wo es statt eines anhaltenden Wachstums einen großen Umsatzschub gab, als alle Haushalte ein Fernsehgerät kauften. In den letzten Jahren wird allerdings bei manchen dieser Unternehmen ein neuer Trend sichtbar. Diese Unternehmen haben ihre Kompetenz auf dem Gebiet der Elektronik dazu genutzt, sich neue Märkte in anderen Bereichen derselben wie der Kommunikation und Automation zu erschließen. Diese wirtschaftlichen, in manchen Fällen auch militärischen Produktlinien versprechen stetiges Wachstum über viele Jahre. Bei einigen dieser Unternehmen, wie zum Beispiel bei Motorola, sind sie heute schon wichtiger als das Fernsehgeschäft. Einige neue technische Entwicklungen eröffnen die Möglichkeit, dass in den frühen sechziger Jahren die heutigen Fernsehgeräte so überholt und veraltet erscheinen werden wie heute die ursprünglichen Wandtelephone mit ihrer Kurbel.

Das Entwicklungspotenzial des Farbfernsehens ist möglicherweise in der Öffentlichkeit überschätzt worden. Eine weitere mögliche Entwicklung ist ein direktes Ergebnis der Entwicklung von Transistoren und gedruckten Schaltkreisen. Es handelt sich dabei um ein flaches

Fernsehgerät, das wie ein Bild an die Wand gehängt wird. Das voluminöse Gerät von heute wäre damit ein Ding der Vergangenheit. Wenn eine solche Entwicklung im großen Maßstab zum kommerziellen Erfolg wird, werden vielleicht einige der technisch fortgeschrittensten Hersteller von Fernsehgeräten einen Umsatzschub erleben, der stärker und dauerhafter sein kann als der vor einigen Jahren. Für diese Unternehmen käme ein solcher Schub dann zusätzlich zu dem ständig anwachsenden Umsatz mit ziviler und militärischer Elektronik. Sie würden dann genau die Umsatzsteigerung erzielen, die für Investoren auf der Suche nach den profitabelsten Anlagemöglichkeiten interessant wäre.

Ich erwähne dieses Beispiel nicht als etwas, was sicher eintreffen wird, sondern als etwas, was leicht eintreffen könnte. Ich glaube nämlich, dass man in Bezug auf die Umsatzentwicklung eines Unternehmens einen Punkt niemals außer Acht lassen sollte. Wenn ein Unternehmen über ein hervorragendes Management verfügt und in einer technologie- und forschungsintensiven Branche tätig ist, sollte ein kluger Anleger wachsam darauf achten, ob es dem Management nicht tatsächlich gelingt, genau die Umsatzentwicklung zu initiieren, die die Voraussetzung für eine herausragende Anlagemöglichkeit darstellt.

Es lohnt an dieser Stelle, jenseits aller Möglichkeiten und Prognosen einen Blick darauf zu werfen, wie die Entwicklung in Bezug auf Motorola tatsächlich verlief, seit ich diese Zeilen erstmals schrieb. Wir befinden uns noch nicht in den frühen sechziger Jahren, in jenem Zeitraum also, in dem ich die Entwicklung revolutionärer neuer Fernsehgeräte frühestens für möglich hielt. Diese Entwicklung ist nicht eingetreten und wird wahrscheinlich auch in naher Zukunft nicht eintreten. Aber schauen wir einmal, was ein umsichtiges Management getan hat, um den technologischen Wandel zu jener Umsatzsteigerung zu nutzen, die ich als erste Voraussetzung für eine herausragende Anlagemöglichkeit genannt habe.

Motorola hat sich zum Marktführer auf dem Gebiet von elektronischen Kommunikationsgeräten entwickelt, wie wir sie zunächst als Sonderausstattung von Polizeiwagen und Taxis kannten und die jetzt anscheinend fast unbegrenzte Wachstumsmöglichkeiten versprechen.

Transportunternehmen, Speditionen, öffentliche Versorgungsunternehmen, Bauunternehmen und Pipeline-Betreiber zählen zu den Nutzern dieser vielseitigen Geräte. Nach mehreren Jahren kostspieliger Entwicklungsarbeit hat das Unternehmen eine gewinnträchtige Halbleiter-Abteilung aufgebaut, die sich ihren Teil an dem einzigartigen Wachstumstrend dieser Branche zu sichern scheint. Motorola ist ein bedeutender Anbieter von Stereoanlagen und hat sich damit eine wichtige Quelle steigender Umsätze erschlossen. Durch eine ziemlich einzigartige Kooperation mit einem führenden Möbelfabrikanten (Drexel) ist es Motorola gelungen, seine Umsätze mit hochwertigen Fernsehgeräten signifikant zu steigern. Schließlich stößt Motorola gerade durch eine kleine Akquisition auf den Markt für Hörgeräte vor und entwickelt möglicherweise noch weitere spezielle Produkte. Während also, kurz gesagt, irgendwann in den kommenden zehn Jahren größere Veränderungen möglicherweise einen weiteren Umsatzschub in der Radio- und Fernsehproduktion bewirken können, so ist diese Entwicklung doch noch nicht eingetreten und wird wohl so bald auch nicht eintreten. Und doch ist es dem Management gelungen, die im Unternehmen vorhandenen Kenntnisse und Fähigkeiten zu mobilisieren und das Unternehmen auf Wachstumskurs zu bringen. Reagiert der Aktienmarkt auf diese Entwicklung? Als ich die erste Auflage dieses Textes fertigstellte, stand Motorola bei 45 ½. Heute steht Motorola bei 122.

Wenn ein Anleger auf solche Anlagemöglichkeiten achtet, mit welchen Gewinnen kann er dann rechnen? Nehmen wir ein reales Beispiel aus der Branche, über die wir gerade geredet haben. 1947 erarbeitete ein Freund an der Wall Street eine Studie über die noch junge Fernsehgeräte-Branche. Fast ein Jahr lang analysierte er ein Dutzend der führenden Hersteller von Fernsehgeräten. Er kam zu der Schlussfolgerung, dass die Branche wettbewerbsintensiv werden würde, dass es zu beträchtlichen Verschiebungen zwischen den führenden Unternehmen der Branche kommen würde, und dass einige Aktien in diesem Bereich einen spekulativen Reiz hätten. Im Laufe dieser Untersuchung stellte sich allerdings heraus, dass sich die Glasröhren für den Bildschirm als Engpass in der Fernsehgeräteproduktion erweisen würden. Der erfolgreichste Hersteller solcher Röhren schien Corning Glass Works zu sein. Nach genauerer Untersuchung des technischen Standes und des Forschungspotenzials von Corning Glass Works wurde klar, dass dieses Unternehmen überdurchschnittlich gut für die Produktion von Bildröhren für Fernsehgeräte gerüstet war. Eine Evaluation des Marktpotenzials ergab, dass dieser Markt ein wesentliches Betätigungsfeld für das Unternehmen sein würde. Da die Aussichten für die anderen Produktlinien allgemein günstig waren, empfahl der Analyst Aktien von Corning Glass Works sowohl für individuelle als auch für institutionelle Anleger. Die Aktien standen damals ungefähr bei 20. Zehn Jahre später und nach einem Aktiensplit von 2,5 neuen Aktien für eine alte stehen die neuen Aktien bei 100, was einem Kurs von 250 für die alten Aktien entspricht.

**Punkt 2: Ist das Management entschlossen, kontinuierlich Produkte oder Prozesse zu entwickeln, die das Umsatzpotential insgesamt weiter steigern, auch nachdem das Wachstumspotenzial gegenwärtig attraktiver Produktlinien zum großen Teil erschöpft ist?**

Unternehmen, die aufgrund neuer Nachfrage nach bestehenden Produktlinien deutliche Wachstumsaussichten für die kommenden Jahre aufweisen, für weitere Entwicklungen darüber hinaus aber keine Pläne oder Absichten haben, können einen guten, einmaligen Gewinn bringen. Sie können aber nicht über zehn oder fünfundzwanzig Jahre die beständigen Gewinne erzielen, die den sichersten Weg zu finanziellem Erfolg darstellen. An diesem Punkt kommen wissenschaftliche Forschung und technologische Entwicklung ins Spiel. Dies sind die Instrumente, mit deren Hilfe ein Unternehmen vor allem alte Produkte verbessert und neue entwickelt. Dies ist der übliche Weg, den ein Management beschreitet, das sich mit einem einmaligen Wachstumsschub nicht zufrieden gibt und ein Aufeinanderfolgen mehr oder weniger kontinuierlicher Wachstumsschübe anstrebt.

Der Investor erzielt in der Regel die besten Ergebnisse mit Unternehmen, deren Technik- oder Forschungsabteilung sich schwerpunktmäßig auf die Entwicklung von Produkten konzentriert, die mit den gegenwärtigen Aktivitäten des Unternehmens in Zusammenhang stehen. Das bedeutet nicht, dass ein positiv bewertetes Unternehmen nicht auch mehrere Abteilungen haben kann, deren Produktlinien teilweise nicht miteinander zusammenhängen. Es bedeutet aber, dass ein Unternehmen, dessen Forschungsaktivitäten sich um jede dieser Produktlinien gruppieren, etwa nach dem Muster einer Baumgruppe, bei der jeder Stamm eigene Äste treibt, in der Regel mehr Erfolg haben wird als ein Unternehmen, das an einer Reihe von zusammenhanglosen neuen Produkten arbeitet, mit denen sich das Unternehmen im Erfolgsfall auf neuen Märkten wiederfindet, die mit dem bereits bestehenden Geschäft nichts zu tun haben.

Auf den ersten Blick erscheint vielleicht dieser zweite Punkt als bloße Wiederholung von Punkt 1. Das ist aber nicht der Fall. Bei Punkt 1 geht es um aktuelle Tatsachen, um die Frage, welches Potenzial für die Steigerung des Umsatzes mit einem bestehenden Produkt für das Unternehmen existiert. Punkt 2 ist eine Angelegenheit der Einstellung des Managements. Erkennt das Unternehmen bereits heute, dass es zu gegebener Zeit an die Wachstumsgrenzen seines gegenwärtigen Marktes stoßen wird, und dass es zu einem weiteren Wachstum zukünftig der Erschließung neuer Märkte bedarf? Für den Anleger ist diejenige Gesellschaft am interessantesten, die bei Punkt 1 gut abschneidet und bei Punkt 2 eine positive Haltung aufweist.

### Punkt 3: Wie effektiv sind die Aktivitäten eines Unternehmens im Bereich Forschung und Entwicklung im Verhältnis zu seiner Größe?

Bei vielen Publikumsgesellschaften ist es nicht allzu schwierig, Zahlen zu den jährlichen Ausgaben im Bereich Forschung und Entwicklung zu erhalten. Da so gut wie jedes dieser Unternehmen seine jährlichen Umsatzzahlen veröffentlicht, muss man nur die Forschungsausgaben durch den Jahresumsatz dividieren, um den Prozentsatz des Umsatzes zu errechnen, den ein Unternehmen für die Forschung aufwendet. Viele professionelle Analysten vergleichen diese

Kennzahl für die Forschungsaktivitäten eines Unternehmens gerne mit der anderer Unternehmen in der gleichen Branche. Sie vergleichen diese Zahl manchmal auch mit dem Durchschnittswert der Branche, indem sie den Durchschnitt aus den Werten der einzelnen Firmen berechnen. Hieraus werden Rückschlüsse sowohl hinsichtlich der Bedeutung der Forschungsaktivitäten eines Unternehmens im Vergleich zur Konkurrenz gezogen als auch hinsichtlich der Forschungsaufwendungen, die der Anleger pro Aktie bei einem bestimmten Unternehmen bekommt.

Solche Zahlen können einen groben Maßstab bilden, der wertvolle Hinweise darauf geben kann, dass ein Unternehmen einen anormal hohen Forschungsaufwand betreibt, während ein anderes nicht annähernd genug in diesem Bereich tut. Aber solange nicht eine Menge weiterer Informationen hinzukommen, können solche Zahlen in die Irre führen. Ein Grund dafür ist, dass sich Unternehmen stark in Bezug auf die Definition dessen unterscheiden, was zu Forschung und Entwicklung gehört und was nicht. Ein Unternehmen schlägt dem Forschungsbereich bestimmte Ingenieurkosten zu, die die meisten Fachleute nicht als Forschungsausgaben einordnen würden, weil sie ein vorhandenes Produkt nur auf einen bestimmten Kunden zuschneiden – die Arbeit eines Verkaufsingenieurs, nicht eines Forschungsingenieurs. Ein anderes Unternehmen hingegen rechnet die Kosten einer Pilotanlage für ein vollständig neues Produkt unter Produktionskosten statt unter Forschungsausgaben. Das wiederum würden die meisten Experten als reine Forschungsausgaben betrachten, da dieser Aufwand in direktem Zusammenhang mit dem Gewinn von Know-how über die Herstellung eines neuen Produkts steht. Wenn alle Unternehmen ihre Forschungsausgaben auf einer vergleichbaren Basis berechnen würden, sähen die Zahlen zu den Forschungsausgaben vieler bekannter Unternehmen ganz anders aus als die, die häufig in Finanzkreisen in Umlauf sind.

Bei keiner anderen wirtschaftlichen Aktivität finden sich zwischen den Unternehmen so große Unterschiede im Verhältnis von Kosten und Nutzen wie im Forschungsbereich. Sogar unter den am besten geführten Unternehmen gibt es hier Unterschiede in der Größenordnung von zwei zu eins. Das bedeutet, dass einige gut geführte Unternehmen aus jedem in den Forschungsbereich investierten Dollar doppelt so viel Gewinn ziehen wie andere. Berücksichtigt man auch durchschnittlich geführte Unternehmen, so ergibt sich zwischen gut und mittelmäßig geführten Unternehmen ein noch größerer Unterschied. Der Grund hierfür liegt darin, dass die großen Schritte bei der Entwicklung neuer Produkte und Verfahren nicht mehr das Werk eines einzelnen Genies sind. Sie sind das Ergebnis der Arbeit eines hochqualifizierten Forschungsteams, in dem jeder Spezialist für einen anderen Bereich ist. Ein solches Team kann beispielsweise einen Chemiker, einen Festkörperphysiker, einen Metallurgen und einen Mathematiker umfassen. Jeder einzelne dieser Experten trägt mit seiner Qualifikation einen Teil zu einem erfolgreichen Resultat bei. Darüber hinaus braucht man Führungspersönlichkeiten, die die Arbeit solch unterschiedlicher Fachleute koordinieren und die Kräfte auf die Erreichung eines gemeinsamen Zieles hin bündeln. Die Zahl oder die Reputation der Mitarbeiter in der Forschungsabteilung des einen Unternehmens kann daher gegenüber der Effektivität der Teamarbeit in der Forschungsabteilung eines anderen Unternehmens in den Hintergrund treten.

Die Fähigkeit des Managements, verschiedene technische Qualifikationen zu einem funktionierenden Team zusammenzufügen und jeden Einzelnen in diesem Team zu Höchstleistungen zu motivieren, ist nicht die einzige Koordinationsaufgabe, die Voraussetzung für optimale Ergebnisse ist. Fast genauso wichtig ist die enge und detailorientierte Koordination der in verschiedenen Entwicklungsprojekten betriebenen Forschungsarbeit mit Fachleuten aus dem Fertigungs- und Vertriebsbereich. Diese enge Verbindung von Forschung, Fertigung und Vertrieb ist für das Management keine leichte Aufgabe. Wenn diese Aufgabe aber nicht erfüllt wird, können neu entwickelte Projekte im Endeffekt nicht billig genug hergestellt werden oder ihr Design ist so, dass sie nicht das Maximum an Kaufanreiz aufweisen. Die Forschung entwickelt dann in der Regel Produkte, die anfällig gegenüber der effizienteren Konkurrenz sind.

Schließlich bedarf es einer weiteren Koordinationsleistung, wenn Forschungsaufwendungen ein Maximum an Effizienz haben sollen.

Es handelt sich hierbei um die Koordination mit der Unternehmensführung. Vielleicht sollte man besser davon sprechen, dass die Unternehmensführung ein Verständnis von dem fundamentalen Charakter kommerzieller Forschung entwickeln muss. Man kann Entwicklungsprojekte nicht einfach in guten Zeiten ausweiten und in schlechten Zeiten wieder zusammenstreichen, ohne dass die Gesamtkosten bis zum Erreichen des angestrebten Ziels sich gewaltig erhöhen. Die Sofortprogramme, die das Top-Management hier und da so schätzt, mögen gelegentlich notwendig sein, sie sind oft aber einfach nur teuer. Bei einem solchen Sofortprogramm wird wichtiges Forschungspersonal plötzlich von einem Projekt abgezogen und mit einem anderen Projekt befasst, das zu dem betreffenden Zeitpunkt sehr wichtig sein mag, das aber oft die damit verbundenen Brüche nicht wert ist. Das Geheimnis erfolgreicher Industrieforschung liegt darin, dass nur Forschungsprojekte ausgewählt werden, deren finanzieller Nutzen die Aufwendungen um ein Vielfaches übersteigt. Nachdem ein Projekt aber einmal begonnen worden ist, darf nicht zugelassen werden, dass Budgetüberlegungen oder andere Faktoren von außen das Projekt beschneiden oder beschleunigen, sonst steigen in jedem Fall die Gesamtkosten im Verhältnis zum erzielten Ergebnis.

In einigen Unternehmensführungen wird dies nicht verstanden. Ich habe gehört, wie wenig Besorgnis Manager kleiner, aber erfolgreicher Unternehmen im Elektronikbereich in Bezug auf das Wettbewerbspotenzial eines der Giganten dieser Branche hatten. Dieser Mangel an Besorgnis in Bezug auf die Fähigkeit eines viel größeren Unternehmens, wettbewerbsfähige Produkte auf den Markt zu bringen, geht nicht auf einen Mangel an Respekt vor den Fähigkeiten der einzelnen Wissenschaftler in diesem Unternehmen zurück oder auf das Verkennen der möglichen Erfolge, die ein großes Unternehmen mit seinem gewaltigen Forschungsetat haben könnte. Seine Begründung liegt vielmehr in der über die Jahre gewachsenen Neigung in diesem Unternehmen, laufende Forschungsprojekte durch Sofortprogramme zugunsten aktueller Ziele des Top-Managements zu unterbrechen. In die gleiche Richtung geht ein ähnliches Beispiel, das ich vor einigen Jahren gehört habe. Ohne die Sache – aus verständlichen Gründen – an die große Glocke zu hängen, riet eines der besten technikorientierten Colleges seinen Absolventen unter der Hand von der Beschäftigung bei einer bestimmten Ölgesellschaft ab. Der Grund lag darin, dass das Top-Management dieses Unternehmens üblicherweise hoch qualifizierte Mitarbeiter für Forschungsprojekte anstellte, die normalerweise über fünf Jahre laufen würden. Nach ungefähr drei Jahren verlor die Gesellschaft dann ihr Interesse an dem Projekt und gab es auf, wodurch sie nicht nur die in das Projekt investierten Mittel verlor, sondern auch den Projektmitarbeitern die Chance nahm, sich auf technischem Gebiet die mit einem Erfolg verbundene Reputation zu erarbeiten.

Was die Bewertung des Forschungsbereichs aus Sicht des Anlegers noch schwieriger macht, ist die Frage, wie die umfangreichen Forschungsanstrengungen im Zusammenhang mit Rüstungsaufträgen zu bewerten sind. Ein großer Teil solcher Forschung wird häufig nicht auf Kosten des betreffenden Unternehmens durchgeführt, sondern auf Staatskosten. Einige Subunternehmen in diesem Bereich forschen wiederum auf Kosten der Unternehmen, an die sie liefern. Soll ein Anleger solche Forschungsaufwendungen als genauso wichtig bewerten wie Forschungsprojekte, die auf Kosten des Unternehmens selbst durchgeführt werden? Wenn nicht, wie sollte fremdfinanzierte Forschung dann im Verhältnis zu eigenfinanzierter Forschung bewertet werden? Wie bei so vielen anderen Fragen im Investmentbereich gibt es auch hier keine einfache mathematische Formel. Jeder Einzelfall liegt anders.

Die Gewinnspanne bei Rüstungsaufträgen ist geringer als die bei zivilen Aufträgen und der Auftrag für die Produktion eines neuen Waffensystems ist oft nur über die öffentliche Ausschreibung der staatlichen Konstruktionspläne zu erlangen. Im Fall von mit öffentlichen Forschungsmitteln entwickelten Produkten ist daher manchmal kein Folgeauftrag zu erhalten, so wie es bei privat finanzierten Entwicklungsprojekten der Fall ist, wo oft Patente oder bestehende Kundenkontakte ins Spiel gebracht werden können. Aus solchen Gründen gibt es aus der Sicht des Anlegers beim wirtschaftlichen Wert unterschiedlicher staatlich finanzierter Forschungsprojekte eine große Variationsbreite, auch wenn solche Projekte in ihrer Bedeutung für die Verteidigung ungefähr gleich wichtig sind. Das folgende konstruierte Beispiel macht deutlich, wie unterschiedlich drei solcher Projekte in ihrem Wert für den Anleger sein können:

Das erste Projekt führt zur Produktion eines hervorragenden neuen Waffensystems, für das es keine zivile Anwendung gibt. Die Rechte für dieses Waffensystem liegen beim Staat, und nachdem das Waffensystem einmal entwickelt ist, ist seine Herstellung einfach genug, um der entwickelnden Firma keinen Wettbewerbsvorteil gegenüber ihren Konkurrenten bei der Ausschreibung um einen Produktionsauftrag zu geben. Solch ein Forschungsaufwand hätte für einen Anleger so gut wie keinen Wert.

Das zweite Projekt führt zur Produktion der gleichen Waffe, aber die Herstellungstechnik ist hinreichend komplex, um die Produktion des Waffensystems für eine nicht am Entwicklungsprozess der Waffe beteiligte Firma sehr schwierig zu machen. Solch ein Forschungsprojekt hätte für einen Anleger immerhin einigen Wert, da es kontinuierliche, wenn auch wahrscheinlich nicht sehr profitable Geschäftsbeziehungen mit der Regierung sicherstellen würde.

Im dritten Fall ergeben sich bei einem Unternehmen durch die Entwicklung eines neuen Waffensystems Kenntnisse und technologische Innovationen, die unmittelbar bei den zivilen Produktlinien des Unternehmens – mit ihren vermutlich höheren Gewinnspannen – Anwendung finden können. Solch ein Forschungsprojekt kann für den Anleger von hohem Wert sein. Einige der erfolgreichsten Unternehmen der jüngsten Vergangenheit sind diejenigen gewesen, die ein Talent für die Akquirierung komplexer, hochtechnologischer Rüstungsaufträge hatten, aus denen sie auf Staatskosten Know-how in den profitablen zivilen Bereich ihrer Unternehmensaktivitäten transferieren konnten. Solche Unternehmen liefern dem Staat die Forschungsergebnisse, die das Militär dringend braucht. Gleichzeitig erhalten sie jedoch kostengünstig oder kostenfrei damit in Zusammenhang stehende zivile Forschungsergebnisse, die sie sonst wahrscheinlich selbst hätten finanzieren müssen. Dieser Faktor kann gut einer der Gründe hinter dem spektakulären Investment-Erfolg von Texas Instruments, Inc., sein, die in vier Jahren 500 Prozent über den Kurs von 5 ¼ stiegen, zu dem sie bei ihrer Einführung an der New Yorker Börse ursprünglich gehandelt worden waren. Er kann ebenso zu der Steigerung um 700 Prozent beigetragen haben, in deren Genuss die Aktionäre von Ampex in dem gleichen Zeitraum seit der Einführung dieser Aktie kamen.

Bei der Beurteilung des relativen Wertes einer Forschungsabteilung aus Investment-Perspektive muss schließlich noch ein weiterer Bereich berücksichtigt werden. Hierbei geht es um ein Aufgabenfeld, das normalerweise nicht zum Entwicklungsbereich gerechnet wird, den Bereich der Marktforschung. Die Marktforschung kann als Brücke zwischen Forschung und Entwicklung einerseits und Vertrieb andererseits gelten. Die Unternehmensführung muss sich vor der Versuchung hüten, bedeutende Summen auf die Erforschung und Entwicklung eines schillernden Produkts zu verwenden, für das es nach seiner Fertigstellung zwar tatsächlich einen eigenen Markt gibt, der jedoch zu klein ist, um Gewinn abzuwerfen. Ich meine damit einen Markt, auf dem nie ein hinreichend hoher Umsatz zu erzielen ist, um die Forschungsaufwendungen wieder hereinzubringen, von einem anständigen Gewinn für den Anleger ganz zu schweigen. Wenn es der Marktforschungsabteilung gelingt, die Forschungsaufwendungen ihres Unternehmens von einem technisch erfolgreichen, aber wirtschaftlich kaum kostendeckenden Projekt zu einem anderen Projekt zu transferieren, das auf einen viel breiteren Markt ausgerichtet ist und seine Kosten so dreifach wieder einbringen kann, dann hätte diese Marktforschungsabteilung den Wert des wissenschaftlichen Personals für die Aktionäre bedeutend gesteigert.

Quantitative Maßgrößen wie die jährlichen Forschungsausgaben oder die Anzahl von Angestellten mit Hochschulabschluss sind also nur ein grober Maßstab und nicht das letzte Wort auf die Frage, ob ein Unternehmen seinen Forschungsbereich hervorragend organisiert. Wie kann der sorgfältige Anleger hier Klarheit erlangen? Auch hier ist es wieder erstaunlich, welche Resultate man erzielen kann, wenn man die richtigen Leute fragt. Wer es noch nicht selbst ausprobiert hat, wird kaum glauben, wie vollständig ein Bild werden kann, wenn man Forschern aus dem Unternehmen, aus ähnlichen Forschungsbereichen bei Konkurrenzunternehmen, an Hochschulen und bei Regierungsstellen intelligente Fragen über die Forschungsaktivitäten einer bestimmten Firma stellt. Eine einfachere und oft wertvolle Methode besteht darin zu untersuchen, wie viel Umsatz oder Nettogewinn die Forschungsabteilung einem Unternehmen in einem bestimmten Zeitraum, wie zum Beispiel den letzten zehn Jahren, gebracht hat. Eine Forschungsabteilung, die in einer solchen Periode im Verhältnis zum Umfang ihrer Aktivitäten eine beachtliche Reihe neuer und profitabler Produkte entwickelt hat, wird wahrscheinlich auch in Zukunft ebenso produktiv sein, solange sich an ihrer Arbeitsweise nichts ändert.

### Punkt 4: Verfügt das Unternehmen über eine überdurchschnittliche Vertriebsabteilung?

Im Zeitalter der Konkurrenz sind nur wenige Produkte oder Dienstleistungen so herausragend, dass sie sich auch ohne Vermarktung optimal verkaufen. Verkaufen ist die fundamentale Aktivität jedes Unternehmens. Ohne Verkäufe ist ein Überleben unmöglich. Mehrfach an zufriedene Kunden zu verkaufen, ist die erste Voraussetzung für Erfolg. Aber so seltsam dies auch erscheinen mag, so wird doch der Verkaufs-, Werbe- und Vertriebsabteilung eines Unternehmens auch seitens sorgfältig vorgehender Anleger viel weniger Aufmerksamkeit zuteil als Fertigung, Forschung, Finanzen oder anderen wichtigen Abteilungen eines Unternehmens.

Wahrscheinlich hat dies einen bestimmten Grund. Es ist relativ leicht, einfache mathematische Verhältniswerte zur Beurteilung der Attraktivität von Produktionskosten, Forschungsaktivitäten oder der Finanzstruktur eines Unternehmens im Verhältnis zu seinen Konkurrenten zu konstruieren. Viel schwieriger ist es, Kennziffern für die Effizienz von Verkauf und Vertrieb zu erhalten, die auch nur einen Anschein von Bedeutung haben. In Bezug auf die industrielle Forschung haben wir schon gesehen, dass einfache Verhältniswerte viel zu grob sind, um mehr als erste Hinweise für weitere Überlegungen zu bieten.

Den Wert solcher Kennziffern für Fertigung und Finanzstruktur werden wir gleich noch erörtern. Ob solche Kennziffern nun den Wert besitzen, der ihnen in Finanzkreisen oft beigemessen wird, oder nicht, sei dahingestellt – Tatsache ist, dass sich Anleger gerne auf sie verlassen. Da sich Anstrengungen im Vertriebsbereich nur schwerlich in solche Formeln fassen lassen, berücksichtigen viele Anleger diesen Bereich überhaupt nicht, trotz seiner grundlegenden Bedeutung bei der Evaluation des Wertes einer Anlage.

Der Ausweg aus diesem Dilemma liegt wieder in der Gerüchteküche. Über kein Aktivitätsfeld eines Unternehmens erfährt man leichter etwas aus Quellen außerhalb des Unternehmens als über die Effizienz der Vertriebsabteilung. Konkurrenten und Kunden – beide kennen die Antwort. Was ebenso wichtig ist: beide zögern selten, ihre Meinung zu sagen. Die Zeit, die ein sorgfältiger Anleger auf die Untersuchung dieses Bereichs verwendet, ist in der Regel gut investiert.

Ich handele die Frage der Vertriebskompetenz eines Unternehmens kürzer ab als die der Forschungskompetenz. Das bedeutet nicht, dass ich sie für weniger wichtig halte. Im Zeitalter der Konkurrenz sind viele Dinge wichtig für den Unternehmenserfolg. Fertigung, Vertrieb und Forschung können jedoch als die drei wichtigsten Tragpfeiler des Erfolges gelten. Zu sagen, einer dieser Bereiche sei wichtiger als der andere, bedeutet genauso viel, als würde man behaupten, Herz, Lunge oder Magen-Darm-Trakt seien jeweils das wichtigste Organ für den Körper. Zum Überleben braucht man sie alle, und alle müssen sie gut arbeiten, wenn man gesund bleiben will. Achten Sie auf die Unternehmen, die sich als hervorragende Anlagemöglichkeiten erwiesen haben. Versuchen Sie, eines zu finden, das nicht über einen aggressiven Vertrieb und eine sich kontinuierlich verbessernde Verkaufsorganisation verfügt.

Ich habe bereits die Dow Chemical Company erwähnt und tue dies vielleicht noch mehrmals, da ich glaube, dass dieses über viele Jahre für seine Aktionäre so gewinnträchtige Unternehmen ein herausragendes Beispiel für eine ideale konservative, langfristige Investition darstellt. Hier haben wir ein Unternehmen, das im öffentlichen Bewusstsein fast schon zum Synonym für außerordentlich erfolgreiche Forschung geworden ist. Nicht so bekannt ist jedoch, dass dieses Unternehmen sein Verkaufspersonal genauso sorgfältig auswählt und ausbildet wie die Chemiker in der Forschung. Bevor ein junger College-Absolvent Verkäufer bei Dow wird, lädt das Unternehmen ihn vielleicht mehrmals ein, damit sowohl er als auch das Unternehmen so sicher wie nur möglich sein können, dass er von Hintergrund und Temperament her in die bestehende Verkaufsabteilung passt. Bevor er seinen ersten Kunden auch nur aus der Ferne sieht, muss sich der neue Mann einem besonderen Training unterziehen, das ihn über einige Wochen oder auch über mehr als ein Jahr auf die komplexen Verkaufstätigkeiten vorbereitet. Das ist aber nur der Beginn seiner Ausbildung. Zu den wichtigsten Aktivitäten des Unternehmens zählt die ständige Suche nach effizienteren Wegen, den Kunden anzusprechen, zu bedienen und zu beliefern.

Sind Dow und die anderen herausragenden Unternehmen der chemischen Industrie Ausnahmen, was diese hohe Aufmerksamkeit für den Verkaufs- und Vertriebsbereich angeht? Mit Sicherheit nicht. International Business Machines zählt in einer ganz anderen Branche zu den Unternehmen, die – konservativ gesprochen – ihren Aktionären einen schönen Gewinn gebracht hat. Ein Manager von IBM erzählte mir neulich, dass der durchschnittliche Verkäufer bei IBM ein Drittel seiner Zeit beim Training in den Schulungsstätten des Unternehmens verbringe. Zu einem beträchtlichen Teil geht dieser hohe Anteil auf die Bemühungen zurück, das Verkaufspersonal auf der Höhe der technischen Entwicklung zu halten. Dennoch glaube ich, dass hier ein weiterer Beweis für die Bedeutung liegt, die die meisten erfolgreichen Gesellschaften der kontinuierlichen Verbesserung ihrer Absatzorganisation zumessen. Mit einem Unternehmen, das aufgrund seiner Kompetenz in Forschung oder Fertigung auch ohne eine starke Vertriebsabteilung gute Geschäfte macht, kann man auch einmal Gewinn machen. Solche Unternehmen sind jedoch recht verwundbar. Für ein stetiges, langfristiges Wachstum ist ein starker Vertrieb unerlässlich.

## Punkt 5: Weist das Unternehmen eine lohnende Gewinnspanne auf?

Hier zumindest haben wir einen wichtigen Punkt, der einer mathematischen Analyse zugänglich ist, wie sie viele im Finanzwesen als Rückgrat für vernünftige Investitionsentscheidungen ansehen. Aus der Sicht des Investors sind Umsätze nur dann von Wert, wenn sie zu mehr Gewinn führen. Keine Umsatzsteigerung auf der Welt reicht als Investment-Anreiz aus, wenn im Verlauf der Jahre der Gewinn nicht entsprechend wächst. Der erste Schritt bei der Untersuchung der Gewinne besteht in der Bestimmung der Gewinnspanne eines Unternehmens. Dabei wird der Betrag pro umgesetzten Dollar bestimmt, der sich im Betriebsergebnis niederschlägt. Sogar in derselben Branche wird sofort eine breite Variationsspanne zwischen verschiedenen Unternehmen deutlich. Eine solche Berechnung sollte nicht für ein Jahr, sondern über mehrere Jahre hinweg angestellt werden. Dann wird offensichtlich, dass fast alle Unternehmen breitere Gewinnspannen und höhere Gesamtgewinne aufweisen, wenn die Wirtschaft floriert. Es wird jedoch auch sichtbar, dass gewinnschwache Unternehmen mit kleineren Gewinnspannen diese in guten Jahren um einen höheren Prozentsatz steigern als die mit niedrigeren Kosten arbeitende Konkurrenz, deren Gewinnspanne nicht so stark ansteigt. Das führt gewöhnlich dazu, dass gewinnschwache Unternehmen in guten Geschäftsjahren einen größeren Gewinnzuwachs verzeichnen als stärkere Unternehmen in derselben Branche. Man sollte jedoch auch daran denken, dass die Gewinne in diesen schwächeren Unternehmen bei rückläufiger Konjunktur entsprechend schneller fallen.

Ich glaube daher, dass die besten langfristigen Gewinne niemals aus Investitionen in gewinnschwache Unternehmen zu ziehen sind. Der einzige Grund, eine langfristige Investition in ein Unternehmen mit unterdurchschnittlicher Gewinnspanne zu erwägen, liegt darin, dass es deutliche Anzeichen für einen grundlegenden Wandel im Unternehmen gibt. Dieser würde dann dazu führen, dass sich eine Verbesserung der Gewinnspanne aus anderen Gründen als einer zeitweisen Ausweitung des Geschäftsvolumens ergibt. Die Gesellschaft wäre dann nicht mehr ein gewinnschwaches Unternehmen im eigentlichen Sinne des Wortes, denn der tatsächliche Grund für eine Anlage in diesem Unternehmen wäre, dass eine Produktivitätssteigerung oder neue Produktentwicklungen das Unternehmen aus dieser Kategorie herausführen. Wenn es in einem Unternehmen, das ansonsten die Kriterien für eine langfristige Anlage erfüllt, zu solchen Veränderungen kommt, kann es sich um eine außergewöhnlich attraktive Anlagemöglichkeit handeln.

Bei älteren und größeren Unternehmen sind die meisten wirklich großen Anlagegewinne bei Unternehmen mit einer breiten Gewinnspanne erzielt worden, in der Regel mit einer, die zu den besten in der Branche zählt. In Bezug auf jüngere Unternehmen und gelegentlich auch auf ältere gibt es eine wichtige Ausnahme von dieser Regel, eine Ausnahme, die allerdings oft eher Schein als Wirklichkeit ist. Unternehmen entscheiden sich manchmal absichtlich dafür, ihren gesamten Gewinn oder einen großen Teil davon in eine Verstärkung der Forschung oder des Marketings zu investieren, um so das Wachstum des Unternehmens zu beschleunigen. In einem solchen Fall ist es unbedingt notwendig sicherzustellen, dass es tatsächlich mehr Forschungsaktivitäten, mehr Vertriebsaktivitäten oder andere Investitionen in die Zukunft sind, die für schmale oder nicht vorhandene Gewinnspannen verantwortlich zeichnen.

Man sollte sorgfältig sicherstellen, dass diejenigen Aktivitäten, die für eine reduzierte Gewinnspanne verantwortlich gemacht werden, nicht einfach nur in einem Umfang unternommen werden, der allgemein für ein akzeptables Wachstum erforderlich ist, sondern wirklich eine darüber hinausgehende Steigerung von Forschung, Marketing und ähnlichem repräsentiert. Trifft dies wirklich zu, kann ein Unternehmen mit einer scheinbar geringen Gewinnspanne eine außergewöhnlich attraktive Anlagemöglichkeit sein. Mit Ausnahme solcher Unternehmen jedoch, bei denen eine niedrige Gewinnspanne absichtlich aus Gründen einer Steigerung der Wachstumsrate in Kauf genommen wird, sollten sich Investoren auf der Suche nach einem Maximum an langfristigem Gewinn von Unternehmen mit niedrigen oder schwachen Gewinnspannen fernhalten.

## Punkt 6: Was tut ein Unternehmen, um seine Gewinnspanne aufrechtzuerhalten oder zu verbessern?

Der Erfolg eines Aktienkaufs hängt nicht davon ab, was zum Zeitpunkt des Kaufs im Allgemeinen über das Unternehmen bekannt ist. Er hängt vielmehr davon ab, was über das Unternehmen bekannt wird, nachdem die Aktien gekauft sind. Es sind daher nicht die Gewinnspannen der Vergangenheit, sondern die der Zukunft, die für den Anleger von grundlegender Bedeutung sind.

In der heutigen Zeit scheinen Gewinnspannen unter ständigem Druck zu stehen. Lohn- und Gehaltskosten steigen Jahr um Jahr. Viele Unternehmen sind durch langfristige Arbeitsverträge gebunden, die für die kommenden Jahre weitere Lohnsteigerungen vorsehen. Steigende Arbeitskosten führen zu entsprechenden Preissteigerungen bei Rohmaterialien und Vorprodukten. Auch die Steuern, vor allem Grundsteuern und kommunale Abgaben, scheinen ständig zu steigen.

Vor diesem Hintergrund sind die Gewinnspannen unterschiedlicher Firmen unterschiedlich betroffen. Einige Unternehmen sind in der anscheinend glücklichen Situation, ihre Gewinnspanne durch Preiserhöhungen stabil halten zu können. Dies ist ungewöhnlich und setzt voraus, dass diese Unternehmen in Branchen mit einer außergewöhnlich starken Nachfrage tätig sind oder dass der Preis der Konkurrenzprodukte noch stärker gestiegen ist als der der eigenen. In unserer Wirtschaft gelingt die Stabilisierung von Gewinnspannen auf diese Weise jedoch allenfalls kurzfristig. Der Grund hierfür liegt darin, dass zusätzliche konkurrierende Produktionskapazität geschaffen wird. Diese neue Produktionskapazität gleicht den gestiegenen Gewinn aus, sodass mit der Zeit Kostensteigerungen nicht länger über Preissteigerungen weitergegeben werden können. Dann beginnen die Gewinnspannen zu schrumpfen.

Ein schlagendes Beispiel hierfür ist der abrupte Wandel auf dem Aluminiummarkt im Herbst 1956, der sich innerhalb weniger Wochen vom Verkäufer- zum Käufermarkt orientierte. Bis zu diesem Zeitpunkt stiegen die Aluminiumpreise ungefähr parallel zur Kostenentwicklung. Steigt die Nachfrage nicht noch schneller als sich der Ausbau der Produktionskapazitäten vollzieht, werden Preissteigerungen in Zukunft seltener werden. In ähnlicher Weise mag die andauernde Abneigung bei einigen der größten Stahlproduzenten, die Preise für gewisse Spezialstähle bis an die Grenze des vom Markt Verkraftbaren anzuheben, zum Teil auf langfristige Erwägungen über die temporäre Natur großer Gewinnspannen zurückgehen, sofern diese allein aufgrund der Fähigkeit zur Überwälzung höherer Kosten auf höhere Verkaufspreise entstehen.

Die hierin liegende langfristige Gefahr wird vielleicht am besten durch die Situation der führenden Kupfererzeuger ebenfalls im zweiten Halbjahr 1956 illustriert. Diese Unternehmen legten sich beträchtliche Zurückhaltung auf bei dem Versuch, die Preise nicht zu hoch steigen zu lassen. Sie gingen sogar so weit, unter Weltmarktniveau zu verkaufen. Dennoch stiegen die Kupferpreise genügend, um die Nachfrage zu beschränken und neue Anbieter auf den Plan zu rufen. Noch verschärft durch einen Absatzrückgang in Westeuropa als Resultat der Suez-Krise geriet die Lage aus dem Gleichgewicht. Wären die Gewinnspannen 1956 nicht so gut gewesen, wären sie wahrscheinlich 1957 nicht so sehr geschrumpft. Steigen die Gewinnspannen in einer Branche insgesamt als Resultat wiederholter Preissteigerungen, ist das für einen langfristig orientierten Anleger kein gutes Zeichen.

Im Gegensatz dazu gelingt es anderen Unternehmen, darunter auch einigen in diesen Branchen, ihre Gewinnspannen durch viel intelligentere Maßnahmen als durch Preissteigerungen zu verbessern. Einige Unternehmen haben große Erfolge mit gesonderten Rationalisierungs-Abteilungen erzielt. Die einzige Funktion solcher Abteilungen ist es, neue Maschinen zu entwickeln, die die Kosten reduzieren und so die steigenden Löhne ganz oder teilweise ausgleichen. Viele Unternehmen halten ständig nach Verfahren und Möglichkeiten zur Rationalisierung Ausschau. Buchführung und betriebliche Kostenrechnung haben sich hierfür als besonders geeignete Felder erwiesen. Dasselbe trifft für den Transportbereich zu. Transportkosten sind schneller als andere Kostenarten gestiegen, da der Transport meistens einen höheren Anteil an Lohnkosten aufweist als die Fertigung. Findige Unternehmen konnten ihre Kosten drücken, indem sie neue Containertypen benutzten, bislang nicht genutzte Transportmethoden einführten oder sogar zusätzliche Fabrikationsstätten einrichteten, um weite Transporte zu vermeiden.

All dies geht nicht von einem Tag auf den anderen. All dies bedarf gründlicher Überlegung und beträchtlicher Vorplanung. Der vorausschauende Anleger sollte aufmerksam verfolgen, wie intelligent neue Ideen zur Kostenreduzierung und zur Verbesserung der Gewinnspanne verfolgt werden. Wiederum ist die Gerüchteküche von einigem Wert, noch wertvoller aber sind direkte Auskünfte von Unternehmensangehörigen. Glücklicherweise ist dies ein Thema, über das die meisten Führungskräfte recht detailliert Auskunft geben. Die Unternehmen, die in dieser Hinsicht am erfolgreichsten sind, werden wahrscheinlich auch diejenigen sein, die das nötige Know-how aufgebaut haben, um auch die Zukunft konstruktiv zu meistern. Sie gehören sehr wahrscheinlich zu der Gruppe der Unternehmen, die ihren Aktionären die besten langfristigen Erfolge bieten.

### Punkt 7: Sind die industriellen Beziehungen und die Personalführung des Unternehmens hervorragend?

Die meisten Investoren wissen den Wert guter industrieller Beziehungen nicht wirklich zu schätzen. Wenige hingegen verkennen die Folgen schlechter industrieller Beziehungen. Die Auswirkungen häufiger und langer Streiks auf die Produktion sind für jeden offensichtlich, der die Finanzberichte eines Unternehmens auch nur oberflächlich durchsieht.

Der Produktivitätsunterschied zwischen einem Unternehmen mit guten Beziehungen zwischen Arbeitgebern und Arbeitnehmern und einem Unternehmen mit mittelmäßigen industriellen Beziehungen geht jedoch weit über die unmittelbaren Kosten eines Streiks hinaus. Wenn sich die Belegschaft von ihrem Arbeitgeber fair behandelt fühlt, stellt dies zugunsten einer effizienten Führung eine gute Basis für die Steigerung der Arbeitsproduktivität dar. Zudem verursacht die Einarbeitung einer neuen Arbeitskraft immer beträchtliche Kosten. Unternehmen mit überdurchschnittlicher Personalfluktuation müssen hier unnötige Ausgaben in Kauf nehmen, die von besser geführten Betrieben vermieden werden.

Wie aber kann ein Investor die Qualität der Arbeitsbeziehungen und der Personalführung eines Unternehmens beurteilen? Auf diese Frage gibt es keine einfache Antwort. Es gibt keinen festen Maßstab, der stets anwendbar ist. Am besten betrachtet man eine Reihe von Faktoren und macht sich auf dieser Basis ein Bild.

In Zeiten sich ausbreitender gewerkschaftlicher Organisierung kann man davon ausgehen, dass nicht gewerkschaftlich organisierte Unternehmen oder solche mit einer Betriebsgewerkschaft wahrscheinlich überdurchschnittlich gute Arbeitgeber-Arbeitnehmer-Beziehungen und eine ebenso gute Personalführung haben. Wäre dies nicht der Fall, wäre der Betrieb schon längst gewerkschaftlich organisiert. Ein Anleger kann zum Beispiel ziemlich sicher sein, dass Motorola im gewerkschaftlich hochgradig organisierten Chicago und Texas Instruments, Inc., im zunehmend organisierten Dallas zumindest einen wichtigen Teil ihrer Belegschaft davon überzeugt haben, dass ihr Unternehmen willens und in der Lage ist, seine Beschäftigten gut zu behandeln. Wenn Belegschaften nicht in einer landesweiten Gewerkschaft organisiert sind, kann das nur bedeuten, dass die Personalpolitik des Unternehmens in diesen Fällen erfolgreich war.

Auf der anderen Seite ist eine hochgradig gewerkschaftlich organisierte Belegschaft keinesfalls ein Zeichen für schlechte Arbeitsbeziehungen. Einige Unternehmen mit den allerbesten Arbeitsbeziehungen sind vollständig organisiert, haben aber gelernt, mit ihren Gewerkschaften auf der Basis wechselseitigen Respekts und Vertrauens zurechtzukommen. Ebenso ist eine Reihe ständiger, langer Streiks zwar ein guter Indikator für schlechte Arbeitsverhältnisse, wohingegen das völlige Fehlen von Streiks nicht notwendigerweise ein Zeichen für gute ist. Ein Unternehmen ohne Streiks ähnelt manchmal dem sprichwörtlichen Pantoffelhelden. Fehlende Konflikte deuten dann eher auf Furcht vor deren Folgen hin als auf eine von Grund auf glückliche Beziehung.

Warum sind Arbeiter in der Regel einem Arbeitgeber gegenüber loyal, einem anderen gegenüber ablehnend? Die Gründe hierfür sind oft so komplex und schwierig auszumachen, dass der Anleger sich besser mit Vergleichsdaten über die Einstellung der Arbeitnehmer beschäftigt als mit der Frage, welche Faktoren im Einzelnen zu dieser Einstellung führen. Eine Zahlenreihe, die Auskunft über die Qualität der Arbeitsbeziehungen und der Personalführung gibt, betrifft die Häufigkeit des Personalwechsels in einem Unternehmen im Vergleich zu einem anderen auf demselben Gebiet. Genauso aussagekräftig ist die Länge der Warteliste mit Stellenbewerbern bei einem Unternehmen im Vergleich zu anderen Unternehmen am Ort. In einer Gegend ohne Arbeitskräfteüberschuss sind Unternehmen, die eine ungewöhnlich lange Warteliste mit Stellensuchenden haben, hinsichtlich guter Arbeitsbeziehungen und einer guten Personalführung gewöhnlich positiv zu bewerten, was eine Investment-Entscheidung angeht.

Jenseits dieser allgemeinen Zahlen gibt es jedoch eine Reihe von Details, auf die ein Anleger achten muss. Unternehmen mit guten Arbeitsbeziehungen tendieren für gewöhnlich dazu, Konflikte unter Einsatz aller Mittel schnell beizulegen. Es gibt jedoch kleine individuelle Beschwerden, deren Beilegung lange dauert und die vom Management als nicht wichtig angesehen werden. Solche Konflikte schwelen vor sich hin und entfachen schließlich einen gefährlichen Brand. Zusätzlich zu den Methoden der Konfliktregelung sollte sich ein Anleger auch um das Lohnniveau kümmern. Ein Unternehmen mit überdurchschnittlichen Gewinnen und für die Region überdurchschnittlichen Löhnen hat wahrscheinlich gute Arbeitsbeziehungen. Bei einem Unternehmen, bei dem ein signifikanter Teil der Gewinne aus einem für die Gegend unterdurchschnittlichen Lohnniveau resultiert, wird ein Anleger mit der Zeit in ernste Schwierigkeiten geraten.

Schließlich sollte ein Investor auch die Einstellung des Top-Managements zur Belegschaft beachten. Es gibt Unternehmen, deren Management jenseits aller schön klingenden Allgemeinplätze kein Interesse an einem einfachen Arbeiter und kein Verantwortungsgefühl seinen Mitarbeitern gegenüber hat. Das wesentliche Interesse solcher Manager besteht darin, dass die untere Ebene der Belegschaft nicht mehr Geld bekommt, als es der Druck einer militanten Gewerkschaft unumgänglich macht. Arbeiter werden als Reaktion auf kleine Änderungen der Umsatzperspektiven oder Gewinnaussichten in großer Zahl angestellt oder entlassen. Es gibt kein Verantwortungsgefühl für die Notlagen, die daraus für die betroffenen Familien entstehen können. Es wird nichts getan, was einfachen Arbeitern das Gefühl vermitteln könnte, sie seien willkommen, würden gebraucht und wären Teil des Unternehmens. Es wird nichts zum Selbstbewusstsein des einzelnen Arbeiters beigetragen. Ein solches Management stellt in der Regel nicht den Hintergrund dar, den man für eine wirklich gute Kapitalanlage braucht.

### Punkt 8: Ist das Klima in der Führungsetage des Unternehmens optimal?

Wenn schon gute Beziehungen zu den unteren Belegschaftsebenen wichtig sind, so ist das richtige Klima in der Führungsetage eines Unternehmens lebensnotwendig. Hier arbeiten die Männer, deren Urteilskraft, Kreativität und Teamwork über kurz oder lang das Schicksal des Unternehmens entscheiden. Da für sie viel auf dem Spiel steht, ist die Anspannung bei der Arbeit oft hoch. Damit steigt auch die Wahrscheinlichkeit von Auseinandersetzungen oder Verärgerungen, so dass Führungskräfte das Unternehmen entweder verlassen oder nicht ihr volles Leistungspotenzial entfalten.

Ein Unternehmen mit den besten Anlagemöglichkeiten wird immer ein gutes Klima in der Führungsetage aufweisen. Die Führungskräfte werden Vertrauen in ihren Präsidenten oder Vorstandsvorsitzenden haben. Hierzu muss unter anderem auch auf allen Ebenen des Unternehmens das Bewusstsein herrschen, dass Beförderungen aufgrund von Qualifikation und nicht aufgrund von Vetternwirtschaft vorgenommen werden. Mitglieder einer Eigentümerfamilie werden nicht über die Köpfe qualifizierter Mitarbeiter hinweg befördert. Die Gehälter werden regelmäßig angepasst, sodass die Führungskräfte sicher sind, verdiente Gehaltssteigerungen zu bekommen, ohne sie erst verlangen zu müssen. Das Gehaltsniveau entspricht mindestens dem der Branche und den ortsüblichen Gegebenheiten. Bewerber von außerhalb des Unternehmens kommen zunächst nur in untergeordnete Positionen, es sei denn, im Unternehmen selbst findet sich kein geeigneter Bewerber für eine höhere Position. Die Unternehmensführung ist sich der Tatsache bewusst, dass immer ein gewisses Maß an Günstlingswirtschaft und persönlichen Streitereien entsteht, wenn Menschen zusammenarbeiten. Sie wird aber Mitarbeiter, die im Team nicht kooperieren, nicht tolerieren und so Günstlingswirtschaft und persönliche Streitereien auf ein Mindestmaß reduzieren. Über diesen Punkt erfährt der Anleger in der Regel viel aus Gesprächen mit den Führungskräften der verschiedenen Ebenen eines Unternehmens, ohne direkt danach fragen zu müssen. Je weiter sich ein Unternehmen von diesem Standard entfernt, desto geringer ist die Wahrscheinlichkeit, dass es eine wirklich gute Anlagemöglichkeit darstellt.

## Punkt 9: Ist das Management eines Unternehmens ausreichend tief gestaffelt?

Ein kleines Unternehmen kann sich unter der fähigen Führung eines einzelnen Mannes sehr gut entwickeln und unter günstigen Umständen für eine Reihe von Jahren eine großartige Investmentchance darstellen. Da jedoch alle Menschen sterblich sind, sollte der Anleger auch bei kleineren Unternehmen eine Perspektive dafür erkennen können, wie der Zusammenbruch der Firma verhindert werden kann, wenn der Mann an den Schalthebeln des Unternehmens nicht mehr zur Verfügung steht. Dieses Anlagerisiko ist heutzutage bei einem ansonsten hervorragenden kleinen Unternehmen nicht mehr so groß wie es scheint, da große Unternehmen mit einem reichen Potenzial an Managementkompetenz gerne gute kleine Firmen aufkaufen.

Für den Anleger sind jedoch Unternehmen interessant, die weiteres Wachstum versprechen. Früher oder später wird ein Unternehmen so groß werden, dass es weitere Möglichkeiten einfach nicht mehr nutzen kann, ohne in die Tiefe gestaffelte Führungskompetenz zu entwickeln. Dieser Punkt liegt bei jedem Unternehmen anders und hängt von den Branchengegebenheiten und den Fähigkeiten des Unternehmers ab. In der Regel ist er bei einem Jahresumsatz zwischen fünfzehn und vierzig Millionen Dollar erreicht. Zu diesem Zeitpunkt wird das unter Punkt 8 diskutierte richtige Führungsklima wichtig für den Anleger.

Die unter Punkt 8 genannten Voraussetzungen sind natürlich für die Entwicklung eines nach unten gestaffelten Managements notwendig. Ein solches Management wird sich jedoch nicht entwickeln, solange nicht gewisse zusätzliche Voraussetzungen geschaffen werden. Hierzu zählt vor allem die Delegation von Verantwortung. Wenn von der Spitze des Unternehmens abwärts die Führungskräfte auf jeder Ebene nicht den Verantwortungsspielraum haben, ihre Arbeit den individuellen Fähigkeiten entsprechend kreativ und effizient zu erledigen, verkümmert Führungskompetenz ebenso wie in einen Käfig gesperrte Jungtiere dies tun würden. Wer seine Fähigkeiten nicht nutzen kann, kann sie auch nicht entwickeln.

Unternehmen, in denen sich die Chefs persönlich um alltägliche Routinegeschäfte kümmern, sind für Anleger selten besonders attraktiv. Das Überschreiten von Autoritätsgrenzen, die die Unternehmensführung selbst gesetzt hat, führt oft dazu, dass in bester Absicht handelnde Führungskräfte den Wert ihrer Unternehmen für den Anleger selbst herabsetzen. Unabhängig davon, wie gut ein oder zwei Chefs solche Routinearbeiten erledigen können, werden sie von zwei Seiten aus unter Druck geraten, wenn ein Unternehmen einmal eine gewisse Größe erreicht hat. Zum einen wird es dann zu viele Einzelheiten geben, um die sie sich kümmern müssten. Auf der anderen Seite sind keine fähigen Leute nachgewachsen, die ihnen diese Dinge angesichts der zu erwartenden weiteren Zunahme solcher Tätigkeiten abnehmen könnten.

Bei der Beurteilung der Tiefenstaffelung des Managements gibt es für einen Anleger einen weiteren Punkt, der zu beachten ist. Begrüßt das Top-Management Vorschläge aus der Belegschaft und wertet es solche Vorschläge aus, auch wenn sie manchmal bestehenden Management-Praktiken gegenüber kritisch sind? Die Konkurrenz im Geschäftsleben ist heute so ausgeprägt und Verbesserungen und Wandel sind so notwendig, dass ein Anleger dort nicht das passende Investitionsklima vorfinden wird, wo Stolz oder Gleichgültigkeit die Unternehmensführung daran hindern, diesen Schatz wertvoller Ideen zu nutzen. In einem solchen Unternehmen wird sich auch wohl kaum eine größere Zahl der dringend benötigten jüngeren Führungskräfte entwickeln.

### Punkt 10: Wie gut sind Rechnungswesen und Finanzbuchhaltung?

Kein Unternehmen wird langfristig besonders erfolgreich sein, wenn es seine Gesamtkosten nicht genau und detailliert für jede einzelne Aktivität aufschlüsseln kann. Nur so kann das Management sehen, um welche Bereiche es sich kümmern muss. Nur so kann das Management beurteilen, ob es jedes dieser Probleme adäquat löst. Darüber hinaus fertigen die meisten erfolgreichen Unternehmen nicht ein Produkt, sondern eine große Vielfalt von Produkten. Wenn das Management die tatsächlichen Kosten eines Produkts im Verhältnis zu allen anderen nicht kennt, ist es in einer außergewöhnlich schwierigen Lage. Es wird dann fast unmöglich, die Preisgestaltung so vorzunehmen, dass der Gewinn insgesamt maximiert und gleichzeitig keine unwillkommene Konkurrenz auf den Plan gerufen wird. Es wird unmöglich zu sagen, für welche Produkte besondere Werbeanstrengungen unternommen werden sollen. Am schlimmsten ist, dass einige anscheinend erfolgreiche Bereiche tatsächlich mit Verlusten arbeiten können und den Gesamtgewinn schmälern statt vergrößern, ohne dass das Management davon etwas ahnt. Intelligente Planung wird dann fast unmöglich.

Trotz der Bedeutung des betrieblichen Rechnungswesens für eine Anlageentscheidung ist es für einen sorgfältigen Anleger in der Regel nur in Fällen extremer Ineffizienz möglich, sich ein klares Bild von der Kostenrechnung und den damit verbundenen Bereichen des Unternehmens zu verschaffen, das er als Anlagemöglichkeit in Erwägung zieht. Die »Gerüchteküche« gibt manchmal Aufschluss über Unternehmen, die in diesem Bereich schwere Defizite aufweisen. Weitergehende Auskünfte bringt sie selten. Fragt man Angestellte des Unternehmens direkt, bekommt man in der Regel die völlig ernst gemeinte Antwort, dass die Kostenrechnung den Anforderungen vollständig entspreche. Als Beweis werden oft genaue Kostenaufstellungen gezeigt. Wichtig ist jedoch nicht die Existenz solcher Zahlen, sondern ihre Richtigkeit. Ein sorgfältiger Anleger kann in dieser Frage oft nichts anderes tun, als sich über die Wichtigkeit dieses Bereichs sowie über die begrenzten Möglichkeiten bewusst zu sein, hier ein kompetentes Urteil zu fällen. In diesem Rahmen kann er sich vielfach nur auf die allgemeine Schlussfolgerung zurückziehen, dass ein ansonsten überdurchschnittlich geschäftstüchtiges Unternehmen wahrscheinlich auch in dieser Hinsicht überdurchschnittlich sein wird, solange der Unternehmensführung die hohe Bedeutung von professioneller Finanzbuchhaltung und betrieblichem Rechnungswesen bewusst ist.

### Punkt 11: Gibt es weitere branchenspezifische Aspekte, die dem Anleger wichtige Hinweise auf die Wettbewerbsposition eines Unternehmens geben können?

Dieser Punkt klingt so allgemein, weil die hierunter fallenden Faktoren so unterschiedlich sind – was in einer Branche von zentraler Bedeutung ist, kann in anderen nur sekundär oder gar unwichtig sein. Bei allen Aktivitäten im Einzelhandelsbereich ist zum Beispiel die Fähigkeit eines Unternehmens bei der Handhabung von Grundstücksgeschäften besonders gefragt – was zum Beispiel die Mietverträge angeht. In anderen Branchen sind weitgehende Kenntnisse auf diesem Gebiet weniger wichtig. In gleicher Weise ist das Geschick bei der Handhabung von Krediten für einige Unternehmensehr wichtig, für andere weniger wichtig, für dritte unwichtig. In beiden Fragen vermittelt die »Gerüchteküche« dem Anleger ein ziemlich klares Bild. Häufig kann er seine Schlussfolgerungen anhand mathematischer Berechnungen, wie zum Beispiel Mietkosten pro umgesetzten Dollar oder Anteil der Kreditkosten, überprüfen, wenn die Bedeutung dieses Punktes eine genauere Untersuchung rechtfertigt.

In einigen Branchen wird ein wichtiger Teil des Erlöses für Versicherungskosten aufgewendet. Die Bedeutung der Versicherungskosten kann so hoch sein, dass beispielsweise ein Unternehmen mit im Vergleich zur Konkurrenz um 35 Prozent niedrigeren Versicherungskosten eine breitere Gewinnspanne erzielen kann. In Branchen, wo Versicherungskosten einen die Gewinne beeinflussenden gewichtigen Faktor darstellen, kann eine Untersuchung solcher Kennziffern und eine Diskussion mit gut informierten Versicherungsleuten für einen Anleger sehr nützlich sein. Hier erhält man einen zusätzlichen aussagekräftigen Hinweis auf die Kompetenz eines Managements. Niedrigere Versicherungskosten resultieren nämlich nicht allein aus einer größeren Fähigkeit im Umgang mit Versicherungen, so wie niedrigere Mieten aus einer besonderen Kompetenz in Grundstücksgeschäften resultieren. Sie spiegeln vielmehr die Fähigkeit im Umgang mit Menschen, Lagerbeständen und Fabrikanlagen insgesamt wider, eine Fähigkeit, die zur Vermeidung von Unfällen, Schäden und Verschwendung beiträgt und dadurch niedrigere Versicherungskosten ermöglicht. Ein Vergleich der Versicherungskosten im Verhältnis zum erzielten Versicherungsschutz zeigt deutlich, welche Unternehmen einer Branche gut geführt sind.

Auch Patente haben von Unternehmen zu Unternehmen eine wechselnde Bedeutung. Bei großen Unternehmen ist eine starke Position bei Patenten in der Regel eher ein zusätzlicher Pluspunkt als eine Grundvoraussetzung ihrer Marktlage. Einige Bereiche des Unternehmens werden gewöhnlich so gegen eine andernfalls scharfe Konkurrenz geschützt. Die geschützten Segmente der Produktlinien des Unternehmens bringen breitere Gewinnspannen, was wiederum die durchschnittliche Gewinnspanne insgesamt verbreitert. Ebenso kann eine starke Position bei Patenten einem Unternehmen Exklusivrechte auf die einfachste oder billigste Fertigungsmethode für ein bestimmtes Produkt sichern. Konkurrenten müssen einen größeren Aufwand in Kauf nehmen, wodurch der Patentinhaber einen spürbaren, wenn auch oft nur geringen, Wettbewerbsvorteil erhält.

In unserer Zeit breitgefächerten technologischen Know-hows können große Unternehmen nur selten mehr als einen kleinen Teil ihrer Aktivitäten durch Patente abschirmen. Patente versperren oft nur einige, aber nicht alle Wege zu einem bestimmten Resultat. Aus diesem Grund unternehmen viele große Unternehmen nicht den Versuch, ihre Konkurrenten durch Patente auszuschalten, sondern gestatten gegen relativ geringe Lizenzgebühren die Nutzung ihrer Patente, wobei sie im Gegenzug von ihren Lizenznehmern dieselbe Behandlung erwarten. Bei der Behauptung einer Wettbewerbsposition verlassen sich Unternehmen mehr auf ihr Fabrikations-Know-how, auf ihre Vertriebs- und Kundendienstorganisation, auf ihren Ruf bei den Kunden sowie auf ihre Kenntnisse in Bezug auf die Probleme ihrer Kunden. Wenn die Gewinnspannen großer Unternehmen hauptsächlich von Patenten abhängen, ist dies in der Tat eher ein Zeichen der Schwäche als der Stärke. Patente laufen nicht ewig. Sobald der Patentschutz fällt, können die Gewinne des Unternehmens ernsthaft in Mitleidenschaft gezogen werden.

Ein junges Unternehmen, das gerade mit dem Aufbau von Produktion, Vertrieb und Kundendienst beginnt und sich seinen Ruf bei den Kunden erst erwirbt, ist in einer ganz anderen Position. Ohne Patente könnten seine Produkte von großen etablierten Unternehmen kopiert werden, und diese Unternehmen könnten ihre bestehenden Kundenkontakte dazu benutzen, den kleinen Konkurrenten loszuwerden. Bei kleinen Unternehmen, die gerade mit dem Vertrieb neuartiger Produkte oder Dienstleistungen beginnen, sollte der Anleger die Patentposition daher genau prüfen. Er sollte sich aus berufenem Munde über die Breite des Patentschutzes informieren. Ein Patent auf ein Gerät zu bekommen, ist eine Sache. Eine andere Sache aber ist es, einen Patentschutz zu erhalten, der andere daran hindert, dieses Gerät in leicht abgeänderter Form herzustellen. Aber auch hier kann sich die ständige technologische Weiterentwicklung eines Produkts als vorteilhafter herausstellen als der bloß statische Schutz, den ein Patent bietet.

Vor einigen Jahren zum Beispiel hatte ein damals noch viel kleineres Elektronikunternehmen an der Westküste großen Erfolg mit einem neuen Produkt. Einer der Giganten der Branche brachte eine »Raubkopie« dieses Produkts unter seinem eigenen, gut eingeführten Markennamen auf den Markt. Der Designer des kleinen Unternehmens war der Ansicht, der größere Konkurrent hätte mit den Stärken auch alle Fehler und Schwächen des ursprünglichen Produkts in seine Raubkopie eingebaut. Das Modell des großen Unternehmens kam zu genau dem gleichen Zeitpunkt auf den Markt, zu dem das kleine Unternehmen sein eigenes, verbessertes Modell vorstellte, bei dem die

Schwachpunkte ausgemerzt worden waren. Das Modell des großen Unternehmens fand keine Abnehmer, und das Unternehmen zog sich zurück. Nicht Patente, sondern ständige technologische Innovationen bieten wirklichen Schutz – dieser Satz hat sich immer wieder bewahrheitet und bewahrheitet sich noch. Ein Investor muss mindestens so vorsichtig sein, dem Patentschutz nicht zu viel Bedeutung beizumessen, wie er die Bedeutung des Patentschutzes in den Fällen erkennen muss, wo dieser einen wichtigen Faktor bei der Bewertung der Attraktivität einer Anlagemöglichkeit darstellt.

### Punkt 12: Orientiert sich ein Unternehmen auf kurzfristige oder auf langfristige Gewinne?

Einige Unternehmen orientieren sich bei ihren Geschäften auf den zum gegebenen Zeitpunkt größtmöglichen Profit. Andere verzichten absichtlich auf größtmögliche sofortige Gewinne, um gute Kundenbeziehungen aufzubauen und über eine Reihe von Jahren hinweg gesehen einen höheren Gewinn zu erzielen. In der Haltung eines Unternehmens gegenüber Kunden und Zulieferern finden sich hierfür häufig Beispiele. Ein Unternehmen verhandelt mit seinen Zulieferern immer so hart wie möglich. Ein anderes Unternehmen zahlt an seinen Zulieferer mehr als vertraglich vereinbart, weil bei ihm im Zusammenhang mit der Lieferung unerwartete Kosten angefallen sind. Dieses Unternehmen will sichergehen, auch bei veränderten Marktverhältnissen eine verlässliche Quelle für dringend benötigte Rohmaterialien oder qualitativ hervorragende Komponenten zu haben. Ebenso deutlich sind die Unterschiede im Verhalten Kunden gegenüber. Ein Unternehmen, das besondere Mühen und Kosten auf sich nimmt, um einem in Schwierigkeiten geratenen regelmäßigen Kunden entgegenzukommen, erzielt bei dieser besonderen Transaktion zwar vielleicht weniger Profit, macht aber über die Jahre gesehen mehr Gewinn.

Über solche Unterschiede in der Unternehmenspolitik weiß in der Regel ebenfalls die »Gerüchteküche« Bescheid. Wer als Anleger die besten Resultate anstrebt, sollte Unternehmen bevorzugen, die eine wirklich langfristige Orientierung in Bezug auf ihre Gewinne aufweisen.

**Punkt 13: Wird das Wachstum des Unternehmens in der näheren Zukunft ein solches Ausmaß an Aktienfinanzierung erfordern, dass die größere Zahl der dann in Umlauf befindlichen Aktien den Nutzen des Altaktionärs aus dem antizipierten Wachstum minimieren wird?**

In einem typischen Investmentbuch nimmt die Diskussion der Liquiditätsposition eines Unternehmens, der Unternehmensstruktur, der Kapitalausstattung in verschiedenen Wertpapieren sowie ähnlicher Faktoren so viel Raum ein, dass man wohl fragen könnte, warum diese rein finanziellen Aspekte hier nicht mehr ausmachen als einen unter vierzehn anderen Punkten. Dieses Buch vertritt jedoch die grundlegende Überzeugung, dass ein intelligenter Investor Aktien nicht einfach kauft, weil sie billig sind, sondern nur, weil sie einen größeren Gewinn versprechen.

Nur wenige Unternehmen werden sich bei den übrigen vierzehn Punkten oder doch bei fast allen dieser Punkte mit einer sehr hohen Beurteilung als hervorragende Anlageobjekte qualifizieren können. Ein jedes Unternehmen, das diese Qualifikation schafft, kann sich zu den seiner Größe entsprechenden Zinssätzen und bis zu dem seiner Branche entsprechenden Kreditlimit leicht Geld beschaffen. Wenn ein solches Unternehmen über dieses Kreditlimit hinaus Finanzierungsbedarf hat, kann es – natürlich immer vorausgesetzt, dass es in Bezug auf Umsatzwachstum, Gewinnspanne, Management, Forschung und die übrigen hier diskutierten Punkte ein Spitzenunternehmen ist – immer noch den Weg der Finanzierung über Aktien beschreiten, denn Investoren sind immer begierig, sich an solchen Unternehmen zu beteiligen.

Wenn Investitionen auf herausragende Möglichkeiten begrenzt bleiben, ist daher nur wirklich wichtig, ob die liquiden Mittel eines Unternehmens und zusätzlich sein noch nicht genutzter Kreditspielraum ausreichen, um das Kapital zu beschaffen, das zur Nutzung der Chancen der kommenden Jahre erforderlich ist. Ist dies der Fall, und ist das Unternehmen entschlossen, Kredite nur im Rahmen kluger Vorsicht aufzunehmen, so braucht sich der Anleger in Stammaktien keine Sorgen um die ferne Zukunft zu machen. Wenn der Anleger die Situation richtig bewertet hat, wird sich jede in einigen Jahren ins Auge gefasste Aktienfinanzierung zu Preisen abspielen, die so weit über dem heutigen Niveau liegen, dass sich der Investor keine Gedanken machen muss. Die kurzfristige Finanzierung wird nämlich bis dahin eine ausreichende Gewinnsteigerung hervorgerufen haben, um die Kurse der betreffenden Aktien auf ein weitaus höheres Niveau zu heben.

Wenn der Kreditspielraum des Unternehmens jedoch nicht ausreicht, wird die Aktienfinanzierung unausweichlich. In diesem Fall ist die Attraktivität einer Kapitalanlage durch eine genaue Berechnung zu bestimmen, die darüber Auskunft gibt, in welchem Ausmaß die sich durch die Ausgabe weiterer Aktien ergebende Streckung der Dividenden den durch diese Finanzierung ermöglichten gesteigerten Gewinn des Altaktionärs beschneidet. Der Effekt dieser Kapitalstreckung kann genauso gut mathematisch berechnet werden, wenn die Streckung durch die Ausgabe von vorrangigen Wertpapieren mit Wandlungsoption wie durch die Ausgabe von Stammaktien erfolgt. Der Grund hierfür liegt darin, dass Wandlungsoptionen in der Regel auf einem Niveau ausgeübt werden können, das etwas über dem Emissionspreis liegt – üblicherweise zwischen 10 und 20 Prozent. Da ein Anleger nie an kleinen Gewinnen zwischen 10 und 20 Prozent interessiert sein sollte, sondern daran, über eine Reihe von Jahren Gewinne in Höhe des Zehn- bis Hundertfachen dieses Prozentsatzes zu erzielen, kann man den Wandlungskurs in der Regel ignorieren und die Streckung ausgehend von einer vollständigen Wandlung der neuen vorrangigen Emission kalkulieren. Es ist mit anderen Worten gut, bei der Berechnung der tatsächlichen Zahl der in Umlauf befindlichen Stammaktien davon auszugehen, dass alle vorrangigen Wandelemissionen umgewandelt und alle Garantien, Optionen usw. ausgeübt worden sind.

Falls es innerhalb einiger Jahre nach dem Kauf einer Aktie zu einer Aktienfinanzierung kommt, und falls dieser Schritt den Aktionären nur einen kleinen Gewinnzuwachs pro Aktie belässt, ist nur eine Schlussfolgerung möglich. Diese Schlussfolgerung lautet, dass das Management des Unternehmens zu wenig finanziellen Sachverstand besitzt, als dass die Stammaktien des Unternehmens eine lohnende Investition sein könnten. Solange diese Situation nicht eintritt, braucht sich ein Anleger nicht durch rein finanzielle Erwägungen von einer Investition abschrecken lassen, die aufgrund der guten Beurteilung in den übrigen 14 Punkten hervorragend zu sein scheint. Unter dem Gesichtspunkt der langfristigen Profitmaximierung sollte sich ein Investor umgekehrt niemals für eine Kapitalanlage entscheiden, die bei einem der übrigen 14 Punkte schlecht abschneidet, nur weil ein Unternehmen finanziell gut dasteht oder über eine hohe Liquidität verfügt.

### Punkt 14: Äußert sich das Management in guten Zeiten freimütig gegenüber Investoren, wird aber verschlossen, wenn es zu Schwierigkeiten und Enttäuschungen kommt?

Es liegt in der Natur der Wirtschaft, dass es auch in den am besten geführten Unternehmen zeitweise zu unerwarteten Schwierigkeiten, Gewinneinbrüchen und unvorteilhaften Verlagerungen in der Nachfrage nach den Produkten des Unternehmens kommt. Zudem handelt es sich bei den Anlagemöglichkeiten, von denen ein Investor die höchsten Gewinne erwarten kann, um Unternehmen, die mit Hilfe technologischer Forschung über die Jahre hinweg immer wieder neue Produkte und Prozesse auf den Markt zu bringen versuchen. Nach dem Gesetz der Wahrscheinlichkeit werden sich einige dieser Projekte als kostspielige Fehlschläge erweisen. Bei anderen wird es unerwartete Verzögerungen oder hohe Kosten in der Anlaufphase der Produktion geben. Über Monate hinweg werden solche zusätzlichen und unvorhergesehenen Kosten die sorgfältigen Gewinnprognosen für das Unternehmen insgesamt über den Haufen werfen. Solche Enttäuschungen sind ein unvermeidlicher Bestandteil auch des erfolgreichsten Geschäfts. Begegnet man ihnen offen und überlegt, sind sie nichts weiter als ein Teil der Kosten des anschließenden Erfolges. Oft sprechen sie eher für die Stärke als für die Schwäche eines Unternehmens.

Für den Investor kann es ein wertvoller Fingerzeig sein, wie ein Management auf solche Ereignisse reagiert. Ein Management, das über eine ungünstige Entwicklung nicht so freimütig berichtet wie über eine positive, tut dies gewöhnlich aus einem recht bedeutsamen Grund. Vielleicht verfügt das Management nicht über ein Konzept zur Lösung der unerwarteten Probleme. Vielleicht ist das Management in Panik geraten. Vielleicht hat es nicht das richtige Verantwortungsbewusstsein gegenüber seinen Aktionären und sieht keinen Grund, mehr Informationen herauszugeben, als im Augenblick gerade vorteilhaft erscheint. In jedem Fall sollte der Anleger alle Unternehmen von seiner Investment-Liste streichen, die schlechte Nachrichten zurückhalten oder zu verheimlichen suchen.

## Punkt 15: Ist das Management des Unternehmens integer?

Das Management eines Unternehmens hat immer einen viel direkteren Zugang zu dessen Vermögen als der Aktionär. Es gibt eine fast unendliche Menge von Möglichkeiten, wie Manager sich selbst oder ihren Familien auf Kosten der Aktionäre Vorteile verschaffen können, ohne mit dem Gesetz in Konflikt zu geraten. Ein solcher Weg besteht darin, sich selbst Gehälter weit oberhalb des für die Position Üblichen zu genehmigen – von Verwandten ganz zu schweigen. Eine weitere Möglichkeit ist, Eigentum zu überhöhten Preisen an das Unternehmen zu verkaufen oder zu vermieten. Bei kleinen Unternehmen ist dies manchmal schwierig aufzudecken, da Mitglieder der Eigentümerfamilie oder Spitzenmanager manchmal Grundstücke kaufen und an das Unternehmen weitervermieten, nicht um ungerechtfertigte Gewinne zu erzielen, sondern um Kapital des Unternehmens für andere Zwecke frei zu machen.

Eine weitere Methode, mit der sich Insider bereichern können, besteht darin, die Zulieferer des Unternehmens über Vermittler handeln zu lassen, die für ihre Vermittlerprovision nur wenig oder gar nichts leisten, aber im Besitz dieser Insider, ihrer Verwandten oder Freunde sind. Am kostspieligsten für den Investor ist wahrscheinlich die Möglichkeiten von Insidern, Aktienbezugsrechte zuzuteilen. Insider können diese legitime Variante der Gratifikation für ein fähiges Management dazu missbrauchen, sich selbst Aktienbezugsrechte in einem

Umfang zuzuteilen, den jeder nicht voreingenommene Außenstehende als weit überzogen ansehen würde.

Gegen solchen Missbrauch gibt es nur einen wirklichen Schutz. Dieser Schutz besteht darin, Anlagen auf Unternehmen zu beschränken, deren Management einen hoch entwickelten Sinn für seine Treuhänderposition und seine moralische Verantwortung den Aktionären gegenüber hat. In dieser Hinsicht kann die »Gerüchteküche« wieder sehr hilfreich sein. Jede Anlagemöglichkeit, die in einem anderen der diskutierten 15 Punkte hinter den Kriterien zurückbleibt, in den übrigen Punkten jedoch besonders gut abschneidet, kann noch als interessant angesehen werden. Wenn es jedoch einen begründeten Verdacht gibt, dass es dem Management eines Unternehmens an einem ausgeprägten Sinn für seine Treuhänderposition mangelt, sollte ein Investor eine Anlage in einem solchen Unternehmen niemals ernsthaft in Erwägung ziehen, egal wie gut das Unternehmen in jeder anderen Hinsicht abschneidet.

# Kapitel 4

## Welche Aktien soll man kaufen – was passt zu den individuellen Bedürfnissen?

In der Regel ist ein Anleger kein Investment-Fachmann. Wenn es sich bei dem Investor um einen Mann handelt, wird er für gewöhnlich nur einen kleinen Teil der Zeit und der geistigen Energie, die er normalerweise auf seine Arbeit verwendet, in die Handhabung seiner Anlagen investieren. Handelt es sich um eine Frau, wird die für Kapitalanlagen aufgewendete Zeit im Verhältnis zu den sonstigen Pflichten ebenso gering sein. Das führt dazu, dass ein Anleger üblicherweise eine Menge der Halbwahrheiten, Irrtümer oder des schieren Unsinns aufgeschnappt hat, aus denen sich die öffentliche Meinung über erfolgreiches Investieren zusammensetzt.

Zu den am meisten verbreiteten und am wenigsten zutreffenden dieser Ideen zählt die allgemeine Vorstellung davon, welche charakteristischen Merkmale den Hexenmeister des Investments ausmachen. Würde man eine Meinungsumfrage zu diesem Thema durchführen, käme als gängiges Bild eines solchen Experten wohl ein introvertierter Bücherwurm mit Buchhaltermentalität heraus. Dieser Investment-Gelehrte brütete den ganzen Tag allein über großen Mengen von Bilanzen, Einkommensrechnungen und Handelsstatistiken. Hieraus würde er dank seines überlegenen Intellekts und seines Sinns für Zahlen Informationen gewinnen, die dem gewöhnlichen Sterblichen nicht zugänglich sind. Ein solches Studium in klösterlicher Abgeschiedenheit würde unschätzbares Wissen über großartige Anlagemöglichkeiten hervorbringen.

Wie so viele andere weit verbreitete Missverständnisse ist diese Vorstellung gerade richtig genug, um für einen auf langfristigen Gewinn aus Aktien orientierten Investor sehr gefährlich zu sein.

Bereits bei der Diskussion der fünfzehn für das Aufspüren einer großen Investment-Chance zu berücksichtigenden Punkte werden einige Fragen in diesem Zusammenhang zu einem großen Teil durch mathematische Berechnungen in aller Stille entschieden. Schon am Anfang dieses Buches habe ich zudem gesagt, dass es für einen hinlänglich befähigten Anleger mehr als eine Methode gibt, über mehrere Jahre hinweg mit Kapitalanlagen Geld zu verdienen – gelegentlich sogar wirklich viel Geld. Ziel dieses Buches ist es nicht, jeden Weg aufzuführen, auf dem dies gelingen kann. Das Buch soll vielmehr den besten Weg aufzeigen. Damit meine ich den größten Gewinn mit dem niedrigsten Risiko. Mit der statistisch-buchhalterischen Arbeit, die die Öffentlichkeit als den Kern erfolgreichen Investierens zu sehen scheint, wird man bei hinreichender Anstrengung einige dem Anschein nach günstige Kaufmöglichkeiten ausfindig machen. Einige davon mögen echte Sonderangebote sein. Bei anderen sind vielleicht so akute, allerdings aus einer rein statistischen Analyse nicht herauslesbare geschäftliche Schwierigkeiten zu erwarten, dass sich das Sonderangebot nach ein paar Jahren als teurer Kauf herausstellt.

Auch bei einem wirklich günstigen Kauf ist das Ausmaß, in dem die Aktie unterbewertet ist, meistens begrenzt. Häufig braucht es beträchtliche Zeit, bis das Wertpapier auf seinen wahren Wert gestiegen ist. So weit ich beobachten konnte, heißt das, dass nach einem angemessenen Vergleichszeitraum von etwa fünf Jahren auch der geschickteste auf Statistiken vertrauende Anleger nur einen geringen Gewinn realisiert, verglichen mit einem Anleger, der sich auf die intelligente Analyse hervorragend geführter Wachstumsunternehmen verlässt. Dabei ist natürlich schon berücksichtigt, dass der Investor in Wachstumsaktien unerwartete Verluste macht und sich auch für den statistisch vorgehenden Analysten nicht alle Geschäfte so entwickeln wie erwartet.

Der Grund dafür, dass sich Wachstumsaktien so viel besser entwickeln, liegt darin, dass sie in zehn Jahren jeweils Gewinne von mehreren hundert Prozent aufweisen. Demgegenüber ist kaum eine Aktie zu einem Kurs zu haben, der 50 Prozent unter dem Wert der Aktie liegt. Der kumulative Effekt dieser einfachen Rechnung liegt auf der Hand.

An diesem Punkt muss ein potenzieller Investor seine Vorstellungen über den notwendigen Zeitaufwand bei der Vorbereitung seiner

Investitionsentscheidung vielleicht revidieren, ganz zu schweigen von den Voraussetzungen, die er mitbringen muss, um die richtige Anlagemöglichkeit herauszufinden. Vielleicht hat er damit gerechnet, jede Woche einige Stunden bequem zu Hause mit dem Studium großer Mengen von Dokumenten zu verbringen, die ihm die Tür zu lohnenden Gewinnen öffnen sollen. Er hat einfach nicht die Zeit, all die verschiedenen Leute herauszufinden, zu kontaktieren und zu treffen, mit denen er klugerweise reden sollte, wenn seine Anlage in Aktien den höchsten Nutzen bringen soll. Vielleicht hat er die Zeit doch. Es fehlen ihm aber die Lust und die persönlichen Voraussetzungen, mit einer Menge von Leuten zu reden, von denen er die meisten vorher gar nicht oder nur flüchtig kannte. Außerdem reicht es nicht, nur mit ihnen zu sprechen. Er muss ihr Interesse so weit wecken und ihr Vertrauen so weit gewinnen, dass sie ihm auch sagen, was sie wissen. Der erfolgreiche Investor ist normalerweise jemand, der sich intensiv für das Geschäftsleben interessiert. Er führt daher solche Gespräche in einer Art, die das Interesse derjenigen weckt, von denen er sich Auskünfte erhofft. Natürlich muss er über ein ausgebildetes Urteilsvermögen verfügen, oder die Informationen, die er bekommt, werden ihm nichts nutzen.

Ein Investor kann über Zeit, Neigung und Urteilsvermögen verfügen, aber trotzdem nicht in der Lage sein, seine Aktiengeschäfte optimal zu handhaben. Geographische Faktoren spielen nämlich auch eine Rolle. Ein Anleger, der in oder in der Nähe von Detroit wohnt, hat Möglichkeiten, Informationen über Automobilzulieferer zu sammeln, die ein ebenso umsichtiger Anleger in Oregon nicht hat. Es gibt aber heute so viele landesweit verbreitete Unternehmen mit Vertriebs- oder sogar Produktionszentren in den meisten großen Städten, dass Investoren in den großen Industriestädten oder deren Vorstädten gewöhnlich vielfältige Möglichkeiten haben, zumindest einige herausragende langfristige Investitionsmöglichkeiten zu finden. Für Anleger in ländlichen, abgelegenen Gebieten trifft dies unglücklicherweise nicht zu.

Anleger in ländlichen Gebieten oder auch die große Mehrheit der übrigen Investoren, die nicht die Zeit, Neigung oder Fähigkeit haben, herausragende Investmentmöglichkeiten selber zu entdecken, sind deswegen jedoch keineswegs von solchen Anlagen ausgeschlossen. Die Tätigkeit eines Investors ist so spezialisiert und so verwickelt, dass es ebenso wenig Grund gibt, seine Investments selber zu handhaben, wie sein eigener Rechtsanwalt, Arzt, Architekt oder Automechaniker zu sein. Wer sich dafür interessiert und ein gewisses Geschick hat, kann diese Tätigkeiten selbst übernehmen. Andernfalls sollte er auf jeden Fall einen Experten zu Rate ziehen.

Wichtig ist aber, dass ein Anleger genug vom Geschäft versteht, um einen echten Experten ausfindig zu machen und nicht auf einen Scharlatan hereinzufallen. In mancher Hinsicht ist es einfacher für einen umsichtigen Laien, einen sehr guten Investment-Berater auszusuchen, als zum Beispiel einen ebenso guten Arzt oder Rechtsanwalt. In anderer Hinsicht ist es schwieriger. Schwieriger ist es, weil der Investment-Bereich im Vergleich zu anderen Berufen eine relativ neue Entwicklung darstellt. Daher hat sich noch keine klare Demarkationslinie zwischen echtem Wissen und bloßem Mumpitz herausgebildet. Im Finanzwesen gibt es noch keine Barrieren gegen Ignoranz und Inkompetenz, wie sie im Recht oder in der Medizin existieren. Sogar unter den sogenannten Autoritäten im Investmentbereich gehen die Ansichten über die Grundprinzipien des Investment noch so weit auseinander, dass die Gründung von Fakultäten für die Ausbildung von Investmentexperten, die den juristischen oder medizinischen Fakultäten vergleichbar wären, noch unmöglich ist. Dieser Umstand beschränkt auch die Praktikabilität staatlicher Bemühungen zur Lizensierung von Investmentberatern, so wie Rechtsanwälte oder Mediziner staatlich zugelassen werden. In vielen Bundesstaaten gibt es schon ein Lizensierungsverfahren für Investmentberater. Nicht mangelnde Ausbildung oder Eignung, sondern nur gerichtsbekannte Unehrlichkeit oder Insolvenz sind in diesen Fällen jedoch Gründe für das Versagen einer Zulassung.

All dies führt wahrscheinlich zu einem höheren Grad an Inkompetenz bei Finanzberatern, als er bei Rechtsanwälten oder Ärzten üblich ist. Es gibt allerdings auch kompensierende Faktoren, die jemandem ohne persönliche Investmenterfahrung die Auswahl eines fähigen Finanzberaters leichter machen als die Wahl eines ebenso guten Arztes oder Rechtsanwalts. Einen guten Arzt findet man nicht, indem man untersucht, bei welchem Arzt der geringste Prozentsatz von Patienten gestorben ist. Genausowenig sagt eine Liste der gewonnenen und verlorenen Fälle etwas über die Qualifikation eines Rechtsanwalts. Glücklicherweise geht es nicht bei jeder ärztlichen Behandlung um Leben und Tod und ein guter Rechtsanwalt vermeidet häufig, es überhaupt zu einem Prozess kommen zu lassen.

Bei einem Investment-Berater liegt der Fall allerdings anders. Hier gibt es nach einiger Zeit eine Tabelle, die die Investment-Kompetenz eines Beraters widerspiegelt. Gelegentlich dauert es bis zu fünf Jahre, bis eine Investition ihren wirklichen Wert zeigt. Üblicherweise dauert es nicht so lange. Es wäre daher normalerweise töricht, wenn jemand seine Ersparnisse den Fähigkeiten eines sogenannten Beraters anvertrauen würde, der weniger als fünf Jahre Erfahrung hat – sei es mit Investments auf eigene Rechnung oder im Auftrag anderer. Im Fall von Kapitalanlagen gibt es also keinen Grund, warum jemand, der einen professionellen Berater sucht, nicht nach einer Übersicht über die Ergebnisse fragen sollte, die der betreffende Berater im Auftrag anderer erzielt hat. Im Vergleich zu der Entwicklung der Wertpapierpreise im selben Zeitraum geben diese Ergebnisse einen echten Hinweis in Bezug auf die Kompetenz eines Beraters.

Zwei weitere Schritte sind erforderlich, bevor ein Anleger sich endgültig für einen individuellen Berater oder eine Institution entscheiden kann, an die er die weitreichende Verantwortung für seine Finanzen delegiert. Der erste, naheliegende Schritt betrifft die umfassende und über jeden Zweifel erhabene Ehrlichkeit des Beraters. Der zweite Schritt ist komplexer. Ein Finanzberater kann in einer Periode sinkender Kurse überdurchschnittliche Ergebnisse erzielt haben, nicht aufgrund seiner Fähigkeiten, sonder weil er immer einen großen Teil der von ihm verwalteten Mittel in erstklassigen Anleihen hält. Zu einem anderen Zeitpunkt, am Ende einer langen Periode steigender Kurse, kann ein anderer Berater überdurchschnittliche Resultate erzielt haben, weil er die Tendenz hat, in riskante, gewinnschwache Unternehmen zu investieren. Wie im Zusammenhang mit der Diskussion über Gewinnspannen erläutert wurde, florieren solche Unternehmen nur in

Hausse-Perioden und stehen danach recht schlecht da. Dies kann für eine gewisse Zeit großartige Resultate bringen, aber unmöglich endlos fortgesetzt werden.

Bevor ein Investor sich für einen Berater entscheidet, sollte er sich nach dem Grundkonzept erkundigen, das dieser bei seinen Finanzgeschäften verfolgt. Der Investor sollte nur einen Berater akzeptieren, dessen Konzepte im Grunde dieselben sind wie seine eigenen. Ich bin natürlich der Meinung, dass die in diesem Buch vorgelegten Konzepte die grundlegend richtigen sind. Viele von denen, die mit der alten Weisheit »bei niedrigen Kursen kaufen, bei hohen verkaufen« aufgewachsen sind, werden ganz andere Auffassungen haben.

Nehmen wir einmal an, ein Investor sei auf genau den großen, langfristigen Gewinn aus, der meiner Meinung nach das Ziel fast aller Aktienkäufe sein sollte, so gibt es Dinge, die er selbst entscheiden muss, ob er nun mit einem Anlageberater arbeitet oder seine Anlagen selbst handhabt. Diese Entscheidung muss getroffen werden, da die Aktien, die sich in Bezug auf die oben diskutierten fünfzehn Punkte als besonders vorteilhaft erweisen, sich als Kapitalanlagen beträchtlich voneinander differenzieren können.

Am einen Ende der Skala stehen große Unternehmen, die trotz hervorragender Wachstumsaussichten finanziell so stark und so tief in der Wirtschaft verwurzelt sind, dass sie allgemein als »institutionelle Anlagen« gelten. Das bedeutet, dass Versicherungsgesellschaften, professionelle Treuhänder und ähnliche Institutionen diese Aktien kaufen. Sie tun dies, da sie der Meinung sind, dass sie auch im Fall einer Fehlbeurteilung der Marktpreise und eines Verlustes eines Teils der ursprünglichen Investition bei einem etwa notwendigen Verkauf dieser Aktien zu niedrigeren Kursen die Gefahr eines größeren Verlustes vermeiden können, die sich aus einer Anlage in einem Unternehmen ergibt, das seine gegenwärtige Wettbewerbssituation nicht halten kann.

Die Dow Chemical Company, Du Pont, und International Business Machines sind gute Beispiele für solche Wachstumsaktien. Im ersten Kapitel habe ich auf die völlig unzureichenden Erträge erstklassiger Anleihen in den zehn Jahren zwischen 1946 und 1956 hingewiesen.

Am Ende dieser Periode hatte jede dieser drei Aktien – Dow, Du Pont und IBM – den ungefähr fünffachen Wert, zu dem sie zu Beginn dieser Periode gehandelt wurde. Auch in Hinblick auf das laufende Einkommen fuhren die Aktionäre in diesem Zeitraum nicht schlecht. Dow ist zum Beispiel schon fast notorisch bekannt für die niedrige Kapitalrendite, die gewöhnlich auf aktuelle Kurse berechnet gezahlt wird. Aber ein Anleger, der zu Beginn des betrachteten Zeitraums Dow gekauft hatte, stand nach zehn Jahren gut da, was das laufende Einkommen anging. Obwohl Dow zum Zeitpunkt des Kaufs nur eine Kapitalrendite von 2 1/2 Prozent brachte (damals waren alle Aktienerträge hoch), waren nur zehn Jahre später die Dividenden so hoch oder die Aktien so oft gesplittet, dass sich ein Anleger an einer Kapitalrendite zwischen 8 und 9 Prozent bezogen auf den Wert der Investition vor zehn Jahren freuen konnte. Noch wichtiger ist, dass die betrachtete Dekade nicht außergewöhnlich für Unternehmen vom Kaliber dieser drei Firmen ist. Jahrzehnt um Jahrzehnt haben diese Aktien fabelhafte Erträge gebracht, mit Ausnahme von einmaligen Ereignissen, wie der Baissemarkt zwischen 1929 und 1932 und der Zweite Weltkrieg sie darstellten.

Am anderen Ende der Skala und ebenfalls von herausragendem Interesse für die richtige langfristige Kapitalanlage stehen kleine, häufig junge Unternehmen, die nur einen jährlichen Umsatz zwischen einer und fünf oder sechs Millionen Dollar haben, die aber Produkte mit einer möglicherweise sensationellen Zukunft herstellen. Solche Unternehmen qualifizieren sich in Hinblick auf die diskutierten fünfzehn Punkte gewöhnlich durch eine Kombination aus hervorragendem Management und ebenso fähigen wissenschaftlichen Mitarbeitern, die auf einem neuen und wirtschaftlich vielversprechenden Gebiet eine Pionierrolle spielen. Ein gutes Beispiel für ein solches Unternehmen ist die Ampex Corporation im Jahr 1953, als ihre Aktien erstmals der Öffentlichkeit zugänglich gemacht wurden. Innerhalb von vier Jahren hatte sich der Wert dieser Aktien versiebenfacht.

Zwischen den beiden genannten Extremen liegt eine Menge anderer Wachstumsunternehmen, von so jungen und risikobehafteten wie Ampex 1953 bis zu so starken und etablierten, wie es Dow, Du Pont und IBM heute sind. Vorausgesetzt, es ist der richtige Zeitpunkt um zu kaufen (vgl. Kapitel 5), welchen Typ von Aktien sollte der Anleger wählen?

Junge Wachstumsaktien bieten bei weitem die größten Gewinnmöglichkeiten, manchmal bis zu mehreren tausend Prozent in zehn Jahren. Aber auch dem versiertesten Investor unterläuft gelegentlich ein Fehler. Man sollte immer bedenken, dass ein solcher Fehler bei dieser Art von Aktien den Verlust der gesamten Investition bedeuten kann. Wenn Aktien aber entsprechend den im folgenden Kapitel aufgestellten Regeln gekauft werden, sollten alle Verluste bei alten und etablierten Wachstumsaktien nur vorübergehend sein und aus einer Periode nicht vorhergesehener Kurseinbrüche am Aktienmarkt insgesamt resultieren. Der langfristige Wertzuwachs der Aktien solcher großen Wachstumsunternehmen wird über die Jahre beträchtlich geringer als der bei kleinen und in der Regel jüngeren Unternehmen sein. Nichtsdestoweniger wird er sich auf durchaus lohnende Summen belaufen. Sogar bei den allerkonservativsten Wachstumsaktien sollte dieser Gewinn mindestens ein Vielfaches der ursprünglichen Investition betragen.

Wer einen für sich selbst oder seine Familie wirklich signifikanten Einsatz riskiert, sollte einer ganz offensichtlichen Regel folgen. Er sollte den Löwenanteil seiner Investition bei Unternehmen platzieren, die dem von Dow, Du Pont und IBM repräsentierten Typus näherstehen als dem Typ der kleinen, jungen Unternehmen – wenn sie vielleicht auch nicht ganz so groß sein müssen. Ob dieser Löwenanteil sechzig oder einhundert Prozent der gesamten Investition ausmacht, hängt von den Bedürfnissen und Erfordernissen jedes einzelnen Falls ab. Eine kinderlose Witwe mit einem Vermögen von einer halben Million Dollar kann ihr gesamtes Kapital in eher konservative Wachstumsaktien stecken. Eine zweite Witwe mit einer Million Dollar und drei Kindern, für die sie ihr Vermögen vermehren möchte, ohne jedoch ihren Lebensstandard zu mindern, kann gut 15 Prozent ihres Vermögens in sorgfältig ausgesuchte kleine, junge Unternehmen stecken. Ein Geschäftsmann mit Frau und zwei Kindern, einem Vermögen von $ 400 000 und einem Einkommen, ausreichend um

$ 10 000 nach Steuern im Jahr zu sparen, könnte seine gesamten $ 400 000 in eher konservative Wachstumsaktien stecken, aber die jährlich neu angesparten $ 10 000 auf der riskanteren Seite der Investmentskala anlegen.

In allen diesen Fällen sollte jedoch der über die Jahre erzielte Wertzuwachs bei den konservativeren Anlagen ausreichen, um selbst einen vollständigen Verlust aller riskanteren Investitionen auszugleichen. Richtig ausgewählt können die etwas riskanteren Anlagen den Gesamtgewinn aber bedeutend steigern. Falls dies geschieht – und diese Entwicklung ist ebenso wichtig – werden die jungen Risikounternehmen inzwischen einen Punkt in ihrer Entwicklung erreicht haben, an dem ihre Aktien nicht mehr auch nur annähernd mit dem ehemaligen Risiko behaftet sind und vielleicht sogar von institutionellen Anlegern gekauft werden.

Die Problematik des Kleinanlegers ist etwas schwieriger. Ein großer Investor kann bei seiner Suche nach maximalem Wachstumspotenzial die Frage der Dividendenzahlungen oft gänzlich vernachlässigen. Wenn er sein Kapital angelegt hat, werden die sich ergebenden Dividenden für den gewünschten Lebensstandard ausreichen oder dem Investor zusammen mit dessen regulärem Einkommen zu diesem Lebensstandard verhelfen. Die meisten Kleinanleger können nicht von der Rendite ihrer Anlage leben, wie hoch der Ertrag auch sein mag, da der Gesamtwert ihrer Anlage nicht hoch genug ist. Für den Kleinanleger stellt sich die Dividendenfrage daher als Wahl zwischen einigen hundert Dollar im Jahr jetzt oder der Chance auf ein Vielfaches dieses Betrages pro Jahr zu einem späteren Zeitpunkt.

Bevor ein Kleinanleger in dieser wichtigen Frage eine Entscheidung trifft, sollte er sich eines ganz klar machen. Die einzigen Mittel, die für eine Investition in Aktien in Frage kommen, sind echte Überschüsse. Das bedeutet nicht, dass er alles investieren soll, was ihm nach Abzug seiner Lebenshaltungskosten übrig bleibt. Von besonderen Ausnahmen abgesehen sollte er eine Rücklage von mehreren tausend Dollar halten, die ihn gegen Krankheit und andere unerwartete Wechselfälle des Lebens absichert, bevor er eine Anlage tätigt, die mit einem so hohen inhärenten Risiko behaftet ist wie ein Aktienkauf.

Auch finanzielle Mittel, die bereits für einen bestimmten Zweck, wie beispielsweise das Studium der Kinder, zurückgelegt wurden, sollten niemals auf dem Aktienmarkt riskiert werden. Erst nachdem solche Dinge gesichert sind, sollte ein Kleinanleger eine Investition in Aktien in Erwägung ziehen.

Welches Ziel ein Kleinanleger dann mit seinem Kapital verfolgt, hängt weitgehend von persönlichen Vorlieben und individuellen Lebensumständen ab, wozu auch Höhe und Art seines sonstigen Einkommens gehören. Ein junger Mann oder eine junge Frau, oder auch ein älterer Investor mit Kindern oder sonstigen Erben, denen er besonders zugeneigt ist, würde vielleicht ein Dividendeneinkommen von $ 30 oder $ 40 im Monat opfern, um in fünfzehn Jahren ein zehnmal so hohes Einkommen zu erzielen. Im Gegensatz dazu wird ein älterer Mensch ohne direkte Erben eher sofort ein höheres Einkommen anstreben. In der gleichen Weise wird eine Person mit relativ geringem Einkommen und hohen finanziellen Verpflichtungen keine andere Wahl haben, als sich um Mittel zur Befriedigung der unmittelbaren Bedürfnisse zu bemühen.

Für die große Mehrzahl der Kleinanleger ist die Entscheidung über den Stellenwert, der einem sofortigen Einkommen beigemessen wird, jedoch eine Frage der persönlichen Vorlieben. Wahrscheinlich hängt diese Entscheidung weitgehend von der Psychologie des individuellen Anlegers ab. Meine ganz persönliche Meinung in dieser Frage ist die, dass die Attraktivität eines kleinen zusätzlichen Einkommens nach Steuern gegenüber einer Investition an Reiz verliert, die mir in den kommenden Jahren ein beträchtliches Einkommen bringen und meine Kinder mit der Zeit zu wirklich wohlhabenden Menschen machen kann. Andere haben hierzu vielleicht eine ganz andere Ansicht. Die in diesem Buch formulierten Grundsätze wenden sich an den Großanleger und an denjenigen unter den Kleinanlegern, der in dieser Frage meiner Meinung ist und einen intelligenten Zugang zu den Grundlagen eines solchen Erfolges sucht.

Der Erfolg, mit dem ein individueller Anleger diese Prinzipien auf seine eigenen Investitionen anwendet, wird von zwei Dingen abhängen. Hierbei geht es zum einen darum, wie geschickt er bei der Anwendung dieser Prinzipien ist. Zum anderen spielt natürlich das Glück eine Rolle. In einer Zeit, in der es morgen zu einer unvorhersehbaren Entdeckung in einem Forschungslabor kommen kann, das nichts mit dem für eine Anlage ausgewählten Unternehmen zu tun hat, und in der innerhalb von fünf Jahren diese technologische Innovation die Gewinne aus dieser Kapitalanlage verdreifachen oder halbieren kann, kann das Glück offensichtlich eine ungeheuer wichtige Rolle bei einer Investition spielen. Aus diesem Grund ist sogar ein Anleger mit mittlerem Investmentvolumen einem Anleger mit sehr geringen Mitteln gegenüber im Vorteil. Glück oder Pech halten sich bei mehreren gut ausgewählten Anlagen nämlich das Gleichgewicht.

Sowohl Großanleger als auch Kleinanleger mit langfristiger Gewinnorientierung sollten jedoch die zahlreichen Studien in Erinnerung behalten, die in den letzten fünfunddreißig Jahren von verschiedenen Finanzexperten verfasst worden sind. In diesen Studien wurden die Ergebnisse einer Investition in Aktien mit hohen Dividendenzahlungen mit den Ergebnissen von Investitionen in Unternehmen verglichen, die geringe Dividenden zahlten und sich auf Wachstum und die Reinvestition von Gewinnen konzentrierten. Soweit ich weiß, hat jede dieser Studien den gleichen Trend gezeigt. Über einen Zeitraum von fünf oder zehn Jahren haben sich die Wachstumsaktien spektakulär besser entwickelt, was die Wertsteigerung des Kapitals angeht.

Überraschenderweise sind die Dividenden auf diese Aktien aber im gleichen Zeitraum so weit angestiegen, dass sie zwar immer noch eine geringe Rendite bezogen auf den gestiegenen Kurs der Aktien aufwiesen, bezogen auf die ursprüngliche Kapitalanlage jedoch eine höhere Dividendenrendite einbrachten als die wegen hoher Dividendenerträge gewählten Aktien. Wachstumsaktien erwiesen sich mit anderen Worten nicht nur hinsichtlich der Wertsteigerung des eingesetzten Kapitals als überlegen. Sie waren nach einer gewissen Zeit so weit gestiegen, dass sie auch bei der Dividendenrendite überlegen waren.

# Kapitel 5

# Der richtige Zeitpunkt für einen Aktienkauf

In den vorstehenden Kapiteln wurde versucht zu zeigen, dass der Kern erfolgreichen Investments darin besteht, die kleine Zahl von Aktien ausfindig zu machen, die in den kommenden Jahren spektakuläre Wachstumserfolge bei den Erträgen pro Aktie aufweisen werden. Gibt es also irgendeinen Grund, Zeit und Mühe auf etwas anderes als diese zentrale Frage zu verwenden? Ist nicht die Frage nach dem richtigen Zeitpunkt für einen Aktienkauf von untergeordneter Bedeutung? Wenn ein Anleger sicher ist, eine wirklich herausragende Aktie gefunden zu haben, ist dann nicht jeder Zeitpunkt für einen Erwerb der Aktie richtig? Die Antwort auf diese Fragen hängt zum Teil von den Zielen eines Anlegers sowie von seinem Temperament ab.

Betrachten wir ein Beispiel. Rückblickend handelt es sich um eines der extremsten Beispiele in der modernen Finanzgeschichte. Es handelt sich um den Erwerb von Aktien mehrerer hervorragend ausgewählter Unternehmen im Sommer 1929, also unmittelbar vor dem größten Börsencrash in der amerikanischen Geschichte. Mit der Zeit hätte sich dieser Aktienkauf positiv entwickelt. Fünfundzwanzig Jahre später würde er aber prozentual gesehen einen viel geringeren Gewinn bringen, als es der Fall gewesen wäre, wenn der Anleger nach Beendigung der schwierigsten Aufgabe, nämlich der Auswahl der Unternehmen, sich auch noch die geringe Mühe gemacht hätte, sich mit einigen wenigen, einfachen Prinzipien in Hinblick auf den richtigen Zeitpunkt für den Kauf von Wachstumsaktien zu beschäftigen.

Mit anderen Worten heißt das, dass man immer einen Gewinn erzielt, wenn man die richtigen Aktien kauft und lange genug hält. In der Regel werden solche Aktien einen schönen Profit abwerfen. Um jedoch möglichst den maximalen Profit zu erzielen, den spektakulären Gewinn, von dem wir bereits gesprochen haben, muss man sich über das richtige Timing Gedanken machen.

Die herkömmliche Methode zur Bestimmung des richtigen für einen Aktienkauf ist ebenso töricht, wie sie oberflächlich betrachtet vernünftig erscheint. Diese Methode besteht darin, eine große Menge wirtschaftlicher Daten auszuwerten. Aufgrund dieser Daten werden Rückschlüsse auf die kurz- und mittelfristige Wirtschaftsentwicklung gezogen. Noch klügere Anleger werden sich zusätzlich zur Wirtschaftsentwicklung auch eine Meinung zur zukünftigen Entwicklung der Geldmarktsätze bilden. Wenn diese Indikatoren nicht auf eine ernsthafte Verschlechterung der Rahmenbedingungen hindeuten, wird der Schluss gezogen, dass die in Frage stehende Aktie gekauft werden kann. Manchmal scheinen sich am Horizont dunkle Wolken zu bilden. Dann werden Anleger, die diese allgemeine akzeptierte Methode anwenden, geplante Käufe zurückstellen oder streichen.

Mein Einwand gegen diesen Ansatz ist nicht der, dass er theoretisch gesehen unvernünftig ist. Mein Einwand ist der, dass es beim gegenwärtigen Stand menschlichen Wissens in Bezug auf die Prognose wirtschaftlicher Entwicklungen unmöglich ist, diese Methode in der Praxis anzuwenden. Die Chancen, dass man richtig liegt, sind nicht gut genug, um auf der Basis solcher Methoden das Risiko einer Anlage von Ersparnissen zu rechtfertigen. Das muss nicht immer so bleiben. Schon in fünf oder zehn Jahren kann die Sache anders liegen. Fähige Leute nutzen gegenwärtig elektronische Rechner zur Aufstellung von Input-Output-Reihen, die so komplex sind, dass eine hinreichend genaue Vorhersage der Wirtschaftsentwicklung irgendwann in der Zukunft vielleicht möglich sein wird.

Wenn es einmal soweit sein sollte, muss die Technik der Anlage in Aktien möglicherweise radikal neu überdacht werden. Bis dahin glaube ich jedoch, dass die Wirtschaftswissenschaften im Hinblick auf die Vorhersage von Wirtschaftstrends auf einem Stand sind, der dem der Chemie zur Zeit der mittelalterlichen Alchemisten entspricht. Damals begannen sich in der Chemie gerade erst gewisse Grundprinzipien aus einer diffusen Masse von Irrtum und Unwissenheit herauszukristallisieren. Die Chemie hatte jedoch noch nicht einen Stand erreicht, bei dem diese Prinzipien sicher als Verhaltensregeln hätten benutzt werden können. Auf dem gleichen Niveau ist heute die Wirtschaftsprognostik.

Gelegentlich – so im Jahr 1929 – gerät die Wirtschaft so aus der Bahn, dass enthusiastische Spekulationen über die Zukunft hohe Wellen schlagen. Sogar auf unserem gegenwärtigen Niveau wirtschaftlicher Unwissenheit ist es möglich, ziemlich genau vorauszusagen, was geschehen wird. Ich bezweifle jedoch, dass eine solche Situation öfter als einmal in zehn Jahren eintritt. In Zukunft können solche Situationen noch seltener auftreten.

Ein Anleger ist normalerweise so daran gewöhnt, Prognosen über die Wirtschaftsentwicklung zu hören, dass er zu sehr der Verlässlichkeit solcher Vorhersagen vertraut. Trifft dies zu, so sollte er einmal alte Hefte des »Commercial & Financial Chronicle« für irgendein Jahr seit dem Ende des Zweiten Weltkriegs durchsehen. Tatsächlich lohnt sich eine Durchsicht dieser alten Jahrgänge auch für Investoren, die sich der Fehlbarkeit dieser Prognosen bewusst sind. Egal, welches Jahr ein Anleger auswählt, immer wird er unter anderem eine große Zahl von Artikeln finden, in denen führende Wirtschafts- und Finanzexperten ihre Ansichten über die Perspektiven für den kommenden Zeitraum darlegen. Da die Redaktion dieser Zeitung ihr Material anscheinend so auswählt, dass die qualifiziertesten optimistischen und pessimistischen Vorhersagen vorgestellt werden, überrascht es nicht, dass sich in jedem Jahr widersprechende Vorhersagen finden. Was überrascht, ist das Ausmaß, in dem sich diese Experten widersprechen. Noch überraschender ist, wie gut und überzeugend einige der vorgebrachten Argumente zum Zeitpunkt ihrer Veröffentlichung erscheinen mussten. Das trifft vor allem auf die Prognosen zu, die sich als besonders irrig erwiesen.

Bei der Menge an geistiger Anstrengung, die die Finanzwelt in den permanenten Versuch der Entschlüsselung der wirtschaftlichen Zukunft mit Hilfe zufällig zusammengetragener und wahrscheinlich unvollständiger Datenreihen investiert, fragt man sich, was hätte erreicht werden können, wenn nur ein Bruchteil dieser Anstrengungen auf eine Sache mit besseren Erfolgsaussichten verwendet worden wäre. Ich habe die Wirtschaftsprognostik bereits mit der Chemie in den Tagen der Alchemisten verglichen. Vielleicht erlaubt diese Versessenheit auf etwas, das offensichtlich nicht erfolgreich umsetzbar ist, einen weiteren Vergleich mit dem Mittelalter.

Im Mittelalter lebte der größte Teil der westlichen Welt unter Bedingungen unnötigen Mangels und menschlichen Leidens. Der Grund hierfür war großteils der, dass ein beträchtlicher Teil der geistigen Kapazität jener Zeit in die Lösung irrelevanter Probleme investiert wurde. Was hätte erreicht werden können, wenn auf die Bekämpfung von Hunger, Krankheit und Habgier nur halb so viel Nachdenken aufgewendet worden wäre wie auf die Diskussion von Fragen wie der, wie viele Engel auf einer Nadelspitze Platz haben! Vielleicht würde nur ein Teil der kollektiven Intelligenz, die heutzutage in den Versuch der Finanzwelt, den Wirtschaftszyklus zu prognostizieren, investiert ist, zu spektakulären Ergebnissen führen, wenn er sich auf produktivere Zielsetzungen konzentrierte.

Wenn also konventionelle Studien der wirtschaftlichen Zukunft nicht der richtige Ansatz zur zeitlichen Fixierung eines Aktienkaufs sind, worin kann dann ein solcher Ansatz bestehen? Die Antwort auf diese Frage liegt bereits im Wesen der Wachstumsaktien begründet.

Auf die Gefahr einer Wiederholung hin wollen wir noch einmal einige grundlegende Charakteristika herausragender Investitionsmöglichkeiten bedenken, wie sie im vorigen Kapitel benannt worden sind. Wachstumsunternehmen arbeiten gewöhnlich in der einen oder anderen Weise an der Front der technologischen Entwicklung. Sie entwickeln verschiedene neue Produkte oder Prozesse vom Labor über Pilotanlagen bis in die Frühphase kommerzieller Produktion. All dies kostet mehr oder weniger Geld. All dies zieht Gewinne aus anderen Bereichen des Unternehmens ab. Sogar in der Frühphase kommerzieller Produktion sind die zusätzlichen Vertriebskosten für das neue Produkt noch so hoch, dass die Verluste in diesem Entwicklungsstadium höher sein können als während der Pilotphase.

Vom Standpunkt des Anlegers aus gibt es in diesem Zusammenhang zwei Aspekte, die besonders wichtig sind. Hierbei geht es zum einen darum, dass es im Entwicklungszyklus eines neuen Produkts keinen sicheren Zeitplan geben kann. Zum anderen gehört selbst für brillant geführte Unternehmen ein gewisser Prozentsatz an Fehlschlägen einfach zum Geschäft. Auch im Baseball verlieren sogar die besten Mannschaften gelegentlich ein Spiel.

Der Punkt in der Entwicklung eines neuen Produkts oder Prozesses, der im Zusammenhang mit dem richtigen Zeitpunkt für einen Aktienkauf vielleicht die meiste Aufmerksamkeit verdient, ist der Moment, in dem eine neue Fertigungsanlage für die kommerzielle Herstellung des neuen Produkts tatsächlich zu arbeiten beginnt. Selbst bei gängigen Prozessen oder Produkten braucht eine neue Fertigungsanlage wahrscheinlich eine Einlaufphase von sechs bis acht Wochen, die sich als sehr kostspielig herausstellen wird. So lange benötigt man, um die Anlage einzufahren und die unvermeidlichen Fehler auszumerzen, die sich bei der Anwendung moderner komplizierter Maschinerie immer einzuschleichen scheinen. Wenn es sich wirklich um einen revolutionär neuen Prozess handelt, kann sich diese kostspielige Einlaufphase viel länger hinziehen, als selbst der pessimistischste Ingenieur im Unternehmen schätzt. Auch wenn die Probleme schließlich gelöst werden, kann sich der geplagte Aktionär noch nicht auf baldige Gewinne freuen. Es folgen weitere Monate, in denen Gewinne aus älteren Produktlinien in besondere Verkaufs- und Marketingprogramme umgeleitet werden, die die Akzeptanz des neuen Produkts sichern sollen.

Möglicherweise verfügt das Unternehmen, das all diesen Aufwand betreibt, über so hohe Einnahmen aus dem Verkauf anderer, älterer Produkte, dass der durchschnittliche Aktionär den Abfluss von Gewinnen gar nicht bemerkt. Oft geschieht jedoch genau das Gegenteil. Sobald sich die Kunde von einem spektakulären neuen Produkt aus dem Labor einer gut geführten Unternehmung verbreitet, treiben eifrige Käufer den Kurs der Aktien dieses Unternehmens in die Höhe. Hört man vom erfolgreichen Arbeiten einer Pilotanlage, steigen die Aktien noch höher. Nur wenige beherzigen die alte Analogie, derzufolge der Betrieb einer Pilotanlage dasselbe ist, wie ein Auto mit einer Geschwindigkeit von zehn Meilen in der Stunde über eine kurvige Landstraße zu steuern. Der Betrieb einer kommerziellen Fertigungsanlage bedeutet, mit 100 Meilen pro Stunde über die gleiche Straße zu fahren.

Wenn dann Monat um Monat neue Probleme bei der Inbetriebnahme der kommerziellen Fertigungsanlage entstehen, drücken diese unerwarteten Kosten die Erträge pro Aktie spürbar nach unten. Es ist zu hören, dass die Fertigungsanlage in Schwierigkeiten steckt. Niemand kann garantieren, wann die Probleme – wenn überhaupt – gelöst sein werden. Aus eifrigen Aktienkäufern werden entmutigte Verkäufer. Der Kurs der Aktie sinkt. Je länger die Einlaufphase dauert, desto tiefer fallen die Kurse. Schließlich ist die gute Nachricht zu hören, dass die neue Fertigungsanlage endlich rund läuft. Für zwei Tage steigt der Kurs der Aktien. Im nächsten Quartal haben die besonderen Marketingkosten das Nettoeinkommen jedoch weiter beschnitten und der Kurs der Aktie fällt auf den niedrigsten Wert seit Jahren. Überall in der Finanzwelt ist zu hören, dass das Management die Sache verpatzt hat.

Zu diesem Zeitpunkt kann die Aktie ein sensationell guter Kauf sein. Sobald die erste Marketingkampagne genug Marktvolumen entwickelt hat, um die neue Fertigungsanlage rentabel zu machen, reichen die üblichen Marketingaktivitäten häufig aus, die Umsatzkurve über viele Jahre steigen zu lassen. Eine zweite, dritte, vierte und fünfte Produktionsanlage auf derselben technischen Basis wird in Betrieb genommen, was fast immer ohne die Verzögerungen und besonderen Kosten möglich ist, zu denen es während der langen Einlaufphase der ersten Anlage kam. Sobald Anlage Nummer Fünf ausgelastet ist, ist das Unternehmenso groß und erfolgreich geworden, dass der gesamte Zyklus mit einem anderen brandneuen Produkt von vorne begonnen werden kann, ohne dass es prozentual gesehen zu einer ähnlichen Belastung der Gewinne oder zu einer ähnlichen Abwärtsbewegungen der Aktienkurse des Unternehmens kommt. Der Anleger hat zum richtigen Zeitpunkteine Investition getätigt, die ihm viele Jahre wachsenden Nutzen bringen kann.

In der ersten Auflage dieses Buches habe ich an dieser Stelle das folgende Beispiel für eine solche Anlagemöglichkeit beschrieben, ein Beispiel, das damals noch recht aktuell war. Ich bemerkte:

»Unmittelbar vor den Kongresswahlen 1954 machten sich gewisse Investmentfonds eine solche Situation zu Nutze. Seit mehreren Jahren wurden die Anteile von American Cyanamid mit einem beträchtlich niedrigeren Kurs-Gewinn-Verhältnis gehandelt als die der meisten anderen großen Chemieunternehmen. Der Grund lag wohl in der in Finanzkreisen verbreiteten Ansicht, dass der Lederle-Bereich zwar eines der besten pharmazeutischen Unternehmen weltweit sei, die im Vergleich dazu umfangreicheren industriellen und agrochemischen Aktivitäten jedoch ein Mischmasch teurer und unproduktiver Fabriken darstellten, ein Ergebnis der Unternehmenszusammenschlüsse des 20er-Jahre-Booms. Diese Unternehmensteile galten weithin als alles andere als eine lohnende Investment-Möglichkeit.

Weithin unbemerkt blieb die Tatsache, dass ein neues Management stetig, aber in aller Stille an der Reduzierung der Produktionskosten und der Straffung des Unternehmens arbeitete. Was auffiel war, dass das Unternehmen ›ein großes Rad drehte‹, womit eine für ein Unternehmen dieser Größenklasse hohe Kapitalinvestition in eine gigantische neue chemische Fabrik in Fortier, Louisiana, gemeint war. Diese Fabrik enthielt so viel an komplexer Technik, dass niemand hätte überrascht sein sollen, als die Gewinnschwelle erst mit einer Verspätung von mehreren Monaten erreicht wurde. Die anhaltenden Probleme bei Fortier passten jedoch in das im Allgemeinen unvorteilhafte Bild von American Cyanamid-Aktien. An diesem Punkt hielt der bereits erwähnte Fonds den richtigen Kaufzeitpunkt für gekommen und kaufte American Cyanamid zu einem Kurs von 45 3/4. Dies entspricht nach dem Aktiensplit von zwei zu eins im Jahr 1957 einem Kurs der gegenwärtigen Aktien von 22 7/8.

Was ist seitdem geschehen? Es ist genug Zeit verstrichen, dass sich bei dem Unternehmen der Nutzen der Unternehmenspolitik einstellen kann, die 1954 so hohe Kosten verursachte. Fortier arbeitet jetzt mit Gewinn. Die Erträge sind von $1,48 pro (heutiger) Stammaktie 1954 auf $ 2,10 pro Aktie 1956 gestiegen und versprechen, 1957 noch etwas höher zu sein, in einem Jahr, in dem die Gewinne der meisten chemischen (jedoch nicht der pharmazeutischen) Unternehmen unter denen des Vorjahres liegen. Mindestens so wichtig ist, dass die Wall Street erkannt hat, dass die industriellen und agrochemischen Aktivitäten von American Cyanamid institutionelle Anlagen lohnen. Das hat dazu geführt, dass sich das Kurs-Gewinn-Verhältnis dieser Aktien deutlich gewandelt hat. Eine Ertragssteigerung von 37 Prozent in noch nicht einmal drei Jahren hat zu einer Steigerung des Marktwertes von ungefähr 85 Prozent geführt.«

Seit ich diese Zeilen schrieb, scheint die kontinuierliche Höherbewertung von American Cyanamid in Finanzkreisen weitergegangen zu sein. Die Erträge versprechen, 1959 die bisherige Bestmarke von $ 2,42 aus dem Jahr 1957 zu übertreffen. Der Kurs der Aktie ist ständig gestiegen und liegt jetzt bei 60, was einen Gewinn von 70 Prozent in Bezug auf die Ertragskraft und 163 Prozent in Bezug auf den Marktwert innerhalb von fünf Jahren darstellt, seit die in der ersten Auflage erwähnten Aktien gekauft wurden.

Mit diesem schönen Schluss möchte ich die Behandlung von American Cyanamid abschließen. Im Vorwort dieser revidierten Auflage habe ich jedoch meine Entschlossenheit betont, einen ehrlichen und nicht geschönten Bericht vorzulegen. Der Leser mag bemerkt haben, dass ich mich in der ersten Auflage auf einen Kauf von Cyanamid-Aktien im Jahr 1954 durch einen gewissen Fonds bezogen habe; dieser Fonds hält die Cyanamid-Aktien nicht mehr, sie wurden im Frühjahr 1959 zu einem Durchschnittspreis von ungefähr 49 verkauft. Dieser Kurs liegt natürlich deutlich unter dem gegenwärtigen, bedeutete aber dennoch einen Gewinn von 110 Prozent.

Die Höhe des Gewinns hatte nicht das Geringste mit der Entscheidung zu tun, die Aktie abzustoßen. Dieser Entscheidung lagen zwei Motive zugrunde. Das eine war, dass die langfristigen Perspektiven eines anderen Unternehmens noch besser zu sein schienen. Der Leser findet eine Diskussion hierüber im nächsten Kapitel, wo ich dieses Motiv als einen plausiblen Grund für einen Verkauf behandele. Es ist zwar noch nicht genug Zeit verstrichen, um diese Frage abschließend beurteilen zu können, aber die gegenwärtige Kursentwicklung beider Aktien scheint die Entscheidung zu rechtfertigen.

Dieser Investment-Entscheidung lag jedoch ein zweites Motiv zugrunde, das sich rückblickend als weniger rühmlich herausstellen kann. Dabei ging es um die Sorge, dass American Cyanamids Geschäft im Chemiebereich sich – im Gegensatz zu den Aktivitäten des Unternehmens im pharmazeutischen Sektor – relativ zu den besten Konkurrenzunternehmen gesehen nicht so dynamisch entwickelte wie gehofft, was eine Erhöhung der Gewinnspanne und die Entwicklung neuer profitabler Produktlinien anging. Diese Sorge wurde noch ausgeprägter aufgrund der Unsicherheit in Bezug auf die möglichen Kosten, die angesichts der scharfen Konkurrenz in der Textilindustrie mit der angestrebten Etablierung des Unternehmens im Acrylfaser-Geschäft verbunden waren. Diese Überlegung kann sich als richtig, die Investitionsentscheidung aber dennoch als falsch herausstellen. Der Grund hierfür sind die hervorragenden Aussichten bei Lederle, dem Pharma-Bereich des Unternehmens, die erst nach dem Verkauf der Aktien deutlich wurden. Die Möglichkeit eines weiteren steilen Anstiegs in der Ertragskraft von Lederle auf mittlere Sicht kreisen zum einen um ein neues und vielversprechendes Antibiotikum, zum anderen um einen mit der Zeit beträchtlichen Markt für einen oral anzuwendenden Polio-Impfstoff aus lebenden Erregern, ein Gebiet, auf dem Lederle führend war. Diese Entwicklungen machen es schwierig zu entscheiden, ob der Verkauf der Cyanamid-Aktien nicht eine falsche Investment-Entscheidung war. Die Zukunft wird es zeigen. Da die Analyse möglicher Fehler noch lohnender sein kann als die Betrachtung vergangener Erfolge, schlage ich – auch auf die Gefahr hin, eingebildet zu erscheinen – jedem ernsthaft an einer Verbesserung seiner Anlagetechnik Interessierten vor, sich diese letzten Abschnitte anzustreichen und sie nach dem kommenden Kapitel über den richtigen Zeitpunkt eines Verkaufs von Aktien noch einmal zu lesen.

Ich komme jetzt zu dem nächsten und aktuelleren Beispiel für diese Art von Anlagemöglichkeit, das ich in der ersten Ausgabe nannte. Ich schrieb:

»Eine ähnliche Situation kann sich in der zweiten Jahreshälfte 1957 bei der Food Machinery and Chemical Corporation entwickeln. Einige große institutionelle Anleger haben seit einiger Zeit eine Vorliebe für dieses Unternehmen gezeigt. Die meisten scheinen jedoch der Meinung zu sein, dass ungeachtet einiger interessanter Elemente gewisse Fragen geklärt werden müssen, bevor die Aktie dieses Unternehmens für einen Kauf in Frage kommt. Um diese Einstellung zu verstehen, muss man einige Hintergrundinformationen haben.

Vor dem Zweiten Weltkrieg waren die Aktivitäten des Unternehmens auf eine diversifizierte Produktlinie im Maschinenbau beschränkt. Aufgrund eines hervorragenden Managements und einer ebenso hervorragenden Entwicklungsabteilung wurde Food Machinery zu einem der spektakulären Investment-Erfolge der Vorkriegszeit. Während des Krieges engagierte sich das Unternehmen relativ erfolgreich in der Rüstungsproduktion und baute darüber hinaus eine weitverzweigte chemische Produktlinie auf. Hinter diesem Schritt stand die Absicht, die Auswirkungen der zyklischen Tendenzen des Marktes für Maschinen durch die Produktion von Konsumgütern abzufangen, ein Bereich, in dem der Umsatz mit den Jahren durch Forschungsanstrengungen in ähnlicher Weise gesteigert werden konnte, wie es im Maschinenbau- und Rüstungsbereich so erfolgreich gelungen war.

Bis 1952 wurden vier einzelne Unternehmen gekauft und zu vier (inzwischen fünf) Unternehmensbereichen umgewandelt. Zusammen repräsentieren sie etwas weniger als die Hälfte des gesamten Umsatzvolumens von Food Machinery, wenn man den Rüstungssektor mit einschließt, und etwas mehr als die Hälfte, wenn nur die zivilen Bereiche berücksichtigt werden. Vor ihrem Kauf und auch noch in den ersten Jahren danach gab es enorme Unterschiede zwischen den genannten vier Unternehmen. Bei einem handelte es sich um den Marktführer auf einem schnell wachsenden Markt mit einer hohen Gewinnspanne und einem hervorragenden technologischen Ruf in der Branche. Ein zweites litt unter einer veralteten Fertigungsanlage, niedrigen Gewinnspannen und schlechter Arbeitsmoral. Im Durchschnitt ließen die vier Unternehmen, verglichen mit den führenden Unternehmen der chemischen Industrie, viel zu wünschen übrig. In einigen Fällen wurden Zwischenprodukte gefertigt, es fehlten aber die Rohstoffe. In anderen Fällen wurden viele Rohstoffe mit geringen Gewinnspannen produziert, aber mit höheren Gewinnspannen nur wenige Produkte, die man aus diesen Rohstoffen hätte herstellen können.

In Finanzkreisen zog man aus all dem ziemlich rigide Schlussfolgerungen. Der Unternehmensbereich Maschinenbau repräsentierte mit einer internen Wachstumsrate zwischen 9 und 10 Prozent jährlich und seiner bekannten Fähigkeit, Jahr um Jahr neue und kommerziell erfolgreiche Produkte zu entwickeln und zu verkaufen, sowie mit einigen der kostengünstigsten Produktionsanlagen eine erstklassige Anlagemöglichkeit. Bevor die Unternehmensbereiche im Chemiesektor jedoch keine höheren Gewinnspannen oder sonstigen Qualitätsmerkmale vorweisen konnten, war die Neigung gering, in dieses Unternehmen zu investieren.

Inzwischen ging das Management bei Food Machinery entschlossen daran, dieses Problem zu lösen. Wie ging das vor sich? Der erste Schritt bestand darin, vermittels interner Beförderungen und externer Anwerbung von Führungskräften ein erstklassiges Management-Team zusammenzustellen. Dieses Team investierte in die Modernisierung alter Anlagen, in die Entwicklung neuer Anlagen und in die Forschung. Umfangreiche Modernisierungs- und Erweiterungsinvestitionen über die normalerweise kapitalisierten Kosten hinaus sind unmöglich, ohne dass gleichzeitig die laufenden Kosten steigen. Es ist recht überraschend, dass all die außergewöhnlichen Ausgaben der Jahre 1955, 1956 und 1957 die Gewinne im Unternehmensbereich Chemie nicht senkten. Diese konstanten Gewinne sind ein gutes Anzeichen für die Qualität der Arbeit, die bereits geleistet worden war.

Jedenfalls musste bei einer adäquaten Projektplanung der kumulative Effekt der bereits abgeschlossenen Projekte mit der Zeit die außergewöhnlichen Kosten der noch ausstehenden Projekte überwiegen. Das hätte schon 1956 der Fall sein können, wenn die Forschungsausgaben in jenem Jahr nicht um 50 Prozent über denen des Vorjahres gelegen hätten. Diese Intensivierung der Forschung wurde in Angriff genommen, obwohl schon 1955 die Forschungsausgaben im Chemiebereich nicht weit unter dem Branchendurchschnitt lagen und die Forschungsausgaben im Maschinenbaubereich zu den Spitzenwerten der Branche zählten. Trotz dieses kontinuierlich hohen Forschungsaufwands wurde für die zweite Hälfte des Jahres 1957 ein Gewinnsprung erwartet. Mitte des Jahres sollte die Chlorgasproduktion des Unternehmens in South Charleston, West Virginia, in Betrieb gehen. Unvorhergesehene Schwierigkeiten, wie sie für die chemische Industrie charakteristisch sind, von denen das Unternehmen aber bei den meisten anderen Modernisierungs- und Expansionsprojekten überraschenderweise verschont geblieben war, deuten nun darauf hin, dass der Gewinnsprung im ersten Quartal 1958 eintreten wird.

Ich habe den Verdacht, dass sich institutionelle Anleger bis zum Eintritt dieser positiven Gewinnentwicklung und bis zu einem nachhaltigen und dauerhaften Anstieg der Gewinnspanne im Bereich Chemie nicht für die wirkliche Entwicklung bei Food Machinery interessieren und die Aktie links liegen lassen werden. Wenn sich eine solche Entwicklung, wie ich vermute, 1958 und 1959 einstellt, wird sich in Finanzkreisen mit der Zeit die fundamentale Verbesserung der Grundlagen des Unternehmens herumsprechen, die vor mehreren Jahren begann. Zu diesem Zeitpunkt wird der Kurs der Aktie schon gestiegen sein, was sich dann über Jahre fortsetzen kann, und zwar ergibt sich dieser Kursanstieg aufgrund der bereits verbesserten Erträge pro Aktie sowie vor allem des veränderten Kurs-Gewinn-Verhältnisses, das sich aus der allgemeinen Neubewertung der eigentlichen Qualität des Unternehmens ergibt.«

Ich glaube, dass die Entwicklung der beiden letzten Jahre mir in dieser Frage vollauf Recht gibt. Möglicherweise kam es erstmals in dem Depressionsjahr 1958 verbreitet zu einer Neubewertung der Politik von Food Machinery, in einem Jahr, als alle Unternehmen im Chemie- und Maschinenbaubereich einen ausgeprägten Ertragsrückgang hinnehmen mussten, Food Machinery jedoch mit $ 2.39 pro Aktie den höchsten Gewinn seiner Geschichte auswies. Dies lag leicht über den Werten der Vorjahre, als die Wirtschaftsentwicklung insgesamt günstiger war. Zudem war der Chemiebereich jetzt soweit, dass er ebenso wie der Maschinenbau als erstklassige Anlagemöglichkeit und nicht mehr als gewinnschwacher Unternehmensteil galt. Für 1959 liegen mir gegenwärtig noch keine Zahlen zur Gewinnentwicklung vor, der für die ersten neun Monate berichtete steile Anstieg der Ertragskraft gegenüber der entsprechenden Vorjahresperiode deutet aber zusätzlich darauf hin, dass die langwierige Reorganisation des Unternehmensbereichs Chemie reiche Früchte trägt. Die Gewinne 1959 werden vielleicht deshalb besonders aussagekräftig sein, da der Rüstungsbereich in diesem Jahr bei seinem zentralen Produkt, einem panzerähnlichen Truppen- und Materialtransporter aus Stahl, den Übergang zu einem Transporter aus Aluminium vollzieht, der mit dem Fallschirm abgeworfen werden kann. Das bedeutet, dass 1959 das einzige Jahr in der jüngeren Vergangenheit oder der überschaubaren Zukunft war, in dem das Rüstungsgeschäft keinen bedeutenden Beitrag zur gesamten Ertragskraft des Unternehmens beisteuerte. Und doch wurde ein wichtiger neuer Gewinngipfel erreicht.

Wie reagiert der Markt auf all dies? Ende September 1957, als ich die erste Ausgabe abgeschlossen hatte, wurden die Aktien von Food Machinery bei 25 ¼ gehandelt. Heute stehen sie bei 51, was einem Gewinn von 102 Prozent entspricht. Es sieht langsam so aus, als würde sich in den in der ersten Ausgabe erwähnten Finanzkreisen »die fundamentale Verbesserung der Grundlagen des Unternehmens herumsprechen, die vor mehreren Jahren begann«.

Andere Ereignisse bestätigen diesen Trend und werden ihn vielleicht bestärken. Der Verlag McGraw-Hill führte 1959 einen neuen Brauch ein. Jedes Jahr sollte ein Preis für hervorragendes Management in der chemischen Industrie verliehen werden. Zur Wahl des ersten Gewinners dieses Ehrentitels wurde ein Gremium von zehn ausgewiesenen und kenntnisreichen Fachleuten gebildet. Vier von ihnen repräsentierten Hochschulfakultäten für Unternehmensführung, drei kamen aus größeren Investmenthäusern mit umfangreichen Interessen in der chemischen Industrie und drei waren führende Mitglieder bekannter Beratungsfirmen im Chemiebereich. Zweiundzwanzig Unternehmen wurden nominiert, vierzehn reichten Präsentationen ein. Die Auszeichnung für hervorragendes Management ging nicht an einen der Giganten dieser Branche, von denen mehrere über ein Management verfügen, das aus gutem Grund an der Wall Street hoch angesehen ist. Sie ging vielmehr an den Unternehmensbereich Chemie der Food Machinery Corporation, der zwei Jahre zuvor bei vielen institutionellen Anlegern als schlechte Investition galt und auch heute noch von vielen so angesehen wird!

Warum ist so eine Geschichte für langfristig orientierte Anleger wichtig? Zunächst einmal vermittelt sie die Sicherheit, dass die Gewinne einer solchen Gesellschaft über Jahre wachsen werden, mal mehr, mal weniger, entsprechend dem Trend der allgemeinen Wirtschaftsentwicklung. Geschäftsleute mit guten Kenntnissen in der chemischen Industrie würden eine solche Auszeichnung nicht einem Unternehmen zuerkennen, das nicht über die für die Entwicklung neuer, lohnender Produkte erforderliche Forschungskapazität und das technische Know-how verfügte, diese neuen Produkte mit Gewinn herzustellen. Darüber hinaus hinterlässt eine solche Auszeichnung auch in Investmentkreisen ihre Spuren. Nichts ist wünschenswerter für einen Aktionär als der Einfluss einer positiven Gewinnentwicklung auf den Aktienkurs, vervielfacht noch durch eine entsprechend steigende Bewertung dieser Erträge auf dem Markt, wie ich bereits in meinem Fazit zu diesem Unternehmen in der ersten Ausgabe schrieb.

Ungewöhnliche Kaufgelegenheiten können sich auch noch auf andere Weise als durch die Einführung neuer Produkte und die Probleme der Inbetriebnahme komplexer Fertigungsanlagen eröffnen. Ein Elektronikunternehmen im mittleren Westen war beispielsweise unter anderem für seine ungewöhnlich guten Arbeitgeber-Arbeitnehmer-Beziehungen bekannt. Das Unternehmen wuchs bis zu einem Punkt, an dem allein schon die Größe des Unternehmens eine Veränderung in der Personalpolitik erforderte. Ein unglückliches Aufeinandertreffen von Persönlichkeiten verursachte Reibereien, Bummelstreiks und Produktivitätsrückgänge in einem Unternehmen, das bisher für seine guten Arbeitsbeziehungen und seine hohe Arbeitsproduktivität bekannt gewesen war. Die Erträge brachen ein und mit ihnen die Aktienkurse.

Das ungewöhnlich fähige und findige Management erarbeitete sofort Vorschläge zur Korrektur dieser Situation. Solche Vorstellungen können in ein paar Wochen entwickelt werden, ihre Umsetzung braucht jedoch viel mehr Zeit. Als sich bei den Erträgen die ersten Auswirkungen der Reformpläne zeigten, erreichte der Aktienkurs einen Punkt, den wir A nennen wollen. Es dauerte jedoch ungefähr eineinhalb Jahre, bis sich der gesamte Erfolg bei den Gewinnen bemerkbar machen konnte. Gegen Ende dieses Zeitraums kam es zu einem zweiten Streik, dessen Beilegung den letzten erforderlichen Schritt auf dem Weg zur Wiederherstellung der alten Wettbewerbsfähigkeit des Unternehmens war. Der Streik dauerte nicht lang. Dennoch verbreitete sich während dieses kurzen und wenig kostenträchtigen Streiks in Finanzkreisen die Kunde, dass sich die Arbeitsbeziehungen in dem fraglichen Unternehmen noch weiter verschlechtert hätten. Trotz umfangreicher Käufe von Unternehmensangehörigen sank der Aktienkurs. Der Kurs blieb aber nicht lang unten. Dies stellte sich als eine weitere Kaufmöglichkeit heraus, was das richtige Timing angeht, und wir wollen dies als Kaufpunkt B bezeichnen. Wer tiefer blickte und sah, was wirklich vorging, konnte zu niedrigsten Kursen eine Aktie erwerben, die gut über viele Jahre zu wachsen versprach.

Wir wollen einmal sehen, wie profitabel es für einen Anleger hätte sein können, bei Punkt A oder bei Punkt B zu kaufen. Ich will nicht den niedrigsten Preis einsetzen, den eine monatliche Kursübersicht für die Aktie in diesem Zeitraum ausweist. Zum absoluten Tiefkurs wechselten nur wenige hundert Aktien die Besitzer. Ein Investor, der zu diesem Kurs gekauft hat, hat vor allem Glück gehabt. Ich werden vielmehr von Zahlen ausgehen, die in dem einen Fall etwas, in dem anderen Fall mehrere Punkte über dem tiefsten Stand liegen. In beiden Fällen waren einige tausend Aktien auf dem Markt, die zu diesen Kursen gehandelt wurden. Ich gehe nur von Kursen aus, zu denen jeder, der die Situation richtig einschätzte, ohne Probleme Aktien kaufen konnte.

Bei Punkt A war die Aktie in nur wenigen Monaten um 24 Prozent gegenüber ihrem letzten Höchststand eingebrochen. Wer zu diesem Zeitpunkt kaufte, machte innerhalb eines Jahres, bezogen auf den Marktwert der Aktie, einen Gewinn zwischen 55 und 60 Prozent. Dann kam der Streik, der zum Absinken des Kurses auf Kaufpunkt B führte. Der Kurs brach um fast 20 Prozent ein. Seltsamerweise blieb er nach dem Ende des Streiks noch einige Wochen auf diesem Niveau. Während dieser Zeit sprach ich mit einem sehr fähigen Mitarbeiter eines großen Investmenttrusts, der mir sagte, er wisse genau, wie aussichtsreich die Lage sei und was ziemlich sicher geschehen werde. Dennoch wollte er seinem Finanzkomitee nicht vorschlagen, die Aktie zu kaufen. Er meinte, einige Mitglieder des Komitees würden sicher bei Freunden an der Wall Street rückfragen und seine Empfehlung dann nicht nur ablehnen, sondern ihm auch noch Vorwürfe machen, weil er ihnen ein Unternehmen mit schlampigem Management und hoffnungslos verfahrenen Arbeitsbeziehungen vorschlug!

Gegenwärtig, da ich dies nicht allzu viele Monate später schreibe, steht die Aktie schon 50 Prozent über ihrem Kurs bei Punkt B. Damit steht sie jetzt 90 Prozent über Punkt A. Noch wichtiger ist, dass die Zukunft des Unternehmens hervorragend aussieht und außergewöhnliches Wachstum auf Jahre hinaus verspricht, genau wie in den Jahren, bevor eine Kombination ungewöhnlicher und unglücklicher Umstände vorübergehend zu den Kaufpunkten A und B führte. Wer zu einem der beiden Zeitpunkte gekauft hatte, ist zur richtigen Zeit in das richtige Unternehmen eingestiegen.

Kurz gesagt sollte sich ein Anleger für ein Unternehmen mit außergewöhnlich fähigem Management entscheiden. Einige Projekte werden fehlschlagen. Andere werden von Zeit zu Zeit unerwartete Probleme aufwerfen, bevor sie Erfolg bringen. Der Anleger sollte sich ganz sicher sein, dass diese Probleme vorübergehender und nicht grundsätzlicher Natur sind. Wenn diese Probleme den Kurs der Aktie tief genug gedrückt haben und es den Anschein hat, dass sie nun in einigen Monaten – nicht Jahren – gelöst sein werden, dann darf der Anleger ziemlich sicher sein, dass dies der Zeitpunkt ist, zu dem die Aktie gekauft werden kann.

Nicht alle Kaufpunkte entstehen aufgrund vergleichbarer Probleme. In Branchen wie der Chemieindustrie, wo für jeden umgesetzten Dollar große Mengen Kapital erforderlich sind, kommt es gelegentlich zu einer anderen Art von Kaufgelegenheit. Rechnerisch sieht eine solche Situation in der Regel folgendermaßen aus: Eine neue Fabrikationsanlage oder mehrere Anlagen werden zu einem Preis von beispielsweise $10 Millionen errichtet. Ein oder zwei Jahre, nachdem diese Anlagen ihre normale Produktion aufgenommen haben, nehmen die Ingenieure des Unternehmens noch einmal eine genaue Evaluation der Anlagen vor. Sie schlagen vor, zusätzliche $1,5 Millionen zu investieren und zeigen, dass so mit einer um 15 Prozent höheren Investition eine um 40 Prozent höhere Produktionskapazität zu erreichen ist.

Da die Anlagen bereits mit Gewinn arbeiten und mit einem um 15 Prozent höheren Kapitaleinsatz ein um 40 Prozent höherer Ausstoß produziert und verkauft werden kann, und da fast keine zusätzlichen Gemeinkosten anfallen, wird die Gewinnspanne bei diesem Mehrprodukt von 40 Prozent außergewöhnlich hoch sein. Wenn das Projekt so groß ist, dass es die Erträge des Unternehmens insgesamt beeinflusst, ergibt sich auch hier die Gelegenheit, zum richtigen Zeitpunkt in das richtige Unternehmen zu investieren, wenn man die Aktie nämlich kauft, bevor sich die gesteigerte Ertragskraft in den Kursen niederschlägt.

Was ist der gemeinsame Nenner dieser Beispiele? Der gemeinsame Nenner besteht darin, dass es im richtigen Unternehmen zu einer lohnenden Verbesserung der Erträge kommt, dass diese Ertragssteigerung sich aber noch nicht im Kurs der Aktien des Unternehmens niedergeschlagen hat. Meiner Ansicht nach ist es bei einer solchen Konstellation immer richtig zu kaufen. Wenn es aber nicht zu einer solchen Konstellation kommt, wird ein Investor dennoch langfristig mit Anlagen in herausragenden Unternehmen Geld verdienen. Dann sollte er jedoch etwas mehr Geduld aufbringen, denn es wird länger dauern, und der Gewinn auf seine ursprüngliche Investition wird prozentual niedriger sein.

Bedeutet das, dass ein über die entsprechenden Mittel verfügender Investor den Trend des Wirtschaftszyklus vollständig ignorieren und sein gesamtes Kapital investieren sollte, wenn er die richtige Gesellschaft – wie in Kapitel 3 beschrieben – und den in diesem Kapitel beschriebenen richtigen Zeitpunkt gefunden hat? Unmittelbar nach dem Investment kann eine Wirtschaftskrise zuschlagen. In einer normalen Wirtschaftskrise ist ein Kurssturz zwischen 40 und 50 Prozent gegenüber dem erreichten Höchstwert auch bei erstklassigen Aktien nicht ungewöhnlich – ist es da nicht recht riskant, den Wirtschaftszyklus zu ignorieren?

Ein Investor, der schon seit beträchtlicher Zeit den Hauptteil seiner Aktien in sorgfältig ausgewählten Unternehmen platziert hat, kann dieses Risiko meiner Ansicht nach eingehen. Sind seine Investitionen gut ausgewählt, sollten sie ihm bereits einen beträchtlichen Kapitalzuwachs gebracht haben. Jetzt hat der Investor die Mittel zu einer neuen Investition, sei es, dass er der Meinung ist, eines seiner Wertpapiere müsse abgestoßen werden, sei es, dass er einfach über zusätzliche Mittel verfügt. Wenn wir es nicht mit einem jener seltenen Jahre spekulativer Überhitzung zu tun haben, in denen alle wirtschaftlichen Indikatoren bereits unübersehbar auf Sturm stehen (wie 1928 und 1929), dann glaube ich wirklich, dass ein solcher Investor alle Vermutungen über die Wirtschaftsentwicklung oder den Börsentrend ignorieren sollte. Er sollte sein Geld vielmehr investieren, sobald eine passende Anlagemöglichkeit auftaucht.

Ein Anleger sollte sich nicht mit Mutmaßungen über den Wirtschafts- oder Börsentrend aufhalten, er sollte aber ziemlich sicher beurteilen können, wie sich das ausgewählte Unternehmen im Verhältnis zur Gesamtwirtschaft verhalten wird. Er hat daher von Anfang an zwei Vorteile. Zum einen setzt er auf etwas, worüber er Kenntnisse besitzt, und nicht auf Mutmaßungen. Zum anderen investiert er ja nur in ein Unternehmen, das aus dem einen oder anderen Grund kurz- oder mittelfristig eine gesteigerte Ertragskraft verspricht – damit hat er einen zweiten Vorteil auf seiner Seite. In der gleichen Weise wie seine Aktien unter positiven Rahmenbedingungen überdurchschnittlich gestiegen wären, sobald der Markt von der gesteigerten Ertragskraft erfahren hätte, wird diese gesteigerte Ertragskraft für einen nur vergleichsweise geringen Kursrückgang seiner Aktien sorgen, sollte er sie unglücklicherweise am Vorabend eines allgemeinen Einbruchs am Aktienmarkt erworben haben.

Viele Investoren sind jedoch nicht in der glücklichen Position, über eine Rücklage an wohl überlegt und deutlich unterhalb des gegenwärtigen Kursniveaus erworbenen Anlagen zu verfügen. Vielleicht ist dies das erste Mal, dass sie Mittel für eine Investition zur Verfügung haben. Vielleicht halten sie ein Portfolio aus Anleihen und relativ statischen Aktien, die sie jetzt endlich gegen solche eintauschen möchten, die sich in der Zukunft als ertragreicher herausstellen. Wenn ein solcher Anleger in den Besitz zusätzlicher Mittel gelangt oder nach einer langen Periode wirtschaftlicher Prosperität und steigender Kurse auf Wachstumsaktien umsteigen möchte, sollte er dann auch die Gefahren einer möglichen Wirtschaftskrise ignorieren? Ein solcher Anleger wäre nicht in einer besonders glücklichen Position, wenn er später feststellt, dass er sein ganzes Vermögen oder einen großen Teil davon am Ende eines langen Kursanstiegs oder kurz vor einem großen Kurssturz investiert hat.

Hier haben wir ein Problem. Die Lösung dieses Problems ist jedoch nicht allzu schwierig – wie bei vielen anderen Dingen im Zusammenhang mit dem Aktienmarkt bedarf es nur einer zusätzlichen Portion Geduld. Ich glaube, solche Anleger sollten geeignete Aktien kaufen, sobald sie sicher sind, eine oder mehrere ausfindig gemacht zu haben. Nachdem sie jedoch einmal mit dieser Art Aktienkauf getätigt haben, sollten sie ihre weiteren Käufe staffeln. Sie sollten mehrere Jahre einplanen, bis ihre Mittel vollständig investiert sind. Dadurch behalten sie bei einem schweren Markteinbruch in dieser Zeit Kaufkraft frei, um diesen Einbruch zu nutzen. Kommt es nicht zu einem Markteinbruch und sind die früheren Investitionen sorgfältig ausgewählt, so sollten sich aus diesen Anlagen mindestens ein paar nennenswerte Gewinne ergeben. Das würde ein Polster gegen einen schweren Markteinbruch zum ungünstigsten Zeitpunkt bedeuten – für unsere Anleger wäre das der Zeitpunkt unmittelbar nach dem vollständigen Abschluss ihrer Investition. Die Gewinne aus den früheren Käufen würden dann die Verluste aus den späteren zu einem großen Teil ausgleichen. Es käme daher zu keinem ernsten Verlust im Hinblick auf die ursprüngliche Kapitalsumme.

Es gibt einen weiteren, ebenso wichtigen Grund, warum Anleger, die noch nicht auf eine Reihe erfolgreicher Investitionen zurückblicken können, und die über genügend Mittel zur Staffelung ihrer Käufe verfügen, dies auch tun sollten. Dann haben sie nämlich, bevor sie ihre gesamten Mittel anlegen, Gelegenheit zu einer praktischen Überprüfung, ob sie oder ihre Berater die Technik des Investments wirklich gut genug beherrschen, um zu vernünftigen Resultaten zu kommen. Sollte dies nicht der Fall sein, würde ein Anleger zumindest ein Warnsignal erhalten, bevor er sein gesamtes Kapital investiert hat, und bekäme die Chance, seine Investmenttechnik zu überprüfen oder sich an einen Berater zu wenden.

Alle Anleger in Aktien sollten eine grundlegende Tatsache im Gedächtnis behalten, damit die ständigen Mutmaßungen und Befürchtungen der Finanzwelt in Hinblick auf einen Wirtschaftsabschwung nicht jede aussichtsreiche Investitionstätigkeit lähmen. In der Mitte des 20. Jahrhunderts ist die jeweilige Phase des Wirtschaftszyklus nur eine von mindestens fünf mächtigen Einflusskräften. Jede dieser Kräfte kann über ihre massenpsychologische Wirkung oder durch unmittelbare wirtschaftliche Zusammenhänge einen außergewöhnlich starken Einfluss auf das allgemeine Kursniveau ausüben.

Bei den übrigen vier Einflusskräften handelt es sich um die Entwicklung der Zinssätze, die generelle Einstellung der Regierung zu Investitionen und privaten Unternehmen, den langfristigen Trend zu mehr und mehr Inflation und – vielleicht am mächtigsten von allen – den Einfluss neuer Erfindungen und Technologien auf alte Branchen. Diese Kräfte wirken auf die Aktienkurse selten alle gleichzeitig in dergleichen Richtung ein. Es gibt auch keinen Faktor, der über längere Zeit im Vergleich zu den anderen von sehr viel größerem Gewicht wäre. Der Einfluss dieser Kräfte ist so unterschiedlich und komplex, dass der sicherste Weg derjenige ist, der auf den ersten Blick am riskantesten erscheint. Investieren Sie, wenn die Fakten, die Sie über ein Unternehmen gesammelt haben, einen solchen Schritt rechtfertigen. Lassen Sie sich nicht von Befürchtungen, Hoffnungen oder Schlussfolgerungen beeinflussen, die auf Mutmaßungen beruhen.

# Kapitel 6

# Wann man eine Aktie verkaufen soll und wann nicht

Es gibt viele gute Gründe, aus denen sich ein Anleger zum Verkauf von Aktien entschließen könnte. Vielleicht möchte er ein neues Haus bauen oder seinem Sohn geschäftlich unter die Arme greifen. Vom Standpunkt eines glücklichen Lebens aus gibt es eine Vielzahl solcher Gründe, die den Verkauf von Aktien rechtfertigen. Die Motivation bei solchen Verkäufen ist jedoch eine persönliche, keine finanzielle. Damit liegt sie außerhalb der Thematik dieses Buches. Uns geht es hier nur um diejenigen Aktienverkäufe, die aus einem einzigen Grund heraus getätigt werden, nämlich den größtmöglichen Nutzen aus investiertem Kapital zu ziehen.

Meiner Meinung nach gibt es drei Gründe, und nur drei Gründe, für den Verkauf von Aktien, die ursprünglich einmal auf der Basis der bereits diskutierten Investment-Prinzipien gekauft worden sind. Der erste dieser Gründe sollte für jedermann auf der Hand liegen. Er betrifft den Fall, dass bei der Anlageentscheidung ein Fehler gemacht wurde und es zunehmend klar wird, dass die Rahmenbedingungen des betreffenden Unternehmens sehr viel ungünstiger aussehen, als ursprünglich angenommen worden war. Das richtige Verhalten in einer solchen Situation ist vor allem eine Frage emotionaler Selbstkontrolle. Bis zu einem bestimmten Grad hängt es auch davon ab, inwieweit der Anleger sich selbst gegenüber ehrlich sein kann.

Zwei der wichtigen Charakteristika von Kapitalanlagen in Aktien sind die bei richtigem Verhalten erreichbaren hohen Gewinne und die hohen Anforderungen an Geschick, Wissen und Urteilskraft, die hierzu erfüllt sein müssen. Da außergewöhnlich hohe Gewinne nur in einem komplexen Prozess erzielt werden können, ist es nicht verwunderlich, dass es beim Kauf von Aktien auch zu einer gewissen Fehlerquote kommt. Glücklicherweise sollten die langfristigen Gewinne mit wirklich guten Aktien die Verluste aufgrund solcher Irrtümer mehr als ausgleichen, solange die Fehlerquote im normalen Bereich bleibt. Es sollte auch noch eine erhebliche Gewinnspanne übrig bleiben. Das trifft besonders dann zu, wenn ein Irrtum schnell als solcher erkannt wird. Gelingt dies, sollten etwaige Verluste viel geringer ausfallen, als wenn die irrigerweise gekaufte Aktie noch lange gehalten wird. Noch wichtiger ist, dass die in der ungünstigen Anlage gebundenen Mittel für eine andere Investition frei werden, die richtig ausgewählt einen erheblichen Gewinn abwerfen sollte.

Es gibt jedoch einen komplizierenden Faktor, der die Handhabung von Investmentfehlern schwieriger macht. Dieser Faktor ist das Ego in jedem von uns. Niemand gesteht sich gerne einen Fehler ein. Wenn wir beim Kauf einer Aktie einen Fehler gemacht haben, die Aktie aber mit einem kleinen Gewinn wieder verkaufen können, verlieren wir irgendwie jedes Gefühl für unseren Fehler. Wenn wir aber mit einem kleinen Verlust wieder verkaufen, sehen wir die ganze Sache sofort in einem viel ungünstigeren Licht. Diese Reaktion ist zwar völlig normal und menschlich, sie ist jedoch wahrscheinlich eine der gefährlichsten, die es im Zusammenhang mit Kapitalanlagen überhaupt gibt. Wahrscheinlich haben Anleger mehr Geld damit verloren, eine ungeliebte Aktie mindestens so lange zu halten, bis sie ohne Verlust aus der Anlage herauskamen, als aus jedem anderen Grund. Wenn man zu diesen tatsächlichen Verlusten noch die ausgefallenen Gewinne aufgrund der nicht rechtzeitig vorgenommenen Reinvestition der gebundenen Mittel hinzurechnet, werden die Kosten einer solchen Selbsttäuschung wahrhaft beträchtlich.

Darüber hinaus ist die Abneigung, auch nur einen kleinen Verlust hinzunehmen, ebenso unlogisch wie menschlich. Wenn es bei einer Kapitalanlage in Aktien in Wahrheit um einen Gewinn von mehreren hundert Prozent über einen Zeitraum von Jahren geht, wird der Unterschied zwischen einem Verlust von beispielsweise 20 Prozent und einem Gewinn von 5 Prozent vergleichsweise unbedeutend. Es kommt nicht darauf an, ob es gelegentlich zu einem Verlust kommt. Es kommt darauf an, ob es so oft nicht zu hohen Gewinnen kommt, dass die Qualifikation des Anlegers oder seines Beraters bei der Gestaltung der Kapitalanlagen in Zweifel gezogen werden muss.

Wenn Verluste auch keine heftigen emotionalen Reaktionen oder Selbstvorwürfe auslösen sollten, so sollten sie doch auch nicht auf die leichte Schulter genommen werden. Ein Verlust sollte immer sorgfältig analysiert werden, um eine Lehre daraus zu ziehen. Wenn die Fehler bei der Analyse einer Aktie erkannt werden, ist es unwahrscheinlich, dass es aus denselben Gründen noch einmal zu einem unvorteilhaften Kauf kommt.

Wir kommen jetzt zu dem zweiten Grund, aus dem eine unter Beachtung der im zweiten und dritten Kapitel formulierten Investment-Prinzipien gekaufte Aktie wieder verkauft werden sollte. Aktien eines Unternehmens, das sich nach einiger Zeit nicht mehr in derselben Weise wie zum Zeitpunkt des Kaufs für eine Anlage entsprechend den Kriterien der 15 Punkte qualifiziert, sollten immer verkauft werden. Investoren sollten daher beständig wachsam bleiben. Hier wird deutlich, wie wichtig es ist, bei Unternehmen, deren Aktien man hält, ständig auf dem Laufenden zu bleiben.

Es gibt für gewöhnlich zwei Gründe, aus denen ein Unternehmen in der beschriebenen Weise abgleiten kann. Entweder hat sich das Management verschlechtert, oder das Unternehmen kann die Märkte für seine Produkte nicht mehr so erweitern wie früher. Manchmal ist eine Verschlechterung im Management eine Folge früheren Erfolges. Zufriedene Selbstgefälligkeit und Trägheit sind an die Stelle von Engagement und Findigkeit getreten. Häufiger kommt es vor, dass neue Führungskräfte nicht mehr die Statur ihrer Vorgänger erreichen. Entweder verfolgen sie die Unternehmenspolitik, mit der das Unternehmen so erfolgreich geworden ist, nicht weiter, oder es fehlen ihnen die Fähigkeiten, diese Politik fortzusetzen. Kommt es zu einer solchen Verschlechterung im Management, sollte die betreffende Aktie sofort verkauft werden, unabhängig davon, wie positiv die Marktentwicklung im Allgemeinen aussieht oder wie hoch die Kapitalgewinnsteuer auch immer ist.

Es kommt ebenso auch manchmal vor, dass ein Unternehmen nach langjährigem und spektakulärem Wachstum einen Punkt erreicht, an dem die Wachstumspotenziale seiner Absatzmärkte erschöpft sind. Von diesem Zeitpunkt an wird seine Entwicklung ungefähr parallel zur Entwicklung der Wirtschaft insgesamt verlaufen. Es wird nur mit derselben Rate wie die Volkswirtschaft insgesamt wachsen. Ein solcher Wandel muss nicht mit einer Verschlechterung im Management zusammenhängen. Das Management eines Unternehmens kann oft sehr geschickt verwandte Produkte entwickeln, um Wachstumstrends in dem betreffenden Bereich zu nutzen. Es hat jedoch keinen besonderen Vorteil, wenn es um völlig andere Bereiche der Wirtschaft geht. Wenn sich nach Jahren hervorragender Arbeit in einer jungen und aufstrebenden Branche die Zeiten ändern und das Unternehmen das Wachstumspotenzial seines Marktes erschöpft hat, weichen seine Aktien bedeutend von den Kriterien unserer oft erwähnten 15 Punkte ab. Eine solche Aktie sollte dann verkauft werden.

In diesem Fall kann der Verkauf der Aktien etwas gemächlicher angegangen werden als im Fall einer Verschlechterung des Managements. Ein Teil der Anlage kann möglicherweise aufrechterhalten werden, bis eine günstigere Anlagemöglichkeit gefunden worden ist. In jedem Fall sollte klar sein, dass das Unternehmen nicht mehr als lohnende Anlagemöglichkeit zu betrachten ist. Die in welcher Höhe auch immer zu zahlende Kapitalgewinnsteuer sollte so gut wie nie die Reinvestition der Mittel in einem anderen Unternehmen verhindern, das in den kommenden Jahren in ähnlicher Weise wachsen kann, wie die investierten Mittel es bisher taten.

Es gibt einen guten Test dafür, ob Unternehmen sich in Bezug auf das zukünftig erwartete Wachstum nicht länger in adäquater Weise für eine Kapitalanlage empfehlen. Der Anleger sollte sich fragen, ob die vergleichbaren Erträge pro Aktie (nach Berücksichtigung von Dividenden und Aktien-Splits, aber ohne Berücksichtigung einer Kapitalerhöhung durch neue Aktienemissionen) beim nächsten Scheitelpunkt der Konjunkturentwicklung, egal was in der Zwischenzeit passiert, gegenüber dem gegenwärtigen Niveau zumindest soviel steigen werden, wie sie es zwischen dem letzten und dem gegenwärtigen Scheitelpunkt der Konjunkturentwicklung taten. Wenn die Antwort positiv ausfällt, sollte man die Aktien wahrscheinlich weiter halten. Fällt sie negativ aus, sollten die Aktien wahrscheinlich abgestoßen werden.

Wer beim Kauf einer Aktie den richtigen Prinzipien folgt, wird den dritten Grund für den Verkauf von Aktien selten erleben. Jeder Anleger sollte in Hinblick auf diesen dritten Grund nur handeln, wenn er sich seiner Sache sehr sicher ist. Dieser Grund hat mit dem Umstand zu tun, dass attraktive Investmentchancen sehr schwer ausfindig zu machen sind. Was den richtigen Zeitpunkt angeht, tauchen solche Chancen selten dann auf, wenn die Mittel für eine Anlage gerade zur Verfügung stehen. Wenn ein Investor eine ganze Zeit lang Mittel für eine Investition zur Verfügung und nur wenige attraktive Anlagemöglichkeiten gefunden hat, kann es gut sein, dass er diese Mittel ganz oder teilweise in ein gut geführtes Unternehmen investiert, für das er sich lohnende Wachstumschancen ausrechnet. Das jährliche Wachstum kann jedoch langsamer verlaufen als bei einer anderen, anscheinend attraktiveren Anlagemöglichkeit, auf die der Investor jedoch erst später aufmerksam geworden ist. Es kann sein, dass das Unternehmen, in dem er schon Anteile hält, auch noch in einer anderen wichtigen Hinsicht weniger attraktiv erscheint.

Wenn die Sache klar auf der Hand liegt und sich der Anleger seiner Sache ganz sicher ist, wird es für ihn wahrscheinlich sogar nach Abzug der Kapitalgewinnsteuer sehr lohnend sein, seine Anlage auf das Unternehmen mit den anscheinend besseren Aussichten zu verlagern. Ein Unternehmen mit einem durchschnittlichen jährlichen Zuwachs von 12 Prozent über viele Jahre hinweg sollte für die Anteilseigner eine Quelle beträchtlicher finanzieller Befriedigung sein. Der Unterschied zwischen diesem Ergebnis und einem Unternehmen, das im Jahresdurchschnitt einen Gewinn von 20 Prozent bringt, würde jedoch die zusätzlichen Mühen und Kosten rechtfertigen.

An dieser Stelle ist jedoch ein Wort der Vorsicht am Platz in Bezug auf eine zu große Bereitschaft, eine Aktie in der Hoffnung auf eine bessere Anlagemöglichkeit abzustoßen. Es besteht immer das Risiko, dass irgendein wichtiger Aspekt der Situation falsch beurteilt worden ist. Vielleicht stellt sich die Investmentchance nicht als so gut heraus wie prognostiziert. Demgegenüber kennt ein aufmerksamer Investor, der eine gute Aktie schon eine Zeit lang hält, ihre Schwächen genauso gut wie ihre Stärken. Bevor man daher aus einer ziemlich zufriedenstellenden Anlage in eine noch bessere wechselt, müssen alle damit in

Zusammenhang stehenden Aspekte mit der größten Sorgfalt analysiert werden.

An dieser Stelle ist dem aufmerksamen Leser wahrscheinlich ein grundlegendes Investment-Prinzip klar geworden, das im Großen und Ganzen anscheinend nur von einer kleinen Minderheit erfolgreicher Anleger verstanden wird. Wenn eine Aktie einmal überlegt ausgewählt worden ist und sich für einige Zeit bewährt hat, gibt es nur gelegentlich einen Grund, sie überhaupt zu verkaufen. Dennoch existiert eine Flut von Empfehlungen und Hinweisen aus der Finanzwelt, die weitere Gründe für einen Verkauf guter Stammaktien nennen. Wie steht es mit der Schlüssigkeit dieser Gründe?

Der am häufigsten genannte Grund ist die Überzeugung, dass ein Markteinbruch nennenswerten Ausmaßes bevorsteht. Im vorigen Kapitel habe ich zu zeigen versucht, dass das Zurückstellen eines attraktiven Kaufs aufgrund von Befürchtungen über die Marktentwicklung sich mit den Jahren als sehr kostspielig erweisen wird. Der Grund liegt darin, dass der Investor in diesem Fall einen sehr aussagekräftigen und auf gesichertem Wissen beruhenden Indikator aus Furcht vor einem weniger bedeutsamen und beim gegenwärtigen Kenntnisstand weitgehend auf Vermutungen beruhenden Hinweis ignoriert. Wenn es stimmt, dass man sich beim Kauf attraktiver Aktien nicht in unangemessener Weise von der Furcht vor normalen Baisse-Märkten beeinflussen lassen sollte, so stimmt dies für den Verkauf von Aktien umso mehr. Alle im vorigen Kapitel genannten Argumente treffen hier ebenso zu. Die Chance, dass ein Investor richtig handelt, wenn er verkauft, ist aufgrund der Kapitalgewinnsteuer noch geringer. Wegen der sehr hohen Gewinne, die sich bei solchen hervorragenden Aktien nach einigen Jahren ergeben sollten, kann die Kapitalgewinnsteuer die Kostspieligkeit eines solchen Verkaufs noch verschärfen.

Es gibt noch einen weiteren und noch kostspieligeren Grund, warum ein Investor niemals eine hervorragende Anlage aufgeben sollte, nur weil er einen normalen Baisse-Markt befürchtet. Wenn das Unternehmen wirklich das richtige ist, sollte die Aktie im Zuge der nächsten Hausse einen neuen Spitzenwert über dem bisherigen erreichen. Wie kann der Anleger wissen, wann er das Papier wieder kaufen soll?

Theoretisch sollte er es nach dem erwarteten Kursrückgang tun. Das setzt aber voraus, dass der Anleger weiß, wann der Kursrückgang vorbei ist. Ich habe oft erlebt, dass Anleger aus Furcht vor einem Kurssturz eine Anlage aufgelöst haben, die in den kommenden Jahren dann erstaunliche Gewinne abwerfen sollte. Oft kam es gar nicht zu einer Baisse und der Aktienkurs stieg unbeirrt weiter. Wenn es wirklich zu einer Baisse kam, habe ich es nicht in einem von zehn Fällen erlebt, dass ein Anleger die gerade abgestoßenen Aktien erneut kaufte, bevor ihr Kurs über dem Preis stand, den er bei seinem Verkauf realisiert hatte. Entweder warteten die Anleger darauf, dass der Kurs noch viel weiter zurückging, als er es tatsächlich tat, oder die Kurse gingen sehr weit zurück und die Anleger kauften dennoch nicht, weil sie andere Schwierigkeiten befürchteten.

Das bringt uns zu einer weiteren Überlegung, die Anleger mit besten Vorsätzen, aber wenig Erfahrung oft um hohe Gewinne in der Zukunft bringt. Hierbei geht es um das Argument, eine herausragende Aktie sei überbewertet und sollte daher verkauft werden. Was ist logischer als diese Überlegung? Wenn eine Aktie überbewertet ist, warum sollte man sie nicht eher verkaufen als daran festhalten?

Bevor wir übereilte Schlussfolgerungen ziehen, sollten wir ein bisschen tiefer gehen. Worum geht es? Jede wirklich gute Aktie sollte in einem höheren Verhältnis zu den laufenden Erträgen gehandelt werden als eine Aktie mit nicht expandierender, sondern stabiler Ertragskraft. Schließlich hat die Möglichkeit, an kontinuierlichem Wachstum zu partizipieren, offensichtlich einen gewissen Wert. Wenn wir von einer Aktie als überbewertet sprechen, kann das heißen, dass sie in einem noch höheren Verhältnis in Bezug auf die erwartete Ertragskraft gehandelt wird, als wir für richtig halten. Vielleicht meinen wir, dass sie in einem noch höheren Verhältnis als vergleichbare Aktien mit ähnlichen Aussichten auf zukünftig steigende Erträge gehandelt wird.

In diesen Fällen wird immer versucht, etwas präziser zu messen, als es möglich ist. Kein Investor kann genau sagen, welchen Ertrag pro Aktien ein bestimmtes Unternehmen in zwei Jahren abwerfen wird. Er kann diese Frage bestenfalls mit solch allgemeinen und unmathematischen Größen wie »ungefähr dasselbe«, »etwas mehr«,

»eine Menge mehr« oder »gewaltig viel mehr« beurteilen. Tatsächlich kann das Spitzenmanagement eines Unternehmens auch nichts sagen, was viel genauer wäre. Sowohl das Management als auch der Anleger sollten in der Lage sein zu beurteilen, ob es in zwei Jahren eine beträchtliche Steigerung des Durchschnittsertrages geben wird. Aber wie groß diese Steigerung genau sein wird und in welchem Jahr sie Realität werden wird, sind Fragen, zu deren Beantwortung wir so viele Annahmen machen müssen, dass präzise Voraussagen unmöglich werden.

Wie kann unter diesen Umständen jemand halbwegs genau sagen, an welchem Punkt die Aktie eines hervorragenden Unternehmens mit ungewöhnlich schnellem Wachstum überbewertet ist? Nehmen wir an, die Aktie wird nicht wie gewöhnlich zum Fünfundzwanzigfachen der Erträge gehandelt, sondern zum Fünfunddreißigfachen. Vielleicht gibt es in der unmittelbaren Zukunft neue Produkte, deren wirtschaftliche Bedeutung die Finanzwelt noch nicht erfasst hat. Vielleicht gibt es solche Produkte nicht. Wenn die Wachstumsrate so gut ist, dass sich das Unternehmen in zehn Jahren vervierfacht, ist es dann wirklich von so großer Bedeutung, ob die Aktien im Augenblick um 35 Prozent überbewertet sind oder nicht? Worauf es wirklich ankommt, ist, eine Anlage aufrechtzuerhalten, die in der Zukunft einen weitaus höheren Wert haben wird.

Hier kommt zudem wieder unser alter Freund, die Kapitalgewinnsteuer, ins Spiel. Wachstumsaktien, die aufgrund einer angeblichen Überbewertung zum Verkauf empfohlen werden, kosten ihre Besitzer fast immer eine Menge an Kapitalgewinnsteuer, wenn sie verkauft werden. Zusätzlich zu dem Risiko, eine Anlage in einem Unternehmen aufzugeben, das mit den Jahren weitere ungewöhnlich hohe Gewinne einbringen sollte, laden wir uns auch noch eine beträchtliche Steuerschuld auf. Wäre es da nicht sicherer und billiger, uns einfach zu der Ansicht durchzuringen, dass die betreffende Aktie ihrer Zeit im Augenblick etwas voraus ist? Die Aktie hat uns bereits einen beträchtlichen Gewinn eingebracht. Wenn sie vorübergehend beispielsweise 35 Prozent ihrer gegenwärtigen Notierung einbüßt, ist das dann wirklich eine ernste Sache? Ist nicht das wirklich Wichtige die Aufrechterhaltung unserer Position und nicht der vorübergehende Verlust eines kleinen Teils unseres Kapitalgewinns?

Es gibt noch ein weiteres Argument, mit dem sich Anleger oft selbst von Gewinnen verabschieden, die sie sonst machen würden. Dies ist das Lächerlichste von allen. Es besagt, dass ihre Aktien bedeutend gestiegen sind und dass sie deshalb wahrscheinlich ihr Potenzial erschöpft haben. Also müsste man diese Aktie verkaufen und eine andere kaufen, die noch nicht gestiegen ist. Herausragende Unternehmen – und andere Anteile sollte ein Investor meiner Ansicht nach nicht kaufen – funktionieren einfach nicht so. Wie sie funktionieren, versteht man vielleicht am besten anhand der folgenden, etwas phantasievollen Analogie:

Nehmen Sie an, es sei der Tag Ihres Collegeabschlusses; wenn Sie nicht auf dem College waren, stellen Sie sich vor, es sei der Tag Ihres High School-Abschlusses – für unser Beispiel ist das ohne Bedeutung. Nehmen Sie weiter an, jeder Ihrer männlichen Klassenkameraden brauchte an diesem Tag dringend Bargeld, und jeder macht Ihnen dasselbe Angebot: wenn Sie Ihrem Klassenkameraden das Zehnfache des Betrages leihen, den er in den ersten zwölf Monaten seines Berufslebens verdient, bekommen Sie von Ihrem Klassenkameraden für den Rest seines Lebens ein Viertel seines Jahresverdienstes! Nehmen wir schließlich noch an, dass Sie dies zwar für einen exzellenten Vorschlag halten, Ihr Geld aber nur für drei solcher Geschäfte ausreicht.

Was Sie sich nun durch den Kopf gehen lassen, entspricht fast genau den Überlegungen eines Anlegers, der rationale Investment-Prinzipien bei der Auswahl von Anlagemöglichkeiten in Aktien anwendet. Sie würden sofort damit beginnen, eine Liste Ihrer Klassenkameraden aufzustellen, nicht geordnet nach dem Sympathiegrad oder den vielfältigen Talenten Ihrer Klassenkameraden, sondern einzig und allein nach dem Kriterium, wieviel Geld jeder wohl verdienen würde. Wenn Sie in einer großen Klasse sind, würden Sie wohl eine ganze Reihe einfach deshalb streichen, weil Sie sie nicht genügend kennen, um ihre Tüchtigkeit auf finanziellem Gebiet beurteilen zu können. Auch hier ergibt sich wieder eine ganz enge Analogie zum Verhalten des intelligenten Aktienkäufers.

Schließlich wählen Sie die drei Klassenkameraden aus, die ihrer Ansicht nach in der Zukunft die höchste Ertragskraft haben werden. Mit ihnen schließen Sie das vorgeschlagene Geschäft ab. Zehn Jahre sind vergangen. Einer der drei hat einen sensationellen Erfolg gehabt. Er hat bei einem großen Unternehmen begonnen, und eine Beförderung folgte der anderen. Insider sagen schon, dass der Präsident des Unternehmens ein Auge auf Ihren Klassenkameraden hat und dass er in weiteren zehn Jahren wahrscheinlich selbst an der Spitze des Unternehmens stehen wird. Er hat das hohe Gehalt sowie die Aktienoptionen und Pensionsansprüche in Aussicht, die zu einer solchen Position gehören.

Was würden wohl selbst die Verfasser von Marktreports, die den Verkauf von überbewerteten Spitzenaktien empfehlen, unter diesen Umständen davon halten, wenn Sie den Vertrag mit Ihrem ehemaligen Klassenkameraden auflösten, weil jemand Ihnen 600 Prozent auf Ihre ursprüngliche Investition versprochen hat? Sie würden doch glauben, dass jeder seinen Verstand untersuchen lassen sollte, wenn er Ihnen raten würde, Ihren Vertrag zu verkaufen und an seiner Stelle einen Vertrag mit einem anderen ehemaligen Klassenkameraden abzuschließen, der im Jahr immer noch ungefähr dasselbe verdiente wie vor zehn Jahren, als er die Schule verließ. Das Argument, Ihr cleverer Klassenkamerad habe ja seinen Erfolg schon hinter sich, während der Ihres finanziell erfolglosen Klassenkameraden erst noch bevorstünde, würde wahrscheinlich sehr dumm klingen. Wenn Sie Ihre Aktien genauso gut kennen, klingen viele der üblicherweise zu hörenden Argumente für den Verkauf guter Aktien ebenso dumm.

Vielleicht denken Sie, dass sich all dies recht schön anhört, dass Klassenkameraden aber eben keine Stammaktien sind. In der Tat gibt es einen bedeutenden Unterschied zwischen beiden. Dieser Unterschied ist aber eher ein Argument dagegen, hervorragende Aktien zu verkaufen, nur weil sei einen steilen Anstieg hinter sich haben und vielleicht vorübergehend überbewertet sind. Der Unterschied besteht darin, dass Ihr Klassenkamerad sterblich ist und vielleicht bald, am Ende aber auf jeden Fall stirbt. Für eine Aktie gibt es keine vergleichbare Lebensspanne. Das Unternehmen, das hinter der Aktie steht, kann sein Management so aussuchen und es in Hinblick auf die Methoden, das Vorgehen und die Philosophie des Unternehmens so ausbilden, dass die Vitalität des Unternehmens über Generationen aufrechterhalten und weitergegeben wird. Sehen Sie sich Du Pont im zweiten Jahrhundert seiner Unternehmensgeschichte an. Sehen Sie sich Dow an, Jahre nach dem Tod seines brillanten Gründers. In dieser Ära unbegrenzter menschlicher Bedürfnisse und unglaublicher Märkte gibt es keine Grenzen für das Wachstum eines Unternehmens, die der Grenze des menschlichen Lebens vergleichbar wäre.

Vielleicht kann man die Essenz dieses Kapitels in einen einzigen Satz fassen: Wenn beim Kauf einer Aktie alles richtig gemacht worden ist, kommt der richtige Zeitpunkt für einen Verkauf dieser Aktie – fast niemals.

# Kapitel 7

# Viel Aufregung um die Dividenden

Im Zusammenhang mit Investitionen in Aktien gibt es viele irrige Ansichten und weithin akzeptierte Halbwahrheiten. Sobald es aber um den Stellenwert und die Bedeutung der Dividenden geht, ist die Verwirrung des typischen Anlegers komplett.

Diese Verwirrung und die Verbreitung von Halbwahrheiten spiegelt sich bereits in der Diktion wider, mit der unterschiedliche Vorgehensweisen in Bezug auf Dividenden beschrieben werden. Ein Unternehmen hat nur eine kleine oder gar keine Dividende ausgeschüttet. Der Präsident des Unternehmens verlangt vom Vorstand, mit der Zahlung einer nennenswerten Dividende zu beginnen. Dies geschieht. In einem solchen Fall sprechen Präsident oder Vorstand gerne davon, es sei an der Zeit gewesen, »etwas für die Aktionäre zu tun«. Unterschwellig heißt das, das Unternehmen tue nichts für die Aktionäre, wenn es keine Dividende zahle oder die Dividende nicht anhebe. Das kann möglicherweise stimmen. Es stimmt aber sicherlich nicht nur deshalb, weil das Unternehmen nichts in Bezug auf die Dividende tut. Wenn ein Unternehmen Erträge nicht als Dividenden ausschüttet, sondern sie für den Bau einer neuen Fabrik, für die Etablierung einer neuen Produktlinie oder für die Installation Kosten senkender Technologie in einem alten Werk verwendet, kann das Management viel mehr zum Nutzen des Aktionärs getan haben, als wenn es die Erträge einfach als Dividenden ausgeschüttet hätte. Was auch immer mit nicht als Dividenden ausgeschütteten Erträgen geschieht, immer wird von Dividendensteigerungen als von einer »günstigen« Dividendenentwicklung gesprochen. Vielleicht mit mehr Berechtigung gilt eine Verminderung oder ein Wegfall der Dividenden fast immer als »ungünstige« Entwicklung.

Einer der wichtigsten Gründe für die im öffentlichen Bewusstsein herrschende Verwirrung in Bezug auf Dividenden ist der sehr unterschiedliche Nutzen, der einem Aktionär immer dann zukommt, wenn Erträge nicht ausgeschüttet werden, sondern im Unternehmen verbleiben. Manchmal hat der Aktionär überhaupt nichts von solchen nicht ausgeschütteten Erträgen. Manchmal hat er nur insoweit etwas davon, als der Wert der gehaltenen Aktien sinken würde, wenn die Erträge nicht im Unternehmen blieben. Da aber die zurückgehaltenen Erträge den Wert der Aktien nicht steigern, scheinen sie dem Aktionär keinen Nutzen zu bringen. In den vielen Fällen schließlich, in denen die Aktionäre enorm vom Verbleib der Erträge im Unternehmen profitieren, haben die unterschiedlichen Typen von Aktionären in ein und demselben Unternehmen einen unterschiedlichen Nutzen davon, was die Verwirrung der Anleger noch steigert. Man muss mit anderen Worten jeden Fall, in dem Erträge nicht als Dividenden ausgeschüttet worden sind, für sich untersuchen, um genau herauszufinden, was tatsächlich geschieht. Es ist vielleicht nützlich, hier etwas tiefer zu gehen und einige dieser Unterschiede genauer zu erörtern.

Wann haben Aktionäre nichts von nicht ausgeschütteten Erträgen? Ein solcher Fall ist der, in dem das Management Bargeld und liquides Vermögen weit über den gegenwärtigen oder voraussehbaren Bedarf des Unternehmens hinaus anhäuft. Dabei muss das Management keine finsteren Zwecke verfolgen. Manchen Managern vermittelt das fortgesetzte Anhäufen nicht benötigter Liquiditätsreserven ein Gefühl der Zuversicht und der Sicherheit. Anscheinend ist ihnen nicht klar, dass ihr eigenes Sicherheitsgefühl auf Kosten der Aktionäre geht, die die ihnen vorenthaltenen Mittel eigentlich selbst und nach eigenem Gutdünken nutzen können sollten. Die heutigen Steuergesetze dämmen diesen Missstand ein. Er tritt zwar noch auf, hat aber nicht mehr die Bedeutung wie früher.

Es gibt einen weiteren und ernsteren Fall, bei dem Erträge häufig im Unternehmen zurückgehalten werden, ohne dass die Aktionäre einen nennenswerten Nutzen davon haben. Dieser Fall tritt auf, wenn ein unterdurchschnittliches Management nur eine unterdurchschnittliche Rendite auf das eingesetzte Kapital erzielen kann, die im Unternehmen zurückbehaltenen Erträge jedoch dazu nutzt, den ineffizienten Betrieb auszuweiten, statt die Produktivität zu erhöhen. Hat das Management mit der Zeit den ineffizienten Bereich genügend ausgebaut, kann es normalerweise eine Erhöhung seiner eigenen Bezüge mit dem Hinweis auf einen gewachsenen Aufgabenbereich rechtfertigen. Den Aktionären bleibt wenig oder gar kein Gewinn.

Ein Anleger, der sich an das in diesem Buch diskutierte Konzept hält, wird sich wahrscheinlich mit keiner dieser Situationen konfrontiert sehen. Ein solcher Anleger kauft Aktien, weil sie gut sind, und nicht nur, weil sie billig sind. Ein Management mit einem ineffizienten und unterdurchschnittlichen Unternehmen würde sich nach unseren 15 Punkten nicht für eine Kapitalanlage qualifizieren. Ein Management, das unseren Kriterien entspricht, würde mit ziemlicher Sicherheit überflüssige Mittel effektiv einsetzen und sie nicht nur anhäufen.

Wie kann es dazu kommen, dass im Unternehmen verbleibende Erträge dringend gebraucht werden und doch den Wert der von einem Anleger gehaltenen Aktien nicht steigern können? Hierfür gibt es zwei Möglichkeiten. Es kann der Fall auftreten, dass eine Veränderung im Konsumentenverhalten alle miteinander konkurrierenden Unternehmen zwingt, Geld in Vermögenspositionen zu investieren, die das Geschäftsvolumen nicht steigern, sondern nur gegen einen Einbruch absichern. Ein klassisches Beispiel für einen solchen Fall stellt ein Einzelhandelsgeschäft dar, das eine teure Klimaanlage installiert. Wenn erst einmal jeder der Konkurrenten nachgezogen hat, kommt es zu keinem Nettozuwachs des Geschäftsvolumens, aber jedes Geschäft, das diesen Schritt nicht mitvollziehen würde, würde an einem heißen Sommertag mit sehr wenigen Kunden dastehen. Da unser Buchführungswesen und unser darauf basierendes Steuerrecht seltsamerweise nicht zwischen »Vermögenspositionen« dieser Art und solchen Vermögenspositionen, die den Wert eines Unternehmens tatsächlich steigern, unterscheidet, fühlt sich ein Aktionär oft schlecht behandelt, wenn Erträge nicht ausgeschüttet werden und er dennoch keinen Wertzuwachs aufgrund der Reinvestition der Erträge feststellen kann.

Ein zweiter und noch wichtigerer Fall, bei dem im Unternehmen verbleibende Erträge nicht zu steigendem Gewinn führen, ist das Ergebnis eines noch ernsteren Defizits unserer Buchführungsmethoden. Während sich die Kaufkraft des Geldes rapide und signifikant ändert, behandeln die Standardmethoden der Buchführung den Dollar als fixe Werteinheit. Ein Buchhalter mag sagen, etwas anderes sei auch nicht Aufgabe der Buchführung. Das mag gut so sein. Wenn eine Bilanz aber in irgendeiner Beziehung zum tatsächlichen Wert der Vermögenspositionen stehen soll, die sie aufführt, dann ergibt sich ein ähnliches Durcheinander, wie wenn Ingenieure und Wissenschaftler Berechnungen für unsere dreidimensionale Welt nur mit Hilfe zweidimensionaler Flächengeometrie durchführen würden.

Theoretisch sollten die Abschreibungen ausreichen, um einen wirtschaftlich nicht länger nutzbaren Teil des Unternehmensvermögens zu ersetzen. Dies würde auch funktionieren, wenn die Abschreibung richtig berechnet würde und die Kosten für das zu ersetzende Produktionsmittel über dessen Lebensdauer konstant wären. Angesichts ständig steigender Kosten reicht jedoch die Abschreibungsrücklage selten für den Ersatz einer überalterten Betriebsanlage aus. Die Differenz muss aus der Ertragsmasse ausgeglichen werden, soll der Status quo des Unternehmens gewahrt werden.

Dieses Phänomen betrifft zwar alle Investoren, es betrifft jedoch Eigentümer von Wachstumsaktien weniger als andere Anleger. Das Tempo, in dem neue Betriebsanlagen (im Unterschied zu reinen Ersatzinvestitionen) angeschafft werden, ist nämlich in der Regel so hoch, dass sich ein weitaus höherer Teil der Abschreibungen auf unlängst und zu einem dem aktuellen Preisniveau vergleichbaren Preis angeschaffte Anlagen bezieht. Entsprechend bezieht sich nur ein geringerer Prozentsatz der Abschreibungen auf alte Anlagen, die vor Jahren zu einem Bruchteil der heutigen Kosten angeschafft wurden.

Wir würden uns wiederholen, wenn wir im Detail auf die Fälle eingingen, in denen die Reinvestition von Erträgen in neue Fabriken und neue Produkte für die Anleger von spektakulärem Vorteil war. Die Frage, wieviel Nutzen ein Typ von Investoren dabei gegenüber einem anderen Typ hat, ist jedoch aus zwei Gründen einer sorgfältigen Überlegung wert. Es handelt sich um eine Frage, über die es immer Missverständnisse in der Finanzwelt gibt. Gleichzeitig liefert ein richtiges Verständnis dieses Problems den Schlüssel zur Bewertung der tatsächlichen Bedeutung von Dividenden.

Wir wollen die Missverständnisse in dem Punkt, wer wirklich von Dividenden profitiert, anhand eines fiktiven Beispiels untersuchen. Das gut geführte Unternehmen XYZ hat über die letzten Jahre hinweg eine stetige Ertragssteigerung aufgewiesen. Der Dividendensatz ist gleich geblieben. Während die Dividendenzahlung vor vier Jahren 50 Prozent der Erträge beanspruchte, hat sich innerhalb dieser vier Jahre die Ertragskraft so gesteigert, dass die Zahlung der Dividende im letzten Jahr nur noch 25 Prozent der Erträge ausmacht. Einige Vorstandsmitglieder möchten die Dividende anheben. Andere führen dagegen an, dass das Unternehmen noch nie zuvor so viele attraktive Anlagemöglichkeiten für seine Erträge hatte wie jetzt. Diese attraktiven Möglichkeiten, so sagen sie weiter, könnten nur dann alle genutzt werden, wenn der Dividendensatz konstant gehalten würde und nicht stiege. Nur so sei ein Maximum an Wachstum zu erzielen. An dieser Stelle entwickelt sich eine lebhafte Diskussion zu den Frage, welchen Weg man beschreiten soll.

Irgendjemand in diesem fiktiven Vorstand wird dann sicherlich eine der am weitesten verbreiteten Halbwahrheiten über Dividenden erwähnen. Sie lautet: Wenn das Unternehmen XYZ die Dividende nicht erhöht, bevorteilt es die Großaktionäre auf Kosten der kleinen. Dieser Auffassung liegt die Annahme zugrunde, dass der Großaktionär wahrscheinlich in einer höheren Steuerklasse ist. Nach Steuern behält der Großaktionär einen weitaus geringeren Teil seiner Dividenden als der Kleinaktionär. Daher hat er kein Interesse an einer höheren Dividende, während der Kleinanleger eine höhere Dividende wünscht.

In Wirklichkeit hängt es von einem ganz anderen Punkt als der Höhe des Einkommens ab, ob ein bestimmter Anteilseigner des Unternehmens XYZ eher ein Interesse an höheren Dividenden oder an einer wachstumsorientierten Reinvestition hat. Es hängt davon ab, ob ein Anleger einen Teil seines Einkommens für zusätzliche Investitionen zurücklegt. Millionen von Anlegern in den unteren Einkommensklassen handhaben ihre Anlagen so, dass sie jedes Jahre einen Betrag – und sei er auch noch so gering – für zusätzliche Investitionen zurücklegen. Wenn sie dies tun und, was wahrscheinlich ist, Einkommensteuer bezahlen, dann ist es eine Frage elementarer Arithmetik, dass ein Unternehmensvorstand gegen die Interessen dieser Aktionäre handelt, wenn er die Dividende zu einem Zeitpunkt erhöht, an dem all diese lohnenden Gelegenheiten für eine Reinvestition der Erträge offenstehen. Umgekehrt kann eine höhere Dividende im Interesse eines Großaktionärs liegen, der dringend zusätzliche Mittel braucht, ein Fall, wie er in höheren Einkommensklassen nicht völlig unbekannt ist.

Wir wollen überlegen, warum sich dies so verhält. Fast jeder, der über genügend Überschüsse verfügt, um Aktien zu besitzen, wird wahrscheinlich auch über ein Einkommen verfügen, das ihn mindestens in die unterste Steuerklasse bringt. Nachdem er seinen individuellen Dividendenfreibetrag von $ 50 ausgeschöpft hat, wird auch der kleinste Aktionär vermutlich mindestens 20 Prozent Steuern auf das zusätzliche Einkommen zahlen müssen, das er in Form von Dividenden erhält. Zusätzlich muss er für jede gekaufte Aktie noch eine Maklerprovision bezahlen. Aufgrund einer Vielzahl von Gebühren, Mindestprovisionen usw. belaufen sich solche Kosten bei kleinen Käufen auf einen viel höheren Prozentsatz der Kaufsumme als bei großen Käufen. Das tatsächlich für eine Reinvestition verfügbare Kapital sinkt so auf deutlich unter 80 Prozent der erhaltenen Ausschüttung. Wenn der Anteilseigner in einer höheren Steuerklasse ist, sinkt der Anteil der Dividendensteigerung, die der Aktionär tatsächlich reinvestieren kann, proportional.

Es gibt natürlich besondere Klassen von Aktionären, wie Universitäten oder Rentenfonds, die keine Einkommensteuer bezahlen. Es gibt auch einzelne Aktionäre mit Dividendeneinkommen von weniger als $ 50, obwohl die Anzahl der Aktien, die im Besitz solcher Aktionäre sind, gering zu sein scheint. Für diese Gruppen sieht die Rechnung etwas anders aus. Für die große Mehrheit der Aktionäre jedoch gibt es unabhängig von der Größe ihrer Anlage kein Vorbei an einem grundlegenden Tatbestand in Hinblick auf Dividenden. Wenn ein Aktionär einen Teil seines Einkommens nicht ausgibt, sondern spart, und wenn die Mittel dieses Aktionärs in den richtigen Aktien angelegt sind, dann steht er besser da, wenn das Management eines solchen Unternehmens die wachsenden Erträge reinvestiert, anstatt sie in Form von höheren

Dividenden an die Aktionäre auszuschütten, die sie dann selber reinvestieren müssen.

Der Vorteil, den gesamten Betrag ohne Abzug von Einkommensteuer und Maklergebühren reinvestiert zu bekommen, ist jedoch nicht der einzige Pluspunkt des Aktionärs. Die Auswahl der richtigen Aktie ist keine einfache Angelegenheit. Wenn das Unternehmen, bei dem es um die Dividendenausschüttung ging, eine gute Adresse ist, dann hat der Anleger sich bei der Auswahl der Aktie bereits richtig entschieden. Er geht daher ein geringeres Risiko ein, wenn er die zusätzliche Investition der im Unternehmen verbleibenden Erträge dem qualifizierten Management überlässt, als wenn er sich wieder selbst mit dem damit verbundenen Risiko eines Irrtums auf die Suche nach einer neuen und ebenso attraktiven Investmentmöglichkeit machen müsste. Dieser Faktor kann umso wichtiger werden, je herausragender das Unternehmen ist, bei dem es um die Dividendenausschüttung ging. Darum liegt es fast ebenso im Interesse eines Anlegers, der keine Einkommensteuer zahlt und der sein gesamtes Einkommen ausgibt, wie im Interesse seines Steuer zahlenden Gegenübers, die Mittel in einem solchen Unternehmen zu belassen, um so lohnende neue Möglichkeiten zu nutzen.

Vor diesem Hintergrund schrumpft die Bedeutung von Dividenden auf die richtige Größe. Für jemanden, der den größten Nutzen aus einer Kapitalanlage ziehen will, beginnen Dividenden schnell die Bedeutung zu verlieren, die ihnen von vielen in der Finanzwelt zugeschrieben wird. Das stimmt für konservative Anleger, die Wachstumsaktien des institutionellen Typs kaufen, genauso wie für Anleger, die willens und in der Lage sind, für einen höheren Gewinn ein höheres Risiko einzugehen. Manchmal ist die Ansicht zu hören, eine hohe Dividendenzahlung sei ein Sicherheitsfaktor. Dem liegt die Auffassung zugrunde, dass eine Aktie mit hoher Rendite nicht überbewertet sein kann und wahrscheinlich nicht sinken wird, da sie überdurchschnittliche Erträge bringt. Nichts könnte weiter von der Wahrheit entfernt sein. Jede Untersuchung, die ich zu dieser Frage gesehen habe, zeigt, dass viel mehr Aktien mit schlechter Kursentwicklung zu der Gruppe der hohe Dividenden zahlenden Papiere gehören als zu der

Gruppe der niedrige Dividenden zahlenden Aktien. Ein ansonsten fähiges Management, das die Dividende erhöht und dafür aussichtsreiche Möglichkeiten für die Reinvestition der gestiegenen Erträge im Unternehmen opfert, gleicht einem Landwirt, der sein vielversprechendes Vieh so schnell wie möglich auf den Markt bringt, statt es solange weiter zu mästen, bis er den besten Preis dafür erzielen kann. Ein solcher Landwirt hat zwar sofort etwas mehr Bargeld, nimmt aber beträchtliche Kosten in Kauf.

Ich habe darüber gesprochen, dass ein Unternehmen seine Dividende erhöht, und nicht darüber, dass überhaupt eine Dividende gezahlt wird. Mir ist bewusst, dass zwar der eine oder andere Investor nicht auf ein Einkommen angewiesen ist, die meisten Anleger aber doch. Auch bei ganz hervorragenden Unternehmeneröffnet sich nur sehr selten eine solche Wachstumschance, dass das Management nicht einen Teil des Ertrages ausschütten und dennoch – auf der Basis des restlichen Ertrages und weiterer Finanzierung – genügend Kapital mobilisieren kann, um lohnende Wachstumsmöglichkeiten zu nutzen. Jeder Investor muss in Bezug auf seine eigenen Bedürfnisse entscheiden, ob und wieviel er in Unternehmen mit so außergewöhnlichen Wachstumsfaktoren investieren will, dass der Wegfall der Dividende gerechtfertigt ist. Am wichtigsten ist aber, dass man keine Aktien von Unternehmen mit so überzogenen Ausschüttungen kauft, dass ein mögliches Wachstum behindert wird.

Dies bringt uns zum wahrscheinlich bedeutendsten und am meisten vernachlässigten Punkt in der Diskussion über Dividenden. Hier geht es um Regelmäßigkeit und Verlässlichkeit. Ein kluger Anleger plant vorausschauend, was er mit seinem Einkommen machen kann und was nicht. Ihm liegt vielleicht nichts an einer sofortigen Einkommenssteigerung, aber er wird sich gegen eine Minderung seines Einkommens absichern wollen und gegen die unerwartete Störung seiner Pläne, die damit verbunden ist. Er wird sich darüber hinaus selbst zwischen Unternehmen entscheiden wollen, die ihre Erträge ganz oder großteils reinvestieren, und solchen, die ein stabiles, aber langsameres Wachstum aufweisen und einen kleineren Teil ihrer Gewinne reinvestieren.

Aus diesem Grunde vermeidet eine Unternehmensführung mit einer überlegten Aktionärspolitik und dem hohem Kurs-Gewinn-Verhältnis, das sich aus einer solchen Politik ergibt, das verworrene Denken, das typisch für so viele Finanzleiter und Finanzvorstände ist. Die Unternehmensführung beschließt eine Dividendenpolitik und hält an ihr fest. Sie informiert die Aktionäre über diese Politik. Sie nimmt vielleicht bedeutende Änderungen bei der Dividende vor, aber selten bei der Dividendenpolitik.

Die Basis einer solchen Politik bildet der Prozentsatz der Erträge, der nicht ausgeschüttet wird und dem Ziel eines maximalen Wachstums dient. Bei jüngeren und schnell wachsenden Unternehmen kann es sein, dass für eine Reihe von Jahren überhaupt keine Dividenden gezahlt werden. Wenn die Anlagen an einem Punkt angekommen sind, an dem die Rückflüsse aus den Abschreibungen größer werden, werden zwischen 25 und 40 Prozent der Gewinne an die Aktionäre ausgeschüttet. In keinem Fall werden diese groben Prozentsätze jedoch den genau ausgeschütteten Betrag bestimmen; das würde zu einer jährlich unterschiedlichen Dividende führen. Genau das wollen Aktionäre aber nicht, da so eine unabhängige langfristige Planung ihrerseits unmöglich wird. Was sie wollen, ist ein fester und regelmäßig vierteljährlich, halbjährlich oder jährlich ausgezahlter Betrag, der ungefähr einem solchen Prozentsatz entspricht. Mit wachsenden Erträgen wird der Dividendenbetrag gelegentlich angehoben, um die Ausschüttung wieder auf die ursprüngliche prozentuale Höhe zu bringen. Dies geschieht jedoch nur, wenn (a) anderweitig Mittel zur Verfügung stehen, um die vom Management ausfindig gemachten Wachstumschancen wahrzunehmen und (b) alles darauf hin deutet, dass die neue regelmäßige Zahlung auch zukünftig aufrechterhalten werden kann, und zwar auch dann, wenn die Wahrscheinlichkeit eines geschäftlichen Einbruchs oder zusätzlich auftauchender Wachstumschancen berücksichtigt wird.

Bei klugen Anlegern genießt die Dividendenpolitik desjenigen Managements die meiste Zustimmung, das Dividenden nur mit der größten Vorsicht erhöht und nur dann, wenn es sehr wahrscheinlich ist, dass die Dividende auf der neuen Höhe gehalten werden kann. Ebenso sollten Dividenden nur im ärgsten Notfall gesenkt werden. Es ist überraschend, wie viele Finanzvorstände die Zahlung einmaliger Zusatzdividenden billigen. Dabei hinterlassen solche unvorhergesehenen Zusatzdividenden so gut wie nie einen dauernden Effekt beim Kurs der Aktie – was deutlich machen sollte, wie sehr eine solche Dividendenpolitik den Wünschen der meisten langfristig orientierten Anleger widerspricht.

Egal wie klug oder töricht die Dividendenpolitik eines Unternehmens ist, kann das Unternehmen mit der Zeit in der Regel ein Gefolge an Aktionären um sich scharen, denen diese Politik zusagt, vorausgesetzt, das Unternehmen behält diese Politik konsistent bei. Viele Aktionäre bevorzugen immer noch eine hohe Rendite, ob das nun in ihrem wahren Interesse liegt oder nicht. Andere bevorzugen eine niedrige Ausschüttung, wieder andere wünschen gar keine Ausschüttung. Manche Investoren möchten eine prozentual niedrige Ausschüttung, kombiniert mit einer kleinen, regelmäßigen, jährlichen Stockdividende. Andere möchten die Stockdividende nicht, wohl aber eine prozentual niedrige Ausschüttung. Wenn sich das Management seinen Bedürfnissen entsprechend für eine dieser Politikvarianten entscheidet, schafft es sich in der Regel eine Gruppe von Aktionären, denen diese Politik zusagt und die ihre Fortsetzung in der Zukunft erwarten. Ein kluges Management, das auf das Ansehen seiner Aktien bedacht ist, wird diesen Wunsch nach Kontinuität respektieren.

Vielleicht gibt es eine enge Parallelität zwischen der Entscheidung für eine bestimmte Dividendenpolitik und der Entscheidung bei der Gründung eines Restaurants. Ein guter Restaurantbesitzer kann ein hervorragendes Geschäft im Hochpreis-Segment aufbauen. Er könnte ebenso ein hervorragendes Geschäft mit einem attraktiven Restaurant aufbauen, das möglichst gutes Essen zu möglichst niedrigen Preisen anbietet. Oder er könnte sich auf ungarische, chinesische oder italienische Küche verlegen. Jedesmal wäre er sich seiner Kundschaft sicher. Mit all seinem Geschick könnte er sich aber in keinem Fall eine Kundschaft aufbauen, wenn er an einem Tag die teuersten Mahlzeiten servierte, am nächsten Tag preiswertes Essen, und dann ohne Warnung nur noch exotische Gerichte. Ein Unternehmen mit wechselhafter Dividendenpolitik wird ebenso erfolglos versuchen, einen dauerhaften Stamm von Aktionären zu gewinnen. Seine Aktie ist für langfristige Kapitalanlagen nicht optimal.

So lange die Dividendenpolitik eines Unternehmens konsistent bleibt und Anleger mit einer gewissen Sicherheit vorausplanen können, ist die ganze Frage der Dividenden ein viel weniger wichtiger Teil der Investment-Entscheidung, als man angesichts der über die Wünschbarkeit dieser oder jener Dividendenpolitik oft gehörten endlosen Argumente meinen könnte. Die großen Teile der Finanzwelt, die nicht dieser Ansicht sind, wissen keine Erklärung für die große Zahl von Aktien, die über Jahre nur unterdurchschnittliche Renditen versprochen und doch ihren Eigentümern so viel eingebracht haben. Mehrere Beispiele für solche Aktien wurden bereits erwähnt. Eine weitere typische Investment-Möglichkeit dieser Art ist Rohm & Haas. Die Aktie wurde in der Öffentlichkeit erstmals 1949 angeboten, als eine Gruppe von Investment-Bankern ein zuvor von der Alien Property Custodian gehaltenes großes Aktienpaket kaufte und es öffentlich anbot. Der Angebotspreis war $ 41,25. Damals brachte eine Aktie nur $1 Dividende, dazu kamen noch Stockdividenden. Viele Anleger waren der Ansicht, dass diese Aktie angesichts der niedrigen Rendite für konservative Investoren unattraktiv war. Das Unternehmen hat jedoch seit damals Stockdividenden gezahlt, hat die Barausschüttung mehrere Male angehoben – wenn auch die Rendite sehr niedrig blieb – und die Aktie wird deutlich über 400 gehandelt. Der ursprüngliche Besitzer von Rohm & Haas hat jedes Jahr zwischen 1949 und 1955 Stockdividenden von 4 Prozent und 1956 von 3 Prozent erhalten, sodass er einen mehr als zehnfachen Kapitalgewinn erzielt hat.

Tatsächlich sollten Erwägungen in Bezug auf Dividenden die geringste und nicht die größte Rolle bei der Suche nach einer hervorragenden Aktie spielen. Der vielleicht seltsamste Aspekt des viel diskutierten Dividendenproblems ist, dass diejenigen, die der Frage der Dividenden die geringste Bedeutung beimessen, am Ende in der Regel die besten Dividendenerträge erhalten. Es lohnt sich, an dieser Stelle noch einmal zu wiederholen, dass über einen Zeitraum von fünf bis zehn Jahren nicht die Aktien mit hohen Renditeausschüttungen, sondern die mit relativ niedrigen Renditen die besten Ergebnisse in Bezug auf die Dividenden bringen. Die von einem hervorragenden Management ausfindig gemachten Geschäfte sind so profitabel, dass der ausgeschüttete Dollarbetrag die von Aktien mit hoher Rendite zu erwartenden Summen auch dann übersteigt, wenn die Politik der Ausschüttung eines nur geringen Anteils der laufenden Erträge beibehalten wird. Warum sollte sich dieser logische und natürliche Trend nicht auch zukünftig fortsetzen?

# Kapitel 8

# Fünf Gebote beim Investieren

## 1. Beteiligen Sie sich nicht an gerade gegründeten Unternehmen!

Von zentraler Bedeutung für eine erfolgreiche Kapitalanlage ist es, Unternehmen zu finden, die neue Produkte oder Prozesse entwickeln oder neue Märkte erschließen. Neu gegründete oder in Gründung befindliche Unternehmen versuchen oft genau das. Viele von ihnen werden gegründet, um eine vielversprechende neue Erfindung zu entwickeln. Viele werden in Branchen wie der Elektronik gegründet, wo es ein hohes Wachstumspotenzial gibt. Eine große Zahl von Unternehmen wird mit dem Ziel gegründet, Bodenschätze oder andere natürliche Ressourcen zu entdecken – ein Gebiet, auf dem bei Erfolg außergewöhnliche Ergebnisse erreicht werden können. Aus all diesen Gründen können junge Unternehmen, die noch keinen Gewinn erzielen, auf den ersten Blick für einen Anleger interessant erscheinen.

Dieses Interesse wird noch durch ein weiteres Argument bestärkt. Wer früh kauft, sobald die Aktien der Öffentlichkeit angeboten werden, hat die Chance, auf dem niedrigsten Preisniveau einzusteigen. Aktien eines erfolgreichen Unternehmens werden jetzt zu einem Vielfachen des ursprünglichen Preises angeboten. Warum sollte man also warten und jemand anders das Geschäft überlassen? Warum sollte man stattdessen bei der Suche nach einem herausragenden neuen Unternehmen nicht die gleichen Recherchemethoden und Beurteilungskriterien anwenden wie bei der Suche nach einem herausragenden etablierten Unternehmen?

Aus der Sicht eines Anlegers gibt es meiner Ansicht nach einen grundlegenden Tatbestand, der jedes Unternehmen mit weniger als zwei oder drei Jahren Geschäftserfahrung und ohne ein Jahr mit positivem Betriebsergebnis in eine gänzlich andere Kategorie verweist als ein etabliertes Unternehmen – sogar ein ganz kleines mit nicht mehr als einer Million Dollar Jahresumsatz. In einem etablierten Unternehmen kann ein Anleger das Funktionieren aller wichtigen Bereiche beobachten – Produktion, Verkauf, Kostenrechnung, Management-Teamwork und all die anderen Aspekte eines funktionierenden Unternehmens. Vielleicht noch wichtiger ist, dass er die Meinung anderer qualifizierter Fachleute einholen kann, die einige oder alle dieser Stärken und Schwächen des in Frage kommenden Unternehmens regelmäßig beobachten. Befindet sich ein Unternehmen aber noch im Gründungsstadium, kann ein Anleger oder ein anderer Beobachter nichts weiter tun, als in die Pläne zu schauen und Vermutungen darüber anzustellen, was die Stärken und Schwächen sein können. Das ist weitaus schwieriger. Die Wahrscheinlichkeit, falsche Schlüsse zu ziehen, ist viel größer.

Tatsächlich ist die Evaluation neu gegründeter Unternehmen so schwierig, dass es auch für den versiertesten Anleger unmöglich ist, nur einen Bruchteil der Treffsicherheit bei der Auswahl herausragender Unternehmen zu erreichen, die er normalerweise in Bezug auf etablierte Firmen hat. Nur zu oft werden neu gegründete Unternehmen von ein oder zwei Individuen dominiert, die für gewisse Geschäftsphasen eine große Begabung mitbringen, denen aber andere, ebenso wichtige Talente fehlen. Sie sind vielleicht hervorragende Verkäufer, aber ohne Geschäftstalent auf anderen Gebieten. Häufiger noch handelt es sich um Erfinder oder Fachleute in der Fertigung, denen der Gedanke völlig fern liegt, dass sogar die besten Produkte nicht nur gut gefertigt, sondern auch geschickt vermarktet werden müssen. Ein Anleger ist selten in der Lage, solche Männer von Defiziten in Bezug auf ihre Qualifikation oder ihr neu gegründetes Unternehmen zu überzeugen. Noch viel weniger kann er in der Regel solchen Unternehmensgründern den Weg zu den benötigten Talenten weisen.

Aus diesen Gründen glaube ich, dass die Finanzierung neuer Unternehmen immer darauf spezialisierten Gruppen überlassen bleiben sollte, unabhängig davon, wie attraktiv ein solches Unternehmen auf den ersten Blick erscheint. Solche Gruppen können auf Management-Know-how zurückgreifen und Schwachpunkte ausgleichen, sobald sie sich zeigen. Wer nicht auf dieses Know-how verweisen und Jungunternehmer von der Notwendigkeit einer solchen Unterstützung überzeugen kann, wird mit Investitionen in neue Unternehmen sehr desillusionierende Erfahrungen machen. Es gibt genug spektakuläre Anlagemöglichkeiten bei etablierten Unternehmen. Der durchschnittliche Einzelanleger sollte es sich daher zur Regel machen, niemals in ein neu gegründetes Unternehmen zu investieren, wie attraktiv dies auch erscheinen mag.

### 2. Ignorieren Sie eine gute Aktie nicht nur deshalb, weil sie im Freiverkehr gehandelt wird!

Die Attraktivität nicht notierter Aktien hängt im Vergleich zu börsennotierten Aktien eng mit der Verkehrsfähigkeit beider Gruppen zusammen. Die Bedeutung der Verkehrsfähigkeit sollte jedem klar sein. Normalerweise sollte man nur Aktien kaufen, die wieder verkauft werden können, sollte ein finanzieller oder persönlicher Grund dies erfordern. Bei Anlegern scheint aber einige Verwirrung darüber vorzuliegen, was in dieser Hinsicht einen angemessenen Schutz bietet und was nicht. Dies sorgt für weitere Konfusion, was die Einschätzung von nicht börsennotierten Aktien angeht. Man spricht in solchen Fällen von Freiverkehrsaktien.

Der Grund für diese Konfusion liegt in dem fundamentalen Wandel, der sich im letzten Vierteljahrhundert im Aktiengeschäft abgespielt hat – ein Wandel, der die Märkte der fünfziger Jahre ganz anders aussehen lässt als die der noch gar nicht so lange zurückliegenden unvergesslichen Zwanziger. Im größten Teil der zwanziger Jahre und in den Jahren davor waren die Kunden eines Aktienmaklers einige wenige sehr reiche Männer. Käufe wurden zunehmend in großen Paketen von oft mehreren tausend Aktien getätigt. Kaufmotiv war meistens, die Aktien an jemand anderen zu einem höheren Preis weiterzuverkaufen. Damals hatte das Aktiengeschäft mehr mit Glücksspiel als mit Investitionen zu tun. Ein Aktienkauf mit geliehenem Geld war zu jenem Zeitpunkt die allgemein akzeptierte Methode. Heute wird ein sehr großer Teil aller Käufe per Kasse getätigt.

Vieles ist geschehen, was diese bunten Märkte der Vergangenheit verändert hat. Hohe Einkommen- und Erbschaftssteuersätze zählen zu diesen Veränderungen. Ein bedeutenderer Einfluss geht von der Tendenz zur Einkommensnivellierung aus, die in allen Bereichen der Vereinigten Staaten Jahr für Jahr festzustellen ist. Es gibt immer weniger sehr reiche oder sehr arme Menschen. Die Mittelschicht nimmt jedes Jahr zu. Ein Ergebnis hiervon ist, dass es immer weniger Aktienkäufe in großem Umfang und immer mehr kleine Käufe gibt. Parallel hierzu gibt es einen gewaltigen Zuwachs bei einer anderen Käufergruppe, dem institutionellen Käufer. Investmentfonds, Pensionsfonds und Anlagefonds, zu einem gewissen Teil auch die Investmentabteilungen der großen Banken, repräsentieren nicht ein paar große Käufer. Vielmehr wurde hier eine Gruppe professioneller Manager damit beauftragt, die gesammelten Ersparnisse unzähliger Kleinanleger zu handhaben.

Teilweise als Resultat, teilweise als Urheber dieser Entwicklung traten Änderungen in den mit dem Aktienmarkt zusammenhängenden Gesetzen und Institutionen auf. Um die Manipulation und Spekulation zu verhindern, die in der Vergangenheit zu einem hemmungslosen Glücksspiel am Aktienmarkt führten, wurde die Securities and Exchange Commission ins Leben gerufen. Die heutigen Vorschriften begrenzen den kreditfinanzierten Aktienkauf auf einen Bruchteil dessen, was früher als üblich galt. Wie in einem anderen Kapitel bereits erwähnt ist aber das Wichtigste von allem, dass ein Unternehmen heute etwas ganz anderes ist als früher. Aus bereits dargelegten Gründen ist das Unternehmen von heute viel geeigneter als Investment-Medium für langfristig orientierte Anleger denn als Instrument für Käufe und Verkäufe.

All dies hat den Markt grundlegend verändert. Zweifellos hat sich eine gewaltige Verbesserung ergeben, eine Verbesserung jedoch, die zu Lasten der Verkehrsfähigkeit gegangen ist. Der Liquiditätsgrad der Durchschnittsaktie ist eher gesunken als gestiegen. Trotz eines atemberaubenden Wirtschaftswachstums und einer anscheinend endlosen Folge von Aktiensplits ist das Handelsvolumen an der New Yorker Börse gesunken. An den kleineren Börsen ist es fast gleich null. Der Spieler, der Spekulant und sogar der Neuling, der den Pool-Manager überlisten will, waren für eine gesunde Wirtschaft nicht förderlich. Sie trugen allerdings dazu bei, den Markt lebendig zu halten.

Ich will mich nicht an Wortspielen beteiligen. Dennoch muss klar werden, dass dies zu einem allmählichen Bedeutungsrückgang des Aktienmaklers und zum Aufkommen des Aktienhändlers geführt hat. In Bezug auf Aktien arbeitet der Makler auf einem Auktionsmarkt. Er übernimmt einen Auftrag von jemandem, der sich schon über seine Investmententscheidung im Klaren ist. Er bringt diesen Auftrag mit einem Verkaufsauftrag zusammen, den er oder ein anderer Makler erhalten hat. Das ist nicht allzu zeitaufwendig. Wenn es sich um Aufträge über eine eher große Zahl von Aktien handelt, kann der Makler für eine recht geringe Kommission pro Aktie arbeiten und doch am Ende des Jahres über einen ansehnlichen Gewinn verfügen.

Dem Makler steht der Händler gegenüber, der sich dem sehr viel zeitaufwendigeren Geschäft widmen muss, einen Kunden von einem bestimmten Schritt zu überzeugen. Jeder Tag hat nur eine begrenzte Anzahl von Stunden. Um einen ähnlichen Gewinn zu erzielen wie ein Makler, muss der Händler für seine Dienste eine höhere Kommission verlangen. Das trifft besonders dann zu, wenn der Händler es nicht mit einigen Großkunden, sondern mit einer großen Zahl von Kleinkunden zu tun hat. Unter den heutigen wirtschaftlichen Bedingungen haben es die meisten Händler mit Kleinkunden zu tun.

Die Börsen sind immer noch eher ein Instrument für Aktienmakler als für Aktienhändler. Die Kommissionssätze sind zwar gestiegen, aber nur ungefähr entsprechend der allgemeinen Entwicklung bei Dienstleistungen. Im Gegensatz dazu arbeiten die Freiverkehrsmärkte nach einem ganz anderen Prinzip. Jeden Tag versorgen Mitglieder der National Association of Security Dealers die Zeitschriften ihrer Region mit einer langen Kursliste zu den aktiveren der nicht börsennotierten Wertpapiere, die für Aktionäre am Ort interessant sein könnten. Diese Listen entstehen in engem Kontakt mit den im Handel mit diesen Wertpapieren aktivsten Freiverkehrs-Häusern. Im Gegensatz zu Kursangaben bei Börsen handelt es sich bei diesen Kursen nicht um die Preisspanne, innerhalb derer Geschäfte getätigt wurden. Das können diese Kurse nicht sein, da es keine zentrale Clearing-Stelle gibt, an die solche Geschäfte gemeldet werden. Im Freiverkehr handelt es sich vielmehr um Geld- und Briefkurse. Solche Kurse sollen den höchsten Preis angeben, den eines der interessierten Finanzhäuser für eine dieser Aktien bietet, und den niedrigsten Preis, zu dem es die Aktie verkauft.

Eine genaue Untersuchung wird fast immer zeigen, dass die für den Geldkurs genannten Notierungen stets eng mit dem Betrag übereinstimmen, der für eine Aktie im Augenblick des Angebots erzielt werden kann. Der Briefkurs ist gewöhnlich um einen Betrag höher als der Geldkurs, der ein Mehrfaches der entsprechenden Börsenkommission für zum gleichen Preis erhältliche Aktien ausmacht. Diese Differenz ist so kalkuliert, dass das im Freiverkehr tätige Finanzhaus zum Geldkurs kaufen, seinem Händler eine Kommission zahlen und auch nach Abzug der Overhead-Kosten noch mit einem vernünftigen Gewinn rechnen kann. Tritt andererseits ein Kunde, vor allem ein großer Kunde mit dem Angebot an dieses Finanzhaus heran, die Aktien ohne Verkäuferprovision als Tafelgeschäft zu erwerben, kann er in der Regel zum Geldkurs zuzüglich ungefähr der Börsenkommission kaufen. Ein Freiverkehrshändler drückte die Sache einmal so aus: »Wir haben einen Markt auf der Seite des Einkaufs. Beim Verkauf haben wir zwei Märkte, einen Einzelhandels- und einen Großhandelsmarkt, wobei es teilweise um den Umfang des Kaufs und teilweise um den Aufwand an Dienstleistungen geht, der mit einem Verkauf zusammenhängt.«

In den Händen eines skrupellosen Händlers kann dieses System offensichtlich missbraucht werden. Das trifft auch auf jedes andere System zu. Wenn ein Investor jedoch den Freiverkehrs-Händler mit derselben Sorgfalt aussucht, die er auch bei der Auswahl jedes anderen Fachmanns walten lassen sollte, funktioniert dieses System überraschend gut. Der Durchschnittsanleger hat weder die Zeit noch die Fähigkeit, seine Wertpapiere selbst auszuwählen. Da Händler Wertpapiere, die sie über ihre Verkäufer anbieten, genau überwachen, bekommt der Anleger auf diese Weise fast so etwas wie eine Investment-Beratung. Das allein sollte schon die Kosten wert sein.

Vom Standpunkt des versierteren Anlegers aus gesehen liegt der wahre Nutzen dieses Systems nicht in der Kaufseite. Der wahre Nutzen liegt in dem gesteigerten Liquiditätsgrad oder der Verkehrsfähigkeit, die dieses System den für einen Anleger interessanten und nicht börsennotierten Aktien verschafft. Da die Gewinnspanne der Händler bei solchen Papieren durchaus lohnend ist, halten sehr viele Freiverkehrshändler einen regelrechten Vorrat an den Aktien, mit denen sie üblicherweise handeln. Sie sind in der Regel keineswegs abgeneigt, weitere Positionen von 500 oder 1000 Aktien zu übernehmen, wenn sie verfügbar werden. Wenn größere Pakete bevorzugter Aktien auf den Markt kommen, wird oft ein Verkäufertreffen abgehalten und eine besondere Anstrengung zum Aufkauf der verfügbaren Aktien verabredet. Üblicherweise verlangen sie dafür eine besondere Verkaufsprovision von ungefähr einem Punkt. Dies bedeutet jedoch, dass eine von zwei oder mehr guten Händlern im Freiverkehr gehandelte Aktie eine ausreichend gute Verkehrsfähigkeit besitzt, um den Ansprüchen der meisten Anleger zu genügen. Je nach der angebotenen Menge kann eine besondere Verkaufsprovision erforderlich sein oder auch nicht, um ein großes Aktienpaket zu verkaufen. Für einen relativ kleinen prozentualen Anteil des Verkaufspreises kann jedoch die Aktie, die der Anleger verkaufen möchte, zu Bargeld gemacht werden, ohne den Markt zu beeinträchtigen.

Wie sieht im Vergleich hierzu die Verkehrsfähigkeit einer börsennotierten Aktie aus? Das hängt davon ab, von welcher Aktie und von welcher Börse wir reden. Auch unter den heutigen Bedingungen gibt es für die größeren und lebhafter gehandelten Emissionen, die an der New Yorker Börse notiert werden, immer noch einen ausreichend großen Auktionsmarkt, sodass zu normalen Preisen alle Aktienpakete mit Ausnahme der ganz großen mit den gegenwärtig niedrigen Kommissionsraten verkauft werden können, ohne dass die Kurse einbrechen. Für die weniger lebhaft gehandelten an der New Yorker Börse notierten Papiere ist die Verkehrsfähigkeit immer noch recht gut, kann aber zeitweise sehr zurückgehen, wenn man bei großen Verkaufsaufträgen von den regulären Kommissionen abhängig ist. Die Verkehrsfähigkeit von an kleineren Börsen notierten Stammaktien ist meiner Meinung nach häufig noch viel schlechter.

Die Börsen haben diese Situation erkannt und Maßnahmen ergriffen, um ihr zu begegnen. Immer wenn heute ein Paket börsennotierter Aktien auftaucht, das die Börse unter den gegebenen Marktbedingungen für zu groß hält, können bestimmte Ausnahmeregelungen in Kraft gesetzt werden. Das bedeutet, dass das Angebot allen Börsenmitgliedern bekannt gemacht wird und diese eine vorher festgesetzte höhere Kommission für den Absatz dieser Aktien erhalten. Wenn, anders ausgedrückt, das Aktienpaket zu groß ist, als dass der Makler es als Makler handhaben könnte, bekommen die Makler ausreichend hohe Kommissionen, um sie für eine Tätigkeit als Händler zu entschädigen.

In einer Zeit wie der heutigen, in der mehr und mehr Käufe über Händler und nicht über nur einen Auftrag entgegennehmende Makler abgewickelt werden, wird damit der Graben zwischen börsennotierten Aktien und nicht gelisteten Märkten enger. Das bedeutet nicht, dass vom Standpunkt der Verkehrsfähigkeit eine bekannte und lebhaft gehandelte Aktie an der New Yorker Börse keinen Vorteil gegenüber einer der besseren Freiverkehrsaktien hätte. Es bedeutet aber, dass die besseren Freiverkehrsaktien oft einen höheren Liquiditätsgrad aufweisen als die Aktien vieler Unternehmen, die an der American Stock Exchange oder verschiedenen regionalen Börsen notiert werden. Ich kann mir vorstellen, dass diese Aussage bei den kleineren Börsen auf heftigen Widerspruch stößt. Ich glaube dennoch, dass eine unvoreingenommene Betrachtung der Fakten die Wahrheit dieser These belegt. Dies ist der Grund, warum eine Reihe entwicklungsfähiger kleiner und mittlerer Unternehmen sich in den letzten Jahren gegen eine Notierung ihrer Aktien an den kleineren Börsen entschieden haben. Sie haben sich vielmehr für die Freiverkehrsmärkte entschieden, bis sie groß genug sind, um eine Notierung an der New Yorker Börse zu rechtfertigen.

Kurz gesagt sind also die Regeln für den Investor in Bezug auf im Freiverkehr gehandelte Wertpapiere nicht sehr unterschiedlich von denen für börsennotierte Wertpapiere. Zunächst muss man sich ganz sicher sein, dass man sich für das richtige Wertpapier entschieden hat. Dann muss man sicherstellen, einen fähigen und verantwortungsbewussten Makler ausgesucht zu haben. Wenn ein Investor in beiden Fragen sicheren Grund unter den Füßen hat, braucht er vor einem Aktienkauf nicht nur deshalb zurückzuschrecken, weil die Aktie im Freiverkehr und nicht an einer Börse gehandelt wird.

### 3. Kaufen Sie niemals Aktien, nur weil Ihnen der Stil eines Geschäftsberichts gefällt!

Investoren sind sich oft nicht darüber im Klaren, was sie eigentlich zur Entscheidung für eine bestimmte Aktie bewogen hat. Sie wären überrascht festzustellen, wie oft sie von Diktion und Gestaltung eines Geschäftsberichts beeinflusst werden. Der Stil eines Geschäftsberichts kann die Philosophie eines Unternehmens, die Unternehmensziele und die Managementstrategien so exakt widerspiegeln wie die Bilanz die Lage des Unternehmens im betreffenden Geschäftsjahr in Mark und Pfennig darstellt. Genauso gut kann der Geschäftsbericht jedoch auch kaum mehr als die Geschicklichkeit der PR-Abteilung widerspiegeln, in der Öffentlichkeit ein bestimmtes Bild des Unternehmens zu zeichnen. Niemand kann sagen, ob der Präsident eines Unternehmens oder ein PR-Manager der Autor eines Geschäftsberichts ist. Hübsche Fotos und bunte Grafiken sagen nicht notwendigerweise etwas über ein fähiges und harmonisches Managementteam aus, das mit Enthusiasmus bei der Sache ist.

Sich von Diktion und Stil eines Geschäftsberichts in seiner Kaufentscheidung beeinflussen zu lassen, bedeutet genauso viel, wie ein Produkt wegen einer zugkräftigen Anzeige auf einer Plakatwand zu erwerben. Das Produkt kann genauso attraktiv sein wie die Anzeige – oder auch nicht. Bei einem billigen Produkt kann es vernünftig sein, eine Kaufentscheidung in dieser Weise zu treffen, um herauszufinden, wie attraktiv das Angebot in Wirklichkeit ist. Wenn es allerdings um Stammaktien geht, sind nur wenige von uns reich genug, um sich solche impulsiven Kaufentscheidungen leisten zu können. Man sollte im Gedächtnis behalten, dass Geschäftsberichte heutzutage im Allgemeinen mit dem Ziel verfasst werden, das Wohlwollen der Aktionäre zu sichern. Es ist wichtig, die tieferliegenden Fakten ans Tageslicht zu bringen. Wie jedes andere Marketinginstrument auch stellen Geschäftsberichte ein Unternehmen normalerweise im besten Licht dar. Sie bieten nur selten ausgewogene und umfassende Diskussionen der tatsächlichen Probleme und Schwierigkeiten. Sie sind oft zu optimistisch.

Wenn also ein Investor sich durch seine positive Reaktion auf den Stil eines Geschäftsberichts hinsichtlich seiner Investitionsentscheidung nicht zu sehr beeinflussen lassen sollte, wie sieht es dann in der umgekehrten Situation aus? Sollte er sich durch eine negative Reaktion beeinflussen lassen? Auch hiervon ist in der Regel abzuraten, denn auch hier kann man in die Situation geraten, den Inhalt eines Pakets nach dem Packpapier beurteilen zu wollen. Eine wichtige Ausnahme gibt es allerdings, und zwar dann, wenn ein Geschäftsbericht keine genauen Informationen über Fragen bietet, die für den Investor tatsächlich von Bedeutung sind. Unternehmen, die einen solchen Kurs fahren, bieten in der Regel nicht die richtigen Voraussetzungen für eine erfolgreiche Investition.

## 4. Bewerten Sie das hohe Kurs-Gewinn-Verhältnis einer Aktie nicht unbedingt als ein Anzeichen dafür, dass der Kurs schon Ausdruck zukünftiger Ertragssteigerungen ist!

Es gibt einen kostspieligen Irrtum bei der Beurteilung von Anlagemöglichkeiten, der so weit verbreitet ist, dass es sich lohnt, besonders darauf einzugehen. Wir wollen diesen Fall anhand eines fiktiven Beispiels erklären. Es handelt sich dabei um das Unternehmen XYZ. XYZ steht schon seit Jahren in Bezug auf unsere 15 Punkte hervorragend da. Über drei Jahrzehnte hinweg sind Umsätze und Gewinne konstant gestiegen, und es sind genügend neue Produkte entwickelt worden, um ein vergleichbares Wachstum in der kommenden Periode sehr wahrscheinlich zu machen. Überall in der Finanzwelt wird das Unternehmen als exzellent bewertet. Dementsprechend werden die Aktien von XYZ seit Jahren zum Zwanzig- bis Dreißigfachen der laufenden Erträge gehandelt. Das ist pro Dollar fast doppelt so viel wie der Verkaufspreis einer durchschnittlichen Aktie aus dem Dow Jones Industrial Average.

Heute wird diese Aktie genau zum doppelten Kurs-Gewinn-Verhältnis wie eine durchschnittliche Dow Jones-Aktie gehandelt. Das bedeutet, dass sie bezogen auf jeden verdienten Dollar doppelt so teuer ist wie der Durchschnitt der Aktien, die den Dow Jones ausmachen. Das Management von XYZ hat gerade eine Prognose veröffentlicht, derzufolge mit einer Verdoppelung der Gewinne in den nächsten fünf Jahren zu rechnen ist. Diese Prognose erscheint aufgrund der zur Verfügung stehenden Daten glaubhaft.

Daraufhin zieht eine überraschend große Zahl von Anlegern die falschen Schlussfolgerungen. Sie meinen, da XYZ-Aktien doppelt so teuer wie der Durchschnitt sind und da XYZ zur Verdoppelung seiner Gewinne fünf Jahre braucht, ist der gegenwärtige Kurs von XYZ Ausdruck zukünftiger Erträge. Sie sind sicher, dass die Aktie überbewertet ist.

Niemand kann bestreiten, dass eine Aktie überbewertet ist, deren Kurs Ausdruck der Erträge in den kommenden fünf Jahren ist. Der Fehler bei dieser Überlegung liegt vielmehr in der Annahme, dass XYZ in fünf Jahren zu demselben Kurs-Gewinn-Verhältnis zu haben sein wird wie die durchschnittliche Dow Jones-Aktie, mit der XYZ hier verglichen wird. Dreißig Jahre lang sind diese Aktien aufgrund der vielen Faktoren, die XYZ eine so herausragende Stellung verschaffen, zum doppelten Kurs-Gewinn-Verhältnis wie die Dow Jones-Aktien gehandelt worden. Wer auf das Unternehmen gebaut hat, ist belohnt worden. Wenn das Unternehmen seine Politik fortsetzt, wird das Management in fünf Jahren eine neue Produktlinie auf den Markt bringen, die im kommenden Jahrzehnt die Erträge ebenso steigern wird, wie die neuen Produkte dies heute tun, und andere dies vor fünf, zehn, fünfzehn und zwanzig Jahren getan haben. Wenn es dazu kommt, warum sollte die Aktie von XYZ in fünf Jahren nicht ebenso zum doppelten Kurs-Gewinn-Verhältnis im Vergleich zu den anderen Aktien gehandelt werden, wie es heute der Fall ist und schon seit vielen Jahren der Fall war? Wenn es so kommt und wenn das Kurs-Gewinn-Verhältnis der anderen Aktien ungefähr gleich bleibt, wird in fünf Jahren die Ertragsverdoppelung bei XYZ auch am Ende dieser Periode zu einer Verdoppelung des Preises führen. Auf dieser Basis trifft in keiner Weise zu, dass der Preis dieser zu ihrem normalen Kurs-Gewinn-Verhältnis gehandelten Aktie zukünftige Erträge widerspiegelt!

Das liegt auf der Hand, nicht wahr? Aber sehen Sie sich doch einmal um und schauen Sie, wie viele als versiert geltende Anleger bei der Frage durcheinanderkommen, welches Kurs-Gewinn-Verhältnis bei der Beurteilung des Einflusses zukünftiger Erträge auf den Kurs einer Aktie anzuwenden ist. Dies trifft ganz besonders für den Fall zu, dass es bei den Rahmenbedingungen des betreffenden Unternehmens eine Veränderung gegeben hat. Betrachten wir jetzt statt des Unternehmens XYZ das Unternehmen ABC. Die zwei Unternehmen gleichen sich fast völlig, nur dass ABC viel jünger ist. Die Finanzwelt ist erst in den letzten beiden Jahren auf die außergewöhnliche Leistungsfähigkeit von ABC aufmerksam geworden, und jetzt werden auch die Anteile von ABC zum doppelten Kurs-Gewinn-Verhältnis wie die durchschnittliche Dow Jones-Aktie gehandelt. Viele Investoren können sich anscheinend einfach nicht vorstellen, dass bei einer in der Vergangenheit nicht zu einem vergleichsweise hohen Kurs-Gewinn-Verhältnis gehandelten Aktie das heute erreichte Kurs-Gewinn-Verhältnis den inneren Wert der Aktie widerspiegelt und nicht der Niederschlag weiterer Wachstumserwartungen ist.

Hier kommt es darauf an, den Charakter dieses Unternehmens wirklich zu ergründen und vor allem zu beurteilen, was es in einigen Jahren tun wird. Wenn der zu erwartende Ertragssprung eine einmalige Angelegenheit ist und von dem Unternehmen nicht zu erwarten ist, dass es sich wiederum eine vergleichbare neue Ertragsquelle erschließen kann, wenn die jetzige erschöpft ist, haben wir es mit einer ganz anderen Situation zu tun. Dann ist das hohe Kurs-Gewinn-Verhältnis tatsächlich ein Ergebnis der Diskontierung zukünftiger Erträge. Dies ist so, weil der Kurs der Aktie nach dem Ende des aktuellen Ertragssprungs wieder auf den gleichen Kurs im Verhältnis zu den Erträgen zurückfallen wird wie bei den Standardaktien. Wenn sich das Unternehmen aber mit Bedacht und Kontinuität neue Quellen von Ertragskraft erschließt und die Branche in der Zukunft ähnliche Ertragssprünge verspricht, dann wird das Kurs-Gewinn-Verhältnis in fünf oder zehn Jahren ziemlich sicher so viel über dem durchschnittlicher Aktien liegen wie heute. Es wird sich oft zeigen, dass solche Aktien die Zukunft in viel geringerem Maße diskontieren als viele Anleger glauben. Aus diesem Grund können einige Aktien, die auf den ersten Blick am teuersten erscheinen, nach sorgfältiger Analyse unter Umständen die günstigsten Käufe sein.

## 5. Kümmern Sie sich nicht um Achtel und Viertel!

Ich habe verschiedentlich fiktive Beispiele verwendet, um meine Argumente zu erläutern. Jetzt bringe ich ein echtes Beispiel. Vor etwas über zwanzig Jahren wollte ein Gentleman, der sich in vieler Hinsicht als versierter Investor erwiesen hatte, einhundert Stück einer an der New Yorker Börse notierten Aktie kaufen. Als er seine Kaufentscheidung traf, schloss die Aktie bei 35 1/2. Auch am folgenden Tag wurde sie wiederholt zu diesem Preis gehandelt. Unser Gentleman wollte aber nicht 35 1/2 bezahlen. Sein Auftrag lag bei 35 und er weigerte sich, sein Gebot zu erhöhen. Die Aktie wurde nie wieder für 35 gehandelt. Heute, fast zwanzig Jahre später, scheint diese Aktie eine besonders strahlende Zukunft zu haben. Als Ergebnis der Stockdividenden und Aktiensplits in den vergangenen Jahren wird sie jetzt bei über 500 gehandelt.

Um fünfzig Dollar zu sparen, hat unser Investor also auf einen Gewinn von mindestens $ 46 500 verzichtet. Es gibt auch gar keinen Zweifel daran, dass unser Investor diese $ 46 500 erzielt hätte, denn er hält noch andere Aktien dieses Unternehmens, die er noch billiger gekauft hat. Da $ 46 500 ungefähr das Neunhundertunddreißigfache von 50 ausmacht, müsste unser Investor also neunhundertunddreißig mal fünfzig Dollar sparen, um seinen Verlust wettzumachen. So ein Verhalten grenzt offensichtlich an finanziellen Irrsinn.

Dieses Beispiel ist noch nicht einmal so extrem. Ich habe mit Absicht eine Aktie gewählt, die sich über eine Reihe von Jahren eher als Nachzügler denn als Marktführer profiliert hat. Wenn unser Investor sich für irgendeine andere der vielleicht fünfzig an der New Yorker Börse gehandelten Wachstumsaktien entschieden hätte, wäre ihm eine um der Ersparnis von $ 50 willen entgangene Investition von $ 3 500 sehr viel teurer gekommen als $ 46 500.

Für einen Kleinanleger, der nur einige hundert Stück einer Aktie kaufen will, gibt es eine sehr einfache Regel. Wenn die Aktie die richtige zu sein scheint und der Preis angesichts des aktuellen Preisniveaus halbwegs vernünftig wirkt, sollte man zu Marktpreisen kaufen. Der zusätzliche achtel, viertel oder halbe Punkt, den man vielleicht zahlen muss, ist unbedeutend im Vergleich zu dem Gewinn, den man verliert, wenn man die Aktie nicht kauft. Hat die Aktie kein solches langfristiges Potenzial, dann hätte sich der Anleger meiner Ansicht nach gar nicht erst für sie entscheiden sollen.

Für den Großanleger, der vielleicht viele tausend Aktien kaufen will, ist die Sache nicht ganz so einfach. Mit Ausnahme ganz weniger Aktien ist das Angebot auf dem Markt in der Regel so begrenzt, dass sogar der Versuch, auch nur die Hälfte einer solchen Menge zu kaufen, leicht einen beträchtlichen Anstieg der Kurse verursachen könnte. Ein solch plötzlicher Preisanstieg könnte wiederum zwei weitere Effekte bewirken, die es beide noch schwieriger machen, ein Paket der betreffenden Aktie zu erwerben. Der Preisanstieg als solcher könnte das Interesse konkurrierender Käufer wecken. Er könnte auch potenzielle Verkäufer dazu bringen, ihre Aktien noch zurückzuhalten in der Hoffnung, dass sich der Kursanstieg weiter fortsetzt. Was also sollte ein Großanleger tun, um dieser Situation zu begegnen?

Er sollte zu seinem Makler oder Wertpapierhändler gehen. Er sollte genau sagen, wie viele Aktien er kaufen will. Er sollte seinen Makler beauftragen, so viele Aktien wie möglich zu kaufen, ihn aber ermächtigen, kleine Angebote abzulehnen, wenn die Gefahr besteht, dass ein Kauf viele konkurrierende Gebote auslösen könnte. Vor allem aber sollte er seinem Makler vollständig freie Hand hinsichtlich des Kaufpreises geben, bis zu einem Punkt, der etwas oberhalb des Kurses liegt, zu dem die Aktie zuletzt gehandelt wurde. Wieviel höher dieser Punkt liegen kann, sollte in Absprache mit dem Makler oder Händler entschieden werden, unter Berücksichtigung solcher Faktoren wie der Größe des gewünschten Aktienpaketes, der Intensität, mit der die Aktie normalerweise gehandelt wird, der Frage, wie groß das Interesse des Anlegers an dieser Aktie ist sowie anderer finanzieller Aspekte, die noch eine Rolle spielen können.

Ein Investor kann der Ansicht sein, er habe keinen Makler oder Händler mit einem ausreichenden Maß an Urteilsvermögen oder Diskretion für ein solches Geschäft an der Hand. In diesem Fall sollte er sich zunächst einen Makler oder Händler seines Vertrauens suchen. Genau für solche Geschäfte sind Makler oder Wertpapierhändler schließlich da.

# Kapitel 9

# Fünf weitere Gebote beim Investieren

## 1. Übertreiben Sie die Diversifizierung nicht!

Es gibt kein Investment-Prinzip, das so viel Zustimmung findet wie das der Diversifizierung. Zyniker haben behauptet, dies komme daher, dass sogar Börsenmakler dieses Prinzip verstehen könnten – so einfach sei es. Wie dem auch sei, die Chance, dass der Durchschnittsanleger sich zu einer unzureichenden Diversifizierung verleiten lässt, ist sehr gering. Es wird ja ständig auf die schrecklichen Dinge hingewiesen, die jemandem widerfahren können, der »alle seine Eier in einen Korb legt«.

Zu wenige machen sich jedoch genug Gedanken über die Gefahren des anderen Extrems. Hiermit ist der Nachteil gemeint, Eier in so vielen Körben zu haben, dass eine Menge Eier nicht in wirklich attraktiven Körben landen. Man kann unmöglich alle Körbe im Auge behalten, sobald die Eier einmal darin liegen. Der Anteil der Aktionäre mit einem Investitionsvolumen zwischen einer viertel und einer halben Million Dollar, die fünfundzwanzig oder mehr verschiedene Aktien besitzen, ist erschreckend hoch. Erschreckend ist nicht diese Zahl von fünfundzwanzig oder mehr verschiedenen Aktien als solche. Erschreckend ist vielmehr der Umstand, dass in der großen Mehrzahl der Fälle nur ein kleiner Teil der Anlagen aus attraktiven Aktien besteht, über die der Investor oder sein Berater gut Bescheid wissen. Anlegern ist soviel über Diversifizierung erzählt worden, dass die Furcht, zu viele Eier in einen Korb zu legen, sie verleitet hat, zu wenig in Unternehmen zu investieren, über die sie gut Bescheid wissen, und viel zu viel in andere, über die sie gar nichts wissen. Niemals scheint diesen Anlegern oder ihren Beratern der Gedanke zu kommen, dass eine Anlage in einem Unternehmen, über das man nicht genügend Kenntnisse besitzt, noch gefährlicher sein kann als ungenügende Diversifizierung.

Wie viel Diversifizierung ist wirklich erforderlich und wann wird Diversifizierung gefährlich? Das ist so ähnlich wie bei den Soldaten, die ihre Gewehre zusammenstellen. Ein Soldat kann aus zwei gegeneinander balancierten Gewehren keine so feste Pyramide bauen wie aus fünf oder sechs richtig aufgestellten Gewehren. Er kann jedoch mit fünf Gewehren eine genauso sichere Pyramide bauen wie mit fünfzig. Hinsichtlich der Diversifizierung gibt es jedoch einen großen Unterschied zwischen Gewehren und Aktien. Bei Gewehren hängt die Zahl der für eine sicher stehende Pyramide nötigen Gewehre in der Regel nicht vom Gewehrtyp ab. Bei Aktien spielt der Charakter der Aktie eine große Rolle bei der Frage, wie viel Diversifizierung erforderlich ist.

Einige Unternehmen wie die Großunternehmen der chemischen Industrie weisen schon im Unternehmen selbst einen beträchtlichen Grad an Diversifizierung auf. Wenn man auch alle ihre Produkte als chemische Produkte bezeichnen könnte, so haben doch viele dieser chemischen Produkte eine Vielzahl von Eigenschaften, die man bei Produkten anderer Branchen findet. Bei einigen gibt es vielleicht völlig andere Fertigungsprobleme. Sie werden vielleicht unter anderen Wettbewerbsbedingungen an andere Kunden verkauft. Und auch wenn es sich nur um eine Klasse von Chemikalien handelt, so kann sich doch die Kundschaft hierfür über einen so breiten Sektor der Wirtschaft erstrecken, dass es immer noch ein beträchtliches Maß an interner Diversifizierung gibt.

Ein wichtiger Faktor bei der Bestimmung des in Gestalt einer Diversifizierung erforderlichen Schutzes ist auch die Breite und Tiefe des Managementpools eines Unternehmens – also die Frage, wie weit sich ein Unternehmen bereits von der Stufe des Ein-Mann-Managements entfernt hat. Schließlich erfordern Anlagen in sehr empfindlich auf den Konjunkturzyklus reagierenden Unternehmen eher einen Ausgleich durch eine etwas breitere Diversifizierung als dies Anlagen in Unternehmen tun, die dieser Art zyklischer Schwankungen nicht so sehr unterliegen.

Diese Unterschiede in der inneren Diversifizierung von Unternehmen machen es unmöglich, einfache und präzise Regeln hinsichtlich eines Mindestmaßes an Diversifizierung zu formulieren, das dem Durchschnittsinvestor optimale Ergebnisse beschert. Ein weiterer Faktor sind auch die Beziehungen zwischen den betreffenden Branchen. Ein Investor mit zehn Anlagen in gleichem Umfang, acht davon in Bankaktien, kann seine Anlagen zum Beispiel völlig unzureichend diversifiziert haben. Im Gegensatz dazu kann derselbe Investor die Diversifizierung für seine tatsächlichen Bedürfnisse jedoch bereits zu weit getrieben haben, wenn er seine zehn Anlagen in einer ganz anderen Branche getätigt hat.

Unter Berücksichtigung der Tatsache, dass jeder Fall anders liegt und keine präzisen Regeln möglich sind, kann das Folgende als grober Maßstab für das erforderliche Mindestmaß an Diversifizierung für alle Anleger, mit Ausnahme von Kleinstanlegern, gelten:

(A) Alle Anlagen beschränken sich auf große, etablierte, richtig ausgewählte Wachstumsaktien, für die Dow, Du Pont und IBM bereits als typische Beispiele erwähnt wurden. In diesem Fall reichen für einen Anleger fünf verschiedene Aktien als Mindestdiversifizierung aus. Ein Anleger würde also nicht mehr als 20 Prozent seines Anfangskapitals in eine dieser Aktien investieren. Sollte eine dieser Aktien überdurchschnittlich wachsen und sich so nach zehn Jahren eine Konzentration von 40 Prozent des gesamten Marktwerts der getätigten Investitionen bei dieser einen Aktie ergeben, sollte der Anleger diese Investition gleichwohl nicht verändern – vorausgesetzt natürlich, dass er mit dem Unternehmen gut vertraut ist und die Zukunft dieser Aktie genauso hell aussieht wie die jüngere Vergangenheit.

Ein Anleger, der sich an diese Richtschnur von 20 Prozent in Bezug auf sein Anfangskapital hält, sollte darauf achten, dass es nur geringe Überschneidungen der Produktlinien seiner fünf Unternehmen gibt. Wäre beispielsweise Dow eines dieser fünf Unternehmen, kann ich keinen Grund erkennen, warum Du Pont nicht ein anderes sein sollte. Es gibt nur wenige Stellen, an denen sich die Produktlinien dieser beiden Unternehmen überschneiden oder miteinander konkurrieren. Wenn unser Anleger Aktien von Dow hält sowie Aktien eines Dow in seinen Tätigkeitsbereichen ziemlich nahe stehenden Unternehmens, kann diese Kaufentscheidung immer noch klug sein, vorausgesetzt, es gibt gute Gründe hierfür. Anlagen in zwei verschiedenen Unternehmen mit ähnlichen Aktivitäten können sich über die Jahre als sehr profitabel erweisen. In einem solchen Fall sollte sich ein Investor jedoch der unzureichenden Diversifizierung seiner Anlagen bewusst sein und die Augen in Bezug auf Probleme für die in Rede stehende Branche offenhalten.

(B) Einige oder alle Investitionen eines Anlegers könnten sich auf Unternehmen erstrecken, die in der Mitte zwischen dem Typus junger Wachstumsunternehmen mit hohem Risiko und dem oben beschriebenen Investment-Typ anzusiedeln sind. Dabei würde es sich eher um Unternehmen mit einem guten Management-Team als um solche mit einem Ein-Mann-Management handeln. Das Geschäftsvolumen bewegte sich zwischen fünfzehn und einhundert Millionen Dollar im Jahr und die Unternehmen wären in ihren jeweiligen Branchen gut etabliert. Als Gegengewicht für eine Investition in ein Unternehmen vom Typ A würde man wenigstens zwei Unternehmen dieses Typs B brauchen. Wenn Anlagen nur in Unternehmen des Typs B getätigt werden, könnte ein Investor also mit anderen Worten zehn Prozent seines Startkapitals in ein solches Unternehmen investieren. Insgesamt ergäbe sich also ein Investment in zehn Unternehmen. Unternehmen vom Typ B können sich jedoch hinsichtlich ihres Risikofaktors sehr voneinander unterscheiden. Klüger wäre es, Investitionen in B-Unternehmen mit höherem Risiko auf 8 Prozent des Startkapitals zu beschränken statt auf 10 Prozent. Eine Anlage zwischen 8 Prozent und 10 Prozent des Startkapitals in jedem Unternehmen vom Typ B – im Gegensatz zu einer Anlage von 20 Prozent in einem Unternehmen vom Typ A – sollte jedenfalls den Rahmen einer adäquaten Mindestdiversifizierung bilden.

Unternehmen vom Typ B sind für den Anleger in der Regel etwas schwieriger zu finden als Unternehmen vom Typ A. Es könnte daher lohnend sein, eines oder zwei solcher Unternehmen kurz zu beschreiben. Beide Unternehmen konnte ich recht genau beobachten und beide können als typische Beispiele für diese Gruppe von Unternehmen gelten.

Wir wollen sehen, was ich in der ersten Auflage über diese Unternehmen geschrieben habe, und wie sie heute dastehen. Das erste B-

Unternehmen, mit dem ich mich befasst habe, war P. R. Mallory. Ich schrieb damals:

»P. R. Mallory & Co., Inc. weist einen überraschenden Grad innerer Diversifizierung auf. Mallory produziert vor allem Komponenten für die Elektronik- und Elektroindustrie, Spezialmetalle und Batterien. Mit seinen Hauptproduktlinien spielt Mallory eine wesentliche Rolle in den jeweiligen Branchen, in einigen ist das Unternehmen der größte Hersteller. Viele seiner Produktlinien, wie Elektronikkomponenten und Spezialmetalle, werden an einige der am schnellsten wachsenden Segmente der amerikanischen Wirtschaft geliefert, ein Hinweis darauf, dass sich Mallorys Wachstum fortsetzen sollte. Der Umsatz hat sich binnen zehn Jahren bis auf ein Volumen von ungefähr $ 80 000 000 im Jahr 1957 vervierfacht, wobei ungefähr ein Drittel dieses Zuwachses auf sorgfältig geplante Zukäufe von Unternehmen und zwei Drittel auf eigenes Wachstum zurückgehen.

Die Gewinnspannen waren in dieser Zeit etwas niedriger, als es in der Regel für ein Unternehmen vom Typ B für zufriedenstellend gehalten wird, zum Teil geht dies aber auf überdurchschnittliche Forschungsausgaben zurück. Wichtiger ist, dass Schritte eingeleitet wurden, die in dieser Hinsicht bereits eine wichtige Verbesserung gebracht haben. Unter einem dynamischen Präsidenten arbeitet ein Management, das eine beträchtliche Findigkeit bewiesen hat und in den letzten Jahren bedeutend verbreitert worden ist. Der Wert der Mallory-Aktien hat sich zwischen 1946 und 1956 verfünffacht, wobei die Aktie häufig zum Fünfzehnfachen der laufenden Erträge gehandelt wurde.

Unter Investment-Gesichtspunkten liegt vielleicht einer der wichtigsten Faktoren bei Mallory nicht im Unternehmen selbst, sondern in der erwarteten dreiunddreißigprozentigen Beteiligung an der Mallory-Sharon Metals Corporation. Dieses Unternehmen ist als Kombination der Mallory-Sharon Titanium Corporation – an der P. R. Mallory & Co. einen fünfzigprozentigen Anteil hält und die sich für Mallory schon als interessantes Unternehmen erwiesen hat – und dem Engagement von National Distillers in der Rohstoffstufe derselben Branche geplant. Es gibt Anzeichen dafür, dass dieses neue Unternehmen zu den kostengünstigsten Titan-Produzenten zählen und somit eine bedeutende Rolle bei dem zu vermutenden Wachstum dieser jungen Branche spielen wird. Inzwischen liefert das Unternehmen im Jahr 1958 sein erstes kommerziell bedeutendes Zirkonium-Produkt und verfügt über beträchtliches Know-how auf dem Gebiet anderer für die Wirtschaft noch neuer ›Wundermetalle‹ wie Tantal und Columbium. Dieses teilweise zu Mallory gehörende Unternehmen scheint auf dem Weg zu einer weltweiten Führungsposition nicht bei einem, sondern bei einer ganzen Reihe von Metallen zu sein, die eine wachsende Rolle in der künftigen Welt der Kernspaltung, der Chemie und der Lenkwaffen zu spielen versprechen. Das Unternehmen könnte so eine Vermögensposition von beträchtlichem Wert sein und das Wachstum Mallorys noch beschleunigen.«

Würde ich diese Passage heute, etwa zwei Jahre später, schreiben, würde ich sie etwas anders formulieren. Ich würde meine Begeisterung in Bezug auf den möglichen Beitrag der zu einem Drittel zu P. R. Mallory & Co. gehörenden Mallory-Sharon Metals Corporation etwas mäßigen. Alles, was ich vor zwei Jahren geschrieben habe, kann meiner Meinung nach noch eintreffen. Vor allem so weit es um Titan geht, glaube ich jedoch, dass die Erschließung großer Märkte für dieses Metall länger dauern kann, als es noch vor zwei Jahren schien.

Andererseits würde ich meine Bewertung von Mallory im selben Maß positiver akzentuieren, wie ich sie in Bezug auf die Tochtergesellschaft abschwächen würde. Der Trend zu einem tiefer gestaffelten Management hat während der genannten Periode wichtige Fortschritte gemacht. Obwohl Mallory als Zulieferer für die Hersteller langlebiger Konsumgüter die Folgen jedes wirtschaftlichen Einbruchs spürt, passte sich das Management ungewöhnlich geschickt an die Bedingungen von 1958 an und hielt den Ertrag auf $ 1.89 pro Aktie, im Vergleich zu dem im Vorjahr erreichten Höchststand von $ 2.06. Die Erträge erholten sich 1959 schnell wieder und versprechen nach Ablauf des Jahres ein neues Rekordhoch um $ 2.75 pro Aktie. Zudem wurden diese Erträge trotz sinkender, aber immer noch hoher Kosten in den neueren Unternehmensbereichen erreicht. Diese Bilanz verspricht bei einer halbwegs günstigen allgemeinen Wirtschaftsentwicklung für das Jahr 1960 ein weiteres bedeutendes Gewinnwachstum.

Die Mallory-Aktie ist eines der wenigen in diesem Buch erwähnten Beispiele für eine Aktie, die sich bis heute schlechter als der Markt insgesamt entwickelt hat. Obwohl ich dieses Unternehmen für erfolgreicher als einige seiner Konkurrenten in der Abwehr der japanischen Konkurrenz auf den Elektronikmärkten halte, kann die Bedrohung aus Japan doch der Grund für die relativ schlechte Marktposition der Aktie sein. Ein weiterer Grund mag im Desinteresse großer Teile der Finanzwelt an einem Unternehmen liegen, das sich nicht leicht der einen oder anderen Branche zuordnen lässt, sondern branchenübergreifend aktiv ist. Mit der Zeit mag sich dies Desinteresse geben, zumal wenn erkannt wird, dass die Produktlinie Miniaturbatterien gar nicht so weit von einigen beliebten Wachstumsbereichen entfernt liegt. Der stetige Trend zur Miniaturisierung im Elektronikbereich sollte hier die Voraussetzungen für ein Wachstum bieten. Jedenfalls wird die Mallory-Aktie, die zum Zeitpunkt der ersten Auflage bei 35 stand, unter Berücksichtigung einer zweiprozentigen Stockdividende jetzt bei 37 1/4 gehandelt.

Wir wollen sehen, was ich über ein weiteres Beispiel für ein Unternehmen des Typs B in der ersten Ausgabe schrieb:

»Die Beryllium Corporation ist ein weiteres gutes Beispiel für ein Investment in ein B-Unternehmen. Beryllium Corporation klingt nach einem jungen Unternehmen und schlecht informierte Leute könnten glauben, die Aktie sei mit einem größeren Risiko behaftet, als tatsächlich der Fall ist. Das Unternehmen arbeitet kostengünstig und ist der einzige Produzent von Legierungen wie Berylliumkupfer und Berylliumaluminium. Es betreibt auch eine Fabrik, in der Stangen, Barren, Bänder und Druckpresslinge sowie auch Werkzeuge aus dieser Legierung hergestellt werden. In den zehn Jahren bis 1957 haben sich die Umsätze bis auf ungefähr $ 16 000 000 versechsfacht. Ein zunehmender Teil der Produktion geht in die Elektronik- und Computerbranche sowie in andere Branchen, die in den kommenden Jahren rasches Wachstum versprechen. Wichtige neue Anwendungsbereiche wie Farben aus Berylliumkupfer bekommen gerade kommerzielle Bedeutung und es scheint, als sei die gute Wachstumsrate der letzten zehn Jahre ein Indiz für die weitere Entwicklung. Dies würde das Kurs-Gewinn-Verhältnis von ungefähr 20 rechtfertigen, zu dem diese Aktie in den vergangenen fünf Jahren oft gehandelt wurde.

Ein Indiz dafür, dass das Wachstum des Unternehmens sich noch über viele Jahre fortsetzen kann, ist die in der Presse zitierte Prognose der Rand Corporation, der regierungseigenen Forschungsabteilung der Air Force, das gegenwärtig fast noch inexistente Feld der Berylliummetalle werde in Zukunft für Baumaterialien eine wichtige Rolle spielen. Unter anderem sagte die Rand Corporation kurz nach dem Krieg die Entwicklung im Titanbereich richtig voraus.

Näherliegender als ein eventueller Markt für Beryllium als Baumaterial ist ein brandneues Produkt, dessen Massenproduktion das Unternehmen 1958 aufnehmen will. Es handelt sich um Berylliummetall für den Nuklearbereich. Dieses Produkt wird in einer von der bisherigen Legierungsproduktion völlig getrennten Fabrikationsanlage im Auftrag der Atomenergiekommission hergestellt. Es scheint eine große Zukunft in der Nuklearindustrie zu haben und es ist sowohl mit staatlichen als auch mit privatwirtschaftlichen Abnehmern zu rechnen. Das Management des Unternehmens ist rege. Tatsächlich schneidet das Unternehmen in Hinblick auf unsere 15 Punkte recht gut ab, bis auf einen Bereich, wo Defizite erkannt und Schritte zu ihrer Beseitigung ergriffen wurden.«

Wie bei Mallory haben die letzten beiden Jahre auch hier positive und negative Veränderungen gegenüber dem Bild gebracht, das ich vor zwei Jahren gezeichnet habe. Die positiven Veränderungen überwiegen die negativen jedoch bei weitem, wie das auch bei einem Unternehmen sein muss, wenn es sich als gute Investment-Möglichkeit erweisen soll. Negativ schlägt zu Buche, dass die vor zwei Jahren erwähnten Perspektiven für Berylliumkupferfarben viel von ihrem Glanz verloren haben und dass die Wachstumskurve des gesamten Legierungsbereichs vielleicht etwas weniger lebhaft aussieht als damals angenommen. Inzwischen sieht die Nachfrage nach Berylliummetall für den Nuklearbereich in den nächsten Jahren etwas geringer aus als damals. Was diese Entwicklungen jedoch möglicherweise bei weitem ausgleicht, sind die stetig zunehmenden Anzeichen für eine dramatische Steigerung der Nachfrage nach Berylliummetall für die Luftfahrtindustrie. Diese Entwicklung hat schon begonnen. Sie tritt an so vielen Orten und bei so vielen unterschiedlichen Produkten auf, dass niemand sicher etwas über die Grenzen dieser Entwicklung sagen kann. Die Entwicklung wird sich vielleicht nicht als so positiv herausstellen wie man annehmen könnte, denn sie kann den Markt so attraktiv machen, dass einer gegenwärtig noch nicht auf diesem Gebiet vertretenen Firma ein bedeutender technologischer Durchbruch gelingt. Glücklicherweise könnte die Beryllium Corporation jedoch inzwischen große Fortschritte bei dem einzigen der fünfzehn Punkte gemacht haben, bei dem sie schlecht abgeschnitten hatte. Das war der Forschungsbereich.

Wie hat die Aktie auf all dies reagiert? Als ich die erste Ausgabe dieses Buches verfasste, stand die Aktie bei 16, wobei die seit damals ausgeschütteten Stockdividenden bereits berücksichtigt sind. Heute steht sie bei 26 ½, ein Gewinn von 64 Prozent.

Es gibt einige andere Unternehmen, mit denen ich etwas weniger vertraut bin, die aber meiner Meinung nach über das Management, die Marktposition, die Wachstumsaussichten und weitere Charakteristika verfügen, um sie als gute Beispiele für Unternehmen vom Typ B ansehen zu können. Hierbei handelt es sich um Foote Minerals Company, Friden Calculating Machine Co., Inc., und Sprague Electric Company. Jedes dieser Unternehmenhat sich als sehr gute Investition für alle Aktionäre herausgestellt, die die Aktien über einige Jahre hinweg gehalten haben. Sprague Electric vervierfachte seinen Wert ungefähr in den Jahren zwischen 1947 und 1957. Friden-Aktien wurden der Öffentlichkeit erstmals 1954 angeboten, erreichten aber in weniger als drei Jahren den zweieinhalbfachen Marktwert. 1957 wurde Friden über dem Vierfachen des Preises gehandelt, zu dem Vermutungen zufolge Aktienpakete privat ein Jahr vor dem Börsengang des Unternehmens gehandelt wurden. Diese vielen Anlegern sicherlich als zufriedenstellend erscheinenden Kurssteigerungen waren noch relativ gering im Vergleich zu der Entwicklung bei Foote Minerals Company. Diese Aktie wurde Anfang 1957 an der New Yorker Börse notiert.

Zuvor wurde die Aktie im Freiverkehr gehandelt und war erstmals 1947 öffentlich erhältlich. Damals wurde die Aktie für ungefähr $ 40 gehandelt. Ein Anleger, der bei der Emission im Jahr 1947 100 Aktien kaufte und bis heute hielt, hat jetzt aufgrund von Stockdividenden und Aktiensplits über 2400 Aktien. Die Aktie wurde kürzlich zu ungefähr $ 50 gehandelt.

(C) Dann gibt es schließlich noch die Gruppe der kleinen Unternehmen mit überwältigenden Gewinnen im Erfolgsfall und vollständigem oder fast vollständigem Verlust des investierten Kapitals im Falle eines Scheiterns. Ich habe bereits erwähnt, warum sich meiner Ansicht nach der Anteil solcher Wertpapiere an der gesamten Kapitalanlage nach den Rahmenbedingungen und Zielen jedes einzelnen Anlegers richten sollte. Es gibt allerdings zwei zuverlässige Regeln bei solchen Anlagen. Eine habe ich schon erwähnt. Investieren Sie niemals Kapital in Wertpapiere dieser Kategorie, dessen Verlust sie nicht verkraften können. Die zweite Regel besagt, dass Investoren mit einer größeren Anlagesumme niemals mehr als 5 Prozent ihres Anfangskapitals in ein solches Unternehmen investieren sollten. Wie bereits erwähnt besteht eines der Risiken von Kleinanlegern in dem Umstand, dass das ihnen zur Verfügung stehende Kapital eventuell nicht ausreicht, um von den spektakulären Erfolgen solcher Investitionen zu profitieren und sich dennoch den Nutzen einer ausreichenden Diversifizierung zu erhalten.

In der ersten Auflage habe ich Ampex auf dem Stand des Jahres 1953 und Elox Stand von 1956 als Beispiele für diesen Typ hoch risikobehafteter Unternehmen mit großem Potenzial herangezogen. Wie haben sich diese Unternehmen seither entwickelt? Elox-Aktien standen zum Zeitpunkt der ersten Auflage bei 10 und stehen heute bei 7 5/8. Im Gegensatz dazu hat Ampex einen spektakulären Erfolg auf dem Markt. Hat sich ein exzellentes Management erst einmal bewährt und sind die Rahmenbedingungen unverändert geblieben, dann sollte eine Aktie niemals nur deshalb verkauft werden, weil sie stark gestiegen ist und zeitweise vielleicht teuer erscheint – dafür ist Ampex ein gutes Beispiel. Ich habe im dritten Kapitel im Zusammenhang mit dem Problem Forschung bereits erwähnt, dass Ampex-Aktien in den ersten vier Jahren nach ihrer Markteinführung 1953 um 700 Prozent gestiegen sind. Als ich die erste Auflage abschloss, standen sie – unter Berücksichtigung eines zwischenzeitlichen Aktiensplits von 2 ½ zu 1 – bei 20. Nach Jahr um Jahr dramatisch steigenden Umsätzen und Gewinnen, wobei heute 80 Prozent der Umsätze mit Produkten erzielt werden, die es vor vier Jahren noch nicht gab, steht die Aktie jetzt bei 107 ½. Dies entspricht einem Gewinn von 437 Prozent in etwas mehr als zwei Jahren oder einem Gewinn von über 3500 Prozent in sechs Jahren. Eine Investition von $ 10 000 in Ampex im Jahr 1953 hätte mit anderen Worten heute einen Marktwert von über $ 350 000, und das in einem Unternehmen, das erwiesenermaßen in der Lage ist, einen technischen und wirtschaftlichen Triumph nach dem anderen zu feiern.

Ähnliche Beispiele, mit denen ich weniger vertraut bin, die aber gut in die gleiche Kategorie fallen könnten, sind Litton Industries, Inc. zu dem Zeitpunkt, zu dem diese Aktien erstmals angeboten wurden, sowie Metal Hydrides. Eine Besonderheit dieses Unternehmenstyps sollte man jedoch vom Standpunkt der Diversifizierung aus im Auge behalten. Diese Unternehmen sind so risikobehaftet und bieten gleichzeitig so vielversprechende Chancen, dass sie nach einiger Zeit entweder scheitern oder sich aber hinsichtlich von Marktposition, Unternehmensführung und Wettbewerbsfähigkeit bis zu einem Punkt entwickeln, an dem sie eher in die Kategorie B als in die Kategorie C fallen.

Wenn es dazu gekommen ist, ist der Marktwert ihrer Aktien in der Regel so spektakulär gestiegen, dass sie einen beträchtlich größeren Anteil der Gesamtanlage eines Investors repräsentieren als ursprünglich; das ist natürlich abhängig von der Wertentwicklung der anderen Anlagen eines Investors in diesem Zeitraum. Aktien vom Typ B sind jedoch so viel sicherer als Aktien vom Typ C, dass sich dieser größere Anteil vom Standpunkt einer vernünftigen Diversifizierung aus rechtfertigt. Wenn sich ein Unternehmen auf diese Weise entwickelt hat, gibt es daher selten einen Grund, die Aktien zu verkaufen – jedenfalls nicht deshalb, weil der Kursanstieg der Aktie dazu geführt hat, dass das Unternehmen einen zu hohen Prozentsatz der Gesamtinvestition repräsentiert.

Dieser Wechsel von der Kategorie C in die Kategorie B ist genau das, was im Falle von Ampex im Zeitraum zwischen 1956 und 1957 geschah. Das Unternehmen wuchs nach der Verdreifachung seiner Umsätze und Gewinne noch schneller, der Markt für Tonbandgeräte und entsprechende Komponenten brachte viele weitere Wachstumsbranchen hervor und das Unternehmen gewann soweit an Stärke, dass es in die Kategorie B eingestuft werden konnte. Ampex bedeutete kein hohes Investmentrisiko mehr. Als dieser Punkt erreicht war, konnte ein beträchtlich größerer Anteil der Gesamtinvestition in Ampex-Aktien gehalten werden, ohne dass die Prinzipien einer vernünftigen Diversifizierung verletzt worden wären.

Alle genannten Prozentzahlen stellen nur das Minimum für eine vernünftige Diversifizierung dar. Dieses Minimum zu unterschreiten bedeutet in etwa dasselbe, wie ein Auto etwas schneller als normal zu fahren. Ein Fahrer, der dies tut, kann schneller ans Ziel kommen, als er es andernfalls täte. Er sollte sich jedoch der Tatsache bewusst sein, dass er mit einer Geschwindigkeit unterwegs ist, die zusätzliche Aufmerksamkeit und Wachsamkeit erfordert. Wenn er dies vergisst, kann es nicht nur geschehen, dass er sein Ziel nicht schneller erreicht – er erreicht es vielleicht nie.

Wie sieht die andere Seite der Medaille aus? Gibt es einen Grund, warum ein Anleger die Diversifizierung nicht weitertreiben sollte, als die oben dargestellten Minimalgrenzen es empfehlen? Solch einen Grund gibt es nicht, solange die über die genannten Mindestzahlen hinausgehenden Anlagen in Bezug auf zwei Faktoren genauso attraktiv erscheinen wie die Anlagen, die das Diversifizierungsminimum ausmachen. Diese zusätzlichen Wertpapiere sollten den anderen Anlagen in Bezug auf die Wachstumsaussichten im Verhältnis zu den involvierten Risiken gleichwertig sein. Sie sollten auch gleichwertig sein, was die Fähigkeit des Investors angeht, die Entwicklung der entsprechenden Unternehmen zu verfolgen. In der Praxis wird ein Investor allerdings in der Regel schnell herausfinden, dass das Problem eher darin besteht, eine ausreichende Zahl außergewöhnlicher Anlagemöglichkeiten zu finden, als unter zu vielen Unternehmen wählen zu müssen. Wenn ein Investor einmal mehr außergewöhnliche Unternehmen findet als er braucht, hat er selten genug Zeit, einen hinreichend engen Kontakt mit all diesen Unternehmen zu halten.

Für gewöhnlich weist eine sehr lange Wertpapierliste nicht auf einen brillanten, sondern auf einen unsicheren Investor hin. Wenn ein Investor Anteile an so vielen Unternehmen hält, dass er mit dem Management dieser Unternehmen keinen direkten oder indirekten Kontakt mehr halten kann, wird das für ihn mit ziemlicher Sicherheit schlechter ausgehen, als wenn die Zahl seiner Beteiligungen zu gering wäre. Ein Investor sollte niemals vergessen, dass immer Fehler auftreten werden und dass seine Anlagen ausreichend diversifiziert sein sollten, um einen solchen Fehlschlag nicht zu einem Desaster werden zu lassen. Über diesen Punkt der Diversifizierung hinaus sollte er jedoch peinlich genau darauf achten, nicht die meisten, sondern die besten Aktien zu halten. Bei Aktien kann Masse niemals mehr als ein schwacher Ersatz für Klasse sein.

## 2. Fürchten Sie sich nicht, in einem Augenblick der Kriegsangst zu kaufen!

Aktien sind gewöhnlich am interessantesten für Menschen mit Phantasie. Unsere Phantasie wird überwältigt von dem unbeschreiblichen Schrecken des modernen Krieges. Das führt dazu, dass sich das Umschlagen internationaler Spannungen in Kriegsangst oder einen Krieg jedesmal in den Aktienkursen widerspiegelt. Hierbei handelt es sich um ein psychologisches Phänomen, das finanziell wenig Sinn hat.

Jeder anständige Mensch fühlt sich von dem Leid und Sterben abgestoßen, die das massenhafte Töten eines modernen Krieges mit sich bringt. In unserem Zeitalter der Atombombe kommt eine tiefe persönliche Angst um die Sicherheit der uns nahe stehenden Menschen und um unsere eigene Sicherheit hinzu. Sorge, Angst und Abscheu vor dem, was die Zukunft bringt, können oft jede Bewertung rein wirtschaftlicher Faktoren verzerren. Die Angst vor einer massiven Vernichtung von Eigentum, an Enteignung grenzenden Steuersätzen und staatlichen Eingriffen in die Wirtschaft dominiert unser Denken über finanzielle Angelegenheiten. Menschen, die in einem solchen geistigen Klima arbeiten, übersehen leicht selbst grundlegende wirtschaftliche Zusammenhänge.

Die Ergebnisse sind immer dieselben. Jedesmal, wenn im gesamten 20. Jahrhundert irgendwo auf der Welt sich ein Krieg entzündete oder amerikanische Truppen in Kämpfe verwickelt wurden, ist der amerikanische Aktienmarkt scharf eingebrochen. Es gibt nur eine Ausnahme von dieser Regel, und zwar den Ausbruch des Zweiten Weltkriegs im September 1939. Damals endete die von Hoffnungen auf lukrative Kriegsaufträge für ein neutrales Land basierende Stabilisierung des Aktienmarktes bald, und der Markt folgte dem typischen Abwärtstrend, einem Trend, der mit den Nachrichten von deutschen Siegen einige Monate später an Panik grenzte. Als die Feindseligkeiten jedoch eingestellt wurden, egal ob im Ersten Weltkrieg, im Zweiten Weltkrieg oder im Koreakrieg, stiegen die Kurse der meisten Aktien auf ein höheres Niveau, als sie es vor dem Beginn der Spannungen erreicht hatten. Zudem hat es in den vergangenen zweiundzwanzig Jahren mindestens zehnmal Meldungen über eine internationale Krise gegeben, die einen größeren Krieg hätte auslösen können. Jedesmal stürzten die Kurse angesichts eines zu befürchtenden Konflikts steil ab, um wieder steil zu steigen, als die Kriegsgefahr vorüber war.

Was übersehen Investoren, wenn sie ihre Aktien bei der Gefahr oder dem tatsächlichen Ausbruch eines Krieges verschleudern, obwohl nach einem Krieg die Aktienkurse immer viel höher statt niedriger waren? Solche Investoren vergessen, dass Aktienpreise in Geld ausgedrückte Angebote sind. In einem modernen Krieg geben Regierungen immer viel mehr Geld aus, als sie während des Krieges von den Steuerzahlern eintreiben können. Dies führt zu einem Anschwellen der Geldmenge, sodass jede Geldeinheit, wie zum Beispiel ein Dollar, weniger wert ist als vorher. Man braucht eine Menge mehr Geld, um die gleiche Anzahl von Aktien zu kaufen. Das ist natürlich die klassische Form der Inflation.

Ein Krieg drückt also immer den Wert des Geldes. Angesichts eines drohenden oder tatsächlich ausbrechenden Krieges Aktien zu verkaufen und Bargeld zu horten, ist ein Akt außergewöhnlichen finanziellen Irrsinns. Tatsächlich sollte man genau das Gegenteil tun. Wenn ein Investor sich für den Kauf einer Aktie entschieden hat und eine aufkommende Kriegsangst die Kurse drückt, sollte der Investor diese aktuelle Angststimmung ignorieren und zu kaufen beginnen. Dies ist die schlechteste Zeit, um überschüssige liquide Mittel für Investitionen zu halten, nicht die beste. Hier stellt sich jedoch ein Problem. Wie schnell soll ein Anleger kaufen? Wie tief werden die Kurse sinken? Solange nicht ein tatsächlicher Krieg, sondern die Angst vor einem Krieg auf die Kurse drückt, kann man das nicht sagen. Wenn die Feindseligkeiten tatsächlich ausbrechen, wird der Preis zweifellos weiter sinken, vielleicht sogar ganz erheblich. Was man also tun sollte, ist, in einer Situation der Kriegsangst zu kaufen, aber langsam und vorsichtig. Wenn der Krieg ausbricht, sollte man sehr viel schneller kaufen. Man muss nur sicherstellen, dass man Anteile an Unternehmen erwirbt, deren Produkte oder Dienstleistungen auch zu Kriegszeiten gefragt sind oder die sich auf Kriegsproduktion umstellen können. Das trifft unter den heutigen Bedingungen des totalen Krieges und der hohen Flexibilität der Produktion auf die große Mehrheit der Unternehmen zu.

Steigen Aktien während eines Krieges tatsächlich im Wert oder geht nur der Wert des Geldes zurück? Das kommt auf die Umstände an. Gott sei Dank wurde unser Land niemals in einem Krieg geschlagen. In einem Krieg, vor allem einem modernen Krieg, wird das Geld der Verliererseite wahrscheinlich teilweise oder vollständig entwertet, und Aktien würden den größten Teil ihres Wertes verlieren. Wenn das kommunistische Russland die USA besiegen würde, würden unser Geld und unsere Aktien mit Sicherheit wertlos. Dann wäre es egal, wie sich ein Investor entschieden hätte.

Wenn ein Krieg hingegen siegreich oder mit einem Patt endet, hängt die Entwicklung des tatsächlichen Wertes einer Aktie von dem jeweiligen Krieg und der jeweiligen Aktie ab. Als im Ersten Weltkrieg die hohen Ersparnisse aus England und Frankreich in unser Land flossen, stieg der tatsächliche Wert der meisten Aktien wahrscheinlich mehr, als wenn wir in diesen Jahren eine Friedensperiode gehabt hätten. Dies war jedoch eine einmalige Konstellation, die sich nicht wiederholen wird. Im Zweiten Weltkrieg und während des Koreakrieges entwickelte sich der um die Inflationsrate bereinigte Wert amerikanischer Aktien bei weitem nicht so gut, wie er es in einer Friedenszeit getan hätte. Von drückenden Steuersätzen einmal abgesehen, wurde zuviel Energie von gewinnträchtigen zivilen Produktlinien auf Rüstungsproduktion mit sehr geringen Gewinnspannen verlagert. Wenn die großartigen Forschungsaufwendungen für diese gewinnschwachen Rüstungsprojekte in zivile Projekte hätten investiert werden können, wäre der Gewinn der Aktionäre viel höher gewesen – vorausgesetzt, dass es dann noch ein freies Amerika gegeben hätte, in dem man sich überhaupt noch irgendwelcher Gewinne hätte erfreuen können. Der Grund, bei Kriegsangst oder Kriegsausbruch Aktien zu kaufen, ist nicht der, dass ein Krieg als solcher jemals wieder profitabel für amerikanische Aktionäre sein könnte. Der Grund ist einfach der, dass der Wert des Geldes sinkt, sodass Aktienpreise, in Geldeinheiten ausgedrückt, immer steigen.

## 3. Denken Sie an Gilbert und Sullivan!

Gilbert und Sullivan können kaum als Autoritäten in Aktienfragen gelten. Dennoch sollten wir vielleicht an ihre »Blumen, die im Frühling blühen, tra-la« denken, die, wie sie uns erzählen, »nichts mit der Sache zu tun« haben. Es gibt gewisse oberflächliche Finanzstatistiken, denen Investoren oft zuviel Aufmerksamkeit widmen. Vielleicht ist es übertrieben zu sagen, dass sie genau den Frühlingsblumen bei Gilbert und Sullivan entsprechen. Anstatt zu sagen, dass sie nichts mit der Sache zu tun haben, könnten wir sagen, dass sie sehr wenig mit ihr zu tun haben.

An erster Stelle bei diesen Statistiken steht der Preisspielraum, in dem eine Aktie in den letzten Jahren gehandelt worden ist. Aus irgendeinem Grund wollen viele Investoren, die sich für eine bestimmte Aktie interessieren, immer eine Tabelle mit den Höchst- und Tiefständen der betreffenden Aktie in den letzten fünf bis zehn Jahren sehen. Sie stellen dann irgendeine unsinnige Berechnung an und nennen einen Preis, den sie für die Aktie zu zahlen bereit sind.

Ist das unlogisch? Ist es finanziell gesehen gefährlich? Die Antwort auf beide Fragen lautet: ganz gewiss. Es ist gefährlich, weil es die Aufmerksamkeit vom Wesentlichen auf weniger Wesentliches ablenkt. Oft werden Investoren so veranlasst, eine Anlage aufzugeben, bei der sie hohe Gewinne machen würden, und zwar zu Gunsten einer anderen Anlage, bei der die Gewinne sehr viel geringer ausfallen werden. Um dies zu verstehen, müssen wir uns fragen, warum diese Überlegungen so unlogisch sind.

Wie bestimmt sich der Kurs einer Aktie? Der Kurs einer Aktie stellt die zusammengefasste momentane Beurteilung aller an der Aktie Interessierten in Bezug auf den richtigen Wert der Aktie dar. Er ist die zusammengefasste Bewertung der Perspektiven eines Unternehmens, die zusammengefasste Bewertung aller potenziellen Käufer und Anbieter, gewichtet mit der Anzahl der Aktien, die ein jeder von ihnen kaufen oder verkaufen will und in Beziehung gesetzt zu einer ebensolchen momentanen Bewertung der Perspektiven anderer Unternehmen. Gelegentlich wird so etwas wie der Zwang zur Liquidierung von Aktiva eine moderate Abweichung von dieser Zahl verursachen. Dazu kommt es, wenn ein Großaktionär Aktien auf den Markt wirft aus Gründen, die nicht direkt mit seiner Einschätzung des tatsächlichen Wertes der Aktien zu tun haben – wie zum Beispiel der Verkauf eines Grundstücks oder die Rückzahlung eines Kredits. Solche Einflüsse verursachen in der Regel jedoch nur eine moderate Abweichung von der aggregierten Bewertung der gegenwärtigen Aktienkurse, da Spekulanten sofort bereitstehen, um die Situation auszunützen, wodurch sich die Lage wieder einpendelt.

Wirklich von Bedeutung ist, dass der Kurs auf der aktuellen Bewertung einer Anlagemöglichkeit beruht. Wenn Veränderungen in Bezug auf das Unternehmen bekannt werden, wird diese Bewertung entsprechend positiver oder negativer. Dann steigt der Kurs dieser Aktie im Verhältnis zu den Kursen anderer Aktien. Wenn die Beurteilung der eingetretenen Veränderung richtig ist, bleibt der Kurs der Aktie auf diesem neuen höheren oder niedrigeren Niveau im Verhältnis zu anderen Aktien. Wenn weitere Veränderungen auftreten, bezieht die Finanzwelt auch diese in ihre Bewertung ein. Je nach dem steigt oder sinkt der Kurs der Aktie dann auf ein neues Niveau.

Daher kann der Kurs, zu dem eine Aktie vor vier Jahren gehandelt wurde, wenig oder gar nichts mit dem Kurs zu tun haben, zu dem sie heute gehandelt wird. Das Unternehmen kann ein neues, fähiges Management herangebildet haben, es kann eine Reihe neuer und sehr profitabler Produkte entwickelt haben oder es kann eine Vielzahl ähnlich positiver Entwicklungen eingetreten sein, die den Wert der Aktie im Verhältnis zum Kurs der anderen Aktien auf das Vierfache des Preises von vor vier Jahren gesteigert haben. Das Unternehmen kann in die Hände eines unfähigen Managements geraten und im Verhältnis zur Konkurrenz so weit zurückgefallen sein, dass nur eine Kapitalspritze noch Rettung bringen kann. Das kann die Aktien soweit verwässert haben, dass sie jetzt nicht mehr als ein Viertel des vier Jahre zuvor gängigen Preises wert sein können.

Vor diesem Hintergrund wird klar, warum Investoren so oft Aktien abstoßen, die ihnen in der Zukunft große Gewinne gebracht hätten, und andere kaufen, bei denen der Gewinn viel geringer ist. Wenn Anleger ihre Aufmerksamkeit auf Aktien konzentrieren, die »noch nicht gestiegen« sind, fallen sie unbewusst der Illusion anheim, alle Aktien würden im selben Maß steigen, Aktien, die schon einen Kursanstieg hinter sich haben, stiegen nicht weiter und in noch nicht gestiegenen Aktien sei demgegenüber »noch etwas drin«. Nichts könnte weniger wahr sein. Der Umstand, dass der Kurs einer Aktie in den letzten Jahren gestiegen ist oder nicht, ist ohne Bedeutung für die Kaufentscheidung. Von Bedeutung ist die Frage, ob es zu Verbesserungen gekommen ist oder noch kommen wird, die gegenüber dem jetzigen Niveau signifikant höhere Preise rechtfertigen.

In ähnlicher Weise messen viele Investoren den Erträgen pro Aktie in den vergangenen fünf Jahren einen hohen Wert bei ihrer Investitionsentscheidung zu. Nur auf die Erträge pro Aktie zu schauen und der Ertragsentwicklung der letzten vier oder fünf Jahre eine Bedeutung zuzumessen, bedeutet genausoviel, wie sich einen Nutzen von einem Motor zu versprechen, an den nichts angeschlossen ist, was angetrieben werden könnte. Das Wissen darüber, ob die Erträge pro Aktie, die ein Unternehmen vor vier oder fünf Jahren erwirtschaftet hat, viermal so hoch waren wie heute oder nur ein Viertel des heutigen Ertrags ausmachten, ist als Entscheidungshilfe für den Kauf oder Verkauf einer Aktie fast bedeutungslos. Auch hier kommt es wieder darauf an, die Hintergründe zu kennen. Von überragender Bedeutung ist es zu wissen, was wahrscheinlich in den nächsten Jahren geschehen wird.

Ein Anleger wird ständig mit Berichten und sogenannten Analysen gefüttert, in deren Mittelpunkt die Kursdaten der letzten fünf Jahre stehen. Er sollte sich der Tatsache bewusst sein, dass es die Erträge der kommenden, nicht der vergangenen fünf Jahre sind, die jetzt für ihn wichtig sind. Ein Grund für diese ständige Überversorgung mit Statistiken über vergangene Entwicklungen ist der, dass ein Bericht auf der Basis solcher Zahlen leicht korrekt sein kann. Wenn wichtigere Dinge in einem Bericht stehen, können spätere Entwicklungen diesen Bericht ziemlich dumm aussehen lassen. Darum ist die Versuchung groß, soviel Platz wie möglich mit unbestreitbaren Fakten zu füllen, ob diese Fakten nun von Bedeutung sind oder nicht. Viele Leute in der Finanzwelt halten solche Statistiken über die letzten Jahre jedoch für interessant, und zwar aus verschiedenen Gründen. Sie können anscheinend einfach nicht begreifen, wie sehr sich der wahre Wert einiger modernen Unternehmen in nur wenigen Jahren verändern kann. Sie halten daher Aufstellungen über die Erträge der letzten Jahre für wichtig, weil sie allen Ernstes glauben, eine genaue Aufstellung der Entwicklung des letzten Jahres würde ein zutreffendes Bild der Entwicklung im kommenden Jahr ergeben. Das mag vielleicht für gewisse regulierte Unternehmen wie zum Beispiel öffentliche Versorgungsunternehmen stimmen. Für den Typ von Unternehmen, der meiner Ansicht nach einen Investor interessieren sollte, der mit seinem Geld optimale Ergebnisse erzielen will, kann es völlig falsch sein.

Ein gutes Beispiel hierfür liefert eine Entwicklung, mit der ich glücklicherweise ziemlich vertraut war. Im Sommer 1956 ergab sich die Möglichkeit, ein ziemlich großes Paket von Anteilen an Texas Instruments, Inc. von Führungskräften dieses Unternehmens zu erwerben, die gleichzeitig auch die bedeutendsten Aktionäre waren. Eine sorgfältige Analyse des Unternehmens ergab, dass es in Bezug auf unsere fünfzehn Punkte nicht nur gut, sondern hervorragend abschnitt. Der Grund, den die Manager für ihre Verkaufsabsicht hatten, war vollkommen legitim; in echten Wachstumsunternehmen kommt dies häufig vor. Ihre Anteile waren im Wert so weit gestiegen, dass einige von ihnen schon durch diese Anteile an ihrem eigenen Unternehmen zu Millionären geworden waren. Im Gegensatz dazu waren ihre anderen Vermögenspositionen fast zu vernachlässigen. Daher erschien ein gewisser Grad an Diversifizierung als angebracht, vor allem, da sie nur einen kleinen Teil ihrer Aktien verkauften. Die allgegenwärtige Möglichkeit einer Erbschaftssteuerschuld allein hätte ausgereicht, vom Standpunkt dieser Manager aus ein solches Vorgehen als klug erscheinen zu lassen, unabhängig von der Zukunft des Unternehmens.

Jedenfalls wurden die Verhandlungen mit dem Ergebnis abgeschlossen, die angebotenen Anteile zu einem Preis von 14 zu kaufen. Das stellte das Zwanzigfache der für 1956 geschätzten Erträge pro Aktie in Höhe von ungefähr 70 Cents dar. Für jeden, der Statistiken über vergangene Entwicklungen besondere Bedeutung beimaß, musste dies eindeutig als unklug erscheinen. Die Erträge pro Aktie betrugen 39 Cents, 40 Cents, 48 Cents und 50 Cents für jedes der vier zurückliegenden Jahre zwischen 1952 und 1955 – kaum eine aufregende Entwicklung. Für Investoren, die wichtige Faktoren wie Management und aktuelle Geschäftsentwicklung oberflächlichen statistischen Vergleichen unterordnen, musste sogar noch ungünstiger erscheinen, dass Texas Instruments, Inc. durch den Erwerb eines Unternehmens einen Verlustvortrag nutzen konnte, der in diesen vier Jahren unterdurchschnittliche Einkommensteuerzahlungen ermöglichte. Dadurch erschien jeder auf Basis von alten Statistiken berechnete Preis noch höher. Schließlich hätte eine oberflächliche Betrachtung auch bei Einbeziehung der Erträge für 1956 unheilvolle Anzeichen ergeben. Das Unternehmen hatte zwar gegenwärtig auf dem vielversprechenden Sektor der Transistorherstellung einen bemerkenswerten Erfolg. Aber abgesehen von der offensichtlich glänzenden Zukunft der Halbleiterindustrie insgesamt, wie lange konnte man von einem Unternehmen dieser Größe erwarten, seine starke Marktposition gegen die größeren und älteren Konkurrenten mit ihren hohen Bilanzsummen zu behaupten, Konkurrenten, die sicher einige Anstrengungen unternehmen würden, um an dem bedeutenden Wachstum der Transistorindustrie zu partizipieren?

Als der Verkauf der Anteile über die üblichen Kanäle der Securities and Exchange Commission bekannt wurde, wurden Texas Instruments-Anteile lebhaft gehandelt, ohne dass sich der Kurs bedeutend veränderte. Viele dieser Geschäfte gingen wahrscheinlich auf die Kommentare zurück, die von verschiedenen Maklerhäusern veröffentlicht wurden. Die meisten dieser Kommentare bezogen sich auf die statistischen Daten der Vergangenheit und machten auf den historischen Höchststand der Aktie, die auf das Unternehmen zukommende Konkurrenz und den Aktienverkauf durch Insider aufmerksam. Eine dieser Stellungnahmen brachte sogar eine vollständige Übereinstimmung mit dem Management von Texas Instruments zum Ausdruck. Diese Stellungnahme berichtete über die Verkaufsabsicht der Manager und fuhr fort: »Wir stimmen mit den Managern überein und empfehlen dasselbe!« Der bedeutendste Käufer in diesen Tagen war meinen Informationen zufolge eine große und gut informierte Institution.

Was geschah in den folgenden zwölf Monaten? Der Umsatz von Texas Instruments bei geophysikalischen und militärischen Elektronikprodukten, ein in der Hitze des Gefechts vollkommen unbeachtet gebliebener Bereich, wuchs weiter. Der Halbleiterbereich wuchs sogar noch schneller. Noch wichtiger als das Umsatzwachstum bei Transistoren waren die großen Schritte, mit denen das fähige Management das Unternehmen in der Forschung, bei der Automation und beim Aufbau einer Vertriebsstruktur für den Schlüsselbereich der Halbleiterproduktion voranbrachte. Als sich die Anzeichen verdichteten, dass die Ergebnisse von 1956 kein Strohfeuer waren, sondern dass dieses relativ kleine Unternehmen seinen Weg als einer der größten und kostengünstigsten Hersteller in einer der wohl am schnellsten wachsenden Branchen der amerikanischen Industrie machen würde, revidierte die Finanzwelt das Kurs-Gewinn-Verhältnis, das man für die Chance einer Partizipation an diesem gut geführten Unternehmen für angemessen hielt, nach oben. Als das Management im Sommer 1957 die Erträge pro Aktie auf ungefähr $1.10 schätzte, hatte ein Ertragszuwachs von 54 Prozent innerhalb von zwölf Monaten den Marktwert der Aktie um 100 Prozent gesteigert.

In der ersten Ausgabe schrieb ich weiter:

»Ich vermute, wenn die Leitung der wichtigsten Bereiche dieses Unternehmens nicht in Dallas und Houston, sondern entlang der nördlichen Atlantikküste oder in der Großstadtregion Los Angeles angesiedelt gewesen wäre, wo eine größere Zahl von Analysten und Fondsmanagern sich leichter über das Unternehmen hätten informieren können, wäre das Kurs-Gewinn-Verhältnis in dieser Zeit noch höher gestiegen. Wenn, was wahrscheinlich der Fall sein wird, Umsätze und Gewinne bei Texas Instruments über einige Jahre weiter steil ansteigen werden, wird es interessant sein zu sehen, ob dieses kontinuierliche Wachstum nicht schon aus sich heraus mit der Zeit zu einer weiteren Steigerung des Kurs-Gewinn-Verhältnisses führen wird. Wenn es dazu kommt, wird der Kurs noch schneller steigen als die Erträge, eine Kombination, die immer die ausgeprägtesten Steigerungen von Aktienpreisen hervorbringt.«

Hat sich diese optimistische Vorhersage bewahrheitet? Ein Blick auf die Entwicklung rüttelt vielleicht diejenigen wach, die immer noch eine Bewertung von Anlagen durch die oberflächliche Analyse vergangener Erträge und durch wenig sonst für möglich halten. Die Gewinne stiegen von $1.11 pro Aktien 1957 auf $1.84 im Jahr 1958 und versprechen 1959 einen Höchststand von $3.90 zu erreichen. Seit die erste Ausgabe dieses Buches fertiggestellt wurde, wurden dem Unternehmen Auszeichnungen zuteil, die die Aufmerksamkeit der Finanzwelt fesseln mussten. Angesichts der Konkurrenz seitens einiger allgemein gepriesener Giganten der Elektro- und Elektronikindustrie wählte der weltweit mit Abstand größte Hersteller elektronischer Rechenmaschinen, die International Business Machines Corporation, Texas Instruments als Partner für ein gemeinsames Forschungsprojekt auf dem Gebiet der Anwendung von Halbleitern bei solchen Maschinen aus. 1959 kündigte Texas Instrument einen technologischen Durchbruch an, der es möglich machte, komplette elektronische Schaltkreise auf die Größe eines einzigen Transistors zu reduzieren! Welchen Fortschritt dies auf dem Weg der Miniaturisierung bringen kann, sprengt beinahe die Vorstellungskraft. Mit dem Wachstum des Unternehmens ist auch die Forschungs- und Entwicklungsabteilung mitgewachsen. In informierten Kreisen gibt es heute wenig Zweifel, dass die lange Reihe technischer und wirtschaftlicher Spitzenleistungen bei Texas Instruments sich in den kommenden Jahren fortsetzen wird.

Wie hat der Kurs der Aktie auf all dies reagiert? Ist das Kurs-Gewinn-Verhältnis weiter gestiegen, wie ich es zweiundzwanzig Monate zuvor für wahrscheinlich hielt? Die Entwicklung gibt mir Recht. Die Erträge pro Aktie haben sich seit 1957 etwas mehr als verdreifacht. Gegenüber dem Kurs von 26 ½ bei Fertigstellung der Erstausgabe dieses Buches hat sich der Kurs der Aktie jetzt mehr als verfünffacht. Der gegenwärtige Kurs stellt damit übrigens einen Gewinn von über 1000 Prozent gegenüber dem Preis von 14 dar, zu dem – wie in der ersten Ausgabe erwähnt – vor weniger als dreieinhalb Jahren ein bedeutendes Aktienpaket gekauft worden war. Es wird interessant sein zu sehen, ob in den kommenden Jahren trotz dieser rasanten Entwicklung weitere Umsatz- und Gewinnsteigerungen den Kurs der Aktie nicht noch höher treiben werden.

Dies bringt uns zu einer weiteren Überlegung, die einige Anleger dazu verleitet, retrospektiven Statistiken über Kursspielräume und Erträge pro Aktie zu viel Aufmerksamkeit zu widmen. Hierbei geht es um die Meinung, was auch immer in den letzten Jahren geschehen sei, müsse sich unbegrenzt fortsetzen. Einige Investoren werden also eine Aktie finden, bei der Kurs und Erträge in den letzten fünf oder zehn Jahren in jedem Jahr gestiegen sind. Sie kommen zu dem Schluss, dass sich dieser Trend fast sicher unbegrenzt fortsetzen wird. Dies kann tatsächlich geschehen. Da sich Forschungsergebnisse jedoch zeitlich nur schwer vorausplanen lassen und es sehr kostspielig ist, eine neue Produktlinie herauszubringen, ist es auch für die herausragendsten Wachstumsunternehmen nichts Besonderes, wenn gelegentlich für ein bis drei Jahre ein Einbruch bei der Rendite auftritt. Solche Einbrüche können zu steilen Kursrückgängen führen. Sich auf Zahlen über die Erträge der letzten Jahre zu verlassen statt auf die Determinanten der kommenden Ertragsentwicklung, kann sich daher als sehr kostspielig herausstellen.

Bedeutet dies, dass man die Kurs- und Ertragsentwicklung einer Aktie in den letzten Jahren bei der Entscheidung über eine Investition völlig ignorieren sollte? Nein. Diese Daten werden nur dann gefährlich, wenn man ihnen eine Bedeutung zumisst, die sie nicht verdienen. Sie sind jedoch hilfreich, wenn man sich darüber im Klaren ist, dass sie nur zur Beantwortung spezieller Fragen taugen und nicht zur Beurteilung der Attraktivität einer Aktie im Allgemeinen. So kann zum Beispiel die Analyse der Ertragsentwicklung über einige Jahre hinweg zeigen, in welchem Maße eine Aktie vom Konjunkturzyklus abhängig ist. Wichtiger ist noch, dass der Vergleich der Erträge pro Aktie mit der Kursentwicklung der letzten Jahre das Kurs-Gewinn-Verhältnis für diese Aktie in den letzten Jahren ergibt. Dies kann als Grundlage für die Beurteilung des künftigen Kurs-Gewinn-Verhältnisses dienen. Aber auch hier muss beachtet werden, dass es um die Zukunft geht und nicht um die Vergangenheit. Vielleicht ist eine Aktie jahrelang nur zum Achtfachen ihrer Erträge gehandelt worden. Dann kommt ein neues Management, es wird eine neue Forschungsabteilung aufgebaut und das Unternehmen gehört auf einmal zu der Klasse von Unternehmen, die nicht zum acht-, sondern zum fünfzehnfachen Wert ihrer Erträge gehandelt werden. Wer jetzt die zukünftigen Erträge abschätzt und den zukünftigen Kurs der Aktie mit dem Achtfachen statt mit dem Fünfzehnfachen dieser Erträge ansetzt, verlässt sich wieder zu sehr auf Daten aus den letzten Jahren.

Ich habe diesen Abschnitt mit »Denken Sie an Gilbert und Sullivan« überschrieben. Vielleicht hätte ich als Überschrift »Lassen Sie sich nicht von Nebensächlichkeiten beeinflussen« wählen sollen. Statistiken über die Ertrags- und Kursentwicklung der letzten Jahre haben ziemlich oft »nichts mit der Sache zu tun«.

### 4. Denken Sie nicht nur an den Preis, sondern auch an den Zeitpunkt, wenn Sie einen echten Wachstumswert kaufen!

Nehmen wir einmal eine Investmentsituation, wie sie häufig vorkommt. Ein Unternehmen steht nach den Kriterien unserer fünfzehn Punkte hervorragend da. Aufgrund von bestimmten Umständen, die der Aufmerksamkeit der Finanzwelt bis jetzt völlig entgangen sind, wird es darüber hinaus in ungefähr einem Jahr zu einer beträchtlichen Steigerung der Ertragskraft des Unternehmens kommen. Noch wichtiger ist, dass diese neuen Ertragsquellen für mehrere Jahre noch bedeutende Zuwächse versprechen.

Unter normalen Umständen sollte man diese Aktie offensichtlich kaufen. Es gibt jedoch einen Faktor, der Anlass zum Überlegen gibt. Aufgrund von anderen erfolgreichen Unternehmungen in den letzten Jahren ist diese Aktie in der Finanzwelt so beliebt, dass sie nicht zu einem vernünftigen Kurs von 20, sondern zu einem viel zu hohen Kurs von 32 gehandelt wird – zu hoch allerdings nur dann, wenn es da nicht diese neuen und gemeinhin unbekannten Ertragsaussichten gäbe. Nehmen wir einmal an, in fünf Jahren könnten diese neuen Ertragsaussichten den Wert der Aktie auf 75 steigern, sollten wir dann jetzt 32 bezahlen – also 60 Prozent mehr, als die Aktie unserer Ansicht nach wert ist? Es besteht ja immer die Möglichkeit, dass die neuen Entwicklungen, von denen wir sprachen, sich nicht als so positiv wie vermutet herausstellen könnten. Es besteht auch die Möglichkeit, dass die Aktie auf ihren unserer Ansicht nach tatsächlichen Wert von 20 zurückfallen wird.

Mit dieser Situation konfrontiert würde manch konservativer Investor die Kursentwicklung sorgfältig verfolgen. Wenn der Kurs sich 20 nähern würde, würde er kaufen, andernfalls nicht. Dies geschieht oft genug, um sich näher damit zu beschäftigen.

Stellt der Kurs von 20 eine heilige Zahl dar? Nein, denn zugegebenermaßen berücksichtigt er ein wichtiges Element der künftigen Wertentwicklung nicht – jene Faktoren, von denen nur wir etwas und die meisten anderen nichts wissen und die unserer Meinung nach in einigen Jahren einen Kurs von 75 rechtfertigen. Worauf es wirklich ankommt ist, einen Weg zu finden, die Aktie in der Nähe des Tiefpunkts ihrer künftigen Entwicklung zu kaufen. Unsere Bedenken bestehen darin, dass wir jetzt für 32 kaufen und die Aktie dann auf ungefähr 20 fällt. Das würde uns nicht nur einen vorübergehenden Verlust einbringen. Es würde auch bedeuten, dass wir zum Zeitpunkt des Kursanstiegs auf 75 für unser Geld nur 60 Prozent der Aktien besäßen, die wir hätten haben können, wenn wir noch abgewartet und erst bei 20 gekauft hätten. Nehmen wir einmal an, dass weitere neue Projekte in zwanzig Jahren zu einem Kurs von 200 statt von 75 führen würden, dann würde die Anzahl der Aktien, die wir für unser Geld bekommen haben, sich als sehr gewichtiger Faktor herausstellen.

Glücklicherweise gibt es in einer solchen Situation einen weiteren Orientierungspunkt, auf den man sich verlassen kann, wenn ihn auch einige meiner Freunde in der Versicherungs- und Bankenwelt anscheinend für genauso sicher halten wie den Versuch, auf dem Wasser zu gehen. Dieser Orientierungspunkt besteht darin, Aktien nicht zu einem bestimmten Preis, sondern an einem bestimmten Tag zu kaufen. Aus der Analyse anderer, in der Vergangenheit von dem uns interessierenden Unternehmen abgewickelte Projekte wissen wir, dass sich diese Projekte an einem bestimmten Punkt ihrer Entwicklung im Kurs der Aktie niedergeschlagen haben. Das kann zum Beispiel im Durchschnitt ein Monat gewesen sein, bevor diese Projekte in die Pilotphase gingen. Nehmen wir einmal an, dass die Aktien unseres Unternehmens immer noch um 32 gehandelt werden, warum sollten wir nicht beschließen, diese Aktien in fünf Monaten von heute ab gerechnet zu kaufen, genau einen Monat, bevor die Pilotfabrik ihren Betrieb aufnimmt? Auch danach können diese Aktien natürlich noch fallen. Aber selbst wenn wir die Aktien bei 20 gekauft hätten, hätte es keine echte Garantie gegen einen weiteren Kursrückgang gegeben. Wenn wir eine gute Chance sehen, ungefähr so niedrig wie möglich zu kaufen, erreichen wir dann nicht unser Ziel, selbst wenn wir der Meinung sind, dass die Aktie aufgrund der öffentlich zugänglichen Informationen eigentlich niedriger stehen sollte? Ist es unter diesen Umständen nicht sicherer, sich für den Kauf an einem bestimmten Tag zu entscheiden statt zu einem bestimmten Preis?

Im Grunde widerspricht dieser Ansatz dem Wertprinzip nicht. Es scheint nur so. Gäbe es nicht die Wahrscheinlichkeit eines bedeutenden künftigen Wertzuwachses, dann wäre es tatsächlich genauso unlogisch, an einem bestimmten Tag statt zu einem bestimmten Preis zu kaufen, wie meine Freunde aus der Finanzwelt es behaupten. Wenn es aber starke Anzeichen für einen solchen Wertzuwachs gibt, dann können Sie eine Aktie mit herausragenden Wachstumsaussichten auf diese Weise zu einem Preis in der Nähe des niedrigsten Kurses erwerben, zu dem die Aktie von jetzt an zu haben sein wird. Und das ist schließlich genau das, was Sie beim Kauf einer Aktie versuchen sollten.

## 5. Folgen Sie nicht der Masse!

Es gibt ein wichtiges Anlageprinzip, das ohne beträchtliche finanzielle Erfahrung oft nur schwer verständlich wird. Das liegt daran, dass es sich nur schwer genau in Worte fassen und gar nicht auf mathematische Formeln reduzieren lässt.

Ich habe in diesem Buch immer wieder die unterschiedlichen Einflüsse angesprochen, die den Kurs einer Aktie steigen oder sinken lassen. Eine Veränderung des Nettoerlöses, ein Wechsel im Management, eine neue Erfindung oder Entdeckung, veränderte Zinssätze oder eine neue Steuergesetzgebung – das sind nur einige zufällig ausgewählte Beispiele für Faktoren, die den Kurs einer bestimmten Aktie steigen oder fallen lassen können. Diese Einflüsse haben eins gemeinsam. Es handelt sich bei ihnen um reale Veränderungen in unserer Welt, die eingetreten sind oder gerade eintreten. Jetzt kommen wir zu einem ganz anderen Einfluss auf die Kurse. Hierbei haben wir es mit einer Veränderung zu tun, die rein psychologischer Natur ist. In unserer Umwelt oder in der Wirtschaft hat sich nichts verändert. Die Finanzwelt betrachtet nur in ihrer Mehrheit dieselben Rahmenbedingungen aus einer neuen Perspektive. Als Ergebnis dieser Neubewertung derselben grundlegenden Fakten ändert sich auch die Einschätzung des Kurs-Gewinn-Verhältnisses oder des Kurses, der für eine bestimmte Aktie gezahlt wird.

Auf dem Aktienmarkt gibt es genauso Moden und Marotten wie in der Damenoberbekleidung. Diese Moden und Marotten können manchmal über mehrere Jahre Verzerrungen im Verhältnis der Preise zu den tatsächlichen Werten hervorrufen, die fast so weitgehend sind wie diejenigen, denen sich ein Einzelhandelsgeschäft gegenübersieht, das so gut wie keine knielangen Kleider bester Qualität verkaufen kann, wenn die Mode knöchellange Kleider vorschreibt. Ich möchte hierfür ein typisches Beispiel anführen: 1948 sprach ich mit einem Gentleman, den ich für einen versierten Investor halte. Er war Präsident der New Yorker Vereinigung der Wertpapieranalysten, eine Position, mit der in der Regel nur die besten Männer der Finanzwelt ausgezeichnet werden. Ich war jedenfalls gerade von einem Besuch im Stammsitz der Dow Chemical Company in Midland, Michigan, zurückgekehrt. Ich erwähnte, dass die Erträge im gerade zu Ende gehenden Geschäftsjahr einen neuen Spitzenwert erreichen würden und dass ich die Aktie für eine echte Investmentchance hielt. Mein Gesprächspartner antwortete, es sei von historischem und vielleicht statistischem Interesse, dass ein Unternehmen wie Dow jemals solche Erträge pro Aktie erwirtschaften konnte. Er war jedoch der Meinung, dass diese Erträge die Aktie nicht attraktiv machten, da die Aktie offensichtlich nur von einem vorübergehenden Nachkriegsboom profitierte. Er sagte weiter, seiner Meinung nach sei es unmöglich, den echten Wert solcher Aktien zu beurteilen, bis es zu einer ebensolchen Nachkriegsdepression gekommen sei, wie es sie innerhalb weniger Jahre nach dem Bürgerkrieg und dem Ersten Weltkrieg gegeben hatte. Diese Argumentation ließ unglücklicherweise das gesamte weitere Wachstumspotenzial dieser Aktie außer Acht, das die vielen neuen und interessanten Produkte aus der Entwicklungsabteilung des Unternehmens versprachen.

Es soll uns hier nicht kümmern, dass die Erträge von Dow niemals wieder so niedrig waren wie in jenem Jahr, als sie angeblich einen anormalen Spitzenwert erreichten. Es soll uns auch nicht kümmern, dass der Kurs der Aktie um viele hundert Prozent gegenüber dem angeblich hohen Kursniveau jener Tage gestiegen ist. Was uns interessieren sollte, ist, warum dieser eigentlich doch versierte Investor aus den bekannten Fakten eine ganz andere Schlussfolgerung hinsichtlich des inneren Werts der Aktie zog, als er es in einem anderen Jahr getan hätte.

Die Antwort auf diese Frage liegt in der Tatsache, dass in den drei Jahren zwischen 1947 und 1949 beinahe die gesamte Finanzwelt einem Massenwahn zum Opfer fiel. Rückblickend können wir uns heute bequem zurücklehnen, wenn wir sehen, dass die Befürchtungen von damals fast so wenig mit der Realität zu tun hatten wie der Schrecken, in den der größte Teil der Mannschaft von Christopher Columbus im Jahr 1492 verfiel. Nacht um Nacht konnten die meisten einfachen Seeleute der Santa Maria aufgrund einer lähmenden Angst, ihr Schiff könne jeden Augenblick vom Rand der Welt herabstürzen und auf ewig verloren sein, nicht schlafen. Im Jahr 1948 gab die Finanzwelt wenig auf die Erträge von Aktien, da die verbreitete Meinung vorherrschte, nichts könne in der nahen Zukunft dieselbe tiefe Depression und denselben Zusammenbruch des Aktienmarktes verhindern, zu denen es im gleichen zeitlichen Abstand nach den beiden letzten größeren Kriegen gekommen war. Tatsächlich kam es 1949 zu einem leichten Konjunkturabschwung. Als die Finanzwelt erkannte, dass es sich nur um eine leichte Krise handelte und der Trend jetzt nach oben und nicht nach unten wies, gab es einen ungeheuren psychologischen Wandel im Hinblick auf Aktien. Viele Kurse verdoppelten sich in den folgenden Jahren, aus keinem anderen Grund als dieser veränderten Perspektive. Aktien, deren innerer Wert auch noch aus handfesteren Gründen stieg, stiegen sehr viel höher als nur auf das Doppelte.

Diese ausgeprägten Schwankungen in der Beurteilung von Fakten durch die Finanzwelt gibt es nicht nur bei Aktien im Allgemeinen. Einzelne Branchen und einzelne Unternehmen in diesen Branchen stehen ebenso in ständig wechselnder Gunst, und zwar genauso oft aufgrund einer veränderten Perspektive wie aufgrund tatsächlich veränderter Rahmenbedingungen.

Die Rüstungsindustrie ist zum Beispiel zu gewissen Zeiten von der Finanzwelt als nicht attraktiv für eine Kapitalanlage betrachtet worden. Als wesentliches Merkmal dieser Branche wurde die Tatsache gesehen, dass es nur einen dominierenden Kunden gab: den Staat. Dieser Kunde tätigt in einigen Jahren hohe Rüstungsausgaben und schraubt seine Käufe in anderen Jahren wieder zurück. Die Branche weiß daher von einem Jahr auf das andere nicht, wann sie mit der Stornierung von Aufträgen und rückläufigem Geschäft rechnen muss.

Hierzu kommen die bei Staatsaufträgen vorherrschende anormal niedrige Gewinnspanne und die üblichen Renegotiationsklauseln, die den meisten Gewinn abschöpfen, aber auf der anderen Seite niemals einen aufgrund eines Kalkulationsfehlers auftretenden Verlust berücksichtigen. Da auf einem technisch ständig in der Weiterentwicklung befindlichen Feld fortwährend Gebote für neue Modelle abgegeben werden müssen, sind zudem Risiken und Probleme an der Tagesordnung. Wie gut die Ingenieure eines Unternehmens auch sein mögen, es ist unmöglich, durch Standardisierung zu einem langfristigen Wettbewerbsvorteil gegenüber der aggressiven Konkurrenz zu kommen. Schließlich gibt es auch immer noch die Gefahr eines »Friedensausbruches« mit dem korrespondierenden Rückgang des Geschäfts. Solange ein solches Bild des Rüstungssektors vorherrscht, wie dies oft in den vergangenen zwanzig Jahren der Fall war, werden Rüstungsaktien zu einem ziemlich niedrigen Kurs-Gewinn-Verhältnis gehandelt.

Die Finanzwelt hat jedoch manchmal in der jüngeren Vergangenheit aus diesen Fakten andere Rückschlüsse gezogen: Die Weltlage wird noch lange hohe Ausgaben für die Luftwaffe erforderlich machen. Der Gesamtwert der Aufträge mag zwar von Jahr zu Jahr schwanken, aber der technische Fortschritt führt zu einer fortwährenden Preissteigerung der Rüstungsgüter, sodass der Trend langfristig nach oben weist. Mit seinen Rüstungsaktien ist der glückliche Investor also in einer der wenigen Branchen engagiert, in der die Auswirkungen des nächsten Konjunkturrückgangs, der alle anderen Branchen früher oder später erfasst, nicht zu spüren sein werden. Die Gewinnspanne ist zwar gesetzlich begrenzt, aber für ein gut geführtes Unternehmen eröffnet sich ein so großes Geschäftsvolumen, dass die begrenzte Gewinnspanne die Nettogewinne nicht allzu sehr einschränkt. Solange ein solches Bild des Rüstungssektors vorherrscht, werden genau dieselben Rahmenbedingungen anders bewertet. Die Aktien von Rüstungsunternehmen werden dann auf einer ganz anderen Grundlage gehandelt.

Man könnte Branche um Branche anführen, die in den letzten zwanzig Jahren von der Finanzwelt mal in der einen, mal in der anderen Weise bewertet worden ist, mit den entsprechenden Folgen für die Kursentwicklung. Pharmaaktien galten 1950 als ebenso attraktiv wie Chemieunternehmen. Ein unbegrenztes Wachstum aufgrund der Wunder der Forschung und ein ständig steigender Lebensstandard schienen es zu rechtfertigen, dass die besten Pharmaaktien zum gleichen Kurs-

Gewinn-Verhältnis wie die besten Chemiewerte gehandelt wurden. Dann geriet ein einzelner Hersteller mit einem bis dahin sehr erfolgreichen Produkt in Schwierigkeiten. Mit einem Schlag wurde der Finanzwelt klar, dass in diesem Bereich nicht einmal eine dominierende Stellung garantieren konnte, dass ein Unternehmen morgen noch zu den führenden der Branche zählte. Es kam zu einem Umdenken in Bezug auf die gesamte Branche. Für alle Unternehmen der Branche mit nur einer Ausnahme kam es jetzt zu völlig anderen Kurs-Gewinn-Verhältnissen, nicht weil sich die Rahmenbedingungen geändert hatten, sondern weil dieselben Fakten anders bewertet wurden.

Im Jahr 1958 vollzog sich genau das Gegenteil. Eine der wenigen Branchen, die sich im Konjunktureinbruch jenes Jahres steigender statt sinkender Nachfrage erfreute, war die Pharmaindustrie. Die Gewinne der meisten Pharmaunternehmen erreichten neue Höchststände. Zum gleichen Zeitpunkt fielen die Erträge der meisten Chemieunternehmen steil ab, großteils aufgrund gerade fertiggestellter Überkapazitäten. Die flatterhafte Finanzwelt begann sofort, das Kurs-Gewinn-Verhältnis von Pharmaaktien aufzuwerten. Gleichzeitig verbreitete sich die Ansicht, Chemieaktien seien nicht so attraktiv wie vorher angenommen. Hinter all dem steckte nichts anderes als eine veränderte finanzielle Bewertung. Nichts Grundlegendes oder den intrinsischen Wert Betreffendes hatte sich ereignet.

Ein Jahr später war diese neue Stimmung schon wieder verflogen. Die kräftigeren Chemieunternehmen begannen als erste, die verlorengegangene Ertragskraft wiederzugewinnen, ihr Wachstum brachte die Gewinne bald auf neue Höchststände und sie gewannen ihr verlorenes Prestige schnell zurück. Die langfristige Bedeutung einer ständig wachsenden Zahl wichtiger neuer Arzneimittel untermauert den Status der Pharmawerte, während staatliche Angriffe auf die Preisbildung und die Patentpolitik dieser Branche in die entgegengesetzte Richtung wirken; es wird interessant sein zu sehen, ob das neu gewonnene Ansehen der Pharmawerte in den kommenden Jahren weiter zunimmt oder wieder zu schwinden beginnt.

In der ersten Ausgabe führte ich ein (damals) aktuelles Beispiel für eine solche gewandelte finanzielle Bewertung an und schrieb:

»Ein weiteres Beispiel ist eine Perspektivenveränderung, die sich jetzt gerade vollzieht. Jahrelang wurden die Aktien von Werkzeugmaschinenherstellern zu sehr niedrigen Kurs-Gewinn-Verhältnissen gehandelt. Werkzeugmaschinen galten fast überall als Synonym für eine Sekt-oder-Selters-Branche. Den Erträgen wurde, wie gut sie auch sein mochten, keine hohe Bedeutung beigemessen, da sie als vorübergehendes Ergebnis einer Boom-Periode galten. Seit kurzem gibt es in dieser Frage eine neue Denkschule, die zwar noch nicht dominiert, jedoch eine Reihe von Anhängern gewonnen hat. Diese neue Denkschule geht davon aus, dass es seit dem Zweiten Weltkrieg einen grundlegenden Wandel gegeben hat, der sich auf Werkzeugmaschinenhersteller auswirkt. Kapitalinvestitionen in der Industrie werden jetzt generell eher langfristig als kurzfristig geplant. Dadurch ist die Ursache für die extreme Konjunkturanfälligkeit der Werkzeugmaschinenbranche nicht mehr gegeben. Hohe und weiter steigende Lohnquoten werden auf lange Sicht, wenn nicht gar für immer, eine Rückkehr zu den Verhältnissen der Sekt-oder-Selters-Branche verhindern. Der ständig voranschreitende technologische Fortschritt lässt die Produkte der Werkzeugmaschinenbranche immer schneller veralten. Daher wird es nicht mehr zu den zyklischen Entwicklungen der Vorkriegszeit kommen, der Wachstumstrend der jüngsten Vergangenheit wird sich vielmehr auch in Zukunft fortsetzen. Die Automation kann sogar Ursache einer spektakulären Wachstumsentwicklung sein.

Unter dem Einfluss dieser Denkrichtung werden die besseren Aktien im Werkzeugmaschinenbau jetzt im Verhältnis zum gesamten Markt etwas günstiger bewertet, als es vor einigen Jahren der Fall war. Sie werden immer noch zu einem recht niedrigen Kurs-Gewinn-Verhältnis gehandelt, denn der Einfluss des Sekt-oder-Selters-Denkens ist noch stark, wenn auch nicht mehr so stark wie früher. Je mehr die Finanzwelt diese neue Sicht der Werkzeugmaschinenaktien als nicht-zyklische Wachstumsaktien akzeptiert, desto mehr wird sich das Kurs-Gewinn-Verhältnis dieser Aktien verbessern. Diese Aktien werden sich dann weitaus positiver entwickeln als der Markt insgesamt. Wenn das alte Sekt-oder-Selters-Denken wieder an Bedeutung gewinnt, werden diese Aktien zu einem niedrigeren Kurs-Gewinn-Verhältnis gehandelt werden als heute.

Dieses Beispiel der aktuellen Situation im Werkzeugmaschinenbau macht ganz klar, was ein Investor in Aktien tun muss, wenn er Aktien möglichst vorteilhaft kaufen will. Er muss die vorherrschende Einstellung in der Finanzwelt sowohl in Bezug auf die betreffende Branche als auch in Bezug auf das bestimmte Unternehmen, dessen Aktien er kaufen will, genau analysieren. Wenn ein Anleger eine Branche oder ein Unternehmen finden kann, für die die vorherrschende Meinung in Finanzkreisen weniger günstig ist als die tatsächlichen Fakten es rechtfertigen, kann er einen Zusatzgewinn einfahren, indem er sich anders verhält als die große Masse der Anleger. Umgekehrt sollte ein Anleger besonders vorsichtig sein, wenn er in Unternehmen oder Branchen investiert, die die aktuellen Lieblinge der Finanzwelt sind, und genau darauf achten, dass diese Käufe wirklich gerechtfertigt sind – was sie manchmal sein können – und dass er keinen Phantasiepreis für eine Anlage bezahlt, die aufgrund einer zu günstigen Bewertung der Fakten gerade eine Investment-Mode ist.«

Heute kennen wir natürlich die Antwort auf die Frage, ob der Werkzeugmaschinenbau noch eine Sekt-oder-Selters-Branche ist. Mit der Rezession von 1957 platzte die Idee, langfristige Unternehmensplanung schütze diese Aktien vor ihrer bekannten außergewöhnlichen Anfälligkeit gegenüber dem Konjunkturzyklus, wie eine Seifenblase. Für jedes gelöste Problem dieser Art eröffnet die rasante technologische Entwicklung unserer Tage jedoch dutzende neue. Hiervon kann ein kluger Anleger profitieren, der unabhängig von der Masse denken und die richtigen Antworten auch dann finden kann, wenn die Mehrheitsmeinung in der Finanzwelt in die andere Richtung geht. Haben die exotischen Brennstoffaktien und einige kleinere Elektronikpapiere wirklich einen intrinsischen Wert, der ihrer aktuellen hohen Wertschätzung entspricht? Ist die Zukunft für die Hersteller von Ultraschallgeräten so gut, dass Kurs-Gewinn-Verhältnisse vernachlässigt werden können? Ist der amerikanische Investor mit einem Unternehmen, das einen überdurchschnittlich großen Teil seiner Ertragskraft aus Aktivitäten im Ausland bezieht, besser oder schlechter dran? All dies sind Fragen, bei denen die Mehrheitsmeinung einen zu weitgehenden Meinungsumschwung vollzogen haben kann oder sich aber noch nicht weit genug geändert haben mag. Wenn sich ein kluger Investor an einem von solchen Fragen betroffenen Unternehmen beteiligen will, muss er grundlegende und überdauernde Trends genau von momentanen Modeerscheinungen trennen.

Diese Investment-Moden und Fehleinschätzungen können sich Monate oder Jahre halten. Langfristig setzt sich jedoch die Realität nicht nur durch, sie kann die betreffende Aktie auch zeitweise zu weit in die andere Richtung treiben. Die Fähigkeit, die herrschende Meinung in der Finanzwelt zu durchschauen und einen Blick auf die tatsächlichen Fakten zu werfen, ist eine Eigenschaft, die sich bei Aktien reich bezahlt machen kann. Diese Fähigkeit ist jedoch nicht leicht zu entwickeln, denn die geballte Meinung unserer Umwelt hat auf uns alle einen machtvollen Einfluss. Einen Faktor, der sehr helfen kann, nicht einfach der Herde zu folgen, können wir jedoch alle erkennen. Dieser Faktor besteht darin, dass die Finanzwelt für gewöhnlich lange braucht, um einen grundlegenden Wandel zu erkennen, solange mit diesem Wandel nicht ein großer Name oder ein auffälliges Ereignis verbunden ist. Obwohl das Unternehmen ABC in einer attraktiven Branche tätig ist, werden seine Aktien aufgrund eines schlechten Managements zu sehr niedrigen Kursen gehandelt. Wenn ein bekannter Mann neuer Präsident des Unternehmens wird, reagieren die Kurse gewöhnlich nicht nur sofort, sie überreagieren wahrscheinlich sogar. Im ersten Enthusiasmus wird nämlich wahrscheinlich die Zeit übersehen, die für eine grundlegende Verbesserung benötigt wird. Wenn die Veränderung hin zu einem hervorragenden Management aber auf der herausragenden Qualität bisher wenig bekannter Führungskräfte beruht, werden noch Monate und Jahre ins Land gehen, in denen das Unternehmen weiterhin einen schlechten Ruf in der Finanzwelt hat und in denen die Aktien des Unternehmens weiterhin zu einem niedrigen Kurs-Gewinn-Verhältnis gehandelt werden. Eine solche Situation zu erkennen, bevor der mit einem Meinungsumschwung in der Finanzwelt unvermeidlich einhergehende Preisanstieg einsetzt, gehört zu den ersten und einfachsten Wegen, auf denen ein Anleger eigenständiges Denken üben kann, anstatt ausgetretenen Pfaden zu folgen.

# Kapitel 10

# Wie ich eine Wachstumsaktie ausfindig mache

Nach der Veröffentlichung der ersten Ausgabe von »Ihr Geld richtig anlegen« wurde ich von einer erstaunlichen Anzahl von Zuschriften aus dem ganzen Land überrascht. Zu den am häufigsten geäußerten Bitten gehörte die Frage, was genau ein Investor (oder sein Finanzberater) tun müsse, um Anlagemöglichkeiten mit spektakulären Gewinnchancen ausfindig zu machen. Da es so viel Interesse an dieser Frage gibt, kann es nützlich sein, einige Bemerkungen in dieser Sache anzufügen.

Man benötigt für diese Aufgabe eine Menge Zeit, Können und Aufmerksamkeit. Ein Kleinanleger kann zu der Ansicht kommen, dass der erforderliche Arbeitsaufwand in keinem angemessenen Verhältnis zu der ihm zur Verfügung stehenden Anlagesumme steht. Nicht nur für ihn, sondern auch für einen Großanleger wäre es schön, wenn es einen einfachen und schnellen Weg gäbe, vielversprechende Aktien ausfindig zu machen. Ich bezweifele sehr, dass es solch einen Weg gibt. Wie viel Zeit ein Anleger aufwenden will, muss er selbstverständlich selbst entscheiden, entsprechend dem ihm zur Verfügung stehenden Kapital sowie seinen Interessen und Kenntnissen.

Ich kann nicht mit Sicherheit behaupten, dass meine Methode das einzig mögliche System bei der Suche nach herausragenden Anlagemöglichkeiten ist. Ich kann nicht einmal völlig sicher sein, dass es das beste System ist, obwohl ich es natürlich nicht anwenden würde, wenn ich ein besseres wüsste. Ich habe die einzelnen Schritte, die ich im Folgenden darstelle, jedoch einige Jahre lang angewendet. Das System hat funktioniert und sich für mich als lohnend erwiesen. Vor allem bei den sehr wichtigen ersten Schritten kann jemand mit besserem Hintergrundwissen, besseren Kontakten oder besserer Qualifikation meine Methode vielleicht in wichtigen Punkten abändern und die erzielten Ergebnisse so noch weiter verbessern.

Bei dem im Folgenden dargestellten Vorgehen gibt es zwei Punkte, an denen die Qualität der jeweils zu treffenden Entscheidung einen gewaltigen Einfluss auf das finanzielle Resultat einer Kapitalanlage hat. Jeder wird sofort die überragende Bedeutung der Entscheidung beim zweiten dieser Punkte erkennen, an dem sich die Frage stellt: »Kaufe ich jetzt diese Aktie oder nicht?« Nicht so leicht zu erkennen ist vielleicht, dass auch die ganz zu Anfang einer methodisch vorgehenden Auswahl von Aktien zu treffenden Entscheidungen einen ebenso großen Einfluss darauf haben, ob eine Anlagemöglichkeit gefunden werden kann, bei der das investierte Kapital in zehn Jahren auf das Zwölffache des ursprünglichen Wertes steigt und sich nicht nur gerade verdoppelt.

Jeder Anleger auf der Suche nach einer bedeutenden Wachstumsaktie ist mit demselben Problem konfrontiert: Es gibt buchstäblich tausende von Aktien in dutzenden von Branchen, bei denen sich möglicherweise eine intensive Analyse lohnt. Bei vielen kann man sich nicht sicher sein, bevor eine Menge Arbeit investiert worden ist. Niemand hat jedoch die Zeit, mehr als nur einen kleinen Prozentsatz dieses weiten Feldes zu analysieren. Wie sucht man die eine oder die wenigen Aktien aus, auf deren Analyse man die zur Verfügung stehende Zeit konzentriert?

Dieses Problem ist weitaus komplexer, als es erscheint. Es sind Entscheidungen zu treffen, bei denen leicht Anlagemöglichkeiten unter den Tisch fallen können, die in ein paar Jahren zu einem Vermögen führen würden. Man kann Entscheidungen treffen, die alle Mühe auf unfruchtbaren Boden fallen lassen – wenn sich nämlich beim Zusammentragen der Daten immer klarer die Antwort herauskristallisiert, die man bei der überwältigenden Mehrzahl aller solcher Nachforschungen finden wird: dass das betreffende Unternehmen allenfalls etwas über dem Durchschnitt liegt und nicht die Goldmine darstellt, die spektakulären Gewinn verspricht. Diese Schlüsselentscheidung ist jedoch ausschlaggebend dafür, ob man auf der Basis relativ geringen Faktenwissens ein in finanzieller Hinsicht aussichtsreiches oder ein uninteressantes Erzvorkommen erforscht. Man muss sich entscheiden, wofür man seine Zeit aufwendet, bevor man sich eine ausreichende

Basis für eine solche Entscheidung geschaffen hat. Erarbeitet man sich erst eine adäquate Entscheidungsgrundlage, dann hat man für jede Anlagemöglichkeit bereits so viel Zeit aufgewendet, dass diese wichtige erste Entscheidung doch eigentlich wieder zufällig getroffen worden ist. Man ist sich nur nicht darüber im Klaren.

Vor einigen Jahren hätte ich Ihnen allen Ernstes, jedoch irrigerweise gesagt, dass ich eine allem Anschein nach elegante Methode zur Lösung dieses Problems verwendete. Aufgrund der von mir durchgeführten Unternehmensanalysen und vor allem aufgrund meiner Vertrautheit mit den Unternehmen, in die der von mir geleitete Fonds investierte, hatte ich eine Menge Freunde unter qualifizierten Führungskräften und Wissenschaftlern gewonnen, mit denen ich mich über andere Unternehmen unterhalten konnte. Ich war der Auffassung, die Meinungen und Tips dieser überdurchschnittlich gut informierten Fachleute könnten mir für die Auswahl genauer zu analysierender Unternehmen wichtige Hinweise geben und dazu führen, dass meine Auswahl einen höheren Prozentsatz von Unternehmen mit herausragenden Merkmalen enthielt.

Ich versuche jedoch, dieselben Methoden selbstkritischer Analyse, die ich von den Unternehmen, in die ich investiere, bei der Verbesserung ihrer Arbeit erwarte, auch zur Verbesserung des Vorgehens in meinem eigenen Unternehmen anzuwenden. Vor einigen Jahren stellte ich daher eine Untersuchung an, um zwei Dinge herauszufinden. Wie hatte ich die Unternehmen bestimmt, die ich für eine genauere Analyse ausgewählt hatte? Gab es rückblickend betrachtet signifikante Unterschiede im prozentualen Anteil lohnender Ergebnisse (in Hinblick auf später erfolgte besonders gute Investitionen) zwischen Analysen, die auf die zündende Idee einer bestimmten Quelle zurückgingen und Analysen, die auf völlig andere Quellen zurückgingen?

Ich kam zu erstaunlichen Ergebnissen, die auf den zweiten Blick jedoch ganz logisch waren. Die Gruppe der Führungskräfte und Wissenschaftler, die ich für die Hauptquelle von Hinweisen auf Unternehmen, die einer genaueren Betrachtung wert waren, gehalten hatte, hatte tatsächlich nur ungefähr ein Fünftel der Hinweise geliefert, die für mich Motivation für eine eingehendere Nachforschung gewesen waren. Noch bedeutender ist, dass die Hinweise aus dieser Gruppe nicht zu überdurchschnittlich guten Kapitalanlagen geführt hatten. Auf diese 20 Prozent aller durchgeführten Analysen gingen nur ungefähr ein Sechstel aller lohnenden Investitionen zurück.

Im Gegensatz dazu gingen fast vier Fünftel aller durchgeführten Analysen und fast fünf Sechstel des letztendlichen Ergebnisses (gemessen in lohnenden Kapitalanlagen) auf eine ganz andere Gruppe zurück. Über das ganze Land verteilt hatte ich allmählich eine kleine Gruppe von Männern kennen und schätzen gelernt, die selbst Hervorragendes bei der Auswahl von Aktien für Investmentzwecke leisteten. Eine nicht notwendigerweise vollständige Liste dieser Investment-Fachleute würde jeweils einen oder mehrere in so weit verstreuten Orten wie New York, Boston, Philadelphia, Buffalo, Chicago, San Francisco, Los Angeles und San Diego einschließen. In vielen Fällen stimme ich vielleicht mit keinem dieser Fachleute in der Beurteilung einer Aktie überein, für die sie eine besondere Vorliebe haben, noch nicht einmal insoweit, dass ich das betreffende Unternehmen einer genaueren Untersuchung für wert halte. Ein- oder zweimal habe ich vielleicht sogar bezweifelt, dass sie gründlich gearbeitet hatten. Da ich aber auf jeden Fall wusste, dass sie versierte Finanzfachleute mit eindrucksvollen Erfolgen waren, hörte ich immer mit Interesse Details über Unternehmen, die in mein Interessengebiet fielen und von denen diese Leute glaubten, sie seien in Hinblick auf bedeutende Wertsteigerungen besonders interessant.

Da es sich bei diesen Männern um erfahrene Investment-Leute handelte, konnte ich zudem ziemlich schnell ihre Meinung über für meine Entscheidung, ein bestimmtes Unternehmen genauer zu untersuchen oder nicht, besonders wichtige Schlüsselfragen erhalten. Was sind diese Schlüsselfragen? Es geht bei diesen Fragen vor allem darum, wie das Unternehmen in Bezug auf unsere fünfzehn Punkte abschneidet, wobei in diesem frühen Stadium zwei Aspekte von besonderer Bedeutung sind. Ist das Unternehmen in einem Bereich tätig oder auf dem Weg dorthin, der Möglichkeiten für ungewöhnliche Umsatzsteigerungen bietet? Handelt es sich dabei um Bereiche, in denen sich mit dem Wachstum der Branche neue Marktteilnehmer relativ schnell etablieren und die führenden Unternehmen ablösen können? Wenn es sich um einen Bereich handelt, von dem sich neue Marktteilnehmer kaum fernhalten lassen, kann sich der Investmentwert solchen Wachstums als sehr begrenzt herausstellen.

Was ist davon zu halten, weniger erfolgreiche oder weniger qualifizierte Investmentleute als Quelle für erste Hinweise auf eine genauere Betrachtung rechtfertigende Unternehmen zu nutzen? Wenn ich nicht der Ansicht wäre, dass bessere Leute zur Verfügung stehen, würde ich zweifellos auch auf solche Investmentleute etwas mehr zurückgreifen als ich es tue. Ich versuche immer, die Zeit zu finden, mit jedem Investmentmann wenigstens einmal zu sprechen, und sei es nur, um auf tüchtige jüngere Männer in meiner Branche aufmerksam zu werden und keinen zu übersehen. Der Kampf um die knappe Zeit ist jedoch hart. Wenn ich die Urteilsfähigkeit eines Finanzmannes in Bezug auf Anlagen oder seine Zuverlässigkeit in Bezug auf die präsentierten Fakten in Zweifel ziehe, stelle ich fest, dass meine Neigung, Zeit auf die Analyse des präsentierten Unternehmens zu verwenden, überproportional abnimmt.

Können Publikationen eine Quelle für Hinweise auf interessante Unternehmen sein? Gelegentlich habe ich mich von den Spezialreports beeinflussen lassen, die von den meisten verlässlichen Maklerhäusern herausgegeben werden, aber nur, wenn diese Berichte nicht für die breite Öffentlichkeit bestimmt waren, sondern für einzelne ausgewählte Leute. Im Ganzen gesehen halte ich jedoch das typische gedruckte Maklerbulletin, das für jedermann zu haben ist, nicht für eine fruchtbare Quelle. Die Gefahr von Ungenauigkeiten ist bei diesen Bulletins zu groß. Zudem wiederholen die meisten nur, was in der Finanzwelt schon allgemein bekannt ist. Ebenso bekomme ich manchmal einen lohnenden Hinweis aus der guten Handels- und Finanzpresse, die ich für ganz andere Zwecke für recht hilfreich halte. Ich glaube aber, dass es gewisse Grenzen für das gibt, was diese Zeitschriften über die mich am meisten interessierenden Fragen schreiben können, und halte sie deshalb nicht für besonders ergiebige Quellen, was Hinweise auf interessante Unternehmen betrifft.

Es gibt noch eine weitere Quelle für interessante Hinweise, die vielleicht andere mit einem besseren technischen Hintergrundwissen oder mehr Geschicklichkeit erfolgreich nutzen können, was mir allerdings nicht gelungen ist. Es handelt sich hierbei um die großen beratenden Forschungseinrichtungen wie Arthur D. Little, Stanford Research Institute oder Battelle. Ich habe den Eindruck gewonnen, dass die Mitarbeiter dieser Institutionen ein ausgeprägtes Verständnis für genau die wirtschaftlichen und technischen Entwicklungen mitbringen, aus denen sich Hinweise auf Investmentmöglichkeiten ergeben sollten. Die Nützlichkeit dieser Fachleute wird allerdings durch ihre – selbstverständlich lobenswerte – Tendenz blockiert, kaum etwas von ihrem Wissen preiszugeben, da dies das Vertrauensverhältnis zu den Unternehmen, für die sie gearbeitet haben, verletzen könnte. Wenn jemand, der schlauer ist als ich, einen Weg finden könnte, die Vielzahl von Investment-Informationen bei diesen Instituten zugänglich zu machen, ohne deren Kunden zu schaden, dann wäre das eine wichtige Verbesserung meiner Methoden, was diesen besonderen Schritt bei der Suche nach Wachstumsaktien angeht.

So viel zum ersten Schritt. Auf der Basis einer mehrstündigen Unterhaltung in der Regel mit einem herausragenden Investment-Fachmann, gelegentlich mit einem Manager oder einem Wissenschaftler, bin ich zu der Auffassung gekommen, dass ein bestimmtes Unternehmen interessant sein könnte. Ich beginne mit meinen Nachforschungen. Worin besteht der nächste Schritt?

Es gibt drei Dinge, die ich mit Sicherheit nicht tue. Ich spreche aus Gründen, die schnell deutlich sein werden, jetzt noch nicht mit jemandem aus dem Management des Unternehmens. Ich brüte nicht Stunden um Stunden über alten Jahresberichten und studiere genau und Jahr für Jahr die kleinen Veränderungen in den Bilanzen. Ich frage nicht jeden Börsenmakler, den ich kenne, was er von der Aktie hält. Ich werfe jedoch einen Blick auf die Bilanz, um einen allgemeinen Eindruck von der Kapitalausstattung und der finanziellen Situation des Unternehmens zu gewinnen. Wenn es einen Prospekt der Securities and Exchange Commission gibt, informiere ich mich sorgfältig über die Verteilung der Umsätze auf die einzelnen Produktlinien, die Wettbewerbssituation, den Anteil der von Insidern oder anderen Großaktionären gehaltenen Aktien (diese Information erhält man gewöhnlich auch aus dem Vollmachtsformular) sowie alle Daten der Ertragsrechnung, die Auskunft über Wertverlust und Wertminderung, Gewinnspannen, Forschungsaktivitäten und außergewöhnliche oder einmalige Kostenbelastungen im Geschäft der letzten Jahre geben.

Jetzt kann es wirklich losgehen. Ich nutze die schon erwähnte »Gerüchteküche«, so gut ich kann. Hier können meine Bekannten aus der Gruppe der Manager und Wissenschaftler eher von unschätzbarem Wert sein als bei der anfänglichen Suche nach ersten Hinweisen auf interessante Unternehmen. Ich versuche, mit jedem wichtigen Kunden, Zulieferer, Wettbewerber, ehemaligem Angestellten oder einschlägig tätigen Wissenschaftler zu sprechen oder zu telefonieren, den ich kenne oder mit dem ich über wechselseitige Freunde in Kontakt kommen kann. Nehmen wir aber einmal an, dass ich nicht genug Leute kenne und es den Freund eines Freundes nicht gibt, der genug Leute kennt, die mich mit der gewünschten Information versorgen können? Was mache ich dann?

Offen gesagt, wenn ich noch nicht einmal nahe dran bin, die benötigten Informationen zu bekommen, dann gebe ich meine Nachforschungen auf und beschäftige mich mit etwas anderem. Um mit Kapitalanlagen das große Geld zu verdienen, braucht man nicht Antworten für jede in Erwägung gezogene Investition. Was notwendig ist, ist die richtige Antwort in einem Großteil der sehr wenigen Fälle, in dem wirklich Aktien gekauft werden. Wenn zu wenig Hintergrundinformationen zu bekommen sind und die Aussichten auf sehr viel mehr Informationen schlecht sind, glaube ich daher, dass es das Klügste ist, die Sache auf sich beruhen zu lassen und sich etwas anderem zuzuwenden.

Nehmen wir aber an, eine ganze Menge von Hintergrundinformationen ist verfügbar. Sie haben jeden angerufen, den Sie kennen oder an den Sie einfach herankommen, aber Sie haben noch ein oder zwei Leute ausgemacht, die Ihrer Ansicht nach das Bild vervollständigen könnten, wenn Sie offen mit Ihnen reden. Ich würde an Ihrer Stelle nicht einfach bei diesen Leuten hereinplatzen. Bei allem Interesse an ihrer Branche sprechen die meisten Leute vollkommen Fremden gegenüber nicht bereitwillig über Stärken und Schwächen eines Kunden, Konkurrenten oder Zulieferers. Ich würde die Hausbank der Leute ausfindig machen, mit denen ich sprechen will. Wenn Sie sich in einer solchen Angelegenheit an eine Bank wenden, bei der Sie bekannt sind, und offen sagen, wen Sie sprechen wollen und aus welchem Grund, dann werden Sie überrascht sein, wie entgegenkommend die meisten Banker Ihnen helfen werden – vorausgesetzt, Sie belästigen sie nicht zu oft. Noch überraschender ist es vielleicht, wie hilfsbereit die meisten Geschäftsleute sein werden, wenn Sie Ihnen von ihrem Bankier vorgestellt werden. Sie werden diese Hilfe natürlich nur erhalten, wenn die Bankiers keinerlei Zweifel daran haben, dass Sie nur Hintergrundinformationen für eine Investmententscheidung suchen und dass Sie unter gar keinen Umständen jemand dadurch in Verlegenheit stürzen würden, dass Sie die Quelle einer nachteiligen Information preisgeben. Wenn Sie sich an diese Regeln halten, kann die Hilfe einer Bank manchmal eine Analyse komplettieren, die andernfalls vielleicht niemals vollständig genug gewesen wäre, um von Nutzen zu sein.

Erst nachdem Ihnen die »Gerüchteküche« die meisten der Daten geliefert hat, die, wie im Kapitel über die 15 Punkte dargestellt, am besten aus dieser Quelle zu bekommen sind, sollten Sie den nächsten Schritt tun und daran denken, mit dem Management des betreffenden Unternehmens Kontakt aufzunehmen. Ich halte es für wichtig, dass Anleger genau verstehen, warum dies so ist.

Ein gutes Management – eine wichtige Voraussetzung für erfolgreiche Investitionen – beantwortet Fragen nach den Schwächen eines Unternehmens fast immer genauso offen wie Fragen nach den Stärken. In seinem eigenen Interesse kann man aber von keinem Manager erwarten, Ihnen als dem Investor ungefragt für Sie wichtige Informationen zu geben, wie korrekt auch immer ein Management in dieser Hinsicht sonst sein mag. Wie kann ein Mitglied der Geschäftsführung auf die Frage »Gibt es da noch etwas, was ich als zukünftiger Investor über Ihr Unternehmen wissen sollte?« antworten, dass das Management insgesamt hervorragende Arbeit leistet, dass aber mehrere Jahre schlechter Arbeit seitens des Marketingchefs langsam den Umsatz beeinträchtigen? Wird er vielleicht ungefragt weiter fortfahren und sagen, dies sei aber nicht allzu wichtig, da der junge Williams aus dem Marketing-Team ein hervorragender Mann sei und in einem halben Jahr zum Marketing-Chef befördert werden würde und dass die Situation damit unter Kontrolle sei? Natürlich wird er Ihnen diese Dinge nicht ungefragt sagen. Wenn aber, so habe ich herausgefunden, klar wird, dass Sie bereits über die Schwächen im Marketingbereich Bescheid wissen, dann werden Sie zwar eine diplomatisch formulierte Antwort bekommen, Sie können jedoch von einem guten Management, das Vertrauen in Ihre Urteilskraft besitzt, eine realistische Auskunft darüber erwarten, ob etwas getan wird, um die erwähnten Schwächen abzustellen.

Nur mit dem Hintergrund, den Ihnen die »Gerüchteküche« vor Ihrer Kontaktaufnahme mit dem Management des betreffenden Unternehmens liefert, können Sie also wissen, was Sie bei Ihrem Besuch im Unternehmen herauszufinden versuchen sollten. Andernfalls sind Sie vielleicht nicht in der Lage, den wichtigsten Punkt zu klären – die Frage nach der Kompetenz der Unternehmensführung. Auch in einem mittelgroßen Unternehmen kann es eine Schlüsselgruppe von vielleicht fünf Managern geben. Bei Ihrem ersten oder zweiten Besuch im Unternehmen können Sie nicht alle fünf treffen. Wenn Ihnen das doch gelingt, ist die Unterredung mit einigen dieser Schlüsselfiguren wahrscheinlich so kurz, dass Sie die Fähigkeiten Ihrer Gesprächspartner nicht beurteilen können. Häufig werden ein oder zwei Personen aus dieser Schlüsselgruppe viel qualifizierter oder viel weniger qualifiziert als die anderen sein. Ohne die Hilfe der »Gerüchteküche« bilden Sie sich vielleicht eine viel zu hohe oder viel zu schlechte Meinung von dem gesamten Management, je nach dem, mit wem Sie gerade sprechen. Mit Hilfe der »Gerüchteküche« haben Sie sich vielleicht schon eine ziemlich genaue Vorstellung darüber gebildet, wer aus dem betreffenden Management besonders stark oder besonders schwach ist, und Sie können so genau den Mann treffen, den Sie besser kennenlernen wollen und sich damit ein eigenes Urteil darüber bilden, ob die »Gerüchteküche« Recht hat.

Ich vertrete die Ansicht, dass in beinahe jeder Beziehung nur das wert ist, getan zu werden, was auch wert ist, richtig getan zu werden.

Im Zusammenhang mit der Beurteilung von Wachstumsaktien ist der Lohn für richtiges Handeln so hoch und die Strafe für ein falsches Urteil so schwer, dass kaum einzusehen ist, warum jemand die Entscheidung über eine Wachstumsaktie auf der Basis oberflächlichen Wissens fällen sollte. Wenn ein Investor oder Finanzmann bei der Suche nach einer Wachstumsaktie richtig vorgehen will, sollte er meiner Meinung nach immer folgende Regel befolgen: er sollte niemals Kontakt mit dem Management eines für eine Investition ins Auge gefassten Unternehmens aufnehmen, bevor er mindestens die Hälfte aller Informationen zusammen hat, die er für seine Investitionsentscheidung braucht. Wenn er das Management vorher kontaktiert, ist die Gefahr groß, so wenig zu wissen, dass die Investitionsentscheidung zur Glückssache wird.

Es gibt einen weiteren Grund dafür, dass ich es für so wichtig halte, vor einem Besuch in dem betreffenden Unternehmen mindestens die Hälfte der benötigten Informationen zusammenzutragen. Bekannte Manager und Managements in beliebten Wirtschaftsbranchen sehen sich mit einer gewaltigen Menge von Gesprächswünschen seitens der Investment-Branche konfrontiert. Da der Kurs der Aktien für das Management eines Unternehmens in vieler Hinsicht sehr viel Bedeutung haben kann, widmen sich in der Regel wichtige Leute solchen Besuchern. Ich habe in Unternehmen jedoch immer wieder ein und denselben Hinweis gehört. Man wird mit keinem Besucher rüde umgehen, aber die Zeit, die Top-Manager – und nicht solche Mitarbeiter, die Besucher aus der Finanzwelt empfangen, jedoch keine Entscheidungen im Unternehmen treffen – für einen Besucher aufwenden, hängt viel mehr von der Beurteilung der Kompetenz des Besuchers seitens des Unternehmens ab als von der Finanzkraft des Besuchers. Noch wichtiger ist, dass die Bereitschaft zur Weitergabe von Informationen, zur Beantwortung detaillierter Fragen und zur Diskussion zentraler Punkte in hohem Maße von dieser Einschätzung des Besuchers abhängt. Wer bei einem Unternehmen unvorbereitet vorbeischaut, hat oft schon fast verloren, bevor der Besuch begonnen hat.

Wen man in einem Unternehmen trifft, nämlich die tatsächlichen Entscheidungsträger und nicht einen PR-Mann für Finanzen, ist so wichtig, dass man beträchtliche Anstrengungen unternehmen sollte, von den richtigen Leuten in ein Management eingeführt zu werden. Ein wichtiger Kunde oder ein dem Management bekannter Großaktionär kann da eine hervorragende Hilfe sein und den Weg für den ersten Besuch ebnen. Dasselbe gilt für die Investmentbank des Unternehmens. Wer bei seinem ersten Besuch optimale Ergebnisse erzielen will, sollte jedenfalls sicherstellen, dass die ihn ins Unternehmen einführende Person eine hohe Meinung von ihm hat und die Gründe für diese hohe Meinung dem betreffenden Management auch mitteilt.

Erst vor einigen Wochen kam es zu einer Begegnung, die deutlich machen kann, wie viel an Vorbereitung meiner Ansicht nach dem ersten Besuch in einem Unternehmen vorhergehen sollte. Ich speiste mit zwei Vertretern einer größeren Investmentfirma, die die Investmentbank von zwei Unternehmen aus der kleinen Gruppe von Unternehmen ist, in die der von mir geleitete Fonds investiert hat. Da sie die geringe Zahl der von mir getätigten Investitionen ebenso kannten wie die lange Zeit, über die ich meine Kapitalanlagen gewöhnlich aufrechterhalte, fragte einer dieser Herren nach dem Verhältnis zwischen für mich neuen Unternehmen, die ich besuchte, und der Zahl von Unternehmen, in die ich dann tatsächlich investierte. Ich ließ ihn raten. Er schätzte, dass auf zweihundertundfünfzig Besuche eine Investition käme. Der andere Herr entschied sich für fünfundzwanzig Besuche pro Investition. Tatsächlich liegt die Quote zwischen zwei und zweieinhalb besuchten Unternehmen pro Investition! Der Grund dafür ist nicht, dass auf zweieinhalb begutachtete Unternehmen eines kommt, das meinen ziemlich rigiden Investmentkriterien entspricht. Wenn mein Gesprächspartner nicht von besuchten, sondern von begutachteten Unternehmen gesprochen hätte, dann wäre eine Investition auf vierzig oder fünfzig begutachtete Unternehmen vielleicht ungefähr die richtige Quote. Wenn es um für eine nähere Begutachtung in Erwägung gezogene Unternehmen gegangen wäre, unabhängig davon, ob diese Unternehmen nun analysiert wurden oder nicht, dann würde die ursprüngliche Schätzung von eins zu zweihundertundfünfzig wohl ungefähr zutreffen. Mein Gesprächspartner hatte eines übersehen: Ich halte einen nutzbringenden Besuch in einem Unternehmen ohne eine vorhergehende intensive Beschäftigung mit der »Gerüchteküche« für so unmöglich und ich habe aus der »Gerüchteküche« so oft bei der Beurteilung eines Unternehmens anhand meiner 15 Punkte akkurate Informationen erhalten, dass die Chancen für eine Investition in einem Unternehmen bereits sehr gut stehen, wenn ich das betreffende Unternehmen besuche. Die meisten weniger attraktiven Anlagemöglichkeiten sind dann bereits ausgeschieden.

Das ist ungefähr meine Methode für die Suche nach Wachstumsaktien. Ein Fünftel der ursprünglichen Hinweise auf Anlagemöglichkeiten stammen von Freunden in der Wirtschaft, vier Fünftel sind eine Auslese der Vorauswahl, die einige wenige fähige Investmentleute getroffen haben. Diese Entscheidungen sind zugegebenermaßen Ergebnis einer kurzen Beurteilung, bei welchen Unternehmen ich Zeit für eine nähere Begutachtung aufwende und welche ich ignoriere. Ich kläre einige Punkte anhand von Material der Securities and Exchange Commission ab und höre mich dann in der »Gerüchteküche« um, wobei es immer darum geht, wieweit ein Unternehmen an die Standards unserer 15 Punkte heranreicht. In diesem Prozess scheidet eine Anlagemöglichkeit nach der anderen aus – einige, weil sie sich als durchschnittlich erweisen, andere, weil ich nicht genug Informationen für ein fundiertes Urteil zusammenbekomme. Nur in den wenigen Fällen, in denen ich eine Menge günstiger Daten finde, mache ich auch den letzten Schritt und kontaktiere das Management. Wenn ich nach einem Treffen mit den Managern eines solchen Unternehmens mir vernünftig erscheinende Antworten erhalten habe, die meine Hoffnungen bestätigen und meine Befürchtungen mildern, dann komme ich endlich zu der Überzeugung, dass sich meine Mühe lohnen kann.

Ich kenne die Einwände, die einige von Ihnen gegen dieses Vorgehen vorbringen werden, da ich sie schon so oft gehört habe. Wie kann man von jemandem erwarten, so viel Zeit für eine einzige Kapitalanlage aufzuwenden? Warum hat nicht die erste Person im Investmentbereich, die ich nach einer Anlagemöglichkeit frage, bereits alle Antworten für mich parat? Wer so reagiert, den bitte ich, sich doch einmal in der Welt umzusehen. Wo sonst können Sie $ 10 000 investieren und nach zehn Jahren über ein Vermögen zwischen $ 40 000 und

$ 150 000 verfügen, ohne dass Sie in dieser Zeit etwas anderes zu tun brauchen, als sich ab und zu davon zu überzeugen, dass das Management des Unternehmens weiter erstklassig ist? Ein solches Ergebnis ist bei einer erfolgreichen Auswahl von Wachstumsaktien möglich. Ist es logisch oder vernünftig anzunehmen, dass jemand einen solchen Erfolg erreichen kann, nur indem er an einem Abend in der Woche in seinem bequemen Lehnstuhl einige simpel formulierte kostenlose Maklerrundbriefe liest? Kann jemand etwa einen solchen Gewinn erzielen, indem er dem ersten Investmentmann, auf den er trifft, die Provision von $135 zahlt, die an der New Yorker Börse für den Kauf von 500 Aktien zu $ 20 das Stück verlangt wird? So weit ich weiß, sind derartige Gewinne nirgendwo so leicht zu erreichen. Und genauso sind sie auch auf dem Aktienmarkt nicht zu erzielen, wenn Sie oder Ihr Investmentberater nicht dieselben Mittel anwenden, die auch sonst zum Erfolg führen: viel Arbeit, kombiniert mit Qualifikation und angereichert mit Urteilsfähigkeit und Phantasie. Wenn diese Mittel eingesetzt werden und man sich ziemlich genau an die in diesem Kapitel formulierten Regeln hält, um Unternehmen ausfindig zu machen, die dem Standard unserer 15 Punkte genügen, in der Finanzwelt aber noch nicht den Status haben, den eine solche Beurteilung eigentlich rechtfertigen würde, dann stehen die Chancen sehr gut, Wachstumsaktien zu finden, mit denen ein Vermögen zu verdienen ist. Man findet sie jedoch nicht ohne harte Arbeit und man findet sie nicht jeden Tag.

# Kapitel 11

# Zusammenfassung und Schlussfolgerungen

Wir stehen am Anfang des zweiten Jahrzehnts eines halben Jahrhunderts, in dem sich der Lebensstandard der Menschheit vielleicht mehr steigern wird als in den vergangenen fünftausend Jahren. Die Investmentrisiken der jüngeren Vergangenheit waren groß. Noch größer waren im Erfolgsfall die finanziellen Erträge. Was Investitionen angeht, können die Risiken und Erfolge der vergangenen einhundert Jahre jedoch im Vergleich zu denen in den kommenden fünfzig Jahren klein erscheinen.

Unter diesen Umständen sollten wir uns Rechenschaft über unsere Situation geben. Wir haben mit ziemlicher Sicherheit den Konjunkturzyklus nicht besiegt. Wir haben ihn vielleicht noch nicht einmal gezähmt. Es gibt jedoch einige neue Faktoren, von denen die Kunst der Kapitalanlage in Stammaktien in bedeutendem Umfang betroffen ist. Einer dieser Faktoren ist die Entstehung der modernen Unternehmensführung mit der damit einhergehenden Stärkung der Investmentaspekte von Aktien. Ein weiterer Faktor ist die wirtschaftliche Nutzbarmachung der wissenschaftlichen Forschung und der technologischen Entwicklung.

Das Auftreten dieser Faktoren hat die Grundprinzipien für ein erfolgreiches Investment in Aktien nicht verändert. Es hat sie noch wichtiger gemacht als je zuvor. Ich habe in diesem Buch versucht zu zeigen, worin diese Grundprinzipien bestehen, welche Aktie man wann kaufen soll und vor allem, dass man sie nie wieder verkaufen soll, solange das hinter der Aktie stehende Unternehmen weiter die Charakteristika eines außergewöhnlich erfolgreichen Unternehmens aufweist.

Es ist zu hoffen, dass die Abschnitte, die sich mit den am weitesten verbreiteten Fehlern ansonsten fähiger Investoren befassen, sich als interessant erweisen werden. Man sollte jedoch bedenken, dass die

Kenntnis dieser Regeln und die Einsicht in verbreitete Fehler demjenigen nichts hilft, der nicht die nötige Geduld und Selbstdisziplin aufbringt. Einer der versiertesten Investment-Fachleute, die ich jemals kennengelernt habe, sagte mir vor vielen Jahren, auf dem Aktienmarkt seien gute Nerven noch wichtiger als ein schlauer Kopf. Vielleicht hat Shakespeare unfreiwillig den Prozess erfolgreichen Investierens in Aktien mit dem Satz zusammengefasst: »Die Gezeiten in dem Geschick der Menschen führen, richtig genutzt, zu Reichtum.«

# Teil II

# Konservative Investoren schlafen ruhig

Mein ganzes Berufsleben über war ich der Meinung, dass der Erfolg meines Unternehmens wie der jedes anderen von den folgenden Prinzipien der zwei I und des einen H abhängt. Diese Prinzipien lauten Integrität, Intelligenz und harte Arbeit. Ich möchte dieses Buch meinen drei Söhnen widmen, in der Überzeugung, dass Arthur und Ken in einem ganz ähnlichen Unternehmen wie meinem den Prinzipien der zwei I und des einen H folgen, so wie Don es in einem ganz anderen Bereich tut.

# Einleitung

Obwohl Dinge dieser Art schwer zu quantifizieren sind, deuten doch alle Anzeichen in überwältigender Weise darauf hin, dass die Moral der amerikanischen Investoren nur einmal zuvor in diesem Jahrhundert auf einen ähnlich niedrigen Stand gesunken ist wie jetzt, da diese Worte geschrieben werden. Der weithin bekannte und viel zitierte Dow Jones Industrial Average ist ein hervorragender Indikator für den täglichen Wechsel des Kursniveaus. Wenn man jedoch einen längeren Zeitraum betrachtet, verschleiert dieser Index vielleicht das volle Ausmaß der vielen Aktionären in der jüngeren Vergangenheit zugefügten Schäden eher, als dass er es sichtbar macht. Ein Index, der die Entwicklung bei allen öffentlich gehandelten Aktien sichtbar machen soll, jedoch die Zahl der umlaufenden Aktien einer Emission nicht berücksichtigt, zeigt, dass eine Aktie Mitte des Jahres 1974 gegenüber dem Höchststand von 1968 durchschnittlich 70 Prozent ihres Wertes eingebüßt hatte.

Angesichts eines solchen Verlustes haben große Investorengruppen völlig vorhersehbar reagiert. Eine Gruppe hat sich völlig aus Aktienanlagen zurückgezogen. Vielen Unternehmen geht es jedoch überraschend gut. Unter Rahmenbedingungen, die eine immer weiter steigende Inflation unausweichlich erscheinen lassen, können gut ausgewählte Aktien ein weitaus geringeres Risiko bergen als andere Anlagen, die sicherer erscheinen. Von besonderem Interesse ist die noch größere Gruppe derjenigen, die beschlossen haben, »von jetzt an konservativer zu handeln«. Das Prinzip besteht dann üblicherweise darin, Aktienkäufe auf große Unternehmen zu beschränken, deren Namen zumindest fast jeder schon einmal gehört hat. Es gibt wahrscheinlich nur wenige Investoren in den Vereinigten Staaten und fast keinen im Nordosten, der die Namen Penn Central und Consolidated Edison oder die Branche nicht kennt, in denen diese Unternehmen tätig sind.

Nach konventionellen Kriterien galten Penn Central vor einigen Jahren und Consolidated Edison seit etwas kürzerer Zeit als konservative Investments. Unglücklicherweise wird konservatives Handeln oft mit konventionellem Handeln verwechselt. Hier bedarf es für Anleger, die an der Bewahrung ihres Kapitals interessiert sind, einer Klärung, an deren Anfang zwei Definitionen stehen sollten:

1. Eine konservative Anlage ist die Anlage, bei der die Kaufkraft des investierten Kapitals sehr wahrscheinlich mit einem Minimum an Risiko erhalten wird.
2. Konservatives Investieren besteht in dem Wissen darüber, was eine konservative Anlage ist, und in der Anwendung eines speziellen Verfahrens in Bezug auf eine bestimmte Anlagemöglichkeit, mit dem festgestellt werden kann, ob es sich hierbei tatsächlich um eine konservative Anlage handelt.

Um ein konservativer Anleger zu sein, werden von dem Anleger oder seinen Ratgebern daher zwei Dinge verlangt. Es muss das Wissen über die Merkmale einer konservativen Anlage vorhanden sein. Dann muss eine Analyse vorgenommen werden um zu sehen, ob es sich bei einer bestimmten Anlagemöglichkeit um eine diesen Merkmalen genügende Anlagechance handelt. Ohne das Vorliegen dieser beiden Voraussetzungen kann ein Aktienkäufer erfolgreich sein oder erfolglos, konventionell oder unkonventionell, aber nicht konservativ.

Ich halte es für äußerst wichtig, dass Verwechslungen in solchen Dingen ausgeschlossen werden. Nicht nur die Aktionäre, auch die amerikanische Wirtschaft insgesamt kann es sich niemals wieder leisten, dass die, die ernsthaft versuchen, die Regeln zu verstehen, ein solches Blutbad erleben, wie es die gegenwärtige Generation von Investoren kürzlich erlebte – ein Aderlass, der nur mit dem zu vergleichen ist, den eine andere Generation während der Weltwirtschaftskrise vor vierzig Jahren erlebte. Amerika verfügt heute über noch nie dagewesene Möglichkeiten, die Lebensbedingungen aller seiner Bürger zu verbessern. Mit Sicherheit verfügt es über die Technologie und das Wissen, um dies zu tun. Um diese Aufgabe jedoch im traditionellen »American way«

anzugehen, bedarf es eines tiefgehenden Umdenkens bei sehr vielen Investoren und bei vielen in der Investmentbranche, was die Grundprinzipien ihrer Tätigkeit angeht. Nur wenn sich sehr viel mehr Investoren finanziell sicher fühlen, weil sie sicher sind, werden sich die Märkte für neue Aktienemissionen wieder öffnen und es zusätzliches Kapital suchenden Unternehmen erlauben, dieses auf eine Weise aufzubringen, die dem Vorantreiben neuer Projekte förderlich ist. Wenn es nicht dazu kommt, bleibt nichts anderes übrig, als das Notwendige auf die Art und Weise zu tun, die sich bei uns wie anderswo auf der Welt immer als so kostspielig, verschwenderisch und ineffizient erwiesen hat – durch staatliche Finanzierung, mit einem Management, auf dem die tote Hand der bürokratischen Beamtenwelt lastet.

Aus diesen Gründen glaube ich, dass die heutigen Probleme der Investoren entschlossen und frontal angegangen werden müssen. Bei der Behandlung dieser Probleme in dem vorliegenden Buch habe ich vielfach auf den Rat meines Sohnes Ken zurückgegriffen, der den Titel des Buches und viele Dinge darüber hinaus beigesteuert hat, zu denen teilweise auch die Grundkonzeption dieses Buches gehört. Ich kann seine Hilfe bei der Darstellung kaum adäquat würdigen.

Dieses Buch ist in vier Abschnitte unterteilt. Im ersten Abschnitt geht es, wenn dieses Wort erlaubt ist, um die Anatomie einer konservativen Anlage in Aktien entsprechend der ersten der beiden oben aufgeführten Definitionen. Der zweite Teil analysiert die Rolle der Finanzwelt – ihre Fehler, wenn Sie so wollen – bei der Entstehung des gegenwärtigen Baissemarktes. Ziel dieser Kritik ist es nicht, jemanden an den Pranger zu stellen, sondern zu zeigen, dass ähnliche Fehler in Zukunft vermieden werden können und dass gewisse grundlegende Investmentprinzipien klar werden, wenn man sich mit den Fehlern der Vergangenheit beschäftigt. Der dritte Teil beschäftigt sich mit dem Verfahren, das konservatives Investieren entsprechend unserer zweiten Definition auszeichnet. Der Schlussteil behandelt einige in unserer heutigen Welt um sich greifende Tendenzen, die bei vielen schwerwiegende Zweifel erzeugt haben, ob sich eine Aktie überhaupt zur Wahrung von Vermögen eignet, oder mit anderen Worten gesagt, ob Aktien überhaupt zu anderen Zwecken als zum

Glücksspiel in Erwägung gezogen werden sollten. Ich hoffe, dass dieses Buch etwas Licht auf die Frage werfen wird, ob die Probleme, die zu dem letzten Baissemarkt geführt haben, Bedingungen hervorgebracht haben, unter denen das Halten von Aktien nur eine Falle für unvorsichtige Leute ist, oder ob sie, wie bei allen größeren Baissemärkten in der Geschichte der USA, eine großartige Chance für Anleger eröffnet haben, die die Fähigkeit und Selbstdisziplin aufbringen, selbstständig zu denken und unabhängig von den aktuellen Emotionen der Volksseele zu handeln.

# Kapitel 1

# Die erste Dimension einer konservativen Kapitalanlage: Überlegene Qualitäten in Produktion, Marketing, Forschung und Finanzen

Ein Unternehmen, das von Größe und Typus her eine konservative Anlagemöglichkeit darstellt, ist notwendigerweise eine komplexe Organisation. Um zu verstehen, welche Eigenschaften solch eine Anlagemöglichkeit aufweisen muss, können wir mit einer Dimension von Charakteristika beginnen, von deren Vorliegen wir uns überzeugen müssen. Diese Dimension umfasst vier große Bereiche:

## Kostengünstige Produktion

Um wirklich eine konservative Kapitalanlage darzustellen, muss ein Unternehmen bei den meisten, wenn nicht bei allen seiner Produkte der kostengünstigste Hersteller sein, mindestens aber so kostengünstig produzieren wie jeder beliebige Konkurrent. Es muss darüber hinaus die Perspektive bieten, dass sich an dieser Konstellation auch in Zukunft nichts ändern wird. Nur so wird das Unternehmen seinen Eigentümern eine so breite Spanne zwischen Kosten und Verkaufspreis erlauben, dass sie für zwei Bedingungen ausreicht. Die erste ist eine ausreichende Ellbogenfreiheit unterhalb des Kostendeckungspunktes der Konkurrenz. Wenn die Branche ein schlechtes Jahr hat, bleiben die Preise wahrscheinlich nicht lange unterhalb des Kostendeckungspunktes. So lange sie es tun, werden die Verluste für viele der Konkurrenten mit höheren Produktionskosten so groß, dass einige dieser Wettbewerber gezwungen sein werden, die Produktion einzustellen. Das steigert den Gewinn der übrigbleibenden kostengünstigen Produzenten fast automatisch, da sie von der erhöhten Produktion aufgrund der gesteigerten Nachfrage profitieren, die sie von den jetzt geschlossenen Fabriken übernehmen. Ein kostengünstig produzierendes Unternehmen wird sogar noch mehr von dieser Entwicklung profitieren, wenn der Angebotsrückgang aufgrund der Einstellung der Produktion bei einem Konkurrenten nicht nur eine Ausweitung der Geschäftstätigkeit, sondern auch eine Preissteigerung erlaubt, da der Markt nicht mehr unter einem Überangebot leidet.

Die zweite Bedingung ist die, dass eine überdurchschnittliche Gewinnspanne einem Unternehmen ausreichende Erträge erlaubt, um das erforderliche Wachstum teilweise oder ganz mit eigenem Kapital finanzieren zu können. Dadurch wird die Notwendigkeit, zusätzlich langfristiges Kapital aufzunehmen, ganz oder teilweise vermieden. Der zusätzliche Kapitalbedarf kann sonst dazu führen, dass (a) neue Aktien emittiert werden und den Wert der schon in Umlauf befindlichen Aktien verwässern und/oder (b) dass eine zusätzliche Schuldenlast mit festen Zinszahlungen und festen Fälligkeiten entsteht, die großteils aus den zukünftigen Erträgen bestritten werden müssen und die Risiken für die Aktionäre bedeutend erhöhen.

Eines ist jedoch zu bedenken. Ebenso wie mit dem Grad, in dem ein Unternehmen ein kostengünstiger Hersteller ist, die Sicherheit und der konservative Charakter einer Kapitalanlage in diesem Unternehmen steigen, so sinkt in einer Boom-Periode mit einem Haussemarkt der spekulative Anreiz der Aktie. Der Prozentsatz, mit dem in solchen Zeiten die Gewinne steigen, wird bei teuer produzierenden, risikobehafteten, marginalen Unternehmen immer weitaus höher sein. Eine einfache Rechnung zeigt, warum das so ist. Nehmen wir zwei fiktive Unternehmen derselben Größe, die zu normalen Zeiten Tinnef für zehn Cents das Stück verkaufen. Das Unternehmen A macht pro Stück einen Gewinn von vier Cents, das Unternehmen B einen Gewinn von einem Cent. Nehmen wir an, die Kosten bleiben konstant, aber ein vorübergehender Nachfrageschub nach Tinnef treibt den Preis auf 12 Cents. Die Größe beider Unternehmen bleibt unverändert. Das kostengünstige Unternehmen hat seinen Gewinn von vier auf sechs Cents pro Stück erhöht, was einen Gewinnanstieg um 50 Prozent ausmacht, das teuer produzierende Unternehmen jedoch verzeichnet einen Gewinnsprung um 300 Prozent, eine Verdreifachung seiner Gewinne. Daher steigt das teuer produzierende Unternehmen in einer Boomperiode kurzfristig stärker, und daher macht in den schlechten Zeiten ein paar Jahre später, wenn Tinnef auf 8 Cents das Stück fällt, das kostengünstige Unternehmen immer noch einen zwar geringeren, doch ordentlichen Gewinn. Wenn das teuer produzierende Unternehmen nicht bankrott geht, sorgt es wahrscheinlich für eine weitere Menge übel mitgenommener Anleger (oder vielleicht Spekulanten, die sich für Anleger hielten), die die Schuld nicht sich selbst, sondern dem System geben.

Alles oben Gesagte bezieht sich auf das produzierende Gewerbe, daher ist immer von Produktion die Rede. Viele Unternehmen gehören freilich nicht zum produzierenden Gewerbe, sondern zum Dienstleistungsbereich, wie Großhändler, Einzelhändler oder die vielen Untergruppen des Finanzwesens wie Banken oder Versicherungen. Hier gelten die gleichen Prinzipien, man muss nur statt »Produktion« das Wort »Geschäftstätigkeit« einsetzen und »kostengünstige Geschäftstätigkeit« statt »kostengünstige Produktion« sagen.

## Starke Marketingorganisation

Ein starker Anbieter muss die sich wandelnden Wünsche seiner Kunden ständig im Auge behalten, damit das Unternehmen heute geforderte Produkte liefert und nicht das, was gestern aktuell war. Um die Jahrhundertwende wäre zum Beispiel das Marketingkonzept eines führenden Herstellers von Pferdekutschen fehlerhaft gewesen, wenn es weiter auf die Produktion immer besserer Kutschen und nicht auf eine Umstellung auf Automobile oder die Einstellung der Produktion überhaupt gesetzt hätte. Ein aktuelles Beispiel bietet die Kraftfahrzeugindustrie. Vielleicht schon lange Zeit, bevor das arabische Erdölembargo jedem Haushalt in Amerika klar machte, dass große Autos große Benzinsäufer sind, stimmte etwas mit dem Teil der Kraftfahrzeugindustrie nicht, der die ständig wachsende Beliebtheit kleiner importierter Kompaktfahrzeuge nicht als Anzeichen dafür erkannte, dass die Nachfrage sich von den für so viele Jahre beliebten großen chromglänzenden Modellen ab- und einem Produkt zuwandte, das billiger in Anschaffung und Unterhalt und leichter zu parken war.

Den Wandel im Publikumsgeschmack zu erkennen und dann schnell darauf zu reagieren, reicht jedoch nicht aus. Es wurde bereits darauf hingewiesen, dass sich im Geschäftsleben Kunden eben einfach nicht bis zur Tür des Mannes mit der besseren Mausefalle durchschlagen. Unter den im Handel vorherrschenden Wettbewerbsbedingungen ist es lebenswichtig, den potenziellen Kunden auf die Vorzüge eines Produkts oder einer Dienstleistung aufmerksam zu machen. Diese Aufmerksamkeit erreicht man nur, wenn einem klar ist, was der potenzielle Käufer wirklich will (wenn der Kunde manchmal selbst nicht klar erkennt, warum ihm diese Vorteile anziehend erscheinen) und man es ihm mit seinen Worten, nicht mit den Worten des Anbieters, erklärt.

Ob dies am besten durch Anzeigen, Vertreterbesuche oder unabhängige Marketingfirmen geschieht oder durch eine Kombination dieser drei Möglichkeiten, hängt von den Besonderheiten des jeweiligen Geschäfts ab. In jedem Fall muss das Management jedoch eine enge Kontrolle und eine laufende Überwachung der Kosteneffektivität der eingesetzten Marketinginstrumente gewährleisten. Wenn das Management auf diesem Gebiet keine hervorragenden Qualitäten besitzt, können folgende Entwicklungen auftreten: (a) Verlust eines ansonsten zu erschließenden bedeutenden Geschäftsvolumens; (b) höhere Kosten und entsprechend geringerer Gewinn bei den getätigten Geschäften; (c) Verfehlen des maximalen Gewinn-Mixes einer Produktlinie aufgrund der unterschiedlichen Rentabilität der verschiedenen Elemente dieser Produktlinie. Ein Unternehmen, das kostengünstig arbeitet, aber in Marketing und Vertrieb Schwächen hat, kann mit einem starken Motor verglichen werden, der wegen eines lockeren Keilriemens oder eines schlecht eingestellten Differenzials nur einen Bruchteil der sonst erreichbaren Leistung bringt.

## Überdurchschnittliche Leistungen auf dem Gebiet Forschung und Technologie

Vor noch nicht allzu langer Zeit hatte es den Anschein, dass eine überdurchschnittliche technologische Leistungsfähigkeit nur für einige wenige hoch wissenschaftlich orientierte Unternehmen lebenswichtig war, wie die Elektronikindustrie, die Luft- und Raumfahrt, die pharmazeutische und die chemische Industrie. Mit dem Wachstum dieser Branchen haben die sich ständig ausbreitenden Technologien alle Bereiche der Wirtschaft schon fast so weit durchdrungen, dass überdurchschnittliche Leistungen auf dem Gebiet Forschung und Technologie für einen Schuhfabrikanten, eine Bank, einen Einzelhändler oder eine Versicherung schon fast – wenn auch nicht ganz – so wichtig sind wie für die Branchen, die mit ihren großen Forschungsabteilungen einst als die exotischen Wissenschaftsindustrien galten. Anstrengungen auf technologischem Gebiet verlaufen heute in zwei Richtungen. Sie verfolgen das Ziel, neue und bessere Produkte herzustellen (in diesem Zusammenhang kann ein Wissenschaftler in der Forschung natürlich für ein Chemieunternehmen mehr tun als für eine Einzelhandelskette) oder Dienstleistungen besser oder billiger als früher anzubieten. In Hinblick auf das zweite Ziel kann eine überdurchschnittliche technische Qualifikation für beide Gruppen gleich wichtig sein. In einigen Dienstleistungsunternehmen etablieren Forschungsgruppen neue Produktlinien und ebnen auch den Weg für eine Verbesserung der bereits bestehenden Dienstleistungen. Banken sind ein Beispiel hierfür. Kostengünstige elektronische Eingabegeräte und Minicomputer machen es den Kreditinstituten möglich, ihren Kunden Dienstleistungen auf dem Gebiet der Buchführung anzubieten und damit eine neue Produktlinie aufzubauen.

Auf dem Gebiet von Forschung und Technologie gibt es ebensolche Effizienzunterschiede zwischen einem Unternehmen und einem anderen wie beim Marketing. Bei der Entwicklung neuer Produkte sorgt dafür schon fast die Komplexität dieser Entwicklungsaufgabe. Dennoch ist die technologische Kompetenz oder die Kreativität der Forschungsabteilung eines Unternehmens im Vergleich zu einem anderen nur einer der Faktoren, die den Nutzen beeinflussen, den ein Unternehmen aus seiner Forschungsaktivität zieht. Zur Entwicklung neuer Produkte bedarf es für gewöhnlich der Zusammenarbeit einer Reihe von Forschern, von denen jeder ein Spezialist auf einem bestimmten technologischen Gebiet ist. Wie gut diese Einzelpersonen zusammenarbeiten oder von einem Projektleiter zur kreativen Zusammenarbeit motiviert werden können, ist oft ebenso wichtig wie die individuelle Kompetenz der Forscher. Zur Maximierung der Gewinne ist es darüber hinaus von überragender Bedeutung, dass nicht irgendein Produkt entwickelt wird, sondern eines, für das eine nennenswerte Nachfrage seitens der Kunden besteht, das (fast immer) über die bestehende Marketingorganisation verkauft und zu einem Preis hergestellt werden kann, der einen lohnenden Gewinn abwirft. All dies erfordert eine funktionierende Abstimmung zwischen Forschung, Marketing und Fertigung. Das beste Forschungsteam der Welt ist nichts als eine Belastung, wenn es nur Produkte entwickelt, die nicht schnell absetzbar sind. Ein Unternehmen ist dann für einen Investor wirklich interessant, wenn es besonders gut in der Lage ist, diese komplexen Beziehungen im Griff zu behalten, sie jedoch nicht so weit zu kontrollieren, dass die Forscher diejenige Motivation und Kreativität verlieren, die überdurchschnittliche Forscher auszeichnen.

## Qualifiziertes Finanzmanagement

In unserer Diskussion über Produktion, Marketing und Forschung haben wir immer wieder die Begriffe Gewinn und Gewinnspanne gebraucht. In einem großen Unternehmen mit verschiedenen Produktlinien ist es nicht einfach, die Kosten eines jeden Produkts im Verhältnis zu denen anderer Produkte zu bestimmen, da die meisten Kostenpositionen mit Ausnahme von Material- und Arbeitskosten mehrere Produkte, wenn nicht sogar alle umfassen. Unternehmen mit einem überdurchschnittlichen Finanzmanagement erschließen sich mehrere bedeutende Vorteile. Sie wissen genau, wie viel sie an jedem Produkt verdienen, und sie können dort am meisten investieren, wo es sich am ehesten lohnt. Die genaue Information über jedes einzelne Kostenelement, nicht nur bei der Fertigung, sondern auch in Vertrieb und Forschung, macht in allen Aktivitäten eines Unternehmens die Stellen sichtbar, wo sich besondere Anstrengungen zur Kostenreduktion, sei es durch technologische Innovationen, sei es durch eine verbesserte Aufgabenverteilung, bezahlbar machen. Noch wichtiger ist, dass ein wirklich herausragendes Unternehmen durch eine geschickte Budgetkontrolle und Buchführung ein Frühwarnsystem aufbauen kann, das den Gewinnplan ungünstig beeinflussende Faktoren umgehend meldet. Dann können Gegenmaßnahmen ergriffen werden, die die schmerzlichen Überraschungen vermeiden helfen, von denen Anleger schon in vielen Unternehmen erschüttert worden sind. Ein gutes Finanzmanagement bringt den Investoren jedoch noch weitere Vorteile. Für gewöhnlich führt es auch zu besseren Entscheidungen hinsichtlich von Kapitalanlagen und so zu den höchsten Kapitalrenditen. Zudem können Umlauf- und Vorratsvermögen besser kontrolliert werden, eine Frage, die in Hochzinsperioden von steigender Bedeutung ist.

Fassen wir zusammen: Ein Unternehmen, das auf dieser ersten Dimension für eine konservative Kapitalanlage gut abschneidet, ist ein auf seinem Gebiet sehr kostengünstig arbeitendes Unternehmen, es verfügt über ein besonders gutes Marketing und Finanzmanagement und über in der Praxis bewiesene überdurchschnittliche Fähigkeiten, seine Forschungs- und Entwicklungsaktivitäten in lohnende Ergebnisse umzusetzen. In einer sich immer schneller wandelnden Welt ist dies (1) ein Unternehmen, das einen Strom neuer und gewinnträchtiger Produkte oder Produktlinien entwickeln kann, die aufgrund technologischer oder sonstiger Innovationen veraltende Produktlinien mehr als ausgleichen; (2) ein Unternehmen, das diese Produktlinien so kostengünstig herstellen kann, dass sich ein zumindest im gleichen Maß wie die Umsätze steigender Gewinnstrom ergibt, der auch in Zeiten der schlechtesten Wirtschaftslage nicht so weit abnimmt, dass die Sicherheit einer Kapitalanlage in diesem Unternehmen bedroht wird; (3) ein Unternehmen, das seine neuen Produkte und die, die es in Zukunft noch entwickeln wird, mindestens ebenso gewinnträchtig vermarkten kann wie seine heutigen.

Dies ist ein eindimensionales Bild einer klugen Investition, die den Anleger wahrscheinlich nicht enttäuschen wird, sofern sich aus anderen Perspektiven nicht ein ungünstigerer Eindruck ergibt. Aber bevor wir uns um diese anderen Perspektiven kümmern, müssen wir uns über einen weiteren Punkt Klarheit verschaffen. Wenn das Ziel darin besteht, vorhandene Mittel zu bewahren, wenn das Ziel »Sicherheit« lautet, warum sprechen wir dann über Wachstum und neue oder zusätzliche Produktlinien? Warum reicht es nicht, die Geschäftstätigkeit im bisherigen Umfang und auf dem bestehenden Gewinnniveau aufrechtzuerhalten, ohne die Risiken neuer Projekte einzugehen? Überlegungen zum Einfluss der Inflation auf Kapitalanlagen werden weitere Gründe für die Bedeutung von Wachstum deutlich machen. Grundsätzlich sollte man jedoch niemals vergessen, dass nichts in einer sich immer schneller wandelnden Welt lange gleich bleibt. Stillstand ist unmöglich. Ein Unternehmen wird entweder wachsen oder schrumpfen. Ein starker Angriff ist die beste Verteidigung. Nur wenn ein Unternehmen sich verbessert, kann es sicher sein, sich nicht zu verschlechtern. Alle Unternehmen, die sich nicht weiterentwickeln, haben sich unfehlbar zurückentwickelt – und wenn das in der Vergangenheit so war, wird es in der Zukunft nur umso mehr so sein. Der Grund hierfür liegt darin, dass zusätzlich zu der sich ständig beschleunigenden technologischen Innovation Veränderungen bei Konsumgewohnheiten und Kaufverhalten sowie neue Ansprüche seitens des Staates das Tempo, in dem sich auch die schwerfälligsten Unternehmen verändern, ständig vorantreiben.

# Kapitel 2

# Die zweite Dimension Die Mitarbeiter

Kurz zusammengefasst besteht die erste Dimension einer konservativen Kapitalanlage in einer überdurchschnittlichen Managementkompetenz auf den Gebieten Produktion, Marketing, Forschung und Finanzen. Diese erste Dimension beschreibt ein Unternehmen so, wie es ist, fragt also vor allem nach erreichten Ergebnissen. Bei der zweiten Dimension geht es darum, wie diese Ergebnisse erreicht wurden, und vor allem, wie sie in Zukunft zu erreichen sein werden. Bei den Faktoren, die Ergebnisse bewirken, die ein Unternehmen zu einer hervorragenden Anlagemöglichkeit machen, ein anderes zu einer durchschnittlichen, mittelmäßigen oder noch schlechteren, geht es vor allem um Menschen.

Edward H. Heller, ein Investor der ersten Stunde, dessen Ansichten in Finanzdingen von großem Einfluss auf einige in diesem Buch niedergelegte Ideen gewesen sind, gebrauchte einmal den Ausdruck »lebendiger Geist«, um den Menschen zu charakterisieren, dem er eine bedeutende finanzielle Unterstützung zuteil werden lassen würde. Heller war der Meinung, dass hinter jedem außergewöhnlich erfolgreichen Unternehmen eine Unternehmerpersönlichkeit mit der Energie, den Ideen und der Fähigkeit stünde, ein solches zu einer lohnenden Anlagemöglichkeit zu machen.

Was sein Spezialgebiet anging, nämlich kleine Unternehmen, die sich zu beträchtlich größeren und erfolgreichen entwickelten, hatte Heller zweifellos Recht. Hier erzielte er auch seine spektakulärsten Erfolge. Wenn solche kleinen Unternehmen aber wachsen und für ein konservatives Investment interessant werden, wird Hellers Ansicht vielleicht modifiziert durch das Urteil eines anderen brillanten Geschäftsmanns, der ernste Zweifel an einem Investment in ein Unternehmen äußerte, dessen Präsident ein enger persönlicher Freund war. Der Grund für seinen Mangel an Begeisterung: »Mein Freund gehört zu den brillantesten Männern, die ich jemals kennengelernt habe. Er muss immer Recht haben. In einem kleinen Unternehmen mag das so in Ordnung sein. Wenn Ihr Unternehmen aber wächst, müssen auch Ihre Leute manchmal Recht haben.«

Dies bringt uns zum Kern der zweiten Dimension eines echten konservativen Investments: einem Unternehmenschef, der auf langfristiges Wachstum orientiert ist und um sich herum ein außergewöhnlich kompetentes Mitarbeiterteam aufgebaut hat, an das er in Hinblick auf die verschiedenen Bereiche und Aufgaben im Unternehmen ein beträchtliches Ausmaß an Autorität delegiert. Diese Leute dürfen nicht untereinander in einem endlosen Kampf um Macht und Einfluss verstrickt sein, sondern sollen bei der Verfolgung klar formulierter Unternehmensziele zusammenarbeiten. Ein für ein wirklich erfolgreiches Investment absolut essenzielles Unternehmensziel besteht darin, dass das Top-Management qualifizierte und motivierte Nachwuchskräfte heranzieht, die in die Unternehmensführung aufrücken können, sobald Ersatz gebraucht wird. Auf jeder Stufe der Kommandokette sollte genau darauf geachtet werden, dass die Mitarbeiter auf der jeweiligen Ebene das Gleiche in Bezug auf den eigenen Nachwuchs tun.

Bedeutet das, dass ein Unternehmen, das sich als echte konservative Anlagemöglichkeit qualifiziert, nur auf Beförderungen von Mitarbeitern innerhalb desselben zurückgreifen sollte und neue Kräfte von außen nur auf der untersten Ebene oder nur dann einstellen sollte, wenn es sich um Berufsanfänger handelt? Ein sehr schnell wachsendes Unternehmen kann einen so hohen Bedarf nach zusätzlichen Mitarbeitern haben, dass einfach die Zeit fehlt, für alle Positionen eigene Mitarbeiter auszubilden. Auch das bestgeführte Unternehmen braucht darüber hinaus von Zeit zu Zeit einen Spezialisten, dessen Qualifikationen so weit abseits der üblichen Tätigkeit des Unternehmens liegen, dass sie dort selbst einfach nicht vorkommen. Ein Beispiel hierfür wäre ein Experte auf einem bestimmten Sondergebiet des Rechts, des Versicherungswesens oder einer wissenschaftlichen Disziplin, das abseits der normalen Aktivitäten des Unternehmens liegt. Darüber hinaus hat das Anwerben von Mitarbeitern außerhalb des Unternehmens einen Vorteil: Es kann den Gremien des Unternehmens zu neuen Perspektiven und frischen Ideen verhelfen, die eine Herausforderung für die bislang als optimal angesehene Vorgehensweise darstellen.

Im Allgemeinen jedoch greift das für einen Anleger wirklich interessante Unternehmen auf interne Beförderungen zurück. Der Grund hierfür liegt darin, dass alle als Anlagemöglichkeiten hoch gewertete Unternehmen, die nicht unbedingt die größten oder bekanntesten sein müssen, eine ihren Bedürfnissen angepasste eigene Unternehmensstrategie entwickelt haben. Wenn es sich dabei um wirklich erfolgreiche Strategien handelt, ist es immer schwierig und häufig sogar unmöglich, Leute, die lange mit diesen Strategien gearbeitet haben und mit ihnen vertraut sind, an andere Vorgehensweisen zu gewöhnen. Je höher die Ebene, auf der ein Quereinsteiger ins Unternehmen eintritt, desto teurer kann seine Einweisung sein. Ich kann zwar keine Statistiken als Beweis anführen, habe aber beobachtet, dass in gut geführten Unternehmen eine überraschend große Zahl der dort ziemlich oben eingestiegenen Führungskräfte nach einigen Jahren wieder ausscheidet.

Bei einer Sache kann sich ein Anleger sicher sein: Wenn ein großes Unternehmen einen neuen Chef von außen holen muss, ist das ein sicheres Zeichen, dass im bestehenden Management etwas grundlegend falsch läuft – unabhängig davon, wie gut bei einer oberflächlichen Betrachtung die jüngsten Ertragszahlen aussehen. Es ist gut möglich, dass der neue Präsident hervorragende Arbeit leistet und mit der Zeit ein qualifiziertes Führungsteam um sich herum aufbaut, sodass eine derartige Erschütterung der bestehenden Unternehmensorganisation nie wieder notwendig wird. Dementsprechend kann eine solche Aktie mit der Zeit für einen klugen Investor interessant werden. Ein solcher Neuaufbau kann aber ein so langwieriger und riskanter Prozess sein, dass ein Investor, der einen solchen Vorgang bei einer seiner Anlagen bemerkt, gut beraten ist, alle seine Kapitalanlagen noch einmal zu überprüfen um zu sehen, ob er sie wirklich auf einer gesunden Basis getätigt hat.

Es gibt einen zuverlässigen Fingerzeig für Investoren, ob das Management eines Unternehmens im Wesentlichen aus einem Mann besteht oder aus einem wohlabgestimmten Team – dieser Fingerzeig sagt allerdings nichts darüber, wie gut dieses ist. Die Gehälter der

Top-Manager aller Kapitalgesellschaften werden in den den Aktionären zugesandten Berichten veröffentlicht. Wenn das Gehalt der Nummer eins sehr viel höher ist als das der nächsten zwei oder drei Manager, ist das eine Warnung. Wenn die Gehälter sanft abfallen, ist die Situation in Ordnung.

Damit ein Investor optimale Ergebnisse erzielt, reicht es jedoch nicht aus, dass die Führungskräfte gut zusammenarbeiten und das Unternehmen in der Lage ist, Führungsnachwuchs aus den eigenen Reihen zu rekrutieren. Es sollte auch möglichst viele dieser »lebendigen Geister« geben, von denen Heller spricht – Leute mit der entsprechenden Findigkeit und der nötigen Entschlossenheit, die Dinge nicht auf ihrem gegenwärtigen, vielleicht recht zufriedenstellenden Stand zu belassen, sondern weitere bedeutende Verbesserungen zu erreichen. Solche Leute sind nicht einfach zu finden. Motorola, Inc. betreibt seit einiger Zeit ein Projekt, dem die Finanzwelt wenig oder gar keine Aufmerksamkeit gewidmet hat, das aber zeigt, wie man auf diesem Gebiet sehr viel bessere Ergebnisse erzielen kann, als gemeinhin für möglich gehalten wird.

1967 erkannte das Management von Motorola, dass die für die kommenden Jahre antizipierte Wachstumsrate ein ständiges Anwachsen der oberen Führungsebenen unvermeidlich machen würde. Man beschloss, das Problem frontal anzugehen. Noch in demselben Jahr eröffnete Motorola seine Führungskräfteakademie in Oracle, Arizona. Die Konzeption sah vor, dass abseits des Alltaggeschäftes der Büros und Fabriken des Unternehmens zwei Dinge geschehen sollten: Vielversprechende Mitarbeiter von Motorola sollten auf Gebieten abseits ihrer unmittelbaren Aufgabenbereiche weiter qualifiziert werden, um später wichtigere Aufgaben zu übernehmen; das Top-Management würde zudem so weitere Hinweise auf das Potenzial dieser Mitarbeiter erhalten.

Als die Führungsakademie gegründet wurde, bezweifelten Skeptiker in der Unternehmensführung, ob der Aufwand die Kosten lohnen würde. Der Grund für diesen Zweifel lag in der Auffassung, im gesamten Bereich von Motorola würden sich noch nicht einmal einhundert Mitarbeiter mit genügend Talent finden, um eine solche Weiterbildung vom Standpunkt des Unternehmens aus zu rechtfertigen. Die Entwicklung hat gezeigt, dass diese Skeptiker völlig falsch lagen. Die Akademie führt jährlich fünf bis sechs Lehrgänge mit jeweils vierzehn Teilnehmern durch. Mitte 1974 hatten bereits 400 Motorola-Mitarbeiter diese Kurse absolviert; eine beträchtliche Anzahl von Teilnehmern, unter ihnen einige Mitglieder des gegenwärtigen Vorstandes, bewiesen weitaus größere Fähigkeiten, als bei ihrer Zulassung zu dieser Akademie auch nur im Entferntesten vermutet worden war. Die an der Akademie tätigen Personalentwickler sind der Meinung, dass die Ergebnisse bei den neueren Jahrgängen aus Sicht des Unternehmenssogar noch günstiger sind als früher. Mit dem parallel zur Entwicklung des Unternehmens weiter anwachsenden Personalbestand bei Motorola hat es jetzt den Anschein, dass sich genug vielversprechende Mitarbeiter finden, um dieses Projekt unbegrenzt fortzusetzen. Vom Standpunkt des Investors aus zeigt dies, dass auch überdurchschnittlich schnell wachsende Unternehmen mit einem hinreichenden Maß an Findigkeit Führungsnachwuchs aus dem eigenen Personalbestand heraus entwickeln und so ihre überlegene Wettbewerbsposition aufrechterhalten können, ohne das mit einem Anwerben von hochqualifizierten Kräften von außen verbundene hohe Risiko von Friktionen und Brüchen eingehen zu müssen.

Jeder Mensch hat eine Persönlichkeit – eine Kombination besonderer Charakterzüge, die einen Mann oder eine Frau einmalig machen. Ebenso hat jedes Unternehmen seine eigenen Vorgehensweisen, einige formalisiert in Gestalt einer genau artikulierten Unternehmenspolitik, andere eher informell, die zum mindesten ein bisschen vom Rest der Unternehmen abweichen. Je erfolgreicher ein Unternehmen ist, desto höher ist die Wahrscheinlichkeit, dass es in Hinblick auf einige Aspekte seiner Unternehmenspolitik einmalig ist. Dies trifft besonders auf Unternehmen zu, die über einen beträchtlichen Zeitraum erfolgreich waren. Im Gegensatz zu einem Individuum, dessen grundlegende Charakterzüge sich nur noch wenig verändern, nachdem sie sich einmal herausgebildet haben, werden Unternehmen nicht nur von Ereignissen außerhalb des Unternehmens beeinflusst, sondern auch von der Reaktion einer ganzen Reihe unterschiedlicher Persönlichkeiten auf diese Ereignisse, Persönlichkeiten, die einander im Laufe der Zeit im Top-Management eines Unternehmens ablösen.

Wie unterschiedlich Unternehmen in Hinblick auf ihre Politik auch sein mögen, es gibt drei Elemente, die bei einem Unternehmen immer vorhanden sein müssen, wenn seine Aktien als konservative, langfristige Kapitalanlage in Frage kommen sollen.

**1. Das Unternehmen muss sich der Tatsache bewusst sein, dass sich sein Umfeld immer schneller verändert.**

Das Denken und Planen eines Unternehmens muss darauf ausgerichtet sein, aktuellen Herausforderungen zu begegnen – nicht gelegentlich, sondern immer wieder. Jedes übliche Vorgehen muss immer wieder überprüft werden, um – im Rahmen menschlicher Fehlbarkeit – sicherzustellen, dass diese Vorgehensweisen wirklich die besten sind. Bei der Anwendung neuer Methoden als Antwort auf veränderte Rahmenbedingungen müssen Risiken in Kauf genommen werden. Wie bequem dies auch scheinen mag – man darf etablierte Methoden nicht nur deshalb beibehalten, weil sie in der Vergangenheit gut funktioniert haben und den Heiligenschein der Tradition tragen. Ein Unternehmen, das starr in seinem Verhalten ist und sich nicht immer wieder selbst herausfordert, hat nur eine Entwicklungsperspektive: nach unten. Bei manch großem Unternehmen hat das Management sich im Gegensatz dazu in Richtung auf mehr Wandlungsfähigkeit umstrukturiert und so für die Aktionäre die verblüffendsten Resultate erzielt. Ein Beispiel hierfür ist die Dow Chemical Company, deren Erfolge im vergangenen Jahrzehnt jedes andere Chemieunternehmen dieses Landes, wenn nicht auf der ganzen Welt, in den Schatten stellen. Der bedeutendste Bruch mit der Vergangenheit bei Dow bestand vielleicht in der Aufteilung der Unternehmensführung nach geographischen Kriterien (Dow USA, Dow Europe, Dow Canada usw.). Man war der Ansicht, nur so lokale Probleme den lokalen Gegebenheiten entsprechend handhaben und die bürokratischen Effizienzmängel, die oft mit Größe einhergehen, vermeiden zu können. Dies führte nach den Worten des Präsidenten von Dow Europe zu folgendem Ergebnis: »Die Ergebnisse, die heutzutage eine Herausforderung für uns darstellen, sind diejenigen, die unsere eigenen [Dow] Schwesterunternehmen auf der ganzen Welt erzielen. Sie, und nicht unsere direkten Konkurrenten, fahren die Gewinne ein, die uns nach vorne treiben.« Aus der Perspektive des Investors besteht vielleicht der wichtigste Aspekt dieses Wandels nicht darin, dass er überhaupt eingeleitet wurde, sondern dass er eingeleitet wurde, als der Umsatz von Dow noch weitaus geringer war als der manch anderen multinationalen Unternehmens, das seine Erfolge auf die herkömmliche Weise erzielte. Wandel und Verbesserungen entstanden also mit anderen Worten aus innovativem Denken mit dem Ziel, ein funktionierendes System zu verbessern, und nicht als erzwungene Reaktion auf eine Krise.

Dies ist nur eine der vielen Methoden, wie dieses Pionierunternehmen mit der Vergangenheit gebrochen und seine außergewöhnlichen Wettbewerbserfolge erreicht hat. Eine weitere bestand in dem für ein Industrieunternehmen noch nie dagewesenen Schritt, erfolgreich eine eigene Bank in der Schweiz aufzubauen und so die finanziellen Bedürfnisse der Kunden auf den Exportmärkten zu bedienen. Auch hier zögerte das Management nicht, mit der Vergangenheit in einer Weise zu brechen, die anfangs einige Risiken mit sich brachte, die innere Stärke des Unternehmens aber im Endeffekt vermehrte.

Die Geschichte dieses Unternehmens bietet noch eine Menge Beispiele. Ich werde jedoch nur noch ein weiteres davon anführen, das die große Breite illustriert, über die sich solche Maßnahmen erstrecken können. Dow erkannte viel früher als die meisten anderen Unternehmen die Notwendigkeit, große Summen zur Vermeidung von Umweltverschmutzung auszugeben, kam aber zu der Auffassung, dass mit Ermahnungen durch das Top-Management allein bedeutende Ziele nicht zu erreichen seien. Notwendig war vielmehr die verlässliche Kooperation des mittleren Managements. Man kam zu der Auffassung, dies könne am besten erreicht werden, wenn die Gewinnmotivation der direkt Beteiligten angesprochen wurde. Diese Leute wurden dazu aufgefordert, Methoden zu entwickeln, wie umweltschädliche Emissionen in marktfähige Produkte verwandelt werden könnten. Der Rest ist heute schon Unternehmensgeschichte. Mit der gesamten Macht des

Top-Managements, des Produktionsmanagements und der hochqualifizierten Chemieingenieure ist Dow in verschiedenen Bereichen bei der Vermeidung von Umweltverschmutzungen führend geworden, ein Umstand, der Dow das Lob vieler Umweltgruppen eingetragen hat, die üblicherweise der Industrie eher ablehnend gegenüberstehen. Noch wichtiger ist vielleicht, dass Dow an vielen, wenn auch nicht an allen Fabrikationsstandorten eine feindselige Einstellung vermieden hat. Dabei entstanden insgesamt sehr geringe Kosten, manchmal trugen solche Maßnahmen sogar zu einem positiven Betriebsergebnis bei.

**2. Das Unternehmen muss sich bewusst und kontinuierlich darum bemühen, dass alle Mitarbeiter, von dem gerade erst eingestellten Arbeiter über die Angestellten bis zur obersten Führungsebene, das Gefühl haben, dass ihr Unternehmen tatsächlich ein guter Platz zum Arbeiten ist.**

In dieser Welt müssen die meisten von uns jede Woche viel Zeit darauf verwenden, das zu tun, was andere von uns verlangen, damit wir unser Gehalt bekommen, obwohl wir uns in dieser Zeit vielleicht lieber amüsieren oder erholen würden. Die meisten Menschen sehen die Notwendigkeit hierfür ein. Wenn die Führung eines Unternehmens nicht nur bei einigen wenigen Spitzenleuten, sondern allgemein unter den Mitarbeitern die Überzeugung schaffen kann, dass das Management alles, was vernünftigerweise von ihm erwartet werden kann, tut, um gute Arbeitsbedingungen zu schaffen und sich um die Interessen der Mitarbeiter zu kümmern, kann der Nutzen einer solchen Vorgehensweise in Gestalt höherer Arbeitsproduktivität und niedrigerer Kosten die Kosten dieser Politik bei weitem überwiegen.

Der erste Schritt in diese Richtung besteht darin zu gewährleisten (und nicht nur darüber zu sprechen), dass jeder Mitarbeiter mit Würde und Rücksichtnahme behandelt wird. Vor ungefähr einem Jahr las ich in der Zeitung, dass sich ein Gewerkschaftsfunktionär darüber beschwerte, eines der größten Unternehmen unseres Landes zwinge die Arbeiter an den Fließbändern, ihr Mittagessen mit dreckigen Händen zu sich zu nehmen, da angesichts der Zahl der zur Verfügung stehenden Waschgelegenheiten den meisten nicht genug Zeit blieb, sich vor dem Essen die Hände zu waschen. Die Aktien dieses Unternehmens kamen aus verschiedenen Gründen als Kapitalanlage für mich nicht in Frage. Daher weiß ich nicht, ob die genannte Anschuldigung auf Fakten basierte oder Ergebnis der Emotionen einer hitzigen Tarifauseinandersetzung war. Wäre diese Anschuldigung allerdings wahr, würde dies meiner Meinung nach allein schon ausreichen, die Aktien des betreffenden Unternehmens für vorsichtige Anleger für ungeeignet zu halten.

Außer der Behandlung von Mitarbeitern mit Würde und Anstand gibt es noch viele verschiedene Mittel und Wege, sich deren echte Loyalität zu sichern. Eine betriebliche Altersversorgung und Konzepte zur Gewinnbeteiligung können eine wichtige Rolle spielen. Das Gleiche gilt für gute Kommunikation auf allen Ebenen des Unternehmens. In Hinblick auf Angelegenheiten allgemeinen Interesses können häufig drohende Auseinandersetzungen vermieden werden, wenn allen nicht nur mitgeteilt wird, welche Maßnahmen ergriffen, sondern auch warum sie ergriffen werden. Zu wissen, was Leute auf den verschiedenen Ebenen eines Unternehmens denken, kann sogar noch wichtiger sein, vor allem, wenn Mitarbeiter abweichender Meinung sind. Es kann nützlich sein, wenn alle im Unternehmen das Gefühl haben, dass man seine Beschwerden Vorgesetzten gegenüber ohne Befürchtungen äußern kann, wenn auch eine solche Politik der offenen Tür nicht immer einfach beizubehalten ist, da man eine Menge Zeit mit Spinnern und Verrückten verschwendet. Wenn Beschwerden vorkommen, sollten schnell Entscheidungen über entsprechende Maßnahmen getroffen werden. Am kostspieligsten stellt sich in der Regel ein Missstand heraus, der lange vor sich hin schwelt.

Ein anschauliches Beispiel für die Vorteile, die erzielt werden können, wenn alle an einem Strang ziehen, ist das Programm »Mitarbeiter-Effektivität« von Texas Instruments. Die Geschichte dieses Programms bietet ein hervorragendes Beispiel dafür, wie ein exzellentes Management an einer solchen Politik auch dann festhält und sie perfektioniert, wenn neue Einflüsse von außen eine gewisse Umorientierung erfordern. Von Anfang an war die Führung dieses Unternehmens davon überzeugt, dass ein System, bei dem alle Mitarbeiter an Unternehmensentscheidungen zur Verbesserung der Leistung beteiligt waren, für alle Beteiligten von Nutzen sein würde, dass aber alle Beteiligten auch einen echten Gewinn aus ihrem Beitrag ziehen mussten, wenn das Interesse der Mitarbeiter an einem solchen Programm aufrechterhalten werden sollte. In den fünfziger Jahren war die Halbleiterfertigung hauptsächlich eine Sache von Handarbeit, und das eröffnete den Mitarbeitern viele Möglichkeiten für wichtige Verbesserungsvorschläge. Es wurden Konferenzen und Kurse abgehalten, in denen den Mitarbeitern in der Produktion gezeigt wurde, wie sie einzeln oder als Gruppe Wege zur Verbesserung der Fertigung finden konnten. Gewinnbeteiligungen und Auszeichnungen sorgten gleichzeitig dafür, dass die Beteiligten sowohl materiell als auch immateriell belohnt wurden. Dann kam es zur Mechanisierung dieser ehemals manuell ausgeführten Tätigkeiten. Je stärker dieser Trend wurde, desto weniger Möglichkeiten gab es für einige Varianten der individuellen Partizipation, da in gewisser Weise die Maschinen den Arbeitsablauf kontrollierten. Einige Vorarbeiter waren der Ansicht, dass auf der unteren Ebene die Zeit für eine Partizipation an Managemententscheidungen vorbei war. Die Unternehmensführung war genau der umgekehrten Meinung: Die Beteiligung der Mitarbeiter würde eine größere Rolle spielen als jemals zuvor. Jetzt würde jedoch eher eine Teamleistung gefragt sein, wobei die Arbeiter als Gruppe die mögliche Arbeitsleistung beurteilten und sich ihre eigenen Leistungsziele setzten.

Da die Arbeiter das Gefühl bekamen, dass sie (1) wirklich an Entscheidungen beteiligt waren und Entscheidungen nicht nur ausführten und dass sie (2) sowohl materiell als auch durch Auszeichnungen und Anerkennung für ihr Engagement entschädigt wurden, ergaben sich spektakuläre Ergebnisse. Ein um das andere Mal setzten sich Arbeitsgruppen beträchtlich höhere Leistungsziele, als das Management jemals in Betracht gezogen hätte. Wenn es den Anschein hatte, dass die gesetzten Ziele nicht erreicht würden oder wenn einzelne Arbeitsgruppen miteinander rivalisierten, schlugen die Arbeiter damals so unerhörte Maßnahmen wie die Kürzung von Kaffee- und Mittagspausen vor, um die Arbeit zu schaffen. Gegenüber dem Druck der Gruppe auf langsame oder faule Arbeiter, die die Erreichung der Gruppenziele gefährden, erscheint jede konventionelle Disziplinarmaßnahme unbedeutend. Es ist auch nicht etwa so, dass diese Methode nur bei den ein Leben lang an politische Demokratie gewohnten amerikanischen Arbeitern funktionierte. Sie erscheint ebenso effektiv und von allseitigem Nutzen bei anderen Völkern, welche Hautfarbe und welchen wirtschaftlichen Hintergrund sie auch haben mögen. Das Konzept der selbstgesetzten Gruppenziele wurde zwar zuerst in den USA eingeführt, ebenso überraschende Resultate wurden jedoch nicht nur bei Texas Instruments in den sogenannten Industriestaaten wie Frankreich und Japan, sondern auch in Singapur mit einer asiatischen Belegschaft und in Curaçao mit einer überwiegend farbigen Belegschaft erzielt. In allen Ländern ergeben sich verblüffende Effekte auf die Arbeitsmoral, sobald Arbeitsgruppen nicht nur direkt mit den oberen Führungsebenen sprechen, sondern auch überzeugt sein können, dass auf ihre Meinung gehört wird und ihre Kenntnisse anerkannt und gewürdigt werden.

Die Bedeutung einer solchen Methode für Investoren wurde deutlich, als der Präsident des Unternehmens, Mark Shepherd Jr., sich anlässlich der Jahreshauptversammlung 1974 an die Aktionäre wandte. Er teilte mit, dass ein Index der Mitarbeiter-Effektivität berechnet würde, der das Verhältnis der Nettoauftragseingänge zur gesamten Lohnsumme widerspiegele. Da Halbleiter – die wichtigste Produktlinie des Unternehmens – zu den wenigen Produkten gehören, deren Stückpreis in unserer inflationären Zeit ständig sinkt, und da die vom Unternehmen gezahlten Löhne Steigerungsraten zwischen 7 Prozent in den USA und 20 Prozent in Italien und Japan aufwiesen, könnte man logischerweise erwarten, dass dieser Index trotz verbesserter Arbeitsproduktivität fiele. Er stieg jedoch zwischen 1969 und 1973 von 2,25 Prozent auf 2,5 Prozent. Es wurde weiter angekündigt, dass im Zuge weiterer Verbesserungen und entsprechend wachsender Gewinnbeteiligungen das Ziel des Unternehmens für das Jahr 1980 ein Indexwert von 3,1 Prozent sei – ein Ziel, das das Unternehmen im Erfolgsfall zu einem ganz außergewöhnlich interessanten Arbeitgeber machen würde. Mit den Jahren hat Texas Instrument häufig ziemlich ambitionierte langfristige Ziele veröffentlicht, und bis heute hat es sie ziemlich zuverlässig erreicht.

Vom Standpunkt des Investors aus gibt es einige sehr wichtige Parallelen bei den drei mitarbeiterorientierten Programmen, die wir zur Illustration der zweiten Dimension eines konservativen Investments gewählt haben. Es hört sich einfach an, wie Motorola eine Führungsakademie zur Ausbildung des benötigten Führungsnachwuchses aufgebaut hat. Ebenso einfach erscheint Dows Methode, Mitarbeiter zur profitablen Bewältigung von Umweltproblemen zu motivieren, oder auch das bemerkenswerte Programm »Mitarbeiter-Effektivität« von Texas Instruments. Wenn sich ein anderes Unternehmen jedoch zur Auflegung eines solchen Programms entschließt, ist es nicht damit getan, den Vorstand zur Bereitstellung der benötigten Mittel zu bringen – die entstehenden Probleme könnten unendlich viel komplizierter sein. Solche Programme lassen sich leicht formulieren, ihre Umsetzung ist eine ganz andere Sache. Fehler können sehr teuer werden. Man kann sich leicht die Folgen ausmalen, wenn eine Führungsakademie wie die von Motorola die falschen Leute für eine Beförderung vorschlägt mit dem Ergebnis, dass die besten Nachwuchskräfte das Unternehmen enttäuscht verlassen. Oder nehmen wir an, dass ein Unternehmen ein Mitarbeiter-Effektivitäts-Programm in Gang setzt, den Mitarbeitern aber nicht das Gefühl wirklichen Beteiligtseins gibt oder die Gratifikationen nicht adäquat gestaltet, sodass sich bei den Mitarbeitern Frustrationen breit machen. Fehler in der Anwendung eines solchen Programms können ein Unternehmen in den Ruin treiben. Andererseits ergeben sich bei Unternehmen, die eine mitarbeiterorientierte Personalpolitik und die dieser Politik entsprechenden Methoden perfektionieren, immer weitere Vorteile. Für diese Unternehmen ist eine solche Personalpolitik mit ihren Instrumenten, mit der besonderen Art und Weise, an Probleme heranzugehen und sie zu lösen, in gewisser Weise ein Teil des Unternehmenseigentums. Daher sind sie für den langfristig orientierten Investor von großer Bedeutung.

### 3. Das Management muss sich den Imperativen gesunden Wachstums beugen.

Es wurde bereits gesagt, dass Unternehmen in unserer sich schnell verändernden Welt nicht statisch bleiben können. Sie müssen sich entweder verbessern, oder sie fallen zurück. Das wahre Investmentziel des Wachstums besteht nicht einfach darin, Gewinne zu machen, sondern darin, Verluste zu vermeiden. Es gibt nur sehr wenige Unternehmen, deren Management nicht behaupten wird, ein Wachstumsunternehmen zu leiten. Ein Management, das von sich behauptet, wachstumsorientiert zu arbeiten, muss dies aber nicht notwendigerweise auch tun. Viele Unternehmen haben anscheinend den unwiderstehlichen Drang, am Ende jedes Geschäftsjahres den größtmöglichen Gewinn auszuweisen, auch noch den letzten Cent aus dem Unternehmen herauszuquetschen. Ein wirklich auf Wachstum orientiertes Unternehmen kann so etwas niemals tun. Sein Ziel muss sein, genug laufende Gewinne zu machen, um eine Ausweitung der Geschäftstätigkeit zu finanzieren. Wenn für die notwendige zusätzliche finanzielle Kapazität gesorgt ist, wird ein Unternehmen, das auf lange Sicht eine Anlage wert ist, seine aktuellen Gewinne eher beschneiden und seine Prioritäten auf die Entwicklung neuer Produkte oder Prozesse oder die Initiierung neuer Produktlinien oder eine der unzähligen anderen Möglichkeiten setzen, bei denen ein heute ausgegebener Dollar viele Dollar in der Zukunft einbringen kann. Das kann die Anstellung und Ausbildung neuer Mitarbeiter sein, die ein wachsendes Unternehmen braucht, oder der Verzicht auf den größtmöglichen Gewinn bei einem bestimmten Auftrag oder die prompte Belieferung eines in Schwierigkeiten befindlichen Kunden, um sich so dessen dauernde Loyalität zu sichern. An all diesen Dingen kann ein konservativer Investor ablesen, ob das Management wirklich für den langfristigen Erfolg eines Unternehmens arbeitet oder sich nur den Anschein gibt. Wie bekannt ein Unternehmen auch sein mag – wenn von einer langfristig angelegten Wachstumsorientierung nur geredet wird, wird das Unternehmen sich nicht als günstige Anlagemöglichkeit herausstellen. Das Gleiche gilt für ein Unternehmen, das solche Prinzipien zwar verfolgt, sie aber nicht praktisch umsetzen kann, wie zum Beispiel eines, das bedeutende Mittel für die Forschung aufwendet, aufgrund von Managementfehlern aber kaum einen Gewinn daraus zieht.

# Kapitel 3

## Die dritte Dimension: Besondere Charakteristika von Kapitalanlagen in einigen Unternehmen

Die erste Dimension einer konservativen Kapitalanlage betrifft die Frage, inwieweit ein Unternehmen in den für die gegenwärtige und zukünftige Gewinnentwicklung wichtigsten Bereichen besonders gut abschneidet. Die zweite Dimension betrifft die Qualität des Managements und seiner Politik. Bei der dritten Dimension geht es um etwas ganz anderes, nämlich um die Frage, inwieweit das Unternehmen als solches für die absehbare Zukunft überdurchschnittliche Gewinne erlaubt.

Bevor wir die hierfür wesentlichen Charakteristika untersuchen, ist es vielleicht gut zu verdeutlichen, warum eine überdurchschnittliche Gewinnträchtigkeit für einen Anleger so wichtig ist, nicht nur als Quelle künftiger Gewinne, sondern zur Wahrung des Besitzstandes. Die zentrale Rolle des Wachstums in diesem Zusammenhang wurde bereits erwähnt. Wachstum kostet in vieler Hinsicht Geld. Ein Teil der sonst als Gewinn ausgewiesenen Mittel muss für Experimente, Erfindungen, Testreihen, das Marketing neuer Produkte und all die anderen operativen Kosten einer Unternehmenserweiterung aufgewendet werden, wozu auch der vollständige Verlust gehört, der bei einem gewissen Prozentsatz solcher Projekte unvermeidlich auftritt. Noch kostspieliger können notwendige Erweiterungen von Fabriken, Lagern oder Ausrüstung sein. Mit einer Zunahme der Geschäftstätigkeit werden auch zunehmende Lagerbestände erforderlich. Außer bei den wenigen Unternehmen, die nur gegen bar verkaufen, werden schließlich die Ressourcen des Unternehmens entsprechend stärker durch die zunehmenden Außenstände belastet werden. Aus all diesen Gründen muss ein Unternehmen profitabel arbeiten.

In Zeiten der Inflation wird Profitabilität noch wichtiger. Wenn Preise und Kosten auf breiter Front steigen, kann ein Unternehmen diese Kosten in der Regel über höhere Abgabepreise weitergeben. Das ist jedoch oft nicht sofort möglich. Bis dies der Fall ist, verliert ein Unternehmen mit breiter Gewinnspanne offensichtlich einen viel geringeren Anteil seiner Gewinne als ein Konkurrent mit höheren Kosten, da das weniger kostengünstig arbeitende Unternehmen wahrscheinlich vergleichbaren Kostensteigerungen ausgesetzt ist.

Profitabilität kann auf zwei Arten ausgedrückt werden. Grundlegend und Maßstab für die meisten Führungsetagen ist die Rendite auf eingesetztes Kapital. Anhand dieser Größe entscheidet ein Unternehmen sich für oder gegen ein neues Produkt oder Verfahren. Welche Rendite kann das Unternehmen bei dem in diesem Bereich investierten Teil seines Kapitals im Vergleich zu einer Investition in einem anderen Bereich erwarten? Für einen Investor ist dieser Maßstab sehr viel schwieriger zu verwenden als für einen Manager im Unternehmen. Was der Investor in der Regel wahrnimmt, ist nicht die Rendite auf einen bestimmten Geldbetrag, der in einer bestimmten Unterabteilung des Unternehmens investiert ist, sondern der Gesamtertrag des Unternehmens im Verhältnis zum gesamten Unternehmensvermögen. Wenn die Kosten für Kapitalgüter so gestiegen sind wie in den letzten vierzig Jahren, können Vergleiche von Renditen verschiedener Unternehmen durch die unterschiedlichen Preisniveaus, zu denen unterschiedliche Unternehmen größere Käufe getätigt haben, so sehr verzerrt werden, dass die Zahlen hochgradig irreführend sind. Aus diesem Grund kann es hilfreicher sein, die Gewinnspanne pro umgesetzten Dollar zu vergleichen, jedenfalls solange man einen weiteren Punkt berücksichtigt. Ein Unternehmen mit einer hohen Umsatzquote im Verhältnis zum eingesetzten Kapital kann profitabler sein als ein Unternehmen mit einem höheren Gewinnanteil am Umsatz, aber einem langsameren Umsatzumschlag. Ein Unternehmen, dessen jährlicher Umsatz das Dreifache seiner Kapitalausstattung ausmacht, kann beispielsweise eine niedrigere Gewinnspanne haben und dennoch mehr Gewinn machen als eines, das für einen Dollar Jahresumsatz einen Dollar an Kapital aufwenden muss. Während jedoch vom Standpunkt der Profitabilität aus gesehen die Investmentrendite ebenso in Betracht gezogen werden muss wie die Gewinnspanne am Umsatz, liegt unter dem Gesichtspunkt der Sicherheit einer Kapitalanlage das gesamte Gewicht auf der Gewinnspanne am Umsatz. Wenn es bei zwei Unternehmen jeweils zu einer zweiprozentigen Steigerung der Betriebskosten käme und beide die Preise nicht erhöhen könnten, würde das Unternehmen mit einer Gewinnspanne von einem Prozent Verluste machen und eventuell vom Markt verdrängt werden, während das andere Unternehmen mit einer Gewinnspanne von 10 Prozent aufgrund der gesteigerten Kosten nur ein Fünftel seiner Gewinne einbüßen würde.

Schließlich ist noch ein Umstand zu beachten, wenn diese Dimension konservativen Investierens im richtigen Licht betrachtet werden soll. In der durch Wandel und Wettbewerb geprägten Geschäftswelt von heute sind überdurchschnittliche Gewinnspannen oder hohe Kapitalrenditen so begehrt, dass sich jede Gesellschaft, die dieses Ziel für eine nennenswerte Zeit realisierten kann, mit einer Vielzahl potenzieller Konkurrenten konfrontiert sieht. Wenn diese potenziellen Konkurrenten tatsächlich auf dem betreffenden Markt aktiv werden, beschneiden sie den Marktanteil des auf diesem Markt etablierten Unternehmens. Wenn aus einer potenziellen Konkurrenz aktuelle Konkurrenz wird, führt der daraus entstehende Kampf um Umsatzanteile in der Regeln zu einer mehr oder weniger ausgeprägten Verringerung der bis dato existierenden hohen Gewinnspanne. Hohe Gewinnspannen gleichen einem offenen Honigglas im Besitz des erfolgreichen Unternehmens. Der Honig wird unvermeidlich einen Schwarm hungriger Insekten anlocken, die sich an ihm laben wollen. In der Geschäftswelt gibt es nur zwei Möglichkeiten, wie ein Unternehmen den Inhalt seines Honigglases vor den Konkurrenzinsekten schützen kann. Die eine Möglichkeit besteht in einem Monopol und ist in der Regel illegal, es sei denn, das Monopol beruht auf einem geschützten Patent. Wie dem auch sei, Monopolstellungen fallen gewöhnlich schnell und empfehlen sich nicht für besonders sichere Investitionen. Die andere Möglichkeit, wie das Unternehmen mit dem Honigglas die Insekten fern halten kann, besteht darin, so viel effizienter als andere zu arbeiten, dass es keinen Anreiz für aktuelle oder potenzielle Konkurrenten gibt, die bestehende Konstellation zu verändern.

Wir wollen jetzt von dieser Diskussion der Hintergründe relativer Profitabilität zum Kern der dritten Dimension konservativen Investierens vordringen – den besonderen Charakteristika, die es gewissen gut geführten Unternehmen möglich machen, überdurchschnittliche Gewinnspannen mehr oder weniger unbegrenzt aufrechtzuerhalten. Am bekanntesten ist in diesem Zusammenhang der von Geschäftsleuten als »economies of scale« bezeichnete Faktor, bei dem es um Effekte im Zusammenhang mit der Größe eines Unternehmens geht. Ein einfaches Beispiel hierfür: Ein gut geführtes Unternehmen, das eine Million Einheiten im Monat produziert, arbeitet oft mit geringeren Stückkosten als ein Unternehmen, das nur 100 000 Einheiten im Monat herstellt. Der Unterschied in den Stückkosten zwischen diesen beiden Unternehmen, von denen eines zehnmal größer ist als das andere, kann von einer Branche zur anderen beträchtlich variieren. In manchen Branchen mag es so gut wie gar keinen Unterschied geben. Zudem sollte man niemals vergessen, dass in jeder Branche das größere Unternehmen den größtmöglichen Vorteil nur dann realisieren kann, wenn es außergewöhnlich gut geführt ist. Je größer ein Unternehmen ist, desto schwieriger ist es, es effizient zu leiten. Die typischen Vorteile, die mit der Größe eines Unternehmens einhergehen, werden oft durch die Ineffektivitäten wieder wettgemacht oder sogar überkompensiert, die sich aus zu vielen bürokratischen Ebenen im mittleren Management, den entsprechenden Verzögerungen im Entscheidungsprozess oder der offensichtlichen Unfähigkeit von Top-Managern in den größten Unternehmen ergeben, schnell zu bestimmen, wo in den verschiedenen Bereichen ihrer breit gefächerten Unternehmen korrigierend eingegriffen werden muss.

Wenn ein Unternehmen andererseits einmal die führende Position nicht nur im Umsatz, sondern auch in der Profitabilität auf seinem Gebiet erreicht hat, behält es diese Position in der Regel inne, solange es weiterhin kompetent geführt wird. Wie bei der Erörterung der zweiten Dimension konservativen Investierens erwähnt, muss die Unternehmensführung die Fähigkeit behalten, das Steuer herumzureißen, wenn es das sich ständig wandelnde Umfeld des Unternehmens erfordert. Es gibt eine Denkschule im Investment, die dazu rät, Aktien des in einem bestimmten Bereich zweit- oder drittplatzierten Unternehmens zu kaufen, da »diese Unternehmen noch die Nummer eins werden können, während der Marktführer das schon ist und vielleicht zurückfällt«. In einigen Branchen hat das größte Unternehmen keine klare Führungsposition; hat es diese Position jedoch, so widersprechen wir dieser Ansicht entschieden. Unserer Beobachtung zufolge ist es Westinghouse nach langjährigen Versuchen nicht gelungen, General Electric zu überholen; Montgomery Ward hat Sears nicht überholt, und nachdem IBM seinen Bereich des Computermarkts klar dominiert, haben auch die äußersten Anstrengungen einiger der größten Unternehmen des Landes – darunter General Electric – IBM seinen überwältigenden Marktanteil nicht entreißen können. Ebenso wenig konnten eine Menge kleiner und preisgünstiger Anbieter von peripheren Geräten IBM aus seiner Stellung als größtes und profitabelstes Unternehmen in jener Phase der Computerindustrie verdrängen.

Was setzt ein Unternehmen in den Stand, sich diesen Größenvorteil zu verschaffen? In der Regel ist es der Umstand, als erster ein neues Produkt oder eine neue Dienstleistung auf einem interessanten Markt anzubieten und diese Position dann durch gutes Marketing und guten Service, verbesserte Produkte und gelegentliche Werbung zu untermauern, damit die Kunden zufrieden bleiben und wiederkommen. So entsteht häufig eine Situation, in der neue Kunden sich nur deshalb an den Marktführer wenden, weil dessen Leistungsfähigkeit oder Produktqualität einen solchen Ruf genießt, dass niemand einen Käufer dafür kritisieren wird, dass er seine Kaufentscheidung zugunsten dieses Unternehmens getroffen hat. Niemand wird jemals erfahren, wie viele Mitarbeiter von Unternehmen, die zum ersten Mal einen EDV-Einsatz planten, sich auf dem Höhepunkt der Versuche anderer Unternehmen, in das Geschäft von IBM einzubrechen, eher für IBM als für einen kleineren Konkurrenten ausgesprochen haben, obwohl sie privat der Ansicht waren, der kleinere Konkurrent sei besser und billiger. Dabei war das vorherrschende Motiv wahrscheinlich das Gefühl, wenn später etwas schief liefe, würde man niemanden kritisieren, der den Marktführer vorgeschlagen hätte, während man bei einem Problem mit einer kleineren Firma ohne etablierte Reputation ganz schön in der Klemme steckte.

In der Pharmaindustrie wird gesagt, dass bei der Einführung eines interessanten neuen Arzneimittels das Unternehmen, das als erstes damit auf dem Markt ist, einen Marktanteil von 60 Prozent bekommt und behauptet und so den weitaus höchsten Gewinn macht. Das nächste Unternehmen, das ein Konkurrenzprodukt herausbringt, erreicht vielleicht einen Marktanteil von 25 Prozent und macht einen mittelmäßigen Gewinn. Die nächsten drei Unternehmen auf dem Markt teilen sich vielleicht 10 bis 15 Prozent Marktanteil und machen magere Gewinne. Alle weiteren neuen Anbieter finden sich in einer ziemlich ungünstigen Position. Diese Quoten geraten vielleicht durch einen Trend zur Substitution von Markenartikeln durch Generika in Bewegung und es gibt auch keine genaue Formel für andere Branchen. Ein Investor sollte dieses Beispiel jedoch im Hinterkopf behalten, wenn er versucht zu beurteilen, welche Unternehmen einen natürlichen Vorteil in Bezug auf Profitabilität haben und welche nicht.

Niedrigere Produktionskosten und eine höhere Attraktivität für Neukunden aufgrund eines anerkannten Markennamens sind nicht die einzigen Möglichkeiten, wie die Größe eines Unternehmens zu einer Stärkung seiner Wettbewerbsfähigkeit führen kann. Es ist interessant, einige der Faktoren zu untersuchen, die hinter der starken Investment-Position des Suppenbereiches der Campbell Soup Company stehen. Als größter Hersteller von Dosensuppen kann dieses Unternehmen zunächst einmal durch eine vertikale Integration seine Gesamtkosten in einer Weise senken, wie dies ein kleineres Unternehmen nicht kann. Ein Beispiel dafür ist die Herstellung von eigenen Dosen genau nach den eigenen Bedürfnissen. Wichtiger ist, dass Campbell einen so großen Teil des Marktes bedient, dass das Unternehmen Dosensuppen an strategischen Orten im ganzen Land herstellen kann, was zu einem bedeutenden doppelten Vorteil führt: sowohl der Weg der Rohprodukte in die Fabrik als auch der Weg der fertigen Suppen in den Supermarkt ist im Durchschnitt kürzer. Da Dosensuppen im Verhältnis zum Preis ein hohes Gewicht haben, sind die Frachtkosten bedeutend. Ein kleineres Unternehmen mit nur ein oder zwei Fabrikationsstätten hat dabei im Wettbewerb auf dem landesweiten Markt einen bedeutenden Nachteil. Wahrscheinlich am allerwichtigsten ist aber, dass Campbell ein bekanntes und vom Kunden verlangtes Produkt ist, sodass der Einzelhändler diesem Produkt einen bevorzugten und großen Teil seiner knappen Präsentationsfläche einräumt. Demgegenüber tut ein Einzelhändler dasselbe für einen weniger bekannten oder gar unbekannten Konkurrenten nur sehr widerstrebend. Die bevorzugte Präsentation hilft beim Verkauf der Suppe und ist ein weiterer Faktor, der den Marktführer an der Spitze hält, ein für potenzielle Konkurrenten außergewöhnlich entmutigender Faktor. Ebenfalls entmutigend ist Campbells Werbeetat, der den Preis jeder Dose sehr viel weniger in die Höhe treibt als ein solches Budget das bei einem Konkurrenten mit viel kleinerer Produktion tun würde. Aus Gründen wie den genannten sind bei diesem Unternehmen starke inhärente Kräfte am Werk, die eine Absicherung der Gewinnspannen bewirken. Um das Bild aber vollständig zu machen, müssen wir auch einige gegenläufige Einflüsse berücksichtigen. Wenn Campbells eigene Kosten steigen, wie das in einer inflationären Periode gut der Fall sein kann, können die Ladenpreise nicht stärker erhöht werden als es der durchschnittlichen Preisentwicklung bei Lebensmitteln entspricht, oder es könnte zu einer Nachfrageverlagerung von Suppen auf andere Erzeugnisse kommen. Noch wichtiger ist, dass Campbell einen Konkurrenten hat, mit dem die meisten anderen Unternehmen sich nicht auseinandersetzen müssen und der den Markt für Campbell bedeutend beschneiden kann. Dabei haben wir es mit der amerikanischen Hausfrau zu tun, die im Kampf um ihr Haushaltsgeld dazu übergeht, ihre Suppe selbst zu kochen. Dieser Aspekt soll nur deutlich machen, dass auch bei bedeutenden Wettbewerbsvorteilen aufgrund überlegener Größe und einem gut geführten Unternehmen diese Faktoren für sich genommen nicht ausreichen, um eine außergewöhnliche Gewinnträchtigkeit des Unternehmens zu sichern.

Größe ist keineswegs der einzige Investmentfaktor, der die höhere Gewinnträchtigkeit und die höhere Attraktivität für Anleger, die einige Unternehmen besitzen, anderen gegenüber aufrechterhält. Ein weiterer solcher Faktor, der unserer Meinung nach von besonderem Interesse ist, liegt in der Schwierigkeit, mit einem sehr erfolgreichen, etablierten Produzenten auf einem technologischen Gebiet zu konkurrieren, das nicht auf einer Wissenschaftsdisziplin, sondern auf dem Zusammenspiel von zwei oder noch besser von mehreren unterschiedlichen Disziplinen beruht. Nehmen wir zur Erläuterung dieses Punktes einmal an, dass jemand ein elektronisches Produkt entwickelt, das bedeutende neue Märkte in den Bereichen Computer oder Instrumentenbau zu öffnen verspricht. Es gibt genügend hochqualifizierte Unternehmen in beiden Bereichen, deren Experten sowohl die Hardware als auch die Software dieser neuen Produkte duplizieren können. Wenn der neue Markt interessant genug erscheint, wird sich bald ausreichend Konkurrenz entwickeln, um die Gewinne des kleinen innovativen Unternehmens recht dürftig werden zu lassen. In solchen Bereichen hat ein erfolgreiches großes Unternehmen einen weiteren inhärenten Vorteil. Viele solcher Produktlinien sind nicht verkäuflich, wenn nicht ein Netz von Servicepersonal eine schnelle Reparatur solcher Produkte am Wohnort des Kunden garantiert. Ein großes, etabliertes Unternehmen verfügt in der Regel über solch ein Kundendienstnetz. Für ein kleines, junges Unternehmen mit einem lohnenden neuen Produkt ist es außergewöhnlich schwierig und teuer, solch ein Netz aufzubauen. Noch schwieriger kann es für das Unternehmen sein, einen potenziellen Kunden davon zu überzeugen, dass das Unternehmen nicht nur über die finanzielle Standfestigkeit verfügt, ein solches Netz zum Zeitpunkt des Verkaufs zur Verfügung zu haben, sondern es auch zukünftig aufrechtzuerhalten. Diese Faktoren haben es in der Vergangenheit in den meisten Bereichen der Elektronikindustrie für fast alle neuen Anbieter interessanter Produkte schwierig gemacht, eine führende Position zu erreichen, und in der Zukunft wird dies wahrscheinlich noch komplizierter werden. Der Grund hierfür liegt darin, dass Halbleiter einen immer größeren Teil der Produkte und des technischen Knowhow in diesem Bereich ausmachen. Die führenden Unternehmen der Halbleiterproduktion verfügen über mindestens ebenso viel technologische Kompetenz wie die alten führenden Computer- und Gerätehersteller, wenn sie als Wettbewerber auf neuen, großteils von der Elektronik geprägten Märkten auftreten. Ein Beispiel hierfür ist der Erfolg von Texas Instruments auf dem sensationell wachsenden Markt von Taschenrechnern ebenso wie es die Schwierigkeiten sind, mit denen einige der frühen Pioniere auf diesem Gebiet zu kämpfen haben.

Die Situation ändert sich jedoch, wenn die Herstellung eines Produkts nicht nur technologische Kompetenz im Hard- und Softwarebereich, sondern die Kombination dieser Kenntnisse mit ganz anderen wie zum Beispiel solchen auf dem Gebiet der Kernphysik oder in einem Spezialbereich der Chemie erfordert. Die großen Elektronikunternehmen verfügen einfach nicht über eine solche interdisziplinäre technologische Kompetenz. Das gibt gut geführten Unternehmen mit technologischen Innovationen eine viel bessere Möglichkeit, sich bei ihrem bestimmten Produkt eine Führungsposition aufzubauen, die eine breite Gewinnspanne zumindest so lange garantiert, wie die Kompetenz des Managements nicht abfällt. Ich glaube, dass einige dieser multidisziplinären Technologieunternehmen, bei denen nicht immer die Elektronik eine bedeutende Rolle spielt, sich in neuerer Zeit als die besten Möglichkeiten für weitsichtiges Investment herausgestellt haben. Ich glaube auch, dass es in Zukunft noch weitere solcher Möglichkeiten geben wird. So könnten zum Beispiel neue führende Unternehmen auf der Basis von Produkten oder Prozessen entstehen, die auf der Kombination der Biologie mit anderen Disziplinen beruhen, wenn ich auch gegenwärtig so ein Unternehmen noch nicht kennengelernt habe. Das bedeutet noch nicht, dass es keines gibt.

Technologische Entwicklung und Unternehmensgröße sind nicht die einzigen Aspekte der Aktivitäten eines Unternehmens, bei denen ungewöhnliche Umstände die Voraussetzungen für anhaltend hohe Gewinnspannen schaffen können. Unter gewissen Bedingungen kann dies auch im Marketing- und Vertriebsbereich geschehen. Ein Beispiel hierfür ist ein Unternehmen, bei dem die Kunden fast automatisch wieder bestellen, sodass es für einen Konkurrenten ziemlich unwirtschaftlich wird, einen Einbruch in diesen Markt zu versuchen. Dazu müssen zwei Bedingungen erfüllt sein. Erstens muss das genannte Unternehmen einen guten Ruf aufgebaut haben in Bezug auf die Qualität und Verlässlichkeit eines Produkts, das (a) für die Aktivitäten des Kunden sehr wichtig ist, das (b) bei minderer Qualität oder Funktionsfehlern ernste Probleme auslösen würde, bei dem (c) andere Anbieter nur ein kleines Marktsegment bedienen, sodass das führende Unternehmen im öffentlichen Bewusstsein fast synonym mit dem Produkt geworden ist, und das doch (d) nur einen sehr geringen Anteil der Betriebskosten des Kunden ausmacht. Damit bringen geringe Preisnachlässe dem Kunden nämlich auch nur eine geringe Einsparung, verglichen mit den Risiken, die es mit sich bringt, einen unbekannten Anbieter auszuprobieren. Aber auch das kann noch nicht sicherstellen, dass ein Unternehmen mit einer solch bevorzugten Position sich Jahr für Jahr überdurchschnittlicher Gewinnspannen erfreuen kann. Es muss – zweitens – auch noch über ein Produkt verfügen, das an viele kleine Kunden und nicht an einige Großabnehmer verkauft wird. Diese Kunden müssen so spezieller Natur sein, dass ein potenzieller Konkurrent sie wahrscheinlich nicht über Werbemedien wie Zeitungen oder Fernsehen erreichen kann. Sie bilden dann einen Markt, von dem das führende Unternehmen nur durch individuelle Vertreterbesuche verdrängt werden kann, jedenfalls so lange, wie es die Qualität seiner Produkte und Dienstleistungen aufrechterhält. Ein solcher Aufwand wird jedoch durch den geringen Umfang einer einzelnen Bestellung ökonomisch nicht gerechtfertigt. Ein Unternehmen mit all diesen Pluspunkten kann über sein Marketing eine überdurchschnittliche Gewinnspanne fast unbegrenzt aufrechterhalten, bis ein tiefgreifender technologischer Wandel (oder, wie gesagt, nachlassende Effizienz) es verdrängt. Solche Unternehmen finden sich am häufigsten im Zuliefererbereich der Hochtechnologie. Eines ihrer Charakteristika besteht darin, regelmäßig technische Seminare über den Einsatz ihres Produktes zu veranstalten, ein sehr effektives Marketinginstrument, sobald ein Unternehmen eine solche Position erreicht hat.

Man sollte beachten, dass eine »überdurchschnittliche« Gewinnspanne oder eine »außergewöhnliche« Rendite nicht ein Vielfaches der allgemein in der Branche erzielten Erträge sein muss, auch gar nicht sein sollte, um die Aktien eines Unternehmens für einen Anleger attraktiv zu machen. Wenn der Gewinn oder die Rendite zu spektakulär sind, kann das eine Gefahrenquelle darstellen, da der Anreiz dann für alle möglichen Unternehmen fast unwiderstehlich sein kann, um einen Anteil an diesem ungewöhnlichen Honigtopf zu konkurrieren. Im Gegensatz dazu reicht eine gegenüber dem nächstbesten Konkurrenten um 2 oder 3 Prozentpunkte höhere Gewinnspanne aus, das Unternehmen zu einer hervorragenden Anlagemöglichkeit zu machen.

Die dritte Dimension einer echten konservativen Kapitalanlage lässt sich so zusammenfassen: Man braucht nicht nur qualifizierte Mitarbeiter, wie bei der zweiten Dimension erörtert, diese Mitarbeiter (oder ihre Vorgänger) müssen das Unternehmen auch in Bereiche lenken, wo es inhärente Faktoren in den besonderen wirtschaftlichen Gegebenheiten der entsprechenden Branchen oder Märkte gibt, die eine überdurchschnittliche Gewinnspanne nicht nur kurzfristig möglich machen. Einfach ausgedrückt muss man in Bezug auf die dritte Dimension die folgende Frage stellen: »Was kann das betreffende Unternehmen tun, was andere nicht ebenso gut tun könnten?« Wenn die Antwort »fast gar nichts« lautet, können andere Unternehmen sich ihren Anteil am wirtschaftlichen Erfolg des betreffenden Unternehmens zu ungefähr gleichen Bedingungen sichern. Damit ist die Schlussfolgerung klar, dass die Aktien des Unternehmens vielleicht preiswert, aber keine lohnende Kapitalanlage in Hinblick auf unsere dritte Dimension sind.

# Kapitel 4

## Die vierte Dimension: Der Preis für ein konservatives Investment

Bei der vierten Dimension einer Kapitalanlage in Aktien geht es um das Kurs-Gewinn-Verhältnis, also um das Verhältnis des aktuellen Kurses zu den Erträgen je Aktie. Bei dem Versuch zu beurteilen, ob das Kurs-Gewinn-Verhältnis einer richtigen Bewertung dieser Aktie entspricht, zeigen sich Schwierigkeiten. Die meisten Anleger, unter ihnen auch einige Anlageprofis, die es besser wissen sollten, geraten an diesem Punkt in Verwirrung, da sie nicht genau verstehen, warum eine Aktie um einen signifikanten Betrag steigt oder fällt. Investoren, die später feststellen, dass sie Aktien zu Preisen gekauft haben, die sie niemals hätten zahlen sollen, haben aufgrund dieser Unkenntnis schon Milliarden von Dollar verloren. Noch höhere Milliardenbeträge sind verloren gegangen, wenn Investoren zur falschen Zeit und aus falschen Gründen Aktien verkauft haben, die sie weiter hätten halten sollen und die dann als langfristige Kapitalanlage außergewöhnlich profitabel gewesen wären. Ein weiteres Ergebnis dieser Unkenntnis kann die Fähigkeit solider Unternehmen zur Kapitalaufnahme am Aktienmarkt ernsthaft gefährden, mit den entsprechenden Konsequenzen für unseren Lebensstandard: Jedes Mal, wenn der Kurs einer bestimmten Aktie tief einbricht, gibt eine neue Schar geschädigter Anleger dem System die Schuld für ihr Unglück, statt sich nach den eigenen Fehlern oder denjenigen ihrer Berater zu fragen, und kommt zu dem Schluss, dass Aktien generell nicht zur Anlage von Ersparnissen geeignet sind.

Die andere Seite der Medaille ist die, dass sich viele Anleger finden, die über die Jahre einen beträchtlichen Gewinn dadurch erzielt haben, dass sie die richtigen Aktien über einen langen Zeitraum hinweg halten. Ihr Erfolg kann darauf zurückgehen, dass sie die grundlegenden Regeln der Kapitalanlage beherrschen. Oder sie haben einfach nur Glück gehabt. Der gemeinsame Nenner ihres Erfolges ist jedoch die Weigerung, gewisse ungewöhnlich gute Aktien nur deshalb zu verkaufen, weil sie so schnell und so hoch im Kurs gestiegen sind, dass ihr Kurs-Gewinn-Verhältnis gegenüber dem, woran sich die Investmentwelt gewöhnt hatte, plötzlich hoch erscheint.

Bedenkt man die Bedeutung dieser Dinge, dann ist es wirklich bemerkenswert, dass so wenige Anleger tiefer gebohrt und nach dem Grund für solche steilen Kursanstiege gesucht haben. Und doch kann das Gesetz, nachdem sich solche Kursbewegungen richten, ziemlich einfach formuliert werden: Jede bedeutende Kursänderung einer einzelnen Aktie im Verhältnis zum Kursniveau insgesamt geht auf eine veränderte Bewertung dieser Aktie durch die Finanzwelt zurück.

Wir wollen sehen, wie das praktisch funktioniert. Vor zwei Jahren galt das Unternehmen G als recht durchschnittlich. Die Erträge pro Aktie betrugen $1 und die Aktie wurde zu einem Kurs-Gewinn-Verhältnis von 10 gehandelt, also zu $10. Während dieser letzten beiden Jahre war die Gewinnentwicklung bei den meisten Unternehmen der betreffenden Branche negativ. Eine Reihe hervorragender neuer Produkte und eine breitere Gewinnspanne bei den alten Produkten führten jedoch dazu, dass das Unternehmen G im letzten Jahr einen Ertrag von $1,40 und in diesem Jahr von $1,82 pro Aktie erzielen und für die nächsten Jahre weitere Zuwächse versprechen konnte. Die Veränderungen im Unternehmen, die zu diesem scharfen Kontrast zwischen der Entwicklung bei G und bei den anderen Unternehmen der Branche führten, konnten natürlich nicht erst vor zwei Jahren begonnen haben, sondern mussten sich schon seit längerem vollziehen; andernfalls hätte es nicht zu dem effizienteren Betrieb und den hervorragenden neuen Produkten kommen können. Die verspätete Erkenntnis (d. h. Bewertung), wie gut G in Bezug auf unsere ersten drei Dimensionen dasteht, hat jetzt jedoch das Kurs-Gewinn-Verhältnis auf 22 steigen lassen. Verglichen mit Aktien anderer Unternehmen mit einer ähnlichen überdurchschnittlichen Charakterisierung und vergleichbaren Wachstumsaussichten erscheint dieses Kurs-Gewinn-Verhältnis von 22 auch gar nicht hoch. Da das Zweiundzwanzigfache von $ 1,82 den Betrag von $ 40 ergibt, ist hier eine Aktie berechtigterweise innerhalb von 2 Jahren auf 400 Prozent gestiegen. Als genauso wichtig gilt es, dass eine Entwicklung wie bei G in der Regel ein Anzeichen dafür ist, dass jetzt ein funktionierendes Managementteam am Werk ist und auf Jahre hinaus ein kontinuierliches Wachstum bewirken kann. Dieses Wachstum, und sei es auch nur mit durchschnittlich 15 Prozent pro Jahr in den kommenden ein oder zwei Jahrzehnten, kann dann leicht zu Gewinnen führen, die eher in die Tausende als in die Hunderte von Prozenten gehen.

Die Frage der »Bewertung« ist der Kernpunkt, wenn man die scheinbare Unberechenbarkeit der Kurs-Gewinn-Verhältnisse verstehen will. Man sollte niemals vergessen, dass eine Bewertung ja ein subjektiver Akt ist. Sie hat nicht notwendigerweise etwas damit zu tun, was in der Welt um uns geschieht. Sie hat vielmehr damit etwas zu tun, wie die Person, die die Bewertung durchführt, die Welt um uns sieht, wie falsch ihre Sichtweise auch sein mag. Mit anderen Worten gesagt, steigt oder fällt eine bestimmte Aktie zu einem bestimmten Zeitpunkt nicht, weil in dem betreffenden Unternehmen etwas geschieht oder geschehen wird. Sie steigt oder fällt entsprechend dem gerade bestehenden Konsens der Finanzwelt in der Frage, was geschieht oder geschehen wird, ohne Rücksicht darauf, wie irrig diese Auffassung angesichts der tatsächlichen gegenwärtigen oder zukünftigen Entwicklungen sein mag.

An diesem Punkt schlägt manch ein Pragmatiker die Hände über dem Kopf zusammen. Wenn die weitreichenden Kursveränderungen einzelner Aktien nur auf veränderte Bewertungen der Finanzwelt zurückgehen, und wenn diese Bewertungen manchmal überhaupt nichts mit der Realität in dem betreffenden Unternehmen zu tun haben, welche Bedeutung haben dann die anderen drei Dimensionen? Welche Rolle spielen die Qualität des Managements, wissenschaftliche Technologie, Finanzwesen und das alles? Sollte man sich nicht einfach auf Psychologen verlassen?

Bei der Antwort spielt der Zeitfaktor eine Rolle. Aufgrund einer von den Fakten nicht gedeckten Bewertung der Finanzwelt kann eine Aktie für einen beträchtlichen Zeitraum weit über oder unter ihrem inneren Wert gehandelt werden. Darüber hinaus laufen viele in der Finanzwelt gern einem Leitwolf hinterher, vor allem dann, wenn dieser Leitwolf eine der großen Banken von New York City ist. Das kann manchmal dazu führen, dass sich eine Aktie, die aufgrund einer unrealistischen Bewertung weit über dem Kurs gehandelt wird, den eine an den Fakten orientierte Evaluation rechtfertigen würde, für lange Zeit auf diesem hohen Kursniveau stabilisiert. Sie kann von diesem unrealistisch hohen Kursniveau aus sogar noch weiter steigen.

Diese großen Diskrepanzen zwischen der Bewertung einer Aktie durch die Finanzwelt und den tatsächlichen Gegebenheiten in Bezug auf diese Aktie können über mehrere Jahre andauern. Die Seifenblase platzt jedoch immer – manchmal nach ein paar Monaten, manchmal erst nach sehr viel längerer Zeit. Wenn eine Aktie aufgrund unrealistischer Erwartungen zu hoch gehandelt wird, sind früher oder später immer mehr Aktionäre das Warten leid. Ihre Verkäufe überwiegen bald bei weitem die Kaufkraft der kleinen Zahl von Anlegern, die immer noch der alten Bewertung vertrauen. Der Kurs der Aktie stürzt ab. Manchmal ist die darauf folgende neue Bewertung realistisch. Da die Neubewertung sich jedoch unter dem Eindruck fallender Kurse vollzieht, ist sie häufig ins Negative verzerrt. Das Ergebnis ist eine neue Bewertung der Aktie in der Finanzwelt, die deutlich ungünstiger ist, als es die Fakten rechtfertigen würden, und die nun wieder für einige Zeit vorherrscht. Wenn dies geschieht, ist die Entwicklung jedoch ganz ähnlich wie im umgekehrten Fall, nur mit dem Unterschied, dass der Prozess jetzt in die andere Richtung verläuft. Wieder kann es Monate oder Jahre dauern, bis ein günstigeres Bild das alte verdrängt. Mit dem angenehmen Ansteigen der Erträge ist dies jedoch früher oder später der Fall.

Glückliche Aktionäre – nämlich die, die nicht sofort verkaufen, sobald die Aktie zu steigen beginnt – profitieren dann von dem Phänomen mit dem günstigsten Verhältnis von Risiko und Gewinn, das der Aktienmarkt zu bieten hat. Hierbei handelt es sich um die dramatischen Kursgewinne, die sich aus der Kombination eines stetigen Anstiegs der Erträge pro Aktie und eines gleichzeitigen, steilen Anstiegs des Kurs-Gewinn-Verhältnisses ergeben. Wenn sich die Finanzwelt richtigerweise der Tatsache bewusst wird, dass das Unternehmen im

Grunde einen viel höheren Investmentwert hat, als sein altes Image dies ausdrückt, ist der daraus resultierende Anstieg des Kurs-Gewinn-Verhältnisses häufig eine noch wichtigere Determinante für den Kursanstieg der Aktie als der diesen begleitende Anstieg der Erträge pro Aktie. Das ist genau das, was im Falle unseres Unternehmens G geschehen ist.

Wir sind jetzt in der Lage, eine zuverlässige Perspektive in Bezug auf den Grad an Konservatismus bei einem Investment zu entwickeln – das heißt in Bezug auf das grundlegende Risiko bei jedem Investment. Am untersten Ende der Risikoskala steht das Unternehmen, das in Bezug auf die ersten drei Dimensionen überdurchschnittlich gut abschneidet, gegenwärtig jedoch von der Finanzwelt zu niedrig bewertet wird und daher ein niedrigeres Kurs-Gewinn-Verhältnis aufweist, als die grundlegenden Fakten es rechtfertigen. Ein solches Unternehmen ist das geeignetste für ein kluges Investment. Etwas riskanter und in der Regel immer noch ziemlich geeignet für eine intelligente Kapitalanlage ist ein Unternehmen, das in Bezug auf die ersten drei Dimensionen überdurchschnittlich gut abschneidet und ein Image und daher ein Kurs-Gewinn-Verhältnis aufweist, die mit den grundlegenden Fakten einigermaßen übereinstimmen. Ein solches Unternehmen wird weiterhin wachsen, wenn es wirklich die vermuteten Eigenschaften aufweist. Wenn wir uns auf der Risikoskala weiter nach oben bewegen, stoßen wir auf Unternehmen, die in Bezug auf die ersten drei Dimensionen ebenso gut abschneiden, deren Qualitäten aber in der Finanzwelt fast schon Legende sind, und die daher höher bewertet und zu einem höheren Kurs-Gewinn-Verhältnis gehandelt werden, als sogar ihre fundamentalen Stärken es rechtfertigen. Das sind Aktien, die von konservativen Aktionären in der Regel gehalten werden sollten, sofern sie sie bereits besitzen, die man aber nicht neu kaufen sollte.

Meiner Meinung nach gibt es gute Gründe dafür, die Aktien der letztgenannten Gruppe weiter zu halten, obwohl ihr Kurs zu hoch scheint. Wenn die Grundlagen dieser Unternehmen wirklich stark sind, werden die Gewinne dieser Unternehmen mit der Zeit nicht nur so weit steigen, dass sich die gegenwärtigen Kurse rechtfertigen, sondern dass sich sogar noch höhere Kurse rechtfertigen. Zudem ist die

Zahl in Hinblick auf die ersten drei Dimensionen wirklich attraktiver Unternehmen ziemlich gering. Unterbewertete Unternehmen sind nicht leicht zu finden. Das Risiko, einen Fehler zu begehen, indem man sein Kapital in ein Unternehmen verlagert, das den ersten drei Dimensionen zu genügen scheint, dies aber tatsächlich nicht tut, ist für den durchschnittlichen Anleger wahrscheinlich viel größer als das vorübergehende Risiko, eine durch und durch gesunde, aber gegenwärtig überbewertete Anlage aufrechtzuerhalten, bis der tatsächliche Wert das aktuelle Preisniveau einholt. Anleger, die in dieser Frage meiner Meinung sind, müssen auf gelegentliche scharfe Kontraktionen beim Marktwert dieser zeitweise überbewerteten Aktien gefasst sein. Andererseits habe ich beobachtet, dass diejenigen, die solche Aktien verkaufen, um auf den geeigneten Moment zum Rückkauf derselben Aktien zu warten, ihr Ziel nur selten erreichen. Sie warten in der Regel auf einen größeren Kurssturz, als er sich tatsächlich ereignet. Nach einigen Jahren erreicht die im Grunde ja starke Aktie beträchtlich höhere Werte als die, bei denen damals verkauft wurde, und die Anleger verpassen diese spätere Entwicklung und haben sich vielleicht für Anlagemöglichkeiten mit beträchtlich schlechterer innerer Qualität entschieden.

Der nächste Schritt nach oben auf unserer Skala steigenden Risikos führt uns zu Unternehmen, die in Bezug auf die ersten drei Dimensionen durchschnittlich oder relativ schlecht abschneiden und von der Finanzwelt dementsprechend oder schlechter bewertet werden. Aktien mit einer schlechteren Bewertung, als ihre Grundlagen dies rechtfertigen, können gute Spekulationsobjekte sein, sie eignen sich aber nicht für einen klugen Investor. In unserer schnelllebigen Zeit ist die Gefahr ungünstiger Entwicklungen mit ernsten Folgen für solche Aktien zu groß.

Schließlich kommen wir zur gefährlichsten aller Gruppen: Unternehmen mit einem viel besseren Image in der Finanzwelt, als dies durch die unmittelbare Situation gegenwärtig gerechtfertigt ist. Der Erwerb solcher Aktien kann diejenigen schweren Verluste verursachen, die Anleger dazu bringen, dem Aktienmarkt in Scharen den Rücken zu kehren, und die Investmentbranche in ihren Grundfesten erschüttern. Wer an einer Fallstudie über die Unterschiede zwischen den Bewertungen manchmal recht bekannter Unternehmen in der Finanzwelt und den später ans Licht kommenden tatsächlichen Grundlagen dieser Unternehmen interessiert ist, wird in einer Wirtschaftsbibliothek oder in den Akten der größeren Wall Street-Makler reichhaltiges Material finden. Es ist alarmierend, wenn man die Gründe liest, mit denen einige Maklerberichte den Kauf solcher Aktien empfehlen, und dann die in diesen Berichten beschriebenen Perspektiven mit der tatsächlichen Entwicklung vergleicht. Eine unvollständige Liste solcher Unternehmen könnte unter anderem die folgenden aufführen: Memorex (Höchststand 173 ⅞), Ampex (49 ⅞), Levitz Furniture (60 ½), Mohawk Data Sciences (111), Litton Industries (101 ¾), Kalvar (176 ½).

Diese Liste könnte man immer weiter fortführen. Weitere Beispiele würden jedoch immer nur dasselbe beweisen. Wie wichtig es ist, auf Unterschiede zwischen der aktuellen Bewertung eines Unternehmens in der Finanzwelt und seinen grundlegenden Charakteristika zu achten, sollte jedoch jetzt offenkundig geworden sein. Nützlicher kann es für uns sein, die Eigenschaften dieser Bewertungen von Unternehmen durch die Finanzwelt genauer zu betrachten. Um Missverständnisse zu vermeiden, scheint es jedoch zunächst ratsam, zwei Begriffe zu definieren, die sich in unserer Formulierung des Gesetzes über die größeren Kursveränderungen bei Aktien finden: Jede bedeutende Kursänderung einer einzelnen Aktie im Verhältnis zum Kursniveau insgesamt geht auf eine veränderte Bewertung dieser Aktie durch die Finanzwelt zurück.

Hier wird der Begriff »bedeutende Kursänderung« benutzt, statt nur »Kursänderung« zu sagen. Damit sollen die kleineren Kursschwankungen ausgeschlossen werden, zu denen es zum Beispiel kommt, wenn ein ungeschickter Makler ein Paket von zwanzigtausend Aktien auf den Markt wirft mit dem Ergebnis, dass die Aktie ein oder zwei Punkte fällt und sich nach Abschluss der Verkäufe für gewöhnlich wieder erholt. Ebenso kann manchmal ein institutioneller Käufer zu der Ansicht gelangen, bei einer neuen Kapitalanlage sei eine Mindestanzahl von Aktien erforderlich. Das Ergebnis ist häufig ein einmaliger kleiner Kursanstieg der betreffenden Aktie, der den Abschluss des Kaufs nicht lange überdauert. Bei solchen Kursänderungen geht es nicht um eine wirklich veränderte Bewertung eines Unternehmens in der Finanzwelt insgesamt und dementsprechend haben sie auch keinen bedeutenden oder langfristigen Einfluss auf die Aktienkurse. Solche kleinen Kursschwankungen legen sich für gewöhnlich, sobald der entsprechende Verkauf oder Kauf abgeschlossen ist.

Unter dem Begriff »Finanzwelt« sind alle diejenigen zu verstehen, die fähig und hinreichend interessiert sind, eventuell eine bestimmte Aktie zu einem bestimmten Preis zu kaufen oder zu verkaufen, wobei zu berücksichtigen ist, dass hinsichtlich des Einflusses auf den Kurs die Bedeutung eines jeden dieser potenziellen Käufer oder Verkäufer mit der Kaufkraft oder Marktmacht zu gewichten ist, die er ausüben kann.

# Kapitel 5
# Mehr über die vierte Dimension

Bis zu diesem Punkt der Überlegungen zur Bewertung einer Aktie in der Finanzwelt mag es den Anschein haben, dass diese Bewertung nicht mehr als die isolierte Evaluation einer bestimmten Aktie darstellt. Das ist zu sehr vereinfacht. Tatsächlich resultiert eine solche Evaluation aus dem Zusammenfließen von drei getrennten Bewertungen: der aktuellen Bewertung der Finanzwelt in Hinblick auf die Attraktivität von Aktien insgesamt, der Bewertung der Branche, zu der das betreffende Unternehmen gehört und schließlich der Bewertung des Unternehmens selbst.

Beginnen wir mit der Branchenbewertung. Jeder weiß, dass es über einen langen Zeitraum hinweg einen beträchtlichen Rückgang im Kurs-Gewinn-Verhältnis geben kann, das die Finanzwelt für die Partizipation an einem bestimmten Industriezweig zahlt. Dieser Rückgang entspricht der Entwicklung des Industriezweigs von einem frühen Stadium, in dem sich für die Zukunft große Marktpotenziale abzeichnen, bis zu einer Spätphase, in der der Industriezweig selbst von neuen Technologien bedroht werden kann. So wurden in den frühen Jahren der Elektronikindustrie Unternehmen, die Röhren herstellten – damals das grundlegende Bauelement aller elektronischen Geräte – zu sehr hohen Kurs-Gewinn-Verhältnissen gehandelt. Diese Kurs-Gewinn-Verhältnisse gingen drastisch zurück, als das Aufkommen der Halbleitertechnik den Röhrenmarkt immer enger werden ließ. Aus demselben Grund erlitten Hersteller von Magnetspeichern in jüngerer Zeit das gleiche Schicksal. All dies ist offensichtlich und wird gut verstanden. Nicht so offensichtlich und ähnlich gut verstanden ist, wie das Image einer Branche in der Finanzwelt nicht aufgrund solch übermächtiger Einflüsse steigt oder fällt, sondern weil die Finanzwelt zu einem bestimmten Zeitpunkt bestimmte Rahmenbedingungen stärker bewertet als andere. Dabei können beide Gruppen von Rahmenbedingungen für eine ganze Zeit von Bedeutung gewesen sein, und bei beiden mögen auch alle Anzeichen darauf hindeuten, dass sie diese Bedeutung auch in absehbarer Zukunft noch haben werden.

Ein Beispiel hierfür ist die Chemieindustrie. Von der Weltwirtschaftskrise bis in die Mitte der fünfziger Jahre wurden die Aktien der größten amerikanischen Chemieunternehmen im Vergleich zu den meisten anderen Aktien zu einem recht hohen Kurs-Gewinn-Verhältnis gehandelt. Das Image dieser Unternehmen in der Finanzwelt hätte man in einem Comic als endloses Förderband darstellen können. An einem Ende standen Wissenschaftler, die in ihren Reagenzgläsern atemberaubende neue Verbindungen herstellten. Diese Verbindungen durchliefen mysteriöse und kaum nachzuahmende Fabriken und kamen dann am anderen Ende als großartige neue Produkte wie Nylon, DDT, Kunststoff, schnelltrocknende Farbe und unzählige andere neue Materialien heraus, die anscheinend eine sichere und ständig wachsende Quelle des Wohlstands für ihre glücklichen Hersteller waren. Dann kamen die 60er Jahre und das Bild wandelte sich. Für die Finanzwelt glich die Chemieindustrie auf einmal der Stahl-, Zement- oder Papierindustrie: Sie verkaufte Massenprodukte auf der Grundlage technischer Spezifikationen, sodass die Chemikalien von Meier mehr oder weniger identisch mit denen von Müller waren. In kapitalintensiven Branchen herrscht normalerweise ein hoher Druck zur Kapazitätsauslastung, damit sich die umfangreichen langfristigen Investitionen amortisieren können. Dies führt häufig zu einem intensiven Preiswettbewerb und schrumpfenden Gewinnspannen. Das gewandelte Image der Branche bewirkte, dass die Aktien der großen Chemieunternehmen bis ungefähr 1972 zu einem relativ gesehen signifikant niedrigeren Kurs-Gewinn-Verhältnis gehandelt wurden als in der Vergangenheit. Das Kurs-Gewinn-Verhältnis von Chemieaktien war zwar immer noch beträchtlich höher als in vielen anderen Branchen, es begann sich jedoch dem Kurs-Gewinn-Verhältnis in solchen wie der Stahl-, Papier- und Zementindustrie anzugleichen.

Das Bemerkenswerte an der ganzen Sache ist, dass es mit einer wichtigen Ausnahme in den grundlegenden Rahmenbedingungen dieser Branche in den 60er Jahren keine Unterschiede gegenüber der Situation in den drei vorhergehenden Jahrzehnten gab. Es gab zwar in der zweiten Hälfte der 60er Jahre in gewissen Bereichen wie zum Beispiel Kunstfasern einen hohen Überschuss; dies brachte vorübergehend eine deutliche Belastung der Gewinne einiger führender Chemieunternehmen mit sich, vor allem bei DuPont. Aber die Grundlagen der Branche hatten sich in keiner Weise in einem Ausmaß gewandelt, das den recht drastischen Imagewandel der Chemieindustrie in der Finanzwelt hätte erklären können. Die meisten Chemieprodukte waren immer technischen Spezifikationen entsprechend verkauft worden, sodass Meier selten höhere Preise als Müller verlangen konnte. Andererseits bescherten die 60er und 70er Jahre der Branche einen ständig expandierenden Markt, wie die große Zahl neuer und stark verbesserter Pestizide, Verpackungsmaterialien und Arzneimittel zeigt. Der Geist des Menschen scheint über fast unbegrenzte Möglichkeiten zu verfügen, Moleküle so zusammenzufügen, dass sich in der Natur nicht vorhandene Produkte mit besonderen Eigenschaften ergeben, die die menschlichen Bedürfnisse besser oder billiger befriedigen als die bislang benutzten natürlichen Materialien.

Schließlich ist sowohl in der vergangenen Periode des positiven Images der Chemieindustrie als auch in der jüngeren Zeit mit ihrer gesunkenen Wertschätzung dieser Branche ein weiterer Faktor fast konstant geblieben. Die älteren und voluminöseren Chemieprodukte, die in gewisser Weise den ersten Schritt bei der Herstellung von Produkten aus Grundstoffen wie Salz oder Kohlenwasserstoffen repräsentieren, waren unvermeidlicherweise Produkte, die nach Spezifikationen verkauft wurden und in einem Preiswettbewerb untereinander standen. Für ein tüchtiges Unternehmen bestand damals wie heute jedoch immer die Möglichkeit, aus diesen Vorprodukten komplexere und teurere Produkte herzustellen. Diese Produkte konnten dann zumindest für eine gewisse Zeit auf sehr viel exklusiverer und damit weniger wettbewerbsintensiver Basis verkauft werden. Sobald sich der Preiswettbewerb bei solchen Produkten dann verschärfte, haben tüchtige Unternehmen wiederum neue Produkte auf den Markt gebracht, bei denen höhere Gewinnspannen zu erzielen waren.

Alle positiven Faktoren, auf denen die bevorzugte Position der

Chemieaktien in der Finanzwelt beruhte, hatten also auch dann noch Bestand, als die Branche ihren hohen Status einbüßte. Auch die ungünstigen Faktoren, die in den 60er Jahren auf einmal im Vordergrund standen, waren in den Jahrzehnten zuvor schon existent, sie wurden nur weithin ignoriert. Nicht die Fakten, die Perspektive hatte sich verändert.

Auch die Fakten können sich jedoch verändern. Seit der Mitte des Jahres 1973 gewannen die Chemieaktien ihr verlorenes Ansehen in der Finanzwelt langsam wieder. Der Grund hierfür war eine neue Sicht der Branche. In einer von Knappheit geplagten Wirtschaft, wie sie die führenden Industrienationen (mit Ausnahme von Kriegszeiten) erstmals in ihrer jüngeren Geschichte erlebten, kann die Produktionskapazität nur schrittweise erhöht werden; es kann daher Jahre dauern, bis es wieder zu einem scharfen Preiswettbewerb kommt. Mit dieser Konstellation beginnt für den an Chemieaktien interessierten Anleger ein völlig neues Spiel. Das Problem für Anleger besteht jetzt darin zu entscheiden, ob die grundlegenden Fakten das neue Image der Chemiebranche rechtfertigen, und falls ja, ob Chemieaktien im Verhältnis zum Aktienmarkt insgesamt zu hoch oder noch nicht hoch genug gestiegen sind.

Die jüngere Finanzgeschichte bietet zahllose andere Beispiele weit einschneidenderer Veränderungen im Kurs-Gewinn-Verhältnis aufgrund von fundamental veränderten Bewertungen der Rahmenbedingungen einer Branche durch die Finanzwelt, obwohl sich in der Branche faktisch so gut wie nichts verändert hat. Im Jahr 1969 waren die Aktien der Gerätehersteller im Bereich Computer-Peripherie äußerst beliebt. Dabei handelte es sich um Unternehmen, die die zu einer möglichst nutzbringenden Computeranwendung benötigten Geräte im Umfeld eines Zentralrechners herstellten. Zu den bedeutenderen Produkten dieser Branche zählten Hochgeschwindigkeitsdrucker, zusätzliche Speicher und Tastaturen, die die Eingabe über Lochkarten überflüssig machten. Damals herrschte die Einschätzung vor, dass es für diese Unternehmen eine fast unbegrenzte Zukunft gäbe. Während die Entwicklung des Zentralrechners weitgehend abgeschlossen war und der entsprechende Markt von einigen großen, etablierten Unternehmen dominiert wurde, würden kleine unabhängige Unternehmen in der Lage sein, die großen im Bereich der Computer-Peripherie zu unterbieten. Heute herrscht eine neue Sicht der Dinge vor, die die finanzielle Belastung von kleinen Firmen berücksichtigt, wenn ihre Produkte eher geleast als gekauft werden, sowie die Entschlossenheit der großen Computerhersteller, um den Markt für Peripheriegeräte zu kämpfen. Haben sich hier die Grundlagen geändert, oder ist es die Bewertung der Grundlagen, die sich geändert hat?

Ein außergewöhnliches Beispiel für eine veränderte Bewertung bietet die Einschätzung der Grundlagen der Franchising-Branche und damit der Aktien solcher Unternehmen in der Finanzwelt im Jahr 1969 verglichen mit der Einschätzung im Jahr 1972. Wie bei den Herstellern von peripheren EDV-Geräten waren alle Probleme dieser Branche bereits vorhanden, als Aktien aus diesem Bereich zu einem außergewöhnlich hohen Kurs-Gewinn-Verhältnis gekauft wurden; solange das vorherrschende Bild der Branche das eines erfolgreichen und unbegrenzt wachsenden Unternehmens war, sah man über diese Probleme allerdings hinweg.

In der gesamten Frage des Images eines Unternehmens hat ein Anleger immer dasselbe Problem. Ist die vorherrschende Bewertung günstiger oder weniger günstig, als es die wirtschaftlichen Fakten rechtfertigen, oder entspricht sie diesen Fakten ungefähr? Manchmal kann dies auch für die findigsten Investoren ein akutes Problem darstellen. Ein Beispiel hierfür ereignete sich im Dezember 1958, als Smith, Barney & Co., traditionell konservative Investment-Banker, sich als erste auf Neuland vortasteten und einen Schritt wagten, der heute als reine Routine erscheint, damals aber genau das Gegenteil zu sein schien: Sie machten ein öffentliches Angebot für die Aktien von A. C. Nielsen. Dieses Unternehmen besaß keine Fabriken, stellte kein fassbares Produkt her und verfügte daher nicht über Lagerbestände. Es war im Dienstleistungssektor tätig und verdiente sein Geld mit Informationen aus dem Bereich der Marktforschung, mit denen es seine Kunden belieferte. Sicher genossen Banken und Versicherungsunternehmen 1958 schon seit langem ein hohes Ansehen als Branchen, die für konservatives Investment in Frage kamen. Diese Branchen waren aber mit

A. C. Nielsen kaum vergleichbar. Da der Buchwert einer Bank oder eines Versicherungsunternehmens in Bargeld, liquiden Mitteln oder Forderungen besteht, konnte sich ein Anleger bei einem solchen Unternehmen an einem harten Kern von Wert orientieren, den es bei dieser Art eines neu in der Finanzwelt auftauchenden Dienstleistungsunternehmens nicht gab. Eine Untersuchung der Position von A. C. Nielsen zeigte jedoch die außergewöhnlich guten Grundlagen des Unternehmens. Dazu zählten ein ehrliches und fähiges Management, eine einzigartig starke Wettbewerbsposition sowie gute Wachstumsaussichten auf viele Jahre hinaus. Bis man wusste, wie die Finanzwelt auf ein solches Unternehmen reagierte, schien es jedoch Gründe für eine Zurückhaltung beim Kauf solcher Anteile zu geben. Würde es Jahre dauern, bis eine realistische Bewertung des Investment-Wertes eines solchen Unternehmens an die Stelle der Verunsicherung trat, die auf das Fehlen einiger vertrauter Wertmaßstäbe zurückging? In einer Zeit, in der ein Unternehmen wie A. C. Nielsen seit Jahren zu Kurs-Gewinn-Verhältnissen gehandelt wird, die eine sehr positive Investment-Bewertung widerspiegeln, mag dies lächerlich erscheinen. Damals stand die Konzeption eines Dienstleistungsunternehmens jedoch so sehr im Gegensatz zu den gewohnten Vorstellungen, dass diejenigen von uns, die auf der Basis der Bewertung der Grundlagen des Unternehmens die Chance ergriffen und Anteile des Unternehmens kauften, ungefähr das Gefühl hatten, sie sprängen von einem Kliff um zu sehen, ob die Luft sie trägt. Tatsächlich schwang das Pendel nach ein paar Jahren in die andere Richtung aus. Die Gewinne von A. C. Nielsen wuchsen und wuchsen, und an der Wall Street setzte sich eine neue Orientierung durch. Eine große Zahl in ihren wirtschaftlichen Grundlagen sehr unterschiedlicher Dienstleistungsunternehmen verschmolz in den Augen der Finanzwelt zum Bild eines hoch attraktiven Dienstleistungssektors. Einige Unternehmen wurden zu einem höheren Kurs-Gewinn-Verhältnis gehandelt, als es gerechtfertigt gewesen wäre. Mit der Zeit setzten sich – wie immer – die wirtschaftlichen Fakten durch und der falsche Eindruck, der entstanden war, weil man ganz unterschiedliche Unternehmen in einen Korb geworfen hatte, verblasste.

Einen Punkt kann man nicht genug betonen: Ein konservativer Investor muss sich über die Art der aktuellen Bewertung jeder ihn interessierenden Branche in der Finanzwelt im Klaren sein. Er sollte kontinuierlich überprüfen, ob diese Einschätzung signifikant nach oben oder unten von der Bewertung abweicht, die auf der Basis der wirtschaftlichen Grundlagen gerechtfertigt erscheint. Nur wenn er diese Frage richtig beurteilt, kann er sich hinsichtlich einer der drei Variablen ziemlich sicher sein, die langfristig die Kursentwicklung von Aktien aus dieser Branche bestimmen.

# Kapitel 6

# Noch mehr über die vierte Dimension

Die Bewertung der besonderen Charakteristika eines Unternehmens in den Augen der Finanzwelt stellt einen noch wichtigeren Faktor für das Kurs-Gewinn-Verhältnis dar als die Bewertung der Branche, in der das Unternehmen tätig ist. Die unter Investment-Gesichtspunkten wünschenswertesten Charakteristika eines Unternehmens sind bei den Überlegungen zu den ersten drei Dimensionen einer konservativen Kapitalanlage erörtert worden. Im Allgemeinen ist das Kurs-Gewinn-Verhältnis umso höher, je enger die Bewertung einer Aktie in den Augen der Finanzwelt diesen Charakteristika entspricht. In dem Maße, in dem die Bewertung hinter diese Standards zurückfällt, sinkt das Kurs-Gewinn-Verhältnis. Welche Aktien in bedeutendem Umfang unter- oder überbewertet sind, kann ein Investor am besten feststellen, indem er genau untersucht, inwieweit die realen Fakten über das betreffende Unternehmen eine bedeutend bessere oder bedeutend schlechtere Investment-Konstellation erkennen lassen als das aktuell in der Finanzwelt gezeichnete Bild.

Bei der Beurteilung der Attraktivität von zwei oder mehr Aktien im Verhältnis zueinander geraten Anleger oft in Verwirrung, weil sie dieses Problem mittels eines zu einfachen mathematischen Ansatzes zu lösen trachten. Nehmen wir zum Beispiel an, es werden zwei Unternehmen miteinander verglichen, die nach sorgfältiger Prüfung eine jährliche Gewinnsteigerung mit einer Rate von 10 Prozent versprechen. Wenn das eine Unternehmen zu einem Kurs-Gewinn-Verhältnis von 10 und das andere von 20 gehandelt wird, scheint die Aktie, die zu einem Kurs-Gewinn-Verhältnis von 10 gehandelt wird, billiger zu sein. Das kann der Fall sein. Oder auch nicht. Dafür gibt es eine Reihe von Gründen. Das Unternehmen mit der billigeren Aktie kann eine Kapitalstruktur aufweisen, die die Gefahr eines Einbruchs der erwarteten Wachstumsrate viel größer erscheinen lässt – zum Beispiel infolge von Zinszahlungen und Vorzugsdividenden, die bedient werden müssen, bevor der Stammaktionär zu seinem Recht kommt. Ebenso kann es aus rein wirtschaftlichen Gründen bei dem einen Unternehmen eher zu einer nicht erwarteten Entwicklung kommen als bei dem anderen, auch wenn die angenommene Wachstumsrate die wahrscheinlichste Perspektive für beide Aktien ist.

Eine weitere und sehr viel weniger bekannte Möglichkeit, zu falschen Schlussfolgerungen zu kommen, besteht darin, sich auf den einfachen Vergleich des Kurs-Gewinn-Verhältnisses zweier Aktien zu verlassen, die vergleichbare Wachstumschancen zu versprechen scheinen. Zur Illustration dieser These wollen wir annehmen, dass es zwei Aktien mit einer gleichermaßen begründeten Aussicht auf eine Verdoppelung ihres Gewinns in den kommenden vier Jahren gibt, die beide mit einem Kurs-Gewinn-Verhältnis von zwanzig gehandelt werden, während andere Unternehmen der Branche, die gesund sind, aber keine Wachstumsperspektiven aufweisen, mit einem Kurs-Gewinn-Verhältnis von 10 gehandelt werden. Nehmen wir weiter an, dass vier Jahre später eine der beiden Aktien für die nächste Zeit ziemlich dieselben Wachstumsaussichten aufweist wie vier Jahre zuvor, sodass die Einschätzung der Finanzwelt dahin geht, dass sich bei dieser Aktie der Gewinn in vier Jahren wiederum verdoppelt haben wird. Das bedeutet, dass diese Aktie immer noch zum Zwanzigfachen der in den vergangenen vier Jahren verdoppelten Gewinne gehandelt würde, oder anders ausgedrückt, dass der Kurs der Aktie sich in diesem Zeitraum ebenfalls verdoppelt hätte. Zum selben Zeitpunkt, also vier Jahre nach Beginn unseres Beispiels, hätten sich bei der zweiten Aktie ebenfalls die Erträge verdoppelt, ganz wie erwartet, aber bei dieser Aktie erwartet die Finanzwelt für die kommenden vier Jahre gleichbleibende Erträge bei einem ansonsten in jeder Hinsicht gesunden Unternehmen. Für die Aktionäre des zweiten Unternehmens wäre die Marktentwicklung enttäuschend, obwohl sich die Verdoppelung der Gewinne in vier Jahren genauso vollzogen hätte wie vorhergesagt. Mit der Bewertung »keine Ertragssteigerung in den nächsten vier Jahren« würde das Kurs-Gewinn-Verhältnis der zweiten Aktie auf 10 fallen. Damit wäre der Kurs der Aktie gleich geblieben, obwohl sich die Erträge verdoppelt hätten. All dies lässt sich zu einer Grundregel des Investments zusammenfassen: Je weiter in die Zukunft hinein ein Gewinnwachstum erwartet wird, desto höher ist das Kurs-Gewinn-Verhältnis, zu dem ein Anleger kaufen kann.

Diese Regel sollte jedoch mit großer Vorsicht angewendet werden. Man sollte niemals vergessen, dass die tatsächlichen Unterschiede im Kurs-Gewinn-Verhältnis nicht daraus resultieren, was wirklich geschehen wird, sondern daraus, was die Finanzwelt im Augenblick für die wahrscheinlichste Entwicklung hält. In einer Zeit des allgemeinen Optimismus am Aktienmarkt kann eine Aktie zu einem außergewöhnlich hohen Kurs-Gewinn-Verhältnis gehandelt werden, da die Finanzwelt richtigerweise viele Jahre mit hohem Wachstum voraussieht. Bevor dieses Wachstum aber vollständig eingetreten ist, müssen etliche Jahre verstreichen. Das hohe Wachstum, das sich richtigerweise im Kurs-Gewinn-Verhältnis widergespiegelt hat, wird dies für eine Weile nicht mehr tun, vor allem wenn das Unternehmen einen vorübergehenden Rückschlag erleidet, wie er auch in den besten Unternehmen nicht ungewöhnlich ist. Wenn am Aktienmarkt eine pessimistische Stimmung vorherrscht, kann ein solcher Kurseinbruch auch bei den besten Investments recht extreme Ausmaße erreichen. Wenn eine solche Situation eintritt, stellt sie für den geduldigen Investor, der zwischen aktuellem Marktimage und tatsächlichen Fakten zu unterscheiden weiß, eine der attraktivsten Möglichkeiten dar, mit Aktien langfristige und hohe Gewinne bei relativ geringem Risiko zu erzielen.

Ein eindrucksvolles Beispiel dafür, wie findige Anleger einen Wechsel in der Einschätzung eines Unternehmens durch die Finanzwelt vorherzusehen versuchen, ereignete sich am 13. März 1974. Am Vortag betrug der Kurs von Motorola-Aktien an der New Yorker Börse bei Börsenschluss 48 ⅝. Am 13. März schlossen Motorola mit 60, ein Gewinn von fast 25 Prozent! Was war geschehen? Nach Börsenschluss wurde am 12. März bekanntgegeben, dass sich Motorola aus dem Fernsehgeschäft zurückziehen und seine Fertigungsanlagen in den USA sowie seine Lagerbestände ungefähr zum Buchwert an Matsushita verkaufen würde, einen großen japanischen Hersteller.

Nun war allgemein bekannt gewesen, dass Motorola im Fernsehgeschäft geringe Verluste machte, die die Gewinne des Unternehmens belasteten. Das allein würde einen Kursanstieg aufgrund der Meldung vom 12. März rechtfertigen, kaum allerdings das Ausmaß, in dem dieser Kursanstieg eintrat. Die wesentlichen Kaufmotive waren erheblich komplexerer Natur. Schon seit einiger Zeit war ein beträchtlicher Teil der Anleger der Meinung gewesen, dass Motorolas Gewinn bringende Unternehmensbereiche, vor allem der Bereich Telekommunikation, das Unternehmen zu einem der wenigen Elektronikunternehmen in den USA machten, die einen wirklich hochrangigen Investment-Status aufwiesen. So hatten zum Beispiel Spencer Trask and Co. einen Bericht des Wertpapieranalysten Otis Bradley herausgegeben, der sich detailliert mit den Investmentvorzügen des Telekommunikationsbereiches von Motorola auseinandersetzte. Dieser Bericht wählte den ungewöhnlichen Ansatz, das gegenwärtige und geschätzte zukünftige Kurs-Gewinn-Verhältnis nicht für Motorolas Gewinne insgesamt, sondern nur für diesen einen Bereich zu berechnen. Der geschätzte Umsatz und das Kurs-Gewinn-Verhältnis dieses Bereiches wurde mit den entsprechenden Werten von Hewlett Packard und Perkin-Elmer verglichen, die vom Investment-Standpunkt aus gewöhnlich zu den besten Elektronikunternehmen gerechnet werden. Aus dem Bericht konnte leicht die (nicht wörtlich enthaltene) Schlussfolgerung gezogen werden, dass die Investmentqualität der Telekommunikationsabteilung allein schon den gegenwärtigen Kurs der Motorola-Aktie rechtfertigte, sodass ein Käufer der Aktie faktisch den Rest des Unternehmens umsonst dazu bekam.

Was kann angesichts dieser Einschätzung von Motorola in führenden Finanzkreisen die Ursache für die hektischen Aktienkäufe gewesen sein, die auf die Matsushita-Meldung folgten? Motorola-Anhänger wussten schon lange, dass viele in der Finanzwelt die Aktie wegen des ihr anhaftenden Images eines Fernsehgeräteherstellers ablehnten. Die meisten Finanzleute dachten zuerst an Fernsehen, wenn sie »Motorola« hörten, und erst in zweiter Linie an Halbleiter. Standard & Poors Aktienhandbuch gab zum Zeitpunkt der Matsushita-Meldung als Hauptgeschäftsfeld von Motorola »Radio & TV; Halbleiter« an. Beides war zwar nicht falsch, aber irreführend, da es auf ein anderes Unternehmen schließen ließ, als Motorola es wirklich war, und den sehr wichtigen Telekommunikationsbereich, der damals fast das halbe Unternehmen ausmachte, völlig überging.

Nach der Matsushita-Meldung kauften einige die Aktie zweifellos nur, weil die Meldung eine gute Nachricht darstellte und daher mit einem Anziehen des Kurses gerechnet werden konnte. Ein beträchtlicher Teil Käufe kann aber wohl auf die Überzeugung zurückgeführt werden, dass die Bewertung des Unternehmens durch die Finanzwelt sehr viel weniger günstig war, als die Fakten es eigentlich gerechtfertigt hätten. Im Fernsehgeschäft wurde Motorola immer eher unter »ferner liefen« gehandelt denn als eines der führenden Unternehmen wie Zenith. Als jetzt der Fernsehbereich nicht mehr den Blick der Investoren auf den Rest des Unternehmens verstellte, wurde mit einem Imagewandel des Unternehmens und einem damit verbundenen sehr viel höheren Kurs-Gewinn-Verhältnis gerechnet.

War es klug, zu diesem höheren Kurs Motorola-Aktien zu kaufen? Nicht ganz. In den folgenden Wochen verlor die Aktie ihre anfänglichen Gewinne wieder, sodass eine gewisse Geduld sich ausgezahlt hätte. Auf Baissemärkten setzt sich die Imageverschlechterung eines Unternehmens in der Finanzwelt viel schneller durch als eine Imageverbesserung. Das Gegenteil gilt für Haussemärkte. Die durch die Matsushita-Meldung motivierten Käufer von Motorola-Aktien hatten das Pech, dass es in den unmittelbar darauffolgenden Wochen zu einem steilen Anstieg des Zinssatzes für kurzfristige Kredite kam mit der Folge eines Abwärtstrends am Aktienmarkt, der die bereits vorherrschende Baisse-Psychologie noch akzentuierte.

Vielleicht arbeitete auch noch ein zweiter Umstand gegen diejenigen, die über Nacht Motorola-Aktien ergatterten. Dieser Umstand gehört zu den subtilsten und gefährlichsten im gesamten Investment-Bereich; sogar der versierteste Anleger muss hier ständig auf der Hut sein. Wenn eine Aktie für lange Zeit auf einem bestimmten Kursniveau gehandelt worden ist, zum Beispiel zwischen einem Tiefstand von 38 und einem Höchstwert von 43, entwickelt sich eine fast unwiderstehliche Tendenz, dieses Preisniveau als Ausdruck des tatsächlichen Wertes einer Aktie anzusehen. Wenn es dann, nachdem sich die gesamte Finanzwelt an diesen »Wert« der Aktie gewöhnt hat, zu einer Neubewertung der Aktie kommt und der Kurs beispielsweise auf 24 sinkt, stürzen sich alle möglichen Käufer auf diese Aktie, obwohl sie es eigentlich besser wissen müssten. Sie ziehen sofort die Schlussfolgerung, dass die Aktie jetzt ja billig sein müsse. Wenn die Grundlagen des Unternehmens, das hinter der Aktie steht, aber schlecht genug aussehen, kann die Aktie mit 24 immer noch sehr hoch stehen. Wenn hingegen eine solche Aktie auf beispielsweise 50, 60 oder 70 steigt, ist der Drang zu verkaufen und jetzt, da die Aktie »hoch« steht, einen Profit zu machen, für viele Leute unwiderstehlich. Diesem Druck nachzugeben, kann sehr teuer kommen. Die wirklich lohnenden Gewinne bei Kapitalanlagen in Aktien ergeben sich nämlich aus dem Besitz von Aktien, die zu der überraschend großen Gruppe der Aktien gehören, die auf ein Vielfaches ihres ursprünglichen Wertes gestiegen sind. Der einzig wahre Test dafür, ob eine Aktie »billig« oder »teuer« ist, besteht nicht in einem Vergleich ihres aktuellen Kurses mit einem früheren Kurs, egal, wie sehr wir uns an diesen früheren Kurs gewöhnt haben, sondern in der Beantwortung der Frage, ob die wirtschaftlichen Grundlagen des betreffenden Unternehmens bedeutend besser oder schlechter sind, als es der gegenwärtigen Bewertung der Aktie in Finanzkreisen entspricht.

Wie bereits erwähnt gibt es bei der Meinungsbildung in der Finanzwelt außer der Einschätzung der Branche und des betreffenden Unternehmens noch ein drittes Element. Nur wenn alle drei Elemente zusammenfließen, kann man zutreffend beurteilen, ob eine Aktie zu einem bestimmten Zeitpunkt billig oder teuer ist. Dieses dritte Element betrifft die Situation auf dem Aktienmarkt im Allgemeinen. Um die recht extremen Auswirkungen zu verstehen, die solche allgemeinen Bewertungen in manchen Perioden haben können, und sich klar zu machen, wie weit solche Einschätzungen von der Wahrheit abweichen können, ist es vielleicht gut, sich mit den beiden in dieser Hinsicht extremsten Situationen in diesem Jahrhundert auseinanderzusetzen. Wenn es uns heute auch lächerlich erscheinen mag, so war doch in den Jahren zwischen 1927 und 1929 die Mehrheit der Finanzwelt tatsächlich der Ansicht, man befände sich in einer »neuen Ära«. Seit Jahren stiegen die Gewinne der meisten amerikanischen Unternehmen mit monotoner Regelmäßigkeit. Nicht nur waren schwere Wirtschaftskrisen eine Sache der Vergangenheit geworden, sondern noch dazu war ein großer Ingenieur und Geschäftsmann, Herbert Hoover, zum Präsidenten gewählt worden. Von seiner Kompetenz erwartete man für die Zukunft noch größere wirtschaftliche Erfolge. Unter diesen Bedingungen hielten viele es für einfach unmöglich, mit dem Besitz von Aktien Verluste zu machen. Viele, die so hohe Gewinne wie nur möglich auf diese sichere Art machen wollten, kauften auf Kredit, um mehr Aktien zu bekommen, als sie sich sonst hätten leisten können. Wir alle wissen, was geschah, als die Wirklichkeit diese Einschätzung des Aktienmarktes einholte. Das Elend der Weltwirtschaftskrise und der Baissemarkt der Jahre 1929 bis 1932 wird noch lange in Erinnerung bleiben.

In die entgegengesetzte Richtung verlief die ebenso spektakulär falsche Einschätzung der Finanzwelt bezüglich Aktien als Kapitalanlage in den drei Jahren zwischen Mitte 1946 und Mitte 1949. Die Ertragslage der meisten Unternehmen sah sehr gut aus. Der damals gängigen Bewertung folgend wurden Aktien jedoch zum niedrigsten Kurs-Gewinn-Verhältnis seit vielen Jahren gehandelt. Die Finanzwelt war der Meinung, dass diese Gewinne »nichts bedeuteten«, dass sie »nur vorübergehend« waren und in der sicher zu erwartenden nächsten Krise stark schrumpfen oder ganz verschwinden würden. In Finanzkreisen erinnerte man sich daran, dass auf den Bürgerkrieg die Panik von 1873 gefolgt war, die den Auftakt für eine bis 1879 anhaltende schwere Krise gebildet hatte. Nach dem Ersten Weltkrieg war es zu dem noch schlimmeren Crash von 1929 und weiteren sechs Jahren der Krise gekommen. Da der Zweite Weltkrieg weitaus größere Anstrengungen verlangt und daher zu größeren Verwerfungen in der Wirtschaft geführt hatte als der Erste Weltkrieg, nahm man an, dass ein noch schlimmerer Crash als 1929 und eine noch tiefere Krise bevorstünden. So lange wie diese Bewertung vorherrschte, waren Aktien günstig zu haben, und als sich in Finanzkreisen langsam die Auffassung durchsetzte, dass man mit dieser Bewertung falsch lag und dass keine schwere Wirtschaftskrise bevorstand, waren so die Grundlagen für eine der längsten Perioden steigender Aktienkurse in der amerikanischen Geschichte gelegt.

Nur in den Baissejahren 1972 bis 1974 waren in diesem Jahrhundert die Kurs-Gewinn-Relationen noch einmal so niedrig wie in der Zeit zwischen 1946 und 1949, und damit stellt sich natürliche die Frage, wie zutreffend die dieser Entwicklung zugrunde liegende Einschätzung der Finanzwelt ist. Sind die diesem historischen Tiefstand der Kurs-Gewinn-Relationen zugrunde liegenden Befürchtungen berechtigt? Haben wir noch einmal eine Entwicklung wie die der Jahre zwischen 1946 und 1949 vor uns? Wir werden später auf diese Frage zurückkommen.

Es gibt einen grundlegenden Unterschied zwischen den Faktoren, die das Kursniveau im Allgemeinen beeinflussen, und den Faktoren, die das Kurs-Gewinn-Verhältnis einer Aktie im Verhältnis zu dem einer anderen im Rahmen dieses allgemeinen Kursniveaus bestimmen. Es wurde bereits erwähnt, dass die Faktoren, die das relative Kurs-Gewinn-Verhältnis einer Aktie in Relation zu dem einer anderen zu einem gegebenen Zeitpunkt bestimmen, einzig und allein auf das in der Finanzwelt vorherrschende Image des betreffenden Unternehmens und seiner Branche zurückgehen. Das allgemeine Kursniveau ist jedoch nicht nur eine Frage des Images, sondern wird zum Teil durch die Einstellung der Finanzwelt zur Attraktivität von Aktien als Kapitalanlagen und zum Teil durch einen rein finanziellen Faktor determiniert.

Dieser finanzielle Faktor hat vor allem mit den Zinssätzen zu tun. Wenn auf dem Markt für kurzfristige Termingelder oder auf dem Markt für langfristige Termingelder oder gar auf beiden Geldmärkten die Zinssätze hoch sind, fließt ein größerer Teil des insgesamt zur Verfügung stehenden Anlagekapitals in diese Märkte, und die Nachfrage nach Aktien sinkt. Es kann zu Aktienverkäufen kommen, um Kapital auf die Geldmärkte zu transferieren. Wenn hingegen die Zinssätze niedrig sind, fließen Mittel aus den Geldmärkten in die Aktienanlage. Daher vermindern hohe Zinssätze das allgemeine Kursniveau, während niedrige Zinssätze die Kurse steigen lassen. Ein ähnlicher Effekt ergibt sich, wenn ein größerer Teil der Einkommen gespart wird, damit insgesamt mehr Investitionskapital zur Verfügung steht und das Kursniveau insgesamt schneller steigt, als wenn die Zunahme des für Investitionen verfügbaren Kapitals langsamer verläuft. Der Einfluss dieses Effekts ist allerdings geringer als der des Zinsniveaus. Ein noch geringerer Einfluss geht von dem Fluktuationsgrad bei Neuemissionen aus, die Kapital aus dem Investitionspool abziehen. Dieser Einfluss ist deshalb nicht von größerer Bedeutung für das allgemeine Kursniveau, weil ein aufgrund anderer Faktoren steigendes Kursniveau zu einer Zunahme von Neuemissionen führt, um von dieser Situation zu profitieren. Sobald die Kurse ein niedriges Niveau erreichen, geht das Angebot an neuen Emissionen in der Regel drastisch zurück. Daher sind Fluktuationen bei Neuemissionen eher das Ergebnis anderer Einflüsse, als dass sie ihrerseits Determinanten des Kursniveaus wären.

Diese vierte Dimension bei der Kapitalanlage in Aktien kann folgendermaßen zusammengefasst werden: Der Kurs einer Aktie wird zu einem gegebenen Zeitpunkt bestimmt durch die in der Finanzwelt vorherrschende Bewertung des hinter dieser Aktie stehenden Unternehmens, der Branche dieses Unternehmens und in gewisser Weise des allgemeinen Kursniveaus. Ob der Kurs einer Aktie als attraktiv oder unattraktiv oder als zwischen beiden Polen liegend einzustufen ist, hängt zum größten Teil von dem Ausmaß ab, in dem diese Bewertung der Finanzwelt von der Realität abweicht. Insoweit jedoch das allgemeine Kursniveau eine Rolle spielt, hängt es auch von der richtigen Beurteilung zukünftiger Veränderungen bei rein finanziellen Faktoren ab, von denen die Zinssätze bei weitem die wichtigsten sind.

# Teil III

# Die Entwicklung einer Investment-Philosophie

# Widmung

Für Frank E. Block

Das vorliegende Buch wurde zuerst auf die Bitte des Institute of Chartered Financial Analysts im Zusammenhang mit dem C. Stewart Shepard-Preis veröffentlicht. Mit dieser Auszeichnung wurde Frank E. Block C.F.A. für seine hervorragenden Leistungen beim Aufbau des Institute of Chartered Financial Analysts geehrt. Unter seiner inspirierenden Führung wurde das Institut eine einflussreiche Kraft bei der Förderung der Ausbildung von Finanzanalysten, bei der Durchsetzung hoher ethischer Verhaltensstandards und bei der Entwicklung von Programmen und Publikationen für die weitere Ausbildung von Finanzanalysten.

# Kapitel 1

# Die Ursprünge einer Philosophie

Um eine systematische Herangehensweise an die Frage des Investments zu verstehen, muss man sich zunächst über das Ziel im Klaren sein, für das eine Methodologie entwickelt wird. Für den gesamten von Fisher & Co. verwalteten Fonds besteht das Ziel darin, Kapital in einer sehr kleinen Zahl von Unternehmen anzulegen, die aufgrund ihres Managements ein bedeutend schnelleres Wachstum von Umsatz und vor allem Gewinnen versprechen als die Branche insgesamt. Ausgenommen sind in diesem Zusammenhang nur vorübergehend gehaltene bare oder liquide Mittel, die auf passendere Anlagemöglichkeiten warten. Darüber hinaus sollte das Risiko der Anlage im Verhältnis zum erwarteten Wachstum relativ klein sein. Um den Standards von Fisher & Co. zu genügen, muss das Management eines Unternehmens eine schlagkräftige Politik zur Erreichung der genannten Ziele verfolgen und vor allem willens sein, das Streben nach unmittelbarem Gewinn der langfristiger angelegten Gewinnperspektive unterzuordnen, die dieses Konzept erfordert. Zusätzlich sind zwei weitere Eigenschaften notwendig. Die eine dieser Eigenschaften besteht in der Fähigkeit, bei allen Routineaufgaben der Unternehmenstätigkeit eine langfristige Politik mit überlegener Alltagstauglichkeit umzusetzen. Die zweite Eigenschaft besteht darin, auftretende Fehler klar zu erkennen und ihnen zu begegnen. Solche Fehler werden immer zeitweise auftreten, wenn die Führung eines Unternehmens mit Hilfe innovativer Konzepte oder neuer Produkte hohe Ziele zu erreichen sucht, oder wenn der erreichte Erfolg das Management zu selbstgefällig werden lässt.

Da ich mich meiner Meinung nach im Produzierenden Gewerbe am besten auskenne, habe ich die Aktivitäten von Fisher & Co. größtenteils auf Industrieunternehmen begrenzt, die die genannten Ziele mit einer Kombination aus führender Technologie und überlegener geschäftlicher Urteilsfähigkeit zu erreichen suchen. In den letzten Jahren habe ich die Kapitalanlagen von Fisher & Co. ausschließlich auf diesen Bereich konzentriert, da ich bei den wenigen außerhalb dieser Sparte getätigten Investitionen mit den Ergebnissen nicht zufrieden war. Ich sehe jedoch keinen Grund, warum dieselben Grundsätze nicht mit dem gleichen Erfolg von jemand angewendet werden sollten, der sich in Bereichen wie dem Einzelhandel, dem Transportwesen oder dem Finanzwesen zu Hause fühlt.

Keine Investment-Philosophie, die mehr ist als die Kopie eines bereits vorhandenen Ansatzes, entwickelt sich an einem Tag oder in einem Jahr. In meinem Fall entwickelte sie sich über eine beträchtliche Zeitspanne, teilweise als Ergebnis logischen Überlegens, teilweise aus der Beobachtung von Erfolgen und Fehlschlägen anderer Investoren, vor allem aber durch die viel schmerzlichere Methode, aus meinen eigenen Fehlern zu lernen. Die beste Möglichkeit, anderen meine Investment-Methode zu erklären, besteht vielleicht darin, sie in ihrer historischen Entwicklung darzustellen. Deshalb werde ich zurückgehen bis in die frühen Jahre und Schritt für Schritt zeigen, wie diese Investment-Philosophie sich entwickelte.

## Mein Interesse wird geweckt

Der Aktienmarkt und die Möglichkeiten, die wechselnde Aktienkurse mit sich bringen konnten, erregten schon in recht jungen Jahren meine Aufmerksamkeit. Mein Vater war das jüngste von fünf, meine Mutter das jüngste von acht Kindern, und so lebte zum Zeitpunkt meiner Geburt nur noch ein Großelternteil. Dies war sicher einer der Gründe, warum ich mich so zu meiner Großmutter hingezogen fühlte. Jedenfalls besuchte ich sie eines Nachmittags, ich war damals gerade mit der Grundschule fertig. Einer meiner Onkel kam vorbei, um mit meiner Großmutter über die geschäftlichen Aussichten des kommenden Jahres und die Auswirkungen zu sprechen, die sich hieraus für ihre Aktien ergäben. Mir eröffnete sich eine neue Welt. Wenn ich etwas Geld sparte, wäre ich der Lage einen Anteil an den künftigen Gewinnen eines Unternehmens kaufen, das ich beliebig unter den hunderten von besonders bedeutenden Unternehmen des Landes auswählen konnte. Wenn ich mich richtig entschied, konnten diese Gewinne wirklich aufregend sein. Alles, was mit der Beurteilung der Wachstumschancen eines Unternehmens zusammenhing, faszinierte mich. Wenn ich dieses Spiel richtig lernte, würde es wahrscheinlich alle anderen mir bekannten Spiele vergleichsweise monoton, bedeutungslos und langweilig erscheinen lassen. Als sich mein Onkel wieder verabschiedete, sagte mir meine Großmutter, wie Leid es ihr tue, dass mein Onkel gerade jetzt gekommen sei und sie sich mit Dingen beschäftigen musste, die mich gar nicht interessieren konnten. Ich antwortete, dass für mich im Gegenteil die Stunde seines Besuches wie im Fluge vergangen sei und dass ich gerade etwas gehört hätte, das mich gewaltig interessierte. Erst Jahre später wurde mir klar, wie wenige Aktien meine Großmutter besaß und wie außergewöhnlich oberflächlich die Kommentare waren, die ich an jenem Tag hörte. Aber das Interesse, das jenes Gespräch bei mir geweckt hatte, hielt ein Leben lang an.

Mit diesem Interesse und zu einer Zeit, in der die meisten Firmen sehr viel weniger auf die rechtlichen Probleme von Geschäften mit Minderjährigen gaben als heute, konnte ich mir in der Zeit des Haussemarktes Mitte der zwanziger Jahre ein paar Dollar verdienen. Mein Vater, von Beruf Arzt, stand dieser Sache allerdings äußerst kritisch gegenüber, da er der Meinung war, ich würde dadurch zum Spieler. Das war unwahrscheinlich, da ich von Natur aus nicht dazu neige, Risiken nur um ihrer selbst willen einzugehen, worin das Wesen des Glücksspiels besteht. Rückblickend betrachtet lehrten mich meine unbedeutenden Aktiengeschäfte jener Tage allerdings fast nichts, was für eine Investmentpolitik von größerem Wert hätte sein können.

## Prägende Erfahrungen

Ich machte jedoch vor dem spektakulären Ende des Haussemarktes der zwanziger Jahre eine Erfahrung, aus der ich für die späteren Jahre viel Wichtiges lernte. Im akademischen Jahr 1927/28 war ich als Erstsemester an der damals gerade neu gegründeten Graduate School of Business der Stanford University immatrikuliert. Ein Fünftel des Kurses, also ein Tag in der Woche, war Besuchen bei einigen der größten

Unternehmen an der Bucht von San Francisco gewidmet. Geleitet wurden diese Exkursionen von Professor Boris Emmett, Boris dem diese Aufgabe nicht aufgrund des üblichen akademischen Hintergrunds zugefallen war. Damals erhielten die großen Versandhäuser einen bedeutenden Teil der angebotenen Produkte von Herstellern, für die das eine oder andere dieser Versandhäuser der einzige Kunde war. Die entsprechenden Verträge waren oft so ungünstig für den Hersteller und ließen ihm nur eine so geringe Gewinnspanne, dass von Zeit zu Zeit einer dieser Hersteller in ernste finanzielle Schwierigkeiten geriet. Die Versandhäuser hatten kein Interesse daran, ihre Lieferanten in den Konkurs zu treiben. Professor Emmet hatte einige Jahre lang als Experte für ein solches Versandhaus gearbeitet. Seine Aufgabe war es gewesen, diese ins Schlingern geratenen Zulieferer zu retten, wenn sie zu sehr unter Druck gesetzt worden waren. Er wusste daher eine Menge über Management. Eine der Regeln in diesem Kurs besagte, dass wir kein Unternehmen besuchten, das uns nur durch die Fabrik führte. Das Management musste bereit sein, sich nach einem Rundgang mit uns zusammenzusetzen und zu diskutieren, sodass wir aus den scharfsinnigen Fragen unseres Professors etwas über die tatsächlichen Stärken und Schwächen des Unternehmens erfuhren. Mir wurde klar, dass dies die Gelegenheit zum Lernen bot, die ich brauchte. Dazu vermochte ich mich noch in eine Position zu bringen, in der ich diese Gelegenheit besonders vorteilhaft nutzen konnte. Damals, vor über einem halben Jahrhundert, war das proportionaleVerhältnis von Autos zu Menschen noch sehr viel niedriger als heute. Professor Emmet hatte kein Auto, ich hatte eines. Ich bot ihm an, ihn zu den verschiedenen Unternehmen zu fahren. Auf dem Hinweg lernte ich nicht viel von ihm. Auf dem Weg zurück nach Stanford bekam ich aber zu hören, was er wirklich über das betreffende Unternehmen dachte. Das war für mich eine der wertvollsten Lernerfahrungen, die ich je genießen konnte.

Ich kam auf einer dieser Fahrten auch zu einer besonderen Überzeugung, die sich für mich wenige Jahre später in klingende Münze verwandeln sollte. Sie sollte in der Tat zum Grundstein meines Unternehmens werden. In einer Woche besuchten wir einmal nicht einen, sondern zwei Betriebe, die nebeneinander in San Jose angesiedelt waren. Der eine war die John Bean Spray Pump Company, weltweit Marktführer bei der Herstellung von Pumpen, wie sie zum Versprühen von Insektiziden in Obstplantagen verwendet wurden. Der andere war die Anderson-Barngrover Manufacturing Company, ebenfalls ein weltweit führendes Unternehmen, aber auf dem Gebiet von Ausrüstungen für die Hersteller von Obstkonserven. In den zwanziger Jahren gab es den Begriff »Wachstumsunternehmen« in der Finanzwelt noch nicht. Gegenüber Professor Emmett, Boris formulierte ich etwas unbeholfen, ich glaubte, dass diese beiden Unternehmen wahrscheinlich in einem Maße über ihre gegenwärtige Größe hinaus wachsen würden, das ich bisher bei keinem anderen der von uns besuchten Unternehmen gesehen hatte. Er gab mir Recht.

Ich sprach mit Professor Emmet auf diesen Autofahrten über seine früheren Erfahrungen in der Wirtschaft und lernte so auch noch etwas anderes, das mir in den kommenden Jahren sehr zustatten kommen sollte. Es ging dabei um die überragende Bedeutung des Verkaufsbereiches für die gesunde Entwicklung eines Unternehmens. Ein Unternehmen kann außergewöhnlich effizient produzieren, oder ein Erfinder kann ein Produkt mit atemberaubenden Möglichkeiten entwickeln, das reicht aber niemals für ein gesundes Unternehmen. Solange das Unternehmen nicht über Mitarbeiter verfügt, die andere vom Wert ihres Produktes überzeugen können, wäre ein solches Unternehmen niemals wirklich Herr seiner Entwicklung. Später baute ich diese These noch aus und kam zu der Ansicht, dass auch ein starker Verkaufsbereich noch nicht genug ist. Damit ein Unternehmen sich wirklich für Investitionen lohnt, muss es seine Produkte nicht nur verkaufen können, es muss auch in der Lage sein, die sich wandelnden Bedürfnisse und Wünsche seiner Kunden wahrzunehmen. Es muss, anders gesagt, alles beherrschen, was zu einem echten Marketingkonzept gehört.

## Erste Erfahrungen und erste Lektionen

Als sich der Sommer des Jahres 1928 näherte und sich mein erstes Jahr an der Graduate School of Business seinem Ende zuneigte, eröffnete sich eine Chance, die mir zu gut schien, als dass ich sie hätte verstreichen lassen können. Im Gegensatz zu den hunderten von Studenten, die heutzutage in jedem Jahr an diesem Institut eingeschrieben sind, bestand mein Kurs – gerade einmal der dritte in der Geschichte der School of Business – aus neunzehn Studenten. Die Abschlussklasse, die mir ein Jahr voraus war, bildeten nur neun Studenten. Lediglich zwei von diesen neun waren im Finanzwesen ausgebildet. In jenen Tagen großer Unruhe am Aktienmarkt wurden beide sofort von einem New Yorker Investment-Trust weggeschnappt. In letzter Minute fragte eine unabhängige Bank aus San Francisco, die später von der dortigen Crocker National Bank übernommen wurde, an der School of Business wegen eines im Investmentwesen ausgebildeten Absolventen nach. Die School of Business wollte diese Gelegenheit nicht ungenutzt lassen, denn wenn ihr Mann den Erwartungen der Bank entsprach, konnte er vielleicht den Vorreiter für viele weitere Absolventen in den kommenden Jahren spielen. Sie hatten jedoch keinen Absolventen, den sie hätten schicken können. Es war zwar nicht einfach, aber als ich von dieser Chance hörte, überredete ich die School of Business schließlich, mich vorzuschlagen, mit dem Hintergedanken, mein Studium aufzugeben, wenn ich mit der Arbeit zurechtkommen würde. Sollte das nicht der Fall sein, würde ich nach Stanford zurückgehen und mein zweites Studienjahr beginnen, wobei die Bank wusste, dass die School of Business nicht vorgab, einen fertigen Absolventen zu empfehlen.

Wertpapieranalysten wurden in jenen Tagen vor dem großen Crash Statistiker genannt. Drei aufeinander folgende Jahre mit sensationellen Kurseinbrüchen, die kurz darauf beginnen sollten, ruinierten den Ruf der Wall Street-Statistiker so sehr, dass die Bezeichnung in Wertpapieranalyst geändert wurde.

Es stellte sich heraus, dass ich als Statistiker im Investmentbanking-Bereich der Bank arbeiten sollte. Damals gab es keine gesetzlichen Beschränkungen, die Geschäftsbanken eine Tätigkeit im Maklerwesen oder Investmentbanking untersagten. Meine Aufgabe war extrem einfach. Meiner Meinung nach war sie zudem intellektuell unehrenhaft. Der Investmentbereich der Bank war vor allem damit beschäftigt, neue Anleihen mit hohen Zinssätzen zu verkaufen, womit die Bank als Teil des Übernahmekonsortiums recht hohe Provisionen verdiente. Es wurde kein Versuch unternommen, die Qualität dieser Anleihen oder der verkauften Aktien zu evaluieren, vielmehr wurde in jenen Tages des Anbietermarktes jede Beteiligung an einem Konsortium gerne akzeptiert, die die New Yorker Geschäftspartner oder die großen Investmentbanken anboten. Die Wertpapierhändler der Bank versicherten dann ihren Kunden gegenüber, die Bank verfüge über eine statistische Abteilung, die die Anlagen der Kunden überwache und die Kunden mit einem Bericht zu jedem Wertpapier versorge. Was bei diesen »Wertpapieranalysen« tatsächlich getan wurde, war, die Daten über das betreffende Unternehmen in den damals etablierten Handbüchern wie »Moody's« oder »Standard Statistics« nachzuschlagen. Dann wurden diese Angaben von jemandem wie mir, der keine weiteren Informationen außer den Angaben in diesen Handbüchern hatte, umformuliert, und fertig war ein eigener Bericht. Jedes Unternehmen mit einem hohen Umsatzvolumen wurde unfehlbar mit »gut geführt« beschrieben, nur weil es groß war. Ich hatte keine direkte Anweisung, Kunden das Umsteigen aus den von mir »analysierten« Wertpapieren in ein Papier zu empfehlen, das die Bank gerade zu verkaufen suchte, aber das Ganze war auf eine solche Art von Analyse angelegt.

## Die Grundlagen werden gelegt

Es dauerte nicht lange, bis die Oberflächlichkeit dieser gesamten Prozedur mir das Gefühl gab, dass es ein besseres Verfahren geben musste. Ich hatte großes Glück, einen unmittelbaren Vorgesetzten zu haben, der die Gründe für meine Bedenken verstand und mir die Zeit einräumte, ein Experiment durchzuführen, das ich ihm vorschlug. Damals, im Herbst 1928, gab es eine Menge spekulativen Interesses an Radioaktien. Ich stellte mich als Repräsentant des Investment-Bereiches meiner Bank bei den Einkäufern der Radioabteilungen einiger Einzelhandelsunternehmen in San Francisco vor. Ich fragte sie nach ihrer Meinung über die drei größeren Unternehmen in dieser Branche und bekam von allen überraschend ähnliche Antworten. Vor allem lernte ich eine Menge von einem Einkäufer, der selbst Ingenieur war und für eines dieser Unternehmen gearbeitet hatte. Ein Unternehmen, Philco, hatte Geräte entwickelt, die auf dem Markt besonders gut ankamen. Leider war das Unternehmen eine Personengesellschaft und stellte keine Anlagemöglichkeit auf dem Aktienmarkt dar. Philco machte mit seinem Marktanteil einen hervorragenden Gewinn, da sie sehr effiziente Hersteller waren. RCA behauptete seinen Marktanteil knapp, während ein weiteres Unternehmen, damals eines der Lieblinge am Aktienmarkt, drastisch zurückfiel und Anzeichen kommender Schwierigkeiten zeigte. Das hatte alles nichts mit dem direkten Geschäft der Bank zu tun, da die Bank keine Radioaktien handelte. Dennoch konnte mir ein Bericht mit einer Bewertung dieser Aktien in der Bank sehr helfen, da viele der Leute in Schlüsselpositionen, die ihn zu sehen bekommen würden, persönlich an Spekulationen mit diesen Aktien beteiligt waren. Nirgendwo in dem Material der Wall Street-Häuser, die mit diesen »heißen« Radioaktien handelten, konnte ich auch nur ein einziges Wort über die Schwierigkeiten finden, die sich bei dieser Lieblingsaktie der Spekulanten offensichtlich entwickelten.

In den folgenden zwölf Monaten setzte der Aktienmarkt seinen Höhenflug mit fröhlicher Unbekümmertheit fort und die meisten Aktien erreichten neue Höchststände, während ich mit wachsendem Interesse bemerkte, wie die Aktie, für die ich Schwierigkeiten vorhergesagt hatte, auf diesem steigenden Markt weiter und weiter zurückfiel. Das war meine erste Lektion in einer Sache, die später zu den Grundlagen meiner Investment-Philosophie gehörte: Um eine Investition zu rechtfertigen, reicht es nicht aus, die Finanzberichte über ein Unternehmen zu lesen. Einer der wichtigsten Schritte bei einer wohl überlegten Kapitalanlage muss darin bestehen, von denen etwas über die Lage eines Unternehmens zu erfahren, die direkt mit dem Unternehmen vertraut sind.

Damals war ich jedoch noch nicht bei dem nächsten logischen Schritt in meinen Überlegungen angekommen: Man muss auch ebenso viel über die Leute in Erfahrung bringen, die ein Unternehmen tatsächlich leiten, sei es, dass man diese Leute persönlich kennenlernt, sei es, dass man jemanden findet, dem man vertrauen kann und der mit den führenden Köpfen des Unternehmens gut bekannt ist.

Je weiter das Jahr 1929 voranschritt, desto mehr wuchs meine Überzeugung, dass der anhaltende ungezügelte Boom nicht auf gesunden Grundlagen beruhte. Die Aktienkurse stiegen immer höher, basierend auf der erstaunlichen Ansicht, wir befänden uns in einer »neuen Ära«. Daher würde man für die Zukunft Jahr um Jahr steigende Aktienerträge erwarten können. Als ich mir jedoch die Perspektiven der wichtigsten amerikanischen Industriezweige ansah, entdeckte ich bei einigen von ihnen Angebot-Nachfrage-Probleme, die mir auf eine eher unsichere Zukunft hinzudeuten schienen.

Im August 1929 verfasste ich einen weiteren Sonderbericht für die Sachbearbeiter der Bank. Ich sagte voraus, dass es im Laufe der nächsten zwölf Monate zur schwersten Baisse seit einem Vierteljahrhundert kommen werde. Für mein Ego wäre es sehr gut, wenn ich jetzt den Verlauf der weiteren Ereignisse in meiner Darstellung drastisch abändern und den Eindruck hinterlassen könnte, dass ich aus meiner völlig richtigen Prognose einen großen Gewinn gezogen hätte. Das Gegenteil war der Fall.

Obwohl ich das deutliche Gefühl hatte, dass der gesamte Aktienmarkt in jenen gefährlichen Tagen des Jahres 1929 zu hoch stieg, nahm mich der Zauber des Marktes doch gefangen. Ich sah mich also nach einigen Aktien um, die »noch billig« waren und Gewinn bringende Investitionen sein konnten, weil sie »noch nicht gestiegen« waren. Auf der Basis meiner kleinen Erfolge mit Aktientransaktionen vor ein paar Jahren und der Tatsache, dass ich einen bedeutenden Teil meines Gehalts gespart hatte, sowie mit etwas Geld, das ich am College verdient hatte, schaffte ich es, im Verlauf des Jahres 1929 einige tausend Dollar zusammenzukratzen. Diese Summe teilte ich zu fast gleichen Teilen auf drei Aktien auf, die ich in meiner Unwissenheit für die unterbewerteten auf einem überteuerten Markt hielt. Bei dem einen Unternehmen handelte es sich um einen führenden Hersteller von Lokomotiven, dessen Aktie ein noch ziemlich niedriges Kurs-Gewinn-Verhältnis aufwies. Da Ausrüstungsgüter im Eisenbahnbereich zu den Branchen gehören, die zyklischen Schwankungen gegenüber am anfälligsten sind, bedarf es keiner großen Phantasie, sich vorzustellen, wie die Umsätze und Gewinne dieses Unternehmens in der Wirtschaftskrise aussahen, die über uns hereinzubrechen drohte. Bei den anderen beiden, ebenfalls mit einem sehr niedrigen Preis-Gewinn-Verhältnis gehandelten Aktien handelte es sich um ein örtliches Werbeunternehmen und einen lokalen Taxibetrieb. Trotz meines Erfolges bei der Analyse der Radioaktien war ich einfach nicht klug genug, ähnliche Auskünfte von Leuten einzuholen, die beide Unternehmen kannten, obwohl es sehr einfach gewesen wäre, solche Informationen zu erhalten oder auch mit den führenden Leute dieser Unternehmen zu sprechen, da es sich ja um solche am Ort handelte. Als sich die Krise verschärfte, wurde mir lebhaft klar, warum diese Unternehmen zu so niedrigen Kursen gehandelt wurden. 1932 verkörperte der Marktwert meiner Anteile an diesen Unternehmen nur noch einen kleinen Prozentsatz meines ursprünglichen Kapitals.

## Die Große Depression

Zum Glück für mein zukünftiges Wohlergehen habe ich eine intensive Abneigung dagegen, Geld zu verlieren. Ich war immer der Auffassung, dass der Hauptunterschied zwischen einem weisen und einem törichten Mann darin besteht, dass ein weiser Mann aus seinen Fehlern lernt, ein Trottel aber nicht. Ich musste also meine Fehler sorgfältig analysieren und alles daran setzen, sie nicht zu wiederholen.

Meine Herangehensweise an Kapitalanlagen wurde durch die Lehren, die ich aus meinen Fehlern des Jahres 1929 zog, reifer. Ich lernte, dass eine Aktie mit niedrigem Kurs-Gewinn-Verhältnis attraktiv sein konnte, dass aber ein niedriges Kurs-Gewinn-Verhältnis an sich keine Garantie darstellte und ein Warnzeichen für eine gewisse Schwäche des Unternehmens bedeutete. Mir wurde klar, dass – im völligen Gegensatz zu der damals an der Wall Street herrschenden Meinung – nicht das gegenwärtige Kurs-Gewinn-Verhältnis, sondern das Kurs-Gewinn-Verhältnis der kommenden Jahre darüber entschied, ob eine Aktie preiswert oder überteuert ist. Wenn ich mir die Fähigkeit anzueignen vermochte, diese zukünftige Ertragslage mit einem recht großzügig bemessenen Spielraum im Voraus zu bestimmen, hätte ich den Schlüssel in der Hand, wie Verluste vermieden und großartige Gewinne erzielt werden konnten!

Ich lernte nicht nur, dass ein niedriges Kurs-Gewinn-Verhältnis ebensogut ein Zeichen für eine günstige Anlagemöglichkeit wie für eine Investment-Falle sein konnte, mein miserables Investment-Verhalten während der Großen Depression brachte mir auch noch einen weiteren, möglicherweise noch wichtigeren Punkt zum Bewusstsein. Ich hatte den Zeitpunkt, zu dem der Haussemarkt wie eine Seifenblase zerplatzen würde, genau richtig vorausgesagt und das Ausmaß der folgenden Entwicklung fast richtig eingeschätzt. Dies hatte mir jedoch außer einem etwas gesteigerten Ansehen bei einigen wenigen Leuten nichts genutzt. Von da an war mir klar, dass alle Überlegungen zu der richtigen Investment-Politik oder über Kauf und Verkauf einer bestimmten Aktie nicht das Geringste galten, bis sie in die Tat umgesetzt waren und zur Durchführung der entsprechenden Transaktionen geführt hatten.

## Eine Chance, meinen eigenen Weg zu gehen

Im Frühjahr 1930 wechselte ich zu einem anderen Arbeitgeber. Ich erwähne dies nur, weil hier die Ereignisse ihren Ursprung hatten, die zur Entwicklung der seit damals für mich maßgebenden Investmentphilosophie geführt haben. Eine Maklerfirma aus der Region trat an mich heran und versprach mir ein Gehalt, das ich im Alter von 22 und unter den gegebenen Bedingungen kaum ablehnen konnte. Darüber hinaus boten sie mir eine sehr viel interessantere Beschäftigung als die unbefriedigende Tätigkeit als »Statistiker« im Investmentbanking bei der Bank, für die ich bisher gearbeitet hatte. Ich war an keine festen Aufgaben gebunden und konnte meine Zeit ausschließlich darauf verwenden, Aktien ausfindig zu machen, von denen ich aufgrund der Charakteristika der hinter diesen Aktien stehenden Unternehmen glaubte, dass man sie vorrangig kaufen oder verkaufen sollte. Ich sollte meine Schlussfolgerungen dann in Form von Berichten für die von dieser Firma beschäftigten Makler zusammenfassen, damit diese für ihre Klienten profitable Geschäfte tätigen konnten.

Ich erhielt dieses Angebot, unmittelbar nachdem Herbert Hoover seine berühmte Ansprache »Der wirtschaftliche Aufschwung steht unmittelbar bevor« gehalten hatte. Mehrere Teilhaber an der betreffenden Firma teilten diese Überzeugung. Die Mitarbeiterzahl der Firma war als Ergebnis des Crashs von 1929 von 125 Beschäftigten auf 75 gesunken. Wenn ich das Angebot annahm, sollte ich Nummer 76 werden. Ich war damals im gleichen Maße pessimistisch eingestellt, wie meine neuen Arbeitgeber Optimisten waren. Ich war sicher, dass die Baisse noch lange nicht vorbei war, und nahm das Angebot unter einer Bedingung an. Falls meine Arbeit den Ansprüchen meiner neuen Arbeitgeber nicht entsprechen sollte, konnten sie mich jederzeit entlassen. Wenn aber die Entwicklung der Finanzmärkte weitere Entlassungen notwendig machen sollte, durfte mir aus der Tatsache, dass ich am kürzesten im Unternehmen war, kein Nachteil entstehen. Diese Bedingung wurde akzeptiert.

## Aus dem Unheil erwächst eine Chance

Ich hätte mir keine netteren Menschen als Arbeitgeber wünschen können. Ich den folgenden acht Monaten machte ich die wichtigsten Erfahrungen meines ganzen Lebens in der Wirtschaft. Aus nächster Nähe konnte ich ein um das andere Mal beobachten, wie das Investmentgeschäft nicht betrieben werden sollte. Mit dem Jahr 1930 und einem weiteren anscheinend endlosen Sturz der Aktienkurse wurde die Position meiner Arbeitgeber immer prekärer. Kurz vor Weihnachten mussten wir, die wir bisher den wirtschaftlichen Holocaust überlebt hatten, der bitteren Tatsache ins Auge sehen, dass die Aktivitäten der gesamten Firma an der Börse von San Francisco wegen Insolvenz eingestellt wurden.

Diese für meine Kollegen bittere Nachricht sollte sich als eine der glücklichsten, wenn nicht als die glücklichste geschäftliche Entwicklung meines Lebens herausstellen. Ich hegte schon seit einiger Zeit vage Pläne, mich nach Ende der Krise selbstständig zu machen und gegen eine Gebühr Kapitalanlagen im Kundenauftrag durchzuführen. Ich beschreibe die Aktivitäten eines Investmentberaters absichtlich so umständlich, da es damals diesen Begriff noch nicht gab. Da in jenen trüben Tagen des Januar 1931 jedoch überall im Finanzwesen gekürzt und gespart wurde, bestand die einzige Anstellungsmöglichkeit auf dem Wertpapiersektor, die ich finden konnte, in einem reinen Bürojob, der für mich ziemlich unattraktiv war. Wenn ich die Situation richtig analysiert hätte, wäre ich wahrscheinlich darauf gekommen, dass dies genau der richtige Augenblick für die Gründung eines Unternehmens war, wie ich es im Auge hatte. Dafür sprachen zwei Gründe, wie ich herausfinden sollte. Der eine Grund bestand darin, dass nach zwei Jahren der schlimmsten Baisse, die die Nation je erlebt hatte, fast jeder mit seinem Makler so unzufrieden war, dass sogar jemand Gehör finden konnte, der so jung war und einen so radikal neuen Weg im Investment vorschlug wie ich. Darüber hinaus hatten auf dem 1932 erreichten Tiefpunkt der Entwicklung viele Geschäftsleute so wenig zu tun, dass sie Zeit für einen Besucher erübrigen konnten. Zu normalen Zeiten wäre ich niemals weiter als bis zur Sekretärin gekommen. Einer der wichtigsten Kunden in meiner gesamten beruflichen Karriere, für dessen Familie ich heute noch als Anlageberater tätig bin, war hierfür ein typisches Beispiel. Einige Jahre später erzählte er mir, er habe an dem Tag meines Besuches fast nichts zu tun gehabt und sei schon mit dem Sportteil seiner Zeitung fertig gewesen. Als seine Sekretärin ihm meinen Namen und mein Anliegen nannte, habe er gedacht: »Wenn ich mir den jungen Mann anhöre, habe ich wenigstens etwas zu tun.« Wie er zugab, wäre ich niemals bis in sein Büro vorgedrungen, wenn ich im folgenden Jahr gekommen wäre.

## Der Grundstein wird gelegt

All dies führte zu mehreren Jahren sehr harter Arbeit in einem kleinen Büro mit niedrigem Kostenapparat. Mein Büro hatte keine Fenster und zwei der Wände waren nur gläserne Trennwände. Ich verfügte über wenig mehr Platz als ich benötigte, um einen Schreibtisch, meinen Stuhl und einen weiteren Stuhl hineinzuzwängen. Dafür sowie für kostenlose Ortsgespräche und einige Arbeitsstunden einer als Sekretärin und Empfangsdame angestellten Mitarbeiterin des Vermieters bezahlte ich die königliche Summe von $ 25 im Monat. Ich hatte keine sonstigen Kosten außer Büromaterial, Porto und Gebühren für die sehr selten vorkommenden Ferngespräche. Ich besitze noch mein Kontobuch aus jener Zeit. Es zeigt, wie schwer es damals wirklich war, im Jahr 1932 ein neues Unternehmen zu gründen. Mit einem sehr hohen Aufwand an Arbeitszeit machte ich in jenem Jahr einen Nettogewinn von durchschnittlich $ 2.99 im Monat. Im immer noch schwierigen Jahr 1933 lief es ein bisschen besser und ich hatte eine Gewinnsteigerung von fast 1000% zu verzeichnen, was zu einem durchschnittlichen Monatseinkommen von etwas mehr als $ 29 führte. Das ist ungefähr die Summe, die ich als Zeitungsjunge auf der Straße hätte verdienen können. Für meine Zukunft zählten diese beiden Jahre jedoch zu den Gewinn bringendsten meines Lebens. Hier wurde der Grundstein für ein äußerst profitables Unternehmen gelegt, und bis 1935 hatte ich eine Gruppe außergewöhnlich loyaler Klienten gewonnen. Ich würde gerne behaupten, dass ich aufgrund ausgefeilter Überlegungen dazu kam, nicht weiter auf bessere Zeiten zu warten und mich selbstständig zu machen. Tatsächlich trieb mich der wenig attraktive Charakter der einzigen Anstellungsmöglichkeit, die mir offen zu stehen schien, zu diesem Schritt.

# Kapitel 2

# Aus Erfahrung lernen

Während meiner Arbeit bei der Bank hatte ich mit beträchtlichem Interesse eine Nachricht über die zwei benachbarten Unternehmen in San Jose aufgenommen, die mich als Student an der Stanford Business School so beeindruckt hatten. Im Jahr 1928 hatten sich die John Bean Manufacturing Co. und die Anderson-Barngrover Manufacturing Co. mit einem führenden Hersteller auf dem Gebiet der Gemüsekonservenindustrie, der Sprague Sells Corporation aus Hoopeston, Illinois, zur Food Machinery Corporation zusammengeschlossen.

Wie in anderen Zeiten zügelloser Spekulation war die ganze Nation von einer solchen Sucht nach Aktien getrieben, dass die angebotenen Aktien der Food Machinery Corporation aufgrund der starken Nachfrage im Kurs stiegen. Im Jahr 1928 wurden den begierigen Käufern rund um die Bucht von San Francisco von den Mitgliedern der dortigen Börse mindestens zwanzig, vielleicht aber doppelt so viele Neuemissionen angeboten. Die mangelnde Bonität einiger dieser Emissionen war einfach schrecklich. Der Mitarbeiter einer Börsenfirma, die Anteile an einem Unternehmen verkaufte, das in Flaschen abgefülltes Wasser von der anderen Seite des Pazifik verkaufen wollte, erzählte mir, dass das Übernahmekonsortium noch nicht einmal eine vollständige Aufstellung der Finanzen des Unternehmens in der Hand hätte. Man hatte nicht mehr als ein Foto der Quelle, aus der das Wasser kommen sollte, und etwas persönlichen Kontakt mit den Aktionären, die die Aktien anboten! In den Augen der Öffentlichkeit war die Aktie der Food Machinery Corporation nur eine unter vielen aufregenden Neuemissionen dieses Jahres, weder besonders viel besser noch schlechter als der Rest. Die Aktie wurde zu einem Kurs von $ 21 ½ angeboten.

Damals waren Zusammenschlüsse von Investoren zur Manipulation von Aktienkursen, die sogenannten Pools, völlig legal. Eine Gruppe örtlicher Investoren mit wenig Erfahrung in dieser Sache, aber angeführt von einem Mann mit großem Enthusiasmus für die Food Machinery Corporation, beschloss, ein Geschäft mit den Aktien dieses Unternehmens zu beginnen. Die Methoden solcher Pools waren im Grunde immer die gleichen. Die Mitglieder des Pools verkauften die Aktien zu allmählich steigenden Kursen untereinander hin und her. Dies erregte die Aufmerksamkeit anderer Spekulanten, die den Mitgliedern des Pools die Aktien dann zu dem immer noch hohen Kurs abkauften. Es gab Manipulatoren, die in dieser recht fragwürdigen Kunst sehr erfahren und geschickt waren. Einige von ihnen hatten damit viele Millionen Dollar verdient und einer dieser Spekulanten bot mir ungefähr ein Jahr später eine Juniorpartnerschaft an. Den Mitgliedern des Food Machinery Pool ging es jedoch nicht um Manipulation. Als der Herbst des Jahres 1929 heraufzog und die Aktien sich dem vor ihnen liegenden Abgrund näherten, gelang es dem Pool, die meisten der ursprünglich angebotenen Aktien von Food Machinery zu akquirieren. Obwohl der Kurs von Food Machinery einen Höchststand in den oberen 50ern hatte, gab es so nur sehr wenige Aktien in anderen Händen.

Als das allgemeine Geschäftsniveau in jedem der kommenden Jahre unter das Vorjahresniveau sank, wurde klar, was aus dem Bodensatz der kleinen Unternehmen werden würde, deren Anteile im aufregenden Jahr 1928 neu auf den Markt gekommen waren. Eine nach der anderen dieser Firmen ging bankrott, und die übrigen schrieben vielfach eher rote als schwarze Zahlen. Der Markt für die Aktien dieser Firmen versiegte.

Außer Food Machinery gab es in dieser Gruppe von Unternehmen noch ein oder zwei, die im Grunde gesund und attraktiv waren. In den Augen der Öffentlichkeit wurden jedoch keine Unterschiede gemacht, all diese Unternehmen galten mehr oder weniger als Spekulationsmüll. Als der Markt 1932 seinen Tiefstand erreichte und sich dieser Tiefstand bei der Schließung des gesamten Bankensystems des Landes am Tage der Amtseinführung Franklin D. Roosevelts am 4. März 1933 noch einmal wiederholte, standen Food Machinery Aktien zwischen $ 4 und $ 5, wobei der tiefste Stand ein Preis von $ 3 ¾ für 100 Aktien gewesen war.

## Food Machinery als Investment-Chance

Als das Jahr 1931 ins Land ging und ich nach einer Möglichkeit für mein junges Unternehmen suchte, betrachtete ich die Situation von Food Machinery mit wachsendem Interesse. Ich wollte niemals wieder denselben Fehler begehen, der mir vor einigen Jahren so teuer zu stehen gekommen war, als ich aufgrund meines Versäumnisses, das Management jener beiden örtlichen Firmen zu kontaktieren, einen solch großen Teil meines investierten Kapitals verloren hatte. Je näher ich das Management von Food Machinery kennen lernte, desto mehr wuchs mein Respekt. In vieler Hinsicht war dieses Unternehmen, so wie es in der Zeit der Weltwirtschaftskrise aussah, ein Miniaturbeispiel für jene Anlagemöglichkeiten, die ich in den kommenden Jahren suchen sollte. Es kann hilfreich sein zu erklären, was genau mich vor fast einem halben Jahrhundert dazu brachte, für dieses Unternehmen eine solche Zukunft vorauszusehen.

Übrigens verfolgte ich unglücklicherweise meine Politik der gründlichen Feldforschung in den nächsten Jahren nicht bis zu ihrem logischen Schluss. Bei geographisch weiter entfernt angesiedelten Unternehmen war ich bei der Beurteilung des Managements weniger sorgfältig.

Zunächst einmal war Food Machinery zwar ein relativ kleines Unternehmen, jedoch ein Unternehmen, dass hinsichtlich seiner Größe und, wie ich glaube, auch der Qualität seiner Produkte jedoch weltweit führend in den drei Bereichen war, in denen es sich engagierte. Dies gab dem Unternehmen einen Größenvorteil: als großer und effizienter Hersteller konnte das Unternehmen auch kostengünstig produzieren.

Zudem war die Marktposition des Unternehmens unter Konkurrenzgesichtspunkten sehr stark. Die Produkte des Unternehmens standen bei seinen Kunden in hohem Ansehen. Das Unternehmen hatte eine eigene Verkaufsorganisation. Darüber hinaus bewegte es sich mit seinen Maschinen zum Abfüllen auf Dosen in einem Bereich, in dem es schon eine große Zahl von Anlagen gab und der einen geschlossenen Markt beträchtlichen Ausmaßes darstellte. Hierbei handelte es sich um den Ersatzteilmarkt für die bestehenden Anlagen.

Zu dieser gesunden Basis kam jetzt der aufregendste Teil des Geschäfts noch hinzu. Für ein Unternehmen seiner Größe hatte Food Machinery eine ungewöhnlich kreative Forschungsabteilung. Das Unternehmen perfektionierte Maschinerie in vielversprechenden neuen Produktfeldern. Hierzu zählten der erste mechanische Birnenschäler, der der Industrie jemals angeboten worden war, der erste mechanische Entkerner für Pfirsiche sowie ein Verfahren für die synthetische Färbung von Orangen. Orangen aus Gegenden, die die saftigsten Früchte hervorbrachten, hatten einen Wettbewerbsnachteil, da das Produkt für die Hausfrau weniger attraktiv aussah als andere Sorten, die von der Qualität her nicht besser waren. Nur noch einmal im Verlauf meiner beruflichen Tätigkeit habe ich ein Unternehmen gefunden, das meiner Ansicht nach im Vergleich zum bestehenden Geschäftsvolumen ein so hohes Umsatzvolumen mit potenziell erfolgreichen neuen Produkten zu erwarten hatte wie die Food Machinery Corporation in den Jahren zwischen 1932 und 1934.

Inzwischen hatte ich genug gelernt um zu wissen, dass dieses attraktive Bild allein nicht ausreichte, einen großen Erfolg zu garantieren. Die Qualität des Managements war ebenso wichtig. Mit dem Wort Qualität will ich hier zwei ganz unterschiedliche Faktoren umschreiben. Der eine Faktor besteht in der Kompetenz der Unternehmensführung. Diese Kompetenz umfasst selbst wiederum zwei unterschiedliche Fähigkeiten. Zum einen geht es hierbei um eine überdurchschnittliche Effizienz bei der Abwicklung der alltäglichen Aufgaben im Unternehmen. Zu diesen alltäglichen Aufgaben rechne ich alle möglichen verschiedenen Herausforderungen, von der ständigen Bemühung um eine effizientere Produktion bis hin zur sorgfältigen Überwachung der Außenstände. In diesen Bereich fallen also alle Aufgaben, die mit dem Betrieb des Unternehmens in kurzfristiger Perspektive zu tun haben.

In der Wirtschaft ist jedoch noch eine ganz andere Fähigkeit gefragt, wenn es um erstklassiges Management geht. Dies ist die Fähigkeit, vorauszuschauen und langfristige Strategien zu entwerfen, die ein bedeutendes Wachstum des Unternehmens in der Zukunft sichern und gleichzeitig finanzielle Risiken vermeiden. Viele Unternehmen verfügen über ein Management, das entweder in der einen oder in der anderen Hinsicht hervorragend ist. Wirklicher Erfolg verlangt beide Fähigkeiten.

Kompetenz ist jedoch nur einer der beiden Ansprüche an die Unternehmensführung, die bei einem wirklich Erfolg versprechenden Investment erfüllt sein müssen. Der andere Anspruch wird mit dem Begriff Integrität umschrieben und umfasst sowohl die Ehrlichkeit als auch die persönliche Anständigkeit derjenigen, die ein Unternehmen führen. Jeder, der die Investmentwelt in den Jahren vor dem Crash von 1929 aus eigener Erfahrung kennen gelernt hat, konnte recht lebendige Beispiele für die hohe Bedeutung von Integrität miterleben. Die Eigentümer und Manager eines Unternehmens sind immer näher an allem, was das Unternehmen angeht, als die Aktionäre. Wenn die Manager sich nicht wirklich als Treuhänder der Aktionäre verstehen, werden die Aktionäre früher oder später vielleicht einen bedeutenden Teil dessen, was ihnen berechtigterweise zusteht, nicht mehr bekommen. Manager, die ihre eigenen persönlichen Interessen in den Vordergrund stellen, werden wahrscheinlich kein engagiertes Team loyaler Mitarbeiter um sich scharen können – eine unumgängliche Notwendigkeit, wenn ein Unternehmen so groß werden soll, dass ein oder zwei Personen es nicht länger allein kontrollieren können.

Ich sehe die Situation heute nach all diesen Jahren noch genauso wie in jenen dunklen Tagen der Weltwirtschaftskrise, dass nämlich diese junge Food Machinery Corporation ein ganz außergewöhnlich attraktives Bild bot, was das dort arbeitende Management anging. John D. Crummey, der Präsident des Unternehmens und Schwiegersohn des Gründers der John Bean Manufacturing Co., war nicht nur ein ungewöhnlich fähiger Betriebsleiter und von Kunden und Beschäftigten hoch geachtet, er war auch ein tief religiöser Mann, der sich peinlich genau an seine hohen Moralvorstellungen hielt. Der Chefingenieur des Unternehmens war ein hervorragender Entwicklungsingenieur. Sehr wichtig war auch, dass er seine Produkte so entwickelte, dass sie gut durch Patente zu schützen waren. Um schließlich die Stärke dieses recht kleinen Managementteams abzurunden, überredete John Crummey seinen Schwiegersohn Paul L. Davies, der seine viel versprechende Karriere im Bankwesen eigentlich nicht aufgeben wollte, in die Führung von Food Machinery zu wechseln und dem Unternehmen so finanzielle Stärke und Solidität zu verleihen. Tatsächlich hatte Paul Davies solche Bedenken, dass er sich zunächst nur für ein Jahr von seiner Bank beurlauben ließ, um dem Unternehmen seiner Familie über das erste raue Jahr nach der Fusion hinwegzuhelfen. In diesem Jahr stieg sein Interesse an den erregenden Zukunftsaussichten des Unternehmens so sehr, dass er beschloss, auf Dauer im Unternehmenzu bleiben. Als Präsident führte er Food Machinery später zu einer Größe und einem Erfolg, die die positiven Errungenschaften der ersten Jahre klein erscheinen ließen.

Das war also ein Unternehmen, das alle jene Vorzüge aufwies, die sich nur gelegentlich bei Anlagemöglichkeiten finden. Das Management war hervorragend. Klein, wie das Unternehmen war, wurde es doch nicht nur von einem Mann geführt. Im Verhältnis zur Konkurrenz stand das Unternehmen ungewöhnlich stark da, die Geschäfte wurden gut geführt, und im Hintergrund winkten neue Produktlinien mit einem Potenzial, das für die damalige Größe des Unternehmens ausreichte. Selbst wenn einige dieser Produkte sich nicht realisieren ließen, so konnte der Rest doch noch für eine leuchtende Zukunft sorgen.

## Hin und her

Zu all diesem sollte jedoch noch ein Punkt von ebenso großer Bedeutung treten, wenn eine Investition sich wirklich als Goldmine herausstellen soll. Im Investment machen diejenigen die größten Gewinne, die sich in die eine Richtung bewegen, wenn die Finanzwelt in die andere Richtung geht. Wenn damals die Zukunft der Food Machinery Corporation richtig bewertet worden wäre, wären die Gewinne derjenigen, die in den Jahren zwischen 1932 und 1934 Aktien des Unternehmens kauften, sehr viel schmaler ausgefallen. Nur weil der wirkliche Wert des Unternehmens allgemein nicht erkannt wurde und Food Machinery nur als eines unter vielen fragwürdigen Unternehmen galt, deren Aktien der Öffentlichkeit am Höhepunkt einer Spekulationsorgie angeboten wurden, war es möglich, große Pakete dieser Aktien zu dem lächerlichen Kurs zu kaufen, auf den sie gesunken waren. Sich selbst darin zu üben, nicht mit der Herde zu laufen und in die eine Richtung zu gehen, wenn die Herde in die andere Richtung marschiert, gehört meines Erachtens zu den wichtigsten Grundlagen erfolgreichen Investierens.

Ich wünschte, ich verfügte über die Worte, um die innere, emotionale und intellektuelle Erregung richtig zu schildern, die mich beim Nachdenken darüber ergriff, was diese in Finanzkreisen bis dato unbeachtete Food Machinery Corporation für meine schmalen persönlichen Finanzen und für mein junges Unternehmen bedeuten könnte. Der Zeitpunkt schien genau richtig zu sein. Wie eine Feder, die zu weit zusammengedrückt worden ist und sich jetzt wieder ausdehnt, stieg das Kursniveau in den Jahren 1933 bis 1937 zunächst langsam und ging dann in einen ausgeprägten Haussemarkt über, gefolgt von einem deutlichen Rückschlag 1938 und einer vollständigen Erholung der Kurse im Jahr darauf. Aufgrund meiner festen Überzeugung, dass die Entwicklung bei Food Machinery weit über dem Durchschnitt liegen würde, kaufte ich für meine Klienten so viele dieser Aktien, wie sie nur wollten. Jedem potenziellen Klienten gegenüber waren die Perspektiven von Food Machinery mein wichtigstes Argument. Ich war der Ansicht, dass sich hier, wie vielleicht nur einmal im Leben, eine der einzigartigen Möglichkeiten bot, von denen Shakespeare so richtig sagt: »Die Gezeiten in dem Geschick der Menschen führen, richtig genutzt, zu Reichtum.« In jenen aufregenden Jahren, in denen meine Hoffnungen groß und meine Börse sowie mein Ansehen in der Finanzwelt fast nicht existent waren, sprach ich diese erregenden Worte immer wieder vor mich hin, um meine Entschlossenheit zu festigen.

## Gegen den Strom, aber in die richtige Richtung

In der Literatur über Kapitalanlagen findet sich vieles über die Bedeutung gegensätzlicher Einschätzungen. Eine andere Meinung als die Masse zu vertreten, reicht jedoch nicht aus. Ich habe erlebt, dass Investoren die Notwendigkeit, sich gegenläufig zum allgemeinen Trend zu verhalten, so verinnerlicht hatten, dass sie folgenden Nachsatz völlig vergaßen: Wenn Sie sich gegenläufig zum allgemeinen Trend verhalten, müssen Sie sich sehr, sehr sicher sein, dass Sie Recht haben. Als zum Beispiel offensichtlich wurde, dass das Auto in großem Umfang die Straßenbahnen ablösen würde, und die Aktien der einstmals beliebten Stadtbahnen zu immer niedrigeren Kurs-Gewinn-Relationen gehandelt wurden, wäre es sehr teuer geworden, sich gegen den Strom zu bewegen und Straßenbahnpapiere zu kaufen mit der Begründung, da jeder andere sie negativ beurteile, müssten sie attraktiv sein. Wer sich in die eine Richtung bewegt, wenn der Großteil der Finanzwelt in eine andere Richtung geht, kann häufig große Gewinne machen, vorausgesetzt es gibt deutliche Anzeichen dafür, dass es richtig ist, sich gegen den Strom zu bewegen.

Wenn schon ein Shakespeare-Zitat einen wichtigen Einfluss auf die Formulierung meiner Politik in dieser Frage war, so trifft dies seltsamerweise auch auf ein populäres Lied aus der Zeit des Ersten Weltkriegs zu. Als einer der immer weniger werdenden Überlebenden jener Tage, die sich noch an die Reaktion der Heimatfront auf die bewegten Tage des Jahres 1918 erinnern können, möchte ich darauf hinweisen, dass die amerikanische Öffentlichkeit in ihrer Erregung und ihrem Enthusiasmus für jenen Krieg eine Naivität erkennen ließ, die völlig verschieden von der grimmigen Einstellung während des Zweiten Weltkriegs war, als die Schrecken des Krieges klarer gesehen wurden. Nachrichten aus erster Hand über die Opfer und den Schmutz und Schrecken der Schützengräben hatten sich auf dem amerikanischen Kontinent im Jahr 1918 noch nicht verbreitet. Die populäre Musik jener Tage war daher voll von fröhlichen und humoristischen Kriegsliedern, wie es im Zweiten Weltkrieg kaum noch und während des Fiaskos in Vietnam gar nicht mehr der Fall war. Die meisten dieser Lieder wurden als Notenblätter für Klavier verbreitet. Eines dieser Lieder trug auf dem Titelblatt das Bild einer stolzen Mutter, die auf vorübermarschierende Soldaten herabblickte, und hatte den Titel: »Alle außer Tritt, bis auf Jim.«

Mir war von Anfang an klar, dass ich ein entschiedenes Risiko einging, »außer Tritt« zu geraten. Meine ganz frühen Käufe von Food

Machinery und einer Anzahl weiterer Aktien waren unzeitgemäß, als der intrinsische Wert dieser Aktien in der Finanzwelt noch vollkommen unbeachtet blieb. Ich konnte mit meinen Überlegungen vollkommen im Unrecht sein und die Finanzwelt konnte Recht haben. Falls dem so war, konnte für meine Klienten oder mich selbst nichts schlechter sein, als aufgrund meiner festen Überzeugung im Hinblick auf eine bestimmte Anlagemöglichkeit beträchtliche finanzielle Mittel für eine endlose Reihe von Jahren zu blockieren, nur weil ich fälschlicherweise in die eine Richtung lief, während sich die Finanzwelt in die andere bewegte.

Während mir völlig klar war, dass ich jene Gewinne machen konnte, die möglich werden, wenn man gegen den Strom schwimmt, benötigte ich doch eine Art quantitativen Test um sicherzugehen, dass ich Recht hatte.

## Geduld und Erfolg

Vor diesem Hintergrund entwickelte ich meine 3-Jahres-Regel. Wenn ich für meine Klienten eine Aktie kaufe, fordere ich sie immer wieder auf, die Ergebnisse nicht nach einem Monat oder einem Jahr zu beurteilen, sondern mir drei Jahre Zeit zu geben. Wenn ich ihnen nach drei Jahren keine positiven Resultate vorweisen kann, sollten sie mich feuern. Ob ich im ersten Jahr erfolgreich bin oder nicht, kann genauso gut Zufall sein wie irgendetwas anderes. Bei meinen Geschäften mit einzelnen Aktien habe ich mich in all den Jahren an dieselbe Regel gehalten, mit nur einer Ausnahme. Wenn eine Aktie nach drei Jahren nichts eingebracht hat, werde ich sie verkaufen. Wenn sich eine Aktie für ein oder zwei Jahre eher unterdurchschnittlich entwickelt hat, werde ich sie nicht besonders mögen. Solange sich meine ursprüngliche Einschätzung des Unternehmens nicht geändert hat, werde ich sie jedoch für drei Jahre halten.

In der zweiten Hälfte des Jahres 1955 kaufte ich eine beträchtliche Anzahl Aktien von zwei Gesellschaften, in die ich noch niemals zuvor investiert hatte. Sie stellten sich als klassisches Beispiel für die Vorteile und Probleme heraus, die es mit sich bringt, wenn man sich bei Kapitalanlagen gegensätzlich zur gerade vorherrschenden Meinung in der Finanzwelt verhält. Rückblickend könnte man das Jahr 1955 als den Beginn eines Zeitraums von 15 Jahren sehen, den man als das »erste goldene Zeitalter der Elektronikaktien« bezeichnen könnte. Ich sage »das erste«, damit keine Unklarheit darüber aufkommt, was einmal als das goldene Zeitalter der Halbleiteraktien angesehen werden wird, ein Zeitraum, der wohl noch vor uns liegt und sich auf die achtziger Jahre erstrecken könnte. Im Jahr 1955 jedenfalls und in den unmittelbar folgenden Jahren war die Finanzwelt geblendet vom Erfolg einer ganzen Reihe von Elektronikunternehmen, deren Gewinne dann 1969 wirklich spektakuläre Ausmaße annahmen. Ich denke zum Beispiel an IBM, Texas Instruments, Varian, Litton Industries und Ampex. 1955 lag diese Entwicklung jedoch noch in der Zukunft. Mit Ausnahme von IBM galten all diese Aktien als hoch spekulativ und nicht geeignet für konservative Anleger oder große Institutionen. Mir war jedoch teilweise bewusst, in welche Richtung die Entwicklung gehen würde, und ich kaufte in der zweiten Hälfte des Jahres 1955 für meine Verhältnisse recht beträchtliche Pakete von Texas Instruments und Motorola.

Heute ist Texas Instruments weltweit der größte Hersteller von Halbleitern, dicht gefolgt von Motorola. Damals war Motorolas Stellung in der Halbleiterindustrie unbedeutend und spielte für meine Kaufentscheidung keine Rolle. Was Eindruck auf mich machte, waren das Management von Motorola sowie Motorolas dominierende Position in der Telekommunikation, ein Bereich, in dem mir ein ungeheures Potenzial zu liegen schien. In den Augen der Finanzwelt galt Motorola nur als einer unter vielen Herstellern von Radio- und Fernsehgeräten. Motorolas Aufstieg im Halbleiterbereich, der zumindest teilweise auf die Verpflichtung Dr. Daniel Nobles zurückging, kam erst später und stellte einen zusätzlichen Pluspunkt dar, den ich zum Zeitpunkt meiner Kaufentscheidung nicht vorausgesehen hatte. Im Fall von Texas Instruments fand ich ebenfalls das Management überzeugend, ansonsten wurde ich aber von ganz anderen Überlegungen geleitet. Wie andere auch sah ich eine große Zukunft voraus, die aus dem Geschäft von Texas Instruments mit den zunehmend komplexer werdenden Halbleitern erwuchs. Ich war der Ansicht, dass diese Leute auf gleicher Stufe, wahrscheinlich sogar auf einer höheren Stufe stehen konnten wie General Electric, RCA, Westinghouse oder andere große Unternehmen, egal, was viele an der Wall Street auch davon halten mochten. Einige Leute kritisierten mich, weil ich Kapital bei einem kleinen, »spekulativen Unternehmen« anlegte, das sich ihrer Meinung nach gegen die Konkurrenz der Großunternehmen nicht würde durchsetzen können.

Nach dem Kauf dieser Aktien waren die kurzfristigen Ergebnisse am Aktienmarkt recht unterschiedlich. Innerhalb eines Jahres war der Wert von Texas Instruments recht ordentlich gestiegen. Motorola schwankte zwischen 5% und 10% unter dem Kurs, zu dem ich gekauft hatte. Diese Aktie entwickelte sich so unbefriedigend, dass einer meiner bedeutenderen Klienten sich sogar weigerte, den Namen Motorola in den Mund zu nehmen. Er sagte immer nur »diese Niete, die Sie für mich gekauft haben«. Die unbefriedigende Kursentwicklung setzte sich für etwas über ein Jahr fort. Als jedoch der Finanzwelt langsam klar wurde, welche Bedeutung der Telekommunikationsbereich Motorolas für Anleger hatte, und sich gleichzeitig die ersten Anzeichen eines Kurswechsels im Halbleiterbereich zeigten, entwickelte sich die Aktie spektakulär.

Ich kaufte Motorola-Aktien zusammen mit einem großen Versicherungsunternehmen, das das Management von Motorola hatte wissen lassen, man wäre ebenfalls an den Ergebnissen meines ersten Besuchs im Unternehmen interessiert. Kurz nachdem diese Versicherung ein bedeutendes Paket Motorola-Aktien gekauft hatte, ließ sie ihr gesamtes Portfolio bei einer New Yorker Bank evaluieren. Mit Ausnahme der Motorola-Aktie unterteilte die Bank das Portfolio in drei Gruppen: sehr attraktiv, weniger attraktiv und unattraktiv. Sie weigerten sich jedoch, Motorola in eine dieser Gruppen einzuordnen, mit der Begründung, für ein solches Unternehmen würden sie keine Zeit aufwenden. Daher äußerten sie keine Meinung zu Motorola. Drei Jahre später sagte mir jedoch ein führender Mann der Versicherung, was diese sehr negative Einschätzung aus der Wall Street anging, dass Motorola inzwischen jede andere Aktie ihres Portfolios überholt hätte! Wenn ich nicht meine 3-Jahres-Regel gehabt hätte, hätte ich vielleicht angesichts der zunächst schlechten Entwicklung der Aktie und der Kritik von Kunden weniger standhaft an meiner Motorola-Position festgehalten.

## Bei jeder Regel gibt es Ausnahmen … aber nicht viele!

Habe ich jemals Aktien aufgrund dieser 3-Jahres-Regel verkauft und dies aufgrund eines bedeutenden Kursanstiegs dieser Aktie später bereut? Tatsächlich habe ich nur sehr selten Aktien verkauft, wenn außer der 3-Jahres-Regel kein weiterer Grund dafür sprach. Das liegt nicht daran, dass bei Aktien, die ich in der Hoffnung auf hohe Gewinne gekauft hatte, eine solche Entwicklung etwa nur sehr selten ausgeblieben wäre. In der Mehrzahl solcher Fälle ergab eine weitere Analyse des Unternehmens neue Erkenntnisse, aufgrund derer ich meine Ansicht über das Unternehmen änderte. Bei der relativ kleinen Zahl von Aktien, die ich nur aufgrund der 3-Jahres-Regel allein verkaufte, kann ich mich jedoch an keinen einzigen Fall erinnern, in dem ich dies aufgrund der späteren Marktentwicklung bereut hätte.

Habe ich meine eigene 3-Jahres-Regel jemals gebrochen? Die Antwort lautet ja, genau ein Mal, viele Jahre später, Mitte der 70er. Drei Jahre zuvor hatte ich ein Aktienpaket der Rogers Corporation gekauft. Rogers hatte Erfahrung in gewissen Bereichen der Polymerchemie und ich war der Ansicht, dass sie verschiedene ziemlich exklusive Produktlinien entwickelten, die nicht nur für ein oder zwei Jahre, sondern auf lange Sicht recht dramatische Umsatzsteigerungen bringen würden. Nach drei Jahren waren der Kurs der Aktie und die Erträge des Unternehmens jedoch abgesackt. Hier waren jedoch verschiedene Faktoren am Werk, die mich bewogen, diesmal meine eigenen Standards zu verletzen und die Ausnahme zu machen, die bekanntlich die Regel bestätigt. Einer dieser Faktoren war meine hohe Wertschätzung für Norman Greenman, den Präsidenten des Unternehmens. Ich war überzeugt, dass er ungewöhnlich qualifiziert war, über Durchsetzungsfähigkeit verfügte sowie über eine weitere Eigenschaft, die für einen intelligenten Investor meiner Ansicht nach sehr wertvoll ist: die Ehrlichkeit, sich wiederholende schlechte Nachrichten nicht zu verheimlichen, was für ihn sehr unangenehm gewesen sein muss. Er sorgte dafür, dass an seinem Unternehmen interessierte Anleger nicht nur über das günstige Potenzial, sondern auch über die ungünstigen Aspekte der Entwicklung informiert waren.

Ein weiterer Faktor übte großen Einfluss auf mich aus: ein wesentlicher Grund für die unbefriedigende Gewinnentwicklung lag darin, dass Rogers einen recht überproportionalen Aufwand mit der Entwicklung eines einzigen neuen Produkts betrieb, das große Erfolge zu versprechen schien. Dadurch wurden finanzielle Mittel und qualifizierte Mitarbeiter von anderen möglicherweise aussichtsreichen Entwicklungsprojekten abgezogen, denen das Unternehmen weniger Aufmerksamkeit widmete. Neue Produkte dieser Art verfügen über ein großartiges Potenzial. Als die schmerzliche Entscheidung getroffen worden war, die Entwicklungsarbeit bei jenem Produkt einzustellen, wurde bald deutlich, dass sich mehrere andere viel versprechende Innovationen entwickeln würden. Dies alles benötigte jedoch Zeit. In der Zwischenzeit sorgte jedoch die Enttäuschung, die das Unternehmen seinen Aktionären bereitet hatte, für ein Absinken des Aktienkurses auf ein absurd niedriges Niveau, wenn man es in Beziehung zum Umsatz, zum Vermögen oder zur normalen Ertragskraft des Unternehmens sah. Hier ergab sich ein klassisches Beispiel dafür, in die eine Richtung zu gehen, wenn die Finanzwelt in die andere ging. Ich sah also von meiner 3-Jahres-Regel ab und kaufte weitere Anteile an Rogers für mich und meine Klienten, auch wenn einige von ihnen nach den Jahren des Wartens und der negativen Entwicklung dies mit gewissen Befürchtungen verfolgten. Wie so oft in einer solchen Situation vollzog sich der Wandel schnell, nachdem er einmal eingesetzt hatte. Als deutlich wurde, dass die Ertragssteigerung nicht eine Sache von ein oder zwei Jahren, sondern die Basis für viele Jahre des Wachstums sein würde, zog die Aktie entsprechend an.

## Ein Experiment in Sachen Spekulation

All dies hat uns aber in meiner Erzählung um Jahre in die Zukunft versetzt. In den dreißiger Jahren gab es noch andere Dinge, die ich aus meinen Fehlern zu lernen hatte, während meine Investment-Philosophie langsam Gestalt annahm. Auf meiner Suche nach Mitteln und Wegen, wie man mit Aktien Geld verdienen konnte, wurde mir klar, dass meine Analyse der Food Machinery Corporation vielleicht noch einen nützlichen Nebeneffekt haben könnte. Ein großer Teil des Geschäfts der Food Machinery hing von der Konservenindustrie ab, sodass ich bei meiner Evaluation von Food Machinery auch einiges darüber gelernt hatte, was die Entwicklung der Konservenindustrie selbst bestimmte. Es handelte sich hier um eine hoch zyklische Branche, zum einen aufgrund der zyklischen Entwicklung der Wirtschaft im Allgemeinen, zum anderen aufgrund der unregelmäßigen Einflüsse des Wetters auf bestimmte Ernten.

Als ich mich mit den besonderen Gegebenheiten in der Verpackungsindustrie etwas vertraut gemacht hatte, beschloss ich, dieses Wissen zu nutzen. Dies wollte ich jedoch nicht in Form langfristiger Kapitalanlagen tun wie bei der Food Machinery, sondern durch In-and-Out-Trading mit Aktien der California Packing Corporationalifornia Packing Corporation, die damals bei Obst und Gemüse das größte unabhängige Unternehmen in der Konservenindustrie war. Zwischen dem Tiefpunkt der Weltwirtschaftskrise und dem Ende der dreißiger Jahre kaufte ich dreimal Aktien dieses Unternehmens und verkaufte sie jedesmal wieder mit Gewinn.

Oberflächlich betrachtet hört sich das ganz profitabel an. Als ich jedoch aus Gründen, die ich wenig später erklären werde, einige Jahre darauf die klugen wie auch die unklugen Züge, die ich in meinem Geschäft getätigt hatte, neu überdachte, wurde mir schnell klar, wie töricht solche Aktivitäten waren. Sie beanspruchten viel Zeit und Mühe, die man gut auf etwas anderes hätte aufwenden können. Dabei war der Gesamtgewinn in Dollar in Bezug auf die riskierten Beträge unbedeutend im Vergleich zu den Gewinnen, die ich für meine Klienten mit Food Machinery und anderen Kapitalanlagen gemacht hatte, also mit auf langfristigen Gewinn orientierten und über viele Jahre aufrechterhaltenen Investitionen. Zudem hatte ich genug In-and-Out-Trading, auch bei äußerst versierten Anlegern, miterlebt um zu wissen, dass drei Erfolge hintereinander nur ein Desaster beim vierten Versuch umso wahrscheinlicher machen würden. Die Risiken waren beträchtlich höher als bei der Investition desselben Kapitals in Aktien von Unternehmen, die vielversprechend genug erschienen, um diese Aktien über viele Jahre des Wachstums hinweg zu halten. Am Ende des Zweiten

Weltkriegs, als meine Investment-Philosophie schon ziemlich ausformuliert war, habe ich, wie ich glaube, eine der wichtigsten Entscheidungen meines Berufslebens getroffen: die Entscheidung, alle Kräfte auf langfristige hohe Gewinne zu konzentrieren.

## Am Preis festhalten, eine Chance verlieren

In den dreißiger Jahren lernte ich – zumindest ansatzweise – noch etwas, das ich für wirklich wichtig halte. Ich habe ja schon erwähnt, wie vollständig unfähig ich war, aus meiner richtigen Prognose in Bezug auf den 1929 einsetzenden Baissemarkt einen Nutzen zu ziehen. Die richtigsten Überlegungen auf der Welt sind für das Investment in Aktien nutzlos, wenn ihnen nicht die Tat folgt. Die ersten Erfahrungen mit meinem eigenen Unternehmen machte ich in der Zeit der Weltwirtschaftskrise, als sehr geringe Geldbeträge auf einmal von ungeheurer Bedeutung waren. Aus diesem Grund, vielleicht aber auch aufgrund meiner persönlichen Wesenszüge, fand ich mich zu Beginn meiner beruflichen Selbstständigkeit in einem ständigen Kampf um Viertel und Achtel wieder. Makler mit weitaus größerer Erfahrung, als ich sie besaß, sagten mir immer wieder, wenn ich wirklich der Überzeugung sei, dass eine Aktie in einigen Jahren auf ein Vielfaches ihres gegenwärtigen Kurses steigen werde, mache es nur einen sehr geringen Unterschied, ob ich sie jetzt zu einem Preis von $10 oder $10 ¼ kaufte. Und doch fuhr ich fort, bei meinen Aufträgen Limits zu setzen, ohne dass diese Limits durch etwas anderes gerechtfertigt gewesen wären als eine willkürliche Entscheidung meinerseits, zum Beispiel $10 ⅛ zu bezahlen und nicht mehr. Logisch betrachtet ist das natürlich lächerlich. Meinen Beobachtungen zufolge ist diese schlechte Investmentgewohnheit nicht nur bei mir, sondern auch bei vielen anderen fest verwurzelt, bei manchen kommt sie hingegen überhaupt nicht vor.

Das Gefahrenpotenzial willkürlicher Limits wurde mir aufgrund eines Fehlers klar, den jemand anders beging. Ich erinnere mich noch, als wäre es gestern gewesen, wie ich auf dem Bürgersteig vor einer Bank in San Francisco zufällig mit einem meiner Kunden zusammenstieß. Ich erzählte ihm, ich sei gerade bei der Food Machinery Corporation gewesen, die Perspektiven seien günstig wie nie zuvor und mein Rat sei es, noch einige dieser Aktien zu kaufen. Er gab mir völlig Recht und erkundigte sich, wie der Kurs bei Börsenschluss an jenem Nachmittag gewesen sei. Ich sagte ihm, die Aktie stehe bei $ 34 ½. Er gab mir einen bedeutenden Kaufauftrag und sagte, er sei bereit, $ 33 ¾ zu zahlen, nicht mehr. In den nächsten Tagen schwankte der Kurs knapp über diesem Gebot, erreichte es jedoch nie. Ich rief meinen Kunden zweimal an und forderte ihn auf, etwa einen Viertelpunkt zuzulegen, damit ich kaufen konnte. Unglücklicherweise lautete seine Antwort: »Nein, das ist mein Preis!« Nach ein paar Wochen war die Aktie um 50% gestiegen, und sank unter Berücksichtigung von Aktiensplits niemals in der Geschichte des Unternehmens wieder auch nur in die Nähe des Niveaus, auf dem mein Kunde kaufen wollte.

Das Verhalten dieses Kunden machte einen größeren Eindruck auf mich als meine eigene Dickköpfigkeit. Mit der Zeit legte ich meine Schwäche ab. Mir ist völlig klar, dass ein Käufer mit Interesse an einem großen Aktienpaket Viertel- und Achtelpunkte nicht völlig ignorieren kann, denn wenn er einige Aktien kauft, kann er den Preis für den Rest damit in die Höhe treiben. Bei der großen Mehrzahl aller Transaktionen kann sich die Dickköpfigkeit in Bezug auf Bruchteile von Prozentpunkten jedoch als sehr kostspielig erweisen. Was Aktienkäufe angeht, habe ich diese Schwäche vollständig überwunden, bei Verkäufen allerdings nur zum Teil. Im letzten Jahr habe ich eine kleine Order mit einem Limit platziert und so um genau einen Viertelpunkt eine Transaktion verpasst mit dem Ergebnis, dass die Aktie jetzt um 35% unter dem Preis steht, zu dem ich meine Order platziert hatte. Auf einem Niveau ungefähr in der Mitte zwischen meiner Limitorder und dem gegenwärtigen Preis habe ich dann einen Teil dieser nicht sehr umfangreichen Position verkauft.

# Kapitel 3

# Die Philosophie reift heran

Unser Eintritt in den Zweiten Weltkrieg war nicht ganz ohne Einfluss auf die Entwicklung meiner Investment-Philosophie. Anfang 1942 fand ich mich in der ungewohnten Rolle eines Bodenoffiziers im Army Air Corps wieder, der verschiedene Tätigkeiten mit wirtschaftlichem Bezug abzuwickeln hatte. Dreieinhalb Jahre lang legte ich mein Unternehmen auf Eis und stellte Onkel Sam meine nicht sehr wertvollen Dienste zur Verfügung. In den letzten Jahren habe ich oft erwähnt, dass meine Arbeit für mein Land recht erfolgreich war. Weder Hitler noch Kaiser Hirohito gelang es jemals, einen Mann in die von mir verteidigten Territorien zu bringen. Dabei handelte es sich um Arkansas, Texas, Kansas und Nebraska! In der Zeit, in der ich in Onkel Sams Uniform verschiedene Schreibtischjobs erledigte, fand ich mich jedenfalls ohne Vorwarnung mal in der einen, mal in der anderen von zwei Welten wieder: Eine Zeit lang hatte ich so viel zu tun, dass das letzte, an das ich hätte denken können, mein Geschäft zu Friedenszeiten war. Zu anderen Zeiten saß ich an meinem Tisch und hatte nur sehr wenig Arbeit. Dann dachte ich lieber daran, wie ich mein Unternehmen aufbauen würde, sobald der glückliche Tag meiner Entlassung aus der Armee gekommen war, als an meine persönlichen Lebensumstände und die Probleme in der Armee, mit denen ich kurzfristig konfrontiert war. Zu solchen Zeiten nahm meine Investment-Philosophie allmählich feste Züge an. Damals entschied ich, dass das In-and-Out-Trading, wie ich es am Beispiel von California Packing beschrieben habe, keine Zukunft haben würde.

In dieser Zeit kam ich auch zu zwei weiteren Schlussfolgerungen, die für mein zukünftiges Geschäftsverhalten bedeutsam sein sollten. Vor dem Krieg hatte ich alle möglichen Klienten gehabt, Großkunden und Kleinanleger mit unterschiedlichen Zielen. Schwerpunktmäßig, wenn auch nicht ausschließlich, hatte meine Tätigkeit darin bestanden, außergewöhnliche Unternehmen ausfindig zu machen, die für die Zukunft ein bedeutendes, überdurchschnittliches Wachstum versprachen. Nach dem Krieg wollte ich meine Klientel auf eine kleine Gruppe von Großanlegern beschränken mit dem Ziel, mich ausschließlich auf diesen Typ von Wachstumsaktien zu konzentrieren. Aus steuerlichen Gründen war Wachstum für diese Kunden vorteilhafter.

Meine zweite Schlussfolgerung war, dass die chemische Industrie in der Nachkriegszeit eine Periode beträchtlichen Wachstums durchlaufen würde. Bei meiner Rückkehr ins Zivilleben war es daher von hoher Priorität, das attraktivste der großen Chemieunternehmen ausfindig zu machen und dort einen großen Teil des von mir verwalteten Kapitals anzulegen. Ich wendete keinesfalls meine gesamte Zeit hierfür auf, aber im ersten Jahr nach Wiederaufnahme meiner Geschäftstätigkeit verbrachte ich beträchtliche Zeit im Gespräch mit Leuten, die sich in dieser komplexen Branche wirklich auskannten. Großhändler, die die Produktlinien von ein oder zwei großen Unternehmen führten, Chemieprofessoren, die die Leute in der Chemieindustrie gut kannten, und sogar Mitarbeiter von Baufirmen, die Fabriken für die chemische Industrie gebaut hatten, stellten sich alle als sehr wertvolle Quelle für Hintergrundinformationen heraus. Ich führte diese Informationen mit der Analyse der üblichen Finanzdaten zusammen und brauchte nur ungefähr drei Monate, um die Zahl der in Frage kommenden Unternehmen auf drei zu verringern. Von da an ging es langsamer voran und die Entscheidungen wurden schwieriger. Im Frühjahr 1947 entschied ich jedoch, dass meine Wahl auf die Dow Chemical Company fallen würde.

## E pluribus unum

Es gab viele Gründe dafür, dass meine Wahl unter den zahlreichen vielversprechenden Chemieunternehmen auf Dow Chemical fiel. Es ist bestimmt nützlich, einige von ihnen anzuführen, denn sie bilden ein gutes Beispiel für meine Erwartungen an die kleine Gruppe von Unternehmen, in die ich investieren möchte. Als ich verschiedene Leute bei Dow kennenlernte, stellte ich fest, dass das bisher realisierte

Wachstum auf den unterschiedlichen Managementebenen einen echten Anreiz darstellte. Im gesamten Unternehmen war die Überzeugung verbreitet, dass ein noch größeres Wachstum bevorstünde. Wenn ich zum ersten Mal mit einem Vertreter des Top-Managements eines Unternehmens spreche, ist eine meiner liebsten Fragen, was er für das wichtigste langfristige Problem des Unternehmens hält. Als ich dem Präsidenten von Dow diese Frage stellte, war ich von seiner Antwort ungeheuer beeindruckt: »Das Problem besteht darin, im Prozess unseres schnellen Wachstums nicht zu einer Art militärischer Organisation zu werden, und die informellen Beziehungen aufrechtzuerhalten, die es möglich machen, dass Leute auf verschiedenen Ebenen und aus unterschiedlichen Abteilungen weiter in völlig unstrukturierter Weise miteinander kommunizieren, und gleichzeitig ein administratives Chaos zu vermeiden.«

Auch mit einigen anderen grundlegenden Aspekten der Unternehmenspolitik stimmte ich völlig überein. Dow begrenzte seine Aktivitäten auf diejenigen Produktlinien der Chemieindustrie, wo das Unternehmen aufgrund seiner Größe, seiner überlegenen technologischen Kompetenz, seiner Produktkenntnis oder anderer Faktoren der effizienteste Hersteller war oder gute Aussichten hatte, dies zu werden. Bei Dow war das Bewusstsein für die Notwendigkeit kreativer Forschung vorhanden, wenn man nicht nur an die Spitze gelangen, sondern dort auch bleiben wollte. Auch der Personalpolitik wurde bei Dow ein hoher Wert beigemessen. Man war sich der Notwendigkeit bewusst, Mitarbeiter mit überdurchschnittlichen Fähigkeiten zu erkennen und sie in den für Dow typischen Verfahren und Vorgehensweisen zu trainieren. Wenn anscheinend gute Mitarbeiter nicht die entsprechende Leistung brachten, sollten sie eine vernünftige Chance mit einer anderen Tätigkeit bekommen, die ihnen eher entsprach.

Dows Gründer, Dr. Herbert Dow, war zwar schon vor siebzehn Jahren gestorben, doch seine Überzeugungen standen im Unternehmen in so hohem Ansehen, dass der eine oder andere Satz Dows mir gegenüber häufig zitiert wurde. Obwohl es dabei vor allem um interne Angelegenheiten bei Dow ging, kam ich zu der Auffassung, dass zumindest zwei dieser Prinzipien für mein eigenes Unternehmen ebenso wichtig waren, da sie auf die Suche nach Anlagemöglichkeiten genauso passten wie auf die Angelegenheiten bei der Dow Chemical Company. Das eine dieser Prinzipien lautete: »Befördere niemals jemanden, der nicht einige schwerwiegende Fehler begangen hat, sonst beförderst du jemanden, der noch gar nichts getan hat.« Dass dieses Prinzip in der Finanzwelt so wenig verstanden wird, hat immer wieder für ungewöhnliche Investment-Möglichkeiten auf dem Aktienmarkt gesorgt.

Wirkliche Erfolge in der Wirtschaft erfordern fast immer eine Pioniertätigkeit, bei der sich Findigkeit und Praktikabilität mischen. Dies stimmt vor allem dann, wenn Gewinne auf der Basis führender technologischer Forschung angestrebt werden. Wie fähig die Forscher in den Entwicklungsabteilungen auch sein mögen und wie gut ihre Ideen sind, es wird Zeiten geben, da diese Bemühungen einen schweren Fehlschlag erleiden. Wenn es dazu kommt und die laufenden Erträge aufgrund des kostspieligen Fehlschlags weit hinter den Erwartungen zurückbleiben, ist sich die Finanzwelt immer wieder sofort einig, dass das Management des Unternehmens schlechter ist als gedacht. Dann führen die aktuell gesunkenen Erträge zu einem Tiefstand des Kurs-Gewinn-Verhältnisses, eine Entwicklung, die den Effekt der gesunkenen Erträge noch verstärkt. Solche Aktien sind oft zu Schleuderpreisen zu haben. Wenn dies jedoch dasselbe Management ist, das in anderen Jahren so erfolgreich war, dann steht zu erwarten, dass sich im Durchschnitt gesehen dasselbe Verhältnis von Erfolg und Misserfolg auch in der Zukunft fortsetzen wird. Aus diesem Grund sind Aktien von Unternehmen, die ein außerordentlich fähiges Management aufweisen, manchmal sehr günstig zu haben, wenn gerade ein besonders schmerzlicher Fehlschlag ans Licht gekommen ist. Ein Unternehmen, das keine Pionierarbeit leistet und kein Risiko eingeht, sondern nur mit der Masse mitläuft, wird sich im Gegensatz dazu in unserer Zeit intensiven Wettbewerbs eher als recht mittelmäßige Investmentmöglichkeit erweisen.

Der zweite Kommentar Dr. Dows, den ich auf die Beurteilung von Investitionsmöglichkeiten anzuwenden versucht habe, lautet: »Wenn du etwas nicht besser als die anderen machen kannst, lass' es sein!« In diesem Tagen weit reichender staatlicher Eingriffe in die Wirtschaft, hoher Steuern und starker Gewerkschaften halte ich das Risiko einer Investition in Aktien selten für gerechtfertigt, wenn es sich nicht auf Unternehmen beschränkt, die aufgrund ihres Wettbewerbsbewusstseins ständig versuchen, besser zu sein als die Industrie im Allgemeinen und dabei häufig Erfolg haben. Anders sind die für ein Wachstum erforderlichen breiten Gewinnspannen gewöhnlich nicht zu realisieren. Dies trifft natürlich besonders auf Perioden zu, in denen die Inflation einen Teil der erzielten Gewinne aufzehrt.

## Die Vergangenheit und die Chancen der Gegenwart

Es gab einige bemerkenswerte Parallelen zwischen der Zeit, als ich mein Unternehmen auf dem Höhepunkt der Weltwirtschaftskrise gründete, und der Zeit zwischen 1947 und 1950, als ich nach einem militärischen Zwischenspiel von dreieinhalb Jahren meine Berufstätigkeit wieder aufnahm. Beides waren Zeiträume, in denen es aufgrund der überwältigenden pessimistischen Stimmung ungewöhnlich schwierig war, Klienten schnelle Resultate zu präsentieren. Beide Zeiträume brachten geduldigen Investoren spektakuläre Gewinne ein. In der Großen Depression sanken die Aktienkurse im Verhältnis zum wirklichen Wert einer Aktie auf das vielleicht niedrigste Niveau im 20. Jahrhundert, nicht nur aufgrund der wirtschaftlichen Verheerungen durch die Weltwirtschaftskrise, sondern auch, weil die Kurse die Befürchtungen vieler Investoren widerspiegelten, was das Überleben des privatwirtschaftlichen Systems in Amerika selbst anging. Das System überlebte, und in den Folgejahren machten Anleger, die bereit und in der Lage waren, in die richtigen Aktien zu investieren, fabelhafte Gewinne.

In den Jahren nach dem Zweiten Weltkrieg war es eine andere Furcht, die die Aktienkurse im Verhältnis zum intrinsischen Wert der Aktien auf einem fast ebenso niedrigen Niveau hielt wie in den Tiefen der Großen Depression. Diesmal war die Geschäftslage gut und die Unternehmensgewinne stiegen ständig. Dennoch war fast die gesamte Finanzwelt wie gebannt von einem einfachen Vergleich. Wenige Jahre nach dem Bürgerkrieg folgten auf eine Periode des wirtschaftlichen Aufschwungs die Panik von 1873 und sechs Jahre tiefer Depression. Auf eine ähnliche Aufschwungsperiode nach dem Ersten Weltkrieg folgten der Crash von 1929 und eine ebenso lange, aber noch tiefere Depression. Die Kosten des Zweiten Weltkriegs waren pro Kriegstag fast zehnmal so hoch gewesen wie die des Ersten Weltkriegs. »Darum«, so dachte man in der Finanzwelt, »bedeuten die gegenwärtigen hervorragenden Erträge überhaupt nichts.« Schon bald würde es zu einem schrecklichen Kurssturz und einer Periode außergewöhnlicher Not kommen, unter der alle zu leiden hätten.

Jahr um Jahr verging, und immer mehr Unternehmen wiesen steigende Erträge auf. Ungefähr im Jahr 1949 wurde diese Periode als die Zeit bekannt, in der »die amerikanische Wirtschaft tot mehr wert war als lebendig«; wann immer nämlich bekannt wurde, dass eine Aktiengesellschaft liquidiert werden sollte, begannen ihre Aktien dramatisch zu steigen. Der Liquidationswert vieler Unternehmen war viel höher als ihre aktuelle Bewertung auf dem Markt. Ein Jahr folgte dem anderen, und langsam begann in der Finanzwelt die Erkenntnis zu dämmern, dass der Zurückhaltung auf dem Aktienmarkt vielleicht nichts als ein Mythos zugrunde lag. Der erwartete Wirtschaftseinbruch trat nie ein und mit Ausnahme zweier recht unbedeutender Rezessionen in den fünfziger Jahren war das Feld bereitet für die großen Erfolge, die langfristig orientierte Kapitalanleger später erzielen sollten.

Während ich dies in den letzten Wochen der siebziger Jahre schreibe, verblüfft es mich, dass dem Studium dieser wenigen, mit der zweiten Jahreshälfte 1946 beginnenden Jahre in der Geschichte des Aktienmarktes nicht mehr Aufmerksamkeit gewidmet worden ist um herauszufinden, ob es wirklich Parallelen zwischen damals und heute gibt. Zum dritten Mal erlebe ich jetzt ein spektakulär niedriges Kursniveau. Im Verhältnis zum Buchwert sind die Aktienkurse vielleicht nicht ganz so niedrig wie in den Jahren nach dem Zweiten Weltkrieg. Wenn anstelle des Buchwerts jedoch der Wiederbeschaffungswert in Dollar eingesetzt wird, sind die Kurse vielleicht noch niedriger als in den beiden vorhergehenden Baisseperioden. Dies wirft eine Frage auf: Sind die Befürchtungen, die gegenwärtig auf die Kurse drücken, wie zum Beispiel die hohen Energiekosten oder die Gefahr durch die politische Linke oder das aufgeblähte Kreditvolumen und der mit der Wiederherstellung der Liquidität unvermeidlich verbundene Rückgang der Geschäftstätigkeit ernstere Gefahren und eher geeignet, zukünftiges Wachstum in diesem Land zu verhindern, als die Befürchtungen, die das Kursniveau in jenen beiden zurückliegenden Perioden niedrig hielten? Falls das nicht der Fall ist und die Probleme des aufgeblähten Kreditvolumens einmal gelöst sind, könnte man logischerweise annehmen, dass die achtziger Jahre und die Zeit danach dieselben Chancen eröffnen, die sich bei den beiden früheren Perioden ungewöhnlich niedriger Kurse ergaben.

## Die Lehren der Vergangenheit

Aus geschäftlicher Sicht waren die fünfzehn Jahre zwischen 1954 und 1969 eine großartige Zeit, in der die meisten der wenigen Aktien, die ich hielt, beträchtlich höher stiegen als der Markt insgesamt. Trotzdem brachte ich einige schlimme Fehler zustande. Meine Erfolge resultierten aus einer sorgfältigen Anwendung der Methoden, die ich bereits dargestellt habe. Interessanter sind hier die Fehler. Jeder von ihnen lehrte mich eine weitere Lektion.

Erfolg kann nachlässig machen. Der Fehler, der mich am meisten ärgerte, obwohl er nicht der kostspieligste war, erwuchs aus der sorglosen Anwendung eines vernünftigen Prinzips.

In den frühen sechziger Jahren hatte ich technologieorientierte Investments in der Elektronik- und Chemieindustrie sowie in den Bereichen Metallurgie und Maschinenbau. Ich hatte keine vergleichbaren Investitionen in dem vielversprechenden Bereich der Pharmaindustrie und begann, mich nach einer entsprechenden Möglichkeit umzusehen. Ich sprach unter anderem mit einem auf seinem Gebiet hervorragenden Mediziner. Er war damals ganz begeistert von einer neuen Familie von Präparaten, die gerade von einem kleinen Hersteller im mittleren Westen auf den Markt gebracht werden sollten. Diese Pharmaka konnten seiner Ansicht nach einen günstigen Einfluss auf die künftigen Erträge dieses Unternehmens im Vergleich zu anderen Anbietern auf dem gleichen Markt haben. Das Marktpotenzial sah demnach äußerst gut aus.

Ich sprach dann mit einem Mitarbeiter des Unternehmens und mit einigen wenigen Leuten aus der Finanzwelt, die alle ebenso begeistert von den Möglichkeiten des neuen Präparats waren. Unglücklicherweise sprach ich nicht mit anderen Pharmaunternehmen oder mit einschlägigen Experten, wie ich dies eigentlich standardmäßig tat, um zu prüfen, ob es auch gegensätzliche Einschätzungen gab. Bedauerlicherweise erfuhr ich später, dass auch keiner der Befürworter dieses Pharmaunternehmens sich gründlich mit dem Unternehmen auseinandergesetzt hatte.

Die Aktie des Unternehmens wurde zu einem Kurs gehandelt, der über dem eigentlichen Wert lag, wenn man den positiven Effekt jener neuen Produktfamilie außer Acht ließ, der aber nur einen Bruchteil des potenziellen Wertes ausmachte, wenn die neuen Präparate das hielten, was ihre Befürworter sich von ihnen versprachen. Ich kaufte die Aktie und der Kurs fiel, zunächst um 20 Prozent, dann um 50 Prozent. Schließlich wurde das gesamte Unternehmen zu einem niedrigen Preis an ein großes branchenfremdes Unternehmen verkauft, das einen Zugang zum Pharmageschäft suchte. Dieser Preis lag unter der Hälfte dessen, was ich für die Aktien bezahlt hatte, und auch dabei verlor, wie ich später erfuhr, das als Käufer auftretende Unternehmen noch Geld. Die neue Produktfamilie erfüllte nicht nur die hohen Erwartungen des mit mir befreundeten Mediziners nicht, eine »post mortem« Untersuchung des Unternehmens offenbarte mir zudem auch noch Managementprobleme bei diesem kleinen Pharmabetrieb. Hätte ich das Unternehmen zu Beginn sorgfältiger analysiert, wären mir wohl beide Mängel offenkundig geworden.

Seit dieser ärgerlichen Begebenheit habe ich versucht, Unternehmen vor allem dann besonders gründlich zu analysieren, wenn alles gut lief. Mein Fehler stellte sich nur deshalb nicht als sehr teuer heraus, weil ich vorsichtig gewesen war. Da ich das Management noch nicht gut kannte, hatte ich meine anfängliche Investition klein gehalten und geplant, weitere Aktien zu kaufen, wenn ich das Unternehmen besser kennen lernte. Die Schwierigkeiten des Unternehmens überraschten mich, bevor ich die Chance hatte, meinen Fehler wieder gutzumachen.

Als die lange Hausseperiode 1969 ihren abschließenden Höhepunkt erreichte, beging ich einen anderen Fehler. Um die Ereignisse zu verstehen, ist es notwendig, sich die fieberhafte Aufregung vor Augen zu führen, die die meisten Investoren mit Aktien im Bereich Wissenschaft und Technologie damals befallen hatte. Aktien solcher Unternehmen, vor allem Aktien vieler kleiner Unternehmen, waren weitaus höher gestiegen als der Markt insgesamt. In den Jahren 1968 und 1969 schienen die Aussichten auf unmittelbaren Erfolg bei vielen solcher Unternehmen unvorstellbar. Natürlich wiesen einige dieser Unternehmen auch ein wirkliches Entwicklungspotenzial auf, doch es wurden wenig Unterschiede gemacht. Viele glaubten, dass jedes Unternehmen im Umkreis der Computerindustrie fast unbegrenzte Zukunftsaussichten versprach. Dieser Virus verbreitete sich auch in Hinblick auf andere Wissenschafts- und Technologieunternehmen.

Bis jetzt hatte ich der Versuchung widerstanden, mich an einer der in den letzten ein oder zwei Jahren zu sehr hohen Preisen neu auf den Markt gekommenen Unternehmen zu beteiligen. Da ich aber in häufigem Kontakt mit Leuten war, die mit diesen aufregenden Unternehmen arbeiteten, hielt ich Ausschau nach einigen wenigen, die tatsächlich attraktiv sein könnten. Im Jahr 1969 fand ich tatsächlich einen Gerätehersteller, der in einem sehr interessanten Bereich an vorderster Front der Technologieentwicklung stand, ein Unternehmen mit guten Grundlagen, geleitet von einem sehr fähigen und aufrichtigen Mann. Ich erinnere mich noch, wie ich nach einem Essen mit dem Präsidenten dieses Unternehmens auf mein Flugzeug nach Hause wartete, im Flughafengebäude auf und ab lief und überlegte, ob ich bei der gegenwärtigen Marktlage Aktien dieses Unternehmens kaufen sollte. Nach reiflicher Überlegung entschied ich mich dafür.

Mit der Diagnose des Entwicklungspotenzials dieses Unternehmens lag ich richtig, denn es wuchs in den kommenden Jahren tatsächlich. Dennoch war es eine unbefriedigende Investition. Mein Fehler war der Preis, den ich für eine Beteiligung an den Aussichten des Unternehmens gezahlt hatte. Ich verkaufte die Aktien einige Jahre später wieder, nachdem das Unternehmen beträchtlich gewachsen war, aber zu einem Wert, der sich von dem ursprünglichen Kaufpreis kaum unterschied. Ich hatte sicher Recht damit, die Aktie zu verkaufen, als die Wachstumsaussichten des Unternehmens meiner Ansicht nach immer unsicherer wurden; dennoch ist das Abstoßen einer jahrelang gehaltenen Kapitalanlage mit einem mageren Gewinn nicht der richtige Weg, sein Kapital zu vermehren oder auch nur gegen die Inflation abzusichern. In diesem Fall kam es zu enttäuschenden Ergebnissen, weil ich mich durch die damals herrschende hektische Aufregung dazu verleiten ließ, einen unrealistisch hohen Einführungspreis zu zahlen.

## Beschränke Dich auf Weniges, aber das mache gut!

Ein anderer Fehler, der mich eine beträchtliche Summe kostete, war das Resultat einer falschen investmentpolitischen Orientierung. Mein Fehler war es dabei, mich über die Grenzen meines Erfahrungsbereichs hinauszuwagen. Ich begann mit Investitionen außerhalb des Bereiches, den ich, wie ich glaubte, durchschaute, in ganz anderen Wirtschaftszweigen, über die ich kein vergleichbares Hintergrundwissen hatte.

Wenn es um Unternehmen des produzierenden Gewerbes im industriellen Sektor geht oder um Unternehmen an vorderster Front der technologischen Entwicklung, deren Kunden Industriebetriebe sind, dann glaube ich zu wissen, wonach ich Ausschau halten muss – wo die Stärken liegen und wo die Fallstricke gespannt sind. Es stellte sich jedoch heraus, dass bei der Bewertung von Unternehmen im Verbrauchsgütersektor andere Kenntnisse gefragt waren. Wenn sich die Produkte konkurrierender Unternehmen sehr ähnelten und Veränderungen bei den Marktanteilen vor allem auf veränderte Vorlieben bei den Kunden oder auf durch effektive Werbung hervorgerufene Modeströmungen zurückgingen, dann – so wurde mir klar – waren meine Fähigkeiten bei der Auswahl herausragender Technologieunternehmen nicht soweit extrapolierbar, dass ich etwa die Gründe für den ungewöhnlichen Erfolg eines Immobiliengeschäftes hätte identifizieren können.

Andere Investoren haben sicher Erfolg mit Kapitalanlagen in ganz anderen Bereichen. Vielleicht sollten andere Anleger diesen Fehler einfach ignorieren, anders als die anderen Fehler, die ich in meiner geschäftlichen Laufbahn begangen habe. Jedenfalls muss ein Analyst sich der Grenzen seiner Kompetenz bewusst sein und sollte nicht in die Ferne schweifen.

## Halten oder verkaufen, wenn ein möglicher Kurssturz befürchtet wird?

Sollte ein Investor eine gute Aktie angesichts einer möglicherweise negativen Marktentwicklung verkaufen? In dieser Frage vertrete ich, wie ich fürchte, angesichts der heute vorherrschenden Investmentpsychologie eine Minderheitsmeinung. Mehr denn je scheint heute das Verhalten derjenigen, die die große Mehrzahl der Aktieninvestitionen in diesem Land kontrollieren, die Überzeugung widerzuspiegeln, dass ein Investor, der mit einer Aktie einen guten Gewinn gemacht hat und einen bedeutenden Kurseinbruch befürchtet, seinen Gewinn realisieren und aussteigen sollte. Ich bin da ganz anderer Ansicht. Selbst wenn es den Anschein hat, dass der Kurs einer Aktie einen vorübergehenden Höchststand erreicht hat und dass möglicherweise in naher Zukunft ein bedeutender Kurseinbruch zu erwarten steht, werde ich die Aktien des Unternehmens solange nicht verkaufen, wie ich glaube, dass seine langfristige Zukunft hinreichend attraktiv erscheint. Wenn ich zu der Einschätzung gelange, dass der Kurs dieser Aktie in ein paar Jahren auf einen beträchtlich höheren Höchststand als heute steigen wird, entscheide ich mich lieber dafür, die Aktie weiter zu halten. Diese Überzeugung resultiert aus recht grundlegenden Betrachtungen zum Charakter des Investment-Prozesses. Unternehmen mit wirklich ungewöhnlich günstigen Wachstumsaussichten sind schwer zu finden, denn es gibt nicht viele von ihnen. Ein Investor, der solide Analysekriterien kennt und anwendet, kann meiner Meinung nach jedoch ein solches Unternehmen mit vielleicht neunzigprozentiger Sicherheit von einem durchschnittlichen Unternehmen unterscheiden.

Viel schwieriger ist es vorherzusagen, wie eine bestimmte Aktie sich in den kommenden sechs Monaten entwickeln wird. Für eine solche Vorhersage bedarf es zuerst einer Prognose der allgemeinen Wirtschaftsentwicklung. Die Zuverlässigkeit von Prognosen über die Entwicklung des Konjunkturzyklus ist jedoch abgrundtief schlecht. Solche Prognosen können schwere Fehlbeurteilungen über das Auftreten von Rezessionen und den Zeitpunkt ihres Auftretens enthalten und sind noch untauglicher bei der Beurteilung der Tiefe und Dauer einer Rezession. Zudem bewegt sich weder der Aktienmarkt noch der Kurs einer bestimmten Aktie in enger Parallelität zum Wirtschaftsklima. Massenpsychologische Einflussfaktoren oder die Einschätzung der Finanzwelt zu den wirtschaftlichen Perspektiven insgesamt oder auch zu den Perspektiven einer bestimmten Aktie können von überragender Bedeutung sein und fast unvorhersehbar variieren. Daher glaube ich, dass es schwer ist, die kurzfristige Kursentwicklung einer Aktie mit einer mehr als sechzigprozentigen Wahrscheinlichkeit vorherzusagen, wie sorgfältig die Analyse auch immer betrieben werden mag. Diese Schätzung kann sehr gut auch noch zu optimistisch sein. Jedenfalls ergibt es keinen Sinn, eine Anlage aufzulösen, bei der man mit neunzigprozentiger Wahrscheinlichkeit richtig liegt, und das aufgrund eines Einflusses, den man mit höchstens sechzigprozentiger Wahrscheinlichkeit richtig beurteilen kann.

Für einen Investor, der hohe Gewinne aufgrund langfristiger Kapitalanlagen anstrebt, sind die Erfolgschancen auch nicht das einzige Entscheidungskriterium. Wenn es sich um ein Investment in einem gut geführten Unternehmen mit ausreichender Finanzkraft handelt, wird noch nicht einmal die schlimmste Baisse gegen ein Aufrechterhalten dieser Anlage sprechen. Vielmehr sind wirklich außergewöhnliche Aktien immer wieder auf neue Höchstwerte gestiegen, die mehrere hundert Prozent über den vorhergehenden Höchstwerten lagen. Eine Abwägung von Risiko und Gewinn spricht also für langfristige Kapitalanlagen.

Wenn man es in eine simple mathematische Form bringen will, könnte man sagen, dass sowohl Wahrscheinlichkeitsüberlegungen als auch eine Risiko-Gewinn-Abwägung dafür sprechen, ein Investment auch bei Kurseinbrüchen aufrechtzuerhalten. Bei der Einschätzung einer ungünstigen kurzfristigen Kursentwicklung einer guten Aktie kann man sich mit viel größerer Wahrscheinlichkeit irren als bei der Vorhersage ihres starken, langfristigen Potenzials für eine positive Kursentwicklung. Wenn Sie auch bei einem größeren vorübergehenden Kurseinbruch an der richtigen Aktie festhalten, nehmen Sie allenfalls einen vorübergehenden Kursrückgang von 40 Prozent gegenüber dem letzten Höchststand in Kauf und werden im Endeffekt Kurse über diesem Höchststand erleben. Wenn Sie die Aktie aber verkaufen und nicht wieder zurückkaufen, werden Sie langfristige Gewinne aufgeben, die ein Vielfaches des kurzfristigen Gewinns ausmachen, den Sie durch Ihren Verkauf aufgrund eines drohenden Markteinbruchs erzielt haben. Meinen Beobachtungen zufolge ist es so schwierig, die kurzfristige Kursentwicklung einer attraktiven Aktie abzuschätzen, dass die Profite, die durch einen Verkauf der Aktie am Vorabend einer Baisse und einen Rückkauf der Aktie zu niedrigeren Kursen entstanden sind, gegenüber den aufgrund falschen Timings entgangenen Gewinnen verschwindend klein sind. Viele haben zu früh verkauft und entweder nie wieder gekauft oder die Reinvestition zu lang aufgeschoben, als dass sie die möglichen Gewinne hätten mitnehmen können.

Ich will dies anhand eines keineswegs extremen Beispiels illustrieren. Im Jahr 1962 waren zwei meiner bedeutenderen Investments im Elektronikbereich auf ein Niveau gestiegen, das die Möglichkeit eines baldigen Kurseinbruchs sehr real werden ließ. Texas Instruments wurde zu dem Fünfzehnfachen des Kurses gehandelt, den ich vor sieben Jahren gezahlt hatte. Bei einer anderen Aktie, die ich ungefähr ein Jahr später gekauft hatte und die ich hier als »Central California Electronics« bezeichnen will, war die Entwicklung ähnlich gewesen. Die Kurse waren zu hoch. Ich informierte folglich meine Klienten, dass die Kurse dieser Aktien unrealistisch hoch waren und einer Kalkulation des gegenwärtigen Nettowertes nicht zugrunde gelegt werden konnten. Ich habe dergleichen nur selten getan und auch nur dann, wenn ich ungewöhnlich fest davon überzeugt war, dass eine oder mehrere meiner Aktien stark einbrechen würden. Dennoch riet ich meinen Klienten, die Aktien weiter zu halten, da beide Aktien meiner

Überzeugung nach in einigen Jahren auf ein sehr viel höheres Kursniveau steigen würden. Als die Wertberichtigung bei beiden Aktien eintrat, war sie noch viel einschneidender, als ich vorausgesehen hatte. Der kommende Tiefstand von Texas Instruments lag 80 Prozent unter dem Höchststand der Aktie von 1962. Bei Central California Electronics war die Entwicklung nicht ganz so schlimm, aber die Aktie sackte doch auf 60 Prozent ihres letzten Höchststandes ab. Meine Überzeugungen wurden auf eine harte Probe gestellt!

Innerhalb weniger Jahre wurde Texas Instruments jedoch wieder auf einem Kursniveau gehandelt, das fast doppelt so hoch war wie der Höchststand von 1962. Meine Geduld hatte sich hier bezahlt gemacht. Die Entwicklung bei Central California Electronics war nicht so erfreulich. Als der Aktienmarkt sich langsam wieder erholte, wurden Managementprobleme bei Central California Electronics sichtbar. Es kam zu einem Personalwechsel. Ich war besorgt und analysierte die Situation genau. Es zeigten sich zwei Ergebnisse, von denen mir keines gefiel. Zum einen hatte ich das ehemalige Management falsch eingeschätzt und seine Defizite übersehen. Zum anderen gab auch das neue Management nicht so viel Anlass zu Enthusiasmus, dass es gerechtfertigt gewesen wäre, die Aktie weiter zu halten. Ich verkaufte die Aktie folglich über die kommenden zwölf Monate zu einem Kurs, der nur wenig über dem Höchststand von 1962 lag. Je nach dem gezahlten Kaufpreis erzielten meine Klienten aber auch so einen Gewinn in Höhe des Sieben- bis Zehnfachen ihrer ursprünglichen Kosten.

Wie schon gesagt, habe ich absichtlich eher ein schwaches als ein wirklich dramatisches Beispiel ausgewählt um zu zeigen, warum es sich meiner Meinung nach lohnt, bei wirklich aussichtsreichen Investments kurzfristige Schwankungen zu ignorieren. Mein Irrtum in Bezug auf Central California Electronics bestand nicht darin, die Aktie auch während eines vorübergehenden Kurseinbruchs weiter zu halten, sondern in einem viel wichtigeren Punkt. Der enorme Erfolg meiner Investitionen in dieses Unternehmen hatte mich selbstgefällig gemacht. Ich hörte zu viel auf die Unternehmensführung und überprüfte diese Informationen nicht hinreichend in Gesprächen mit Mitarbeitern auf niedrigeren Führungsebenen oder mit Kunden. Als ich die Situation erkannte und reagierte, konnte ich denselben Gewinn, den ich mir mit Central California Electronics erhofft hatte, durch die Verlagerung meines Kapitals in andere Elektronikunternehmen erzielen, vor allem Motorola, deren Aktie glücklicherweise in den nächsten Jahren auf ein Mehrfaches des früheren Höchststandes von Central California Electronics stieg.

## In-and-Out-Trading kann teuer werden

Aus meinen Kapitalanlagen bei Texas Instruments und bei Central California Electronics lässt sich noch mehr lernen. Als ich die Aktien von Texas Instruments im Sommer 1955 kaufte, beabsichtigte ich damit eine äußerst langfristige Kapitalanlage. Ich hatte den Eindruck, dass das Unternehmen ein solches Vertrauen vollkommen rechtfertigte. Ein Jahr später hatte sich der Wert der Aktie verdoppelt. Mit einer Ausnahme zeigten die verschiedenen Anteilseigner des von mir verwalteten Fonds, alle vertraut mit meiner Art des Vorgehens, nicht mehr Interesse an einer Realisierung ihres Gewinns als ich. Ich verwaltete jedoch damals auch ein relativ junges Konto, dessen Inhaber es aus ihrem eigenen Unternehmen gewohnt waren, Aktien bei niedrigen Kursen zu kaufen und ihr Portfolio bei hohen Kursen deutlich zu reduzieren. Als sich dann der Kurs von Texas Instruments verdoppelt hatte, wollten sie unbedingt verkaufen, was ich eine Zeitlang verhindern konnte. Als die Aktie um weitere 25 Prozent stieg und sie damit einen Gewinn in Höhe von 125 Prozent des ursprünglich in Texas Instruments investierten Betrages gemacht hatten, wurde der Druck zu verkaufen noch stärker. Sie sagten: »Wir stimmen mit Ihnen überein. Wir mögen das Unternehmen, aber wir können die Aktie bei einem Kursrückgang jederzeit zu einem besseren Preis wieder kaufen.« Schließlich schlossen wir den Kompromiss, einen Teil der Investition aufrechtzuerhalten und die restlichen Aktien zu verkaufen. Aber als der Kurseinbruch mehrere Jahre später eintrat und die Aktien gegenüber ihrem Höchststand um 80 Prozent fielen, lag dieser neue Tiefstand noch um 40 Prozent höher als der Kurs, bei dem dieser Klient unbedingt verkaufen wollte!

Für im Finanzwesen unbewanderte Anleger erweckt eine Aktie nach einem steilen Kursanstieg fast immer den Eindruck, sie sei überbewertet. Bei dem genannten Klienten wird ein weiteres Risiko deutlich, das diejenigen eingehen, die Aktien mit außergewöhnlichem Wachstumspotenzial nur deshalb verkaufen, um einen schönen Gewinn mitzunehmen und die Aktie vorübergehend überteuert erscheint. Wenn sich solche Anleger geirrt haben, kaufen sie die Aktie selten zu einem höheren Kurs noch einmal und verlieren damit weitere Gewinne dramatischen Ausmaßes.

Auch auf die Gefahr hin, mich zu wiederholen, möchte ich eine Überzeugung unterstreichen: Die kurzfristigen Kursbewegungen sind so schwierig vorherzusehen, dass ich es nicht für möglich halte, In-and-Out-Trading zu betreiben und gleichzeitig die enormen Gewinne zu machen, die immer wieder langfristig orientierten Anlegern mit den richtigen Aktien zugefallen sind.

## Dividenden werfen einen langen Schatten

Ich habe versucht zu zeigen, wie mit den Jahren verschiedene Erfahrungen allmählich dazu beigetragen haben, meine Investment-Philosophie zu formen. Rückblickend kann ich jedoch kein Ereignis nennen, weder einen Fehler noch eine günstige Möglichkeit, das mich zu meinen Schlussfolgerungen in Bezug auf Dividenden gebracht hat. Meine Ansichten in dieser Frage haben sich aufgrund langer Beobachtungen über viele Jahre hin herausgebildet. Ich begann mit der vor vierzig Jahren ebenso weithin wie heute akzeptierten Ansicht, dass Dividenden für den Aktionär eine sehr gute Sache seien und enthusiastisch begrüßt werden sollten. Dann lernte ich Unternehmen kennen, deren Forschungsabteilungen mehr gute Ideen produzierten, als das Unternehmen nutzen konnte. Die Ressourcen waren zu knapp oder zu teuer. Ich begann zu überlegen, wie viel besser es für einige Aktionäre wohl sein könnte, wenn an Stelle einer Dividendenzahlung mehr Ressourcen im Unternehmen bleiben und in die Produktion einer größeren Zahl dieser innovativen Produkte investiert würden.

Mir wurde zunehmend klar, dass nicht alle Aktionäre die gleichen Interessen hatten. Einige Investoren benötigten Dividenden, um ihren Lebensstil zu finanzieren. Solche Investoren würden fraglos laufende Dividendenzahlungen der anderen Alternative vorziehen, die höhere Gewinne in der Zukunft und einen gesteigerten Wert der Aktien aufgrund höherer Investitionen in aussichtsreiche Produkte und Technologien versprach. Diese Investoren konnten Anlagemöglichkeiten bei Unternehmen finden, bei denen der Bedarf und die Möglichkeiten für einen produktiven Kapitaleinsatz nicht zu ausgeprägt waren.

Wie stand es aber mit dem Aktionär, dessen Einkünfte seinen Bedarf überstiegen und der sowieso regelmäßig Geld sparte? Wäre es für diesen Anleger nicht besser, wenn das Unternehmen auf Dividenden verzichtete, die oft auch noch mit einer hohen Einkommensteuer belegt werden würden, und stattdessen seine Erträge steuerfrei in künftiges Wachstum investierte?

Als ich kurz nach dem Zweiten Weltkrieg meine Investment-Aktivitäten fast ausschließlich auf die langfristig orientierte Wertsteigerung des investierten Kapitals zu konzentrieren begann, wurde ein weiterer Aspekt im Zusammenhang mit Dividendenzahlungen deutlich. Die Unternehmen mit den besten Wachstumsaussichten standen unter einem starken Druck, überhaupt keine Dividenden zu zahlen. Ihr Kapitalbedarf und ihre Möglichkeiten zu einem produktiven Kapitaleinsatz waren zu groß. Die Entwicklungskosten neuer Produkte waren nur ein erster Schritt, was den Bedarf an Kapital zur Finanzierung des Unternehmenswachstums anging. Es folgten die beträchtlichen Aufwendungen für das Marketing, mit dem die neuen Produkte dem Kunden präsentiert wurden. Im Erfolgsfall mussten Fabrikationsanlagen erweitert werden, um dem steigenden Umsatz gerecht zu werden. Wenn die neue Produktlinie einmal etabliert war, entstand ein weiterer Kapitalbedarf aufgrund der erhöhten Lagerhaltung und der zunehmenden Außenstände, die meistens parallel zum Geschäftsvolumen wachsen.

Es schien eine natürliche Interessenkongruenz zu geben zwischen Unternehmen mit umfangreichen Investitionsmöglichkeiten und gewissen Anlegern, die in Bezug auf das involvierte Risiko den größtmöglichen Gewinn anstrebten und weder zusätzliche laufende Einnahmen benötigten noch unnötigerweise Steuern bezahlen wollten. Diese Investoren sollten meiner Meinung nach ihre Investitionen auf Unternehmen konzentrieren, die keine Dividende zahlen, über eine starke Ertragskraft verfügen und ihre Erträge in attraktiver Weise wieder investieren können. Auf diese Klienten wollte ich mich konzentrieren.

In letzter Zeit hat sich die Situation allerdings weniger eindeutig dargestellt. Institutionelle Anleger sind zu einem immer wichtigeren Faktor im tagtäglichen Aktienhandel geworden. Bei Institutionen wie Renten- und Gewinnbeteiligungsfonds wird keine Einkommensteuer auf Dividenden fällig. Viele von ihnen investieren aus grundsätzlichen Erwägungen nur in Unternehmen, die Dividende zahlen, wie gering diese auch immer sein mag. Um solche Anleger anzuziehen und zu halten, haben viele Unternehmen mit überdurchschnittlich guter Perspektive begonnen, einen sehr kleinen Prozentsatz der jährlichen Erträge als Dividende auszuzahlen. Gleichzeitig haben einige potenzielle Wachstumsunternehmen ihre Auszahlungen drastisch reduziert. Heutzutage ist ein kluges Reinvestieren von Erträgen als Unterscheidungsmerkmal zwischen überdurchschnittlichen Unternehmen und der großen Masse von sehr viel kritischerer Bedeutung.

Aus diesen Gründen bin ich der Meinung, dass man Dividenden am besten als einen Einflussfaktor ansieht, der von denjenigen Anlegern, die nicht auf Dividendeneinnahmen angewiesen sind, nicht hoch gewertet werden sollte. Im Allgemeinen wird man attraktive Anlagemöglichkeiten eher bei Unternehmen finden, die eine niedrige oder gar keine Dividende zahlen. Die Überzeugung, dass eine Dividendenzahlung eine Wohltat für den Anleger ist (was manchmal zutrifft), ist jedoch in den für Dividendenentscheidungen maßgeblichen Kreisen noch so verbreitet, dass ich gelegentlich wirklich attraktive Anlagemöglichkeiten bei Unternehmen mit hohen Dividendenausschüttungen gefunden habe. Dies ist allerdings nicht oft vorgekommen.

# Kapitel 4

# Ist der Markt effizient?

Anfang der siebziger Jahre war meine Investment-Philosophie fast völlig ausgebildet, geformt von einer vierzigjährigen Erfahrung. Es ist kein Zufall, dass mit einer Ausnahme alle Beispiele für Erfolge und Fehler aus diesen vier Jahrzehnten stammen. Das bedeutet nicht, dass ich in den siebziger Jahren keine Fehler mehr gemacht hätte. Unglücklicherweise hat es den Anschein, dass ich allen Bemühungen zum Trotz zuweilen zweimal in dieselbe Falle tappen muss, bevor ich etwas wirklich lerne. Bei den angeführten Beispielen handelt es sich jedoch in der Regel immer um meine erste Konfrontation mit einer bestimmten Situation, und das erklärt, warum alle Beispiele bis auf eines aus dieser früheren Periode stammen.

Es mag hilfreich sein, auf einige verblüffende Parallelen der Entwicklung in jeder der vergangenen vier Dekaden hinzuweisen. Mit Ausnahme vielleicht der sechziger Jahre hat es in jedem Jahrzehnt eine Zeit gegeben, zu der der vorherrschenden Meinung zufolge die externen Einflüsse so bedeutend und für das einzelne Unternehmen so unberechenbar waren, dass auch die weisesten Kapitalanlagen in Aktien tollkühn und nichts für kluge Leute erschienen. Diese Ansicht war unter dem Einfluss der Weltwirtschaftskrise in den dreißiger Jahren am deutlichsten ausgeprägt, vielleicht aber auch nicht stärker verbreitet als die Angst vor der deutschen Kriegsmaschinerie und dem Zweiten Weltkrieg in den Vierzigern oder die Unsicherheit in Bezug auf eine möglicherweise bevorstehende neue tiefe Krise in den Fünfzigern oder angesichts von Inflation und Staatsinterventionismus in den Siebzigern. Und doch brachte jede dieser Perioden Investmentchancen hervor, die rückblickend betrachtet fast unglaublich erscheinen. In jeder dieser fünf Dekaden gab es nicht nur einige wenige, sondern viele Möglichkeiten für Investments in Aktien, die denjenigen, die Aktien kauften und hielten, zehn Jahre später Gewinne von bis zu mehreren hundert Prozent brachten. In manchen Fällen wurden Gewinne von mehreren tausend Prozent erzielt. In jeder dieser fünf Dekaden gab es ebenso einige Aktien, die die Lieblingsaktien der Spekulanten waren und die sich als die gefährlichsten Fallen für diejenigen herausstellten, die blindlings der Herde folgten und nicht wirklich wussten, was sie taten. In jeder dieser Dekaden ergaben sich die besten Chancen bei der Suche nach Investmentmöglichkeiten, die außergewöhnlich attraktiv und zugleich aufgrund einer aktuellen Fehleinschätzung durch die Finanzwelt unterbewertet waren. Wenn ich auf die verschiedenen Erschütterungen des Wertpapiermarktes in diesen fünfzig Jahren und die sich abwechselnden Wellen von Optimismus und Pessimismus zurückblicke, kommt mir das alte französische Sprichwort »Plus ça change, plus c'est la même chose« in den Sinn – je mehr die Dinge sich ändern, desto weniger ändert sich. Ich habe nicht den geringsten Zweifel, dass dies auch zu Beginn der achtziger Jahre mit ihren Problemen und Perspektiven weiter so bleiben wird.

## Der Trugschluss des effizienten Marktes

In den letzten Jahren wurde einem Konzept zu viel Aufmerksamkeit gewidmet, das ich für ziemlich irreführend halte. Ich beziehe mich hier auf die Auffassung, der Markt sei vollkommen effizient. Wie bei anderen irrigen Auffassungen zu anderen Zeiten kann auch hier ein entgegengesetzter Standpunkt dem scharfsinnigen Beobachter Möglichkeiten eröffnen.

Für den mit der Theorie des »effizienten« Marktes nicht vertrauten Leser muss gesagt werden, dass sich das Adjektiv »effizient« nicht auf die offensichtliche technische Effizienz des Marktes bezieht. Ein potenzieller Käufer oder Verkäufer kann seinen Auftrag am Markt platzieren, und innerhalb einiger Minuten kann eine entsprechende Transaktion sehr effektiv durchgeführt werden. Die »Effizienz« des Marktes bezieht sich auch nicht auf den empfindlichen Abstimmungsmechanismus, der die Kurse entsprechend kleiner Veränderungen in Angebot und Nachfrage um Bruchteile von Punkten steigen oder fallen lässt. Vielmehr behauptet das Konzept des effizienten Marktes, dass die »effizienten« Preise am Aktienmarkt jederzeit alles, was über ein Unternehmen bekannt ist, vollständig und realistisch widerspiegeln. Solange nicht jemand in bedeutendem Umfang über verbotene Insider-Informationen verfügt, kann es keine besonders vorteilhaften Aktien geben, da alle positiven Faktoren, die einen potenziellen Käufer auf eine attraktive Anlagemöglichkeit schließen lassen, sich bereits im Kurs der Aktie widerspiegeln!

Wäre der Markt so effizient, wie heute gerne angenommen wird, und gäbe es nicht ständig interessante Anlagemöglichkeiten oder wichtige Gründe, eine Aktie abzustoßen, dann sollten auch die Erträge aus Kapitalanlagen in Aktien nicht die große Variationsbreite aufweisen, die sich tatsächlich zeigt. Mit Variationsbreite meine ich nicht Kursänderungen für den Markt insgesamt, sondern die Kursänderung einer Aktie im Verhältnis zu einer anderen. Wenn der Markt in Bezug auf die Beschaffung und Widerspiegelung von Informationen effizient ist, dann muss der zu dieser Effizienz führende analytische Zusammenhang im Allgemeinen dürftig sein.

Die Theorie des effizienten Marktes stammt aus der akademischen School of Random Walkers. Diese Leute fanden heraus, dass es schwierig war, technische Strategien des Handels zu identifizieren, die nach Berücksichtigung der Transaktionskosten einen im Verhältnis zu den involvierten Risiken attraktiven Gewinn versprachen. Das bestreite ich auch gar nicht. Wie bereits gesagt halte ich es für sehr, sehr schwierig, mit auf kurzfristigen Marktprognosen basierendem In-and-Out-Trading Geld zu verdienen. Vielleicht ist der Markt in diesem engeren Sinne effizient.

Die meisten von uns sind Kapitalanleger, nicht Händler, oder sollten dies zumindest sein. Wir sollten uns nach langfristig überdurchschnittlich aussichtsreichen Anlagemöglichkeiten umsehen und Kapitalanlagen mit nicht so guten Perspektiven vermeiden. Jedenfalls ist dies immer der zentrale Grundsatz meiner Investment-Philosophie gewesen. Ich glaube nicht, dass es für den sorgfältigen, kenntnisreichen und langfristig orientierten Investor eine effiziente Preisbildung auf dem Aktienmarkt gibt.

In direktem Zusammenhang hiermit steht eine Erfahrung, die ich im Jahr 1961 machte. Im Herbst jenes Jahres wie auch im Frühjahr 1963 nahm ich die anregende Verpflichtung war, den Professor für Finanzwissenschaften im Fortgeschrittenenkurs über Investment an der Graduate School of Business der Stanford University zu vertreten. Das Konzept des »effizienten« Marktes sollte erst viele Jahre später das Licht der Welt erblicken und hatte nichts mit meinen Gründen für die Übung zu tun, von der ich jetzt berichten will. Ich wollte meinen Studenten vielmehr eindringlich vor Augen führen, dass die Fluktuationen des Aktienmarktes insgesamt unbedeutend waren im Vergleich zu den Unterschieden zwischen der Kursentwicklung bei verschiedenen Aktien.

Ich teilte meinen Kurs in zwei Gruppen. Die erste Gruppe begann auf der alphabetischen Aktienliste der New York Stock Exchange mit dem Buchstaben A, die zweite mit dem Buchstaben T. Jede Aktie wurde in alphabetischer Ordnung aufgeführt, mit Ausnahme von Vorzugsaktien und öffentlichen Versorgungsunternehmen, die in eine andere Kategorie als Stammaktien fallen. Jeder Student bekam fünf Aktien zugeteilt und musste jeweils den Kurs bei Börsenschluss am letzten Börsentag des Jahres 1956 nachsehen, Dividenden und Aktiensplits berücksichtigen (Bezugsrechte wurden ignoriert, da ihr Einfluss den zusätzlichen Berechnungsaufwand nicht rechtfertigte) und diesen Kurs dann mit dem Kurs am Freitag, dem 13. Oktober vergleichen (zumindest ein illustres Datum!). Die Kursveränderung in Prozent in diesen beinahe fünf Jahren wurde für jede Aktie festgehalten. Der Dow Jones stieg in diesem Zeitraum von 499 auf 703, das macht 41 Prozent aus. Im Ganzen umfasste unsere Stichprobe 140 Aktien. Die folgende Tabelle gibt das Ergebnis wieder:

| Kapitalzuwachs oder -verlust in Prozent | Anzahl der Aktien in jeder Klasse | Anteil an der Stichprobe |
|---|---|---|
| 200 % bis 1020 % Gewinn | 15 Aktien | 11 % |
| 100 % bis 199 % Gewinn | 18 Aktien | 13 % |
| 50 % bis 99 % Gewinn | 14 Aktien | 10 % |
| 25 % bis 49 % Gewinn | 21 Aktien | 15 % |
| 1 % bis 24 % Gewinn | 31 Aktien | 22 % |
| Unverändert | 3 Aktien | 2 % |
| 1 % bis 49 % Verlust | 32 Aktien | 23 % |
| 50 % bis 74 % Verlust | 6 Aktien | 4 % |
| Summe | 140 Aktien | 100 % |

Diese Daten sind recht aufschlussreich. In einer Phase, in der der Dow Jones im Durchschnitt um 41 Prozent stieg, ergab sich bei 38 Aktien oder 27 Prozent unserer Stichprobe ein Kapitalverlust. Sechs dieser Aktien oder 4 Prozent der Stichprobe verloren über die Hälfte ihres Wertes. Demgegenüber kam es bei ungefähr einem Viertel der Aktien zu spektakulären Gewinnen.

Um die Sache vollends klar zu machen, wies ich darauf hin, dass eine Investition von $ 10.000 zu gleichen Teilen in jede der fünf besten Aktien zu Beginn dieser Periode von knapp fünf Jahren nach Ablauf dieser Frist ein Kapital von $ 70.260 erbracht hätte. Wenn andererseits $ 10.000 in die fünf schwächsten Aktien investiert worden wären, wäre das Kapital auf $ 3180 geschrumpft. Diese extremen Ergebnisse waren recht unwahrscheinlich und nur durch besonderes Glück oder besonderes Pech zu erklären. Nicht so unplausibel wäre hingegen die Annahme, dass ein Investor mit ausgeprägter Urteilsfähigkeit in diesen Dingen sich bei einer Investition von $ 10.000 für fünf der zehn besten Aktien in dieser Stichprobe entschieden hätte; er hätte dann am 13. Oktober über ein Kapital von $ 52.070 verfügt. Ebenso gibt es Anleger, die sich immer aus den falschen Gründen für eine Aktie entscheiden und ständig Nieten ziehen. Es ist ebenfalls keine völlig unrealistische Annahme, dass sich ein solcher Anleger für fünf der zehn schwächsten Aktien entschieden hätte. In diesem Fall wären seine $ 10.000 nach knapp fünf Jahren auf $ 4.270 geschrumpft. Auf der Basis dieses Vergleiches ergäbe sich also in knapp fünf Jahren eine Differenz von $ 48.000 zwischen einem klugen und einem törichten Investment-Verhalten.

Als ich denselben Kurs eineinhalb Jahre später noch einmal gab, wiederholte ich diese Übung, nur ging die Auswahl der Aktien dieses Mal von zwei anderen Buchstaben des Alphabets aus. Über einen anders liegenden Zeitraum von ebenfalls fünf Jahren ergab sich wieder fast genau die gleiche Variationsbreite.

Ich bin der Überzeugung, dass man für die meisten Fünfjahresperioden fast die gleichen Variationen in der Kursentwicklung von Aktien finden kann. Ein Teil dieser Streuung kann auf überraschende Einflüsse zurückgehen – wichtige neue Informationen zu den Perspektiven einer Aktie, die zu Beginn der Periode realistischerweise nicht vorhersehbar waren. Der größte Teil der Streuung ist jedoch zumindest ungefähr antizipierbar, was die Richtung und die Größenordnung von Gewinnen und Verlusten relativ zur Entwicklung des Aktienmarktes insgesamt angeht.

## Die Raychem Corporation

Angesichts dieses augenfälligen Beispiels kann ich nur schwer einsehen, wie jemand den Aktienmarkt im Sinne der Theorie des effizienten Marktes für »effizient« halten kann. Aber um die Sache noch deutlicher zu machen, wollen wir eine Situation auf dem Aktienmarkt betrachten, die gerade ein paar Jahre zurück liegt. Anfang der siebziger Jahre genossen die Aktien der Raychem Corporation ein beträchtliches Ansehen auf dem Markt und wurden dementsprechend zu einem relativ hohen Kurs-Gewinn-Verhältnis gehandelt. Einige Gründe für dieses hohe Ansehen lassen sich aus den vier Grundprinzipien der Unternehmensphilosophie von Raychem entnehmen, wie sie das geschäftsführende Vorstandsmitglied Robert M. Halperin formulierte:

1. Raychem wird keine Aktivitäten entwickeln, die technologisch anspruchslos sind (die also von potenziellen Konkurrenten leicht kopiert werden könnten).
2. Raychem wird keine Aktivitäten entwickeln, die nicht vertikal integriert werden können; Raychem muss ein Produkt entwickeln, herstellen und an den Kunden verkaufen.
3. Raychem wird keine Aktivitäten entwickeln, die das Unternehmen nicht mit ziemlicher Sicherheit schützen lassen kann, vor allem durch Patente. Wenn dies nicht der Fall sein sollte, wird Raychem keine Mittel für Forschung- und Entwicklung aufwenden, selbst wenn ein Projekt ansonsten gut zu den Kompetenzen von Raychem passt.
4. Raychem wird sich nur dann mit neuen Produkten engagieren, wenn das Unternehmen der Überzeugung ist, es könne Marktfüh-

rer in dem betreffenden kleineren oder größeren Marktsegment werden, auf das das neue Produkt zielt.

Gegen Mitte der siebziger Jahre waren diese ungewöhnlichen Stärken des Unternehmens bei institutionellen Anlegern bekannt und große Aktienpakete befanden sich in den Händen von Investoren, die Raychems Wettbewerbsposition und Attraktivität für außergewöhnlich hielten. Den größten Einfluss auf Raychems hohes Ansehen bei den Aktionären hatte jedoch ein anderer Umstand, der wahrscheinlich auch für das hohe Kurs-Gewinn-Verhältnis verantwortlich war, zu dem Raychem damals gehandelt wurde. Der Ansicht vieler Anleger zufolge hatte Raychem, das einen überdurchschnittlichen Anteil seines Umsatzes in die Entwicklung neuer Produkte investierte, eine perfekte Forschungsabteilung, deren Output an neuen Produkten dem Unternehmen bei Umsatz und Gewinn einen ununterbrochenen Aufwärtstrend garantierte. Diese neuen Produkte erschienen der Finanzwelt richtigerweise deshalb so attraktiv, da viele von ihnen nur indirekt in Konkurrenz zu älteren Produkten anderer Unternehmen standen. Diese neuen Produkte ermöglichten vor allem eine Produktivitätssteigerung beim Einsatz teurer Arbeitskraft. Sie boten dem Endkunden ein Rationalisierungspotenzial, das einen Preis rechtfertigte, der Raychem eine angenehme Gewinnspanne sicherte. Aus all diesen Gründen erreichte die Aktie Ende 1975 einen Höchststand von über $ 42 ½ (unter Berücksichtigung späterer Aktiensplits), was ungefähr dem fünfundzwanzigfachen Betrag der für das am 30. Juni 1976 endende Geschäftsjahr erwarteten Erträge entsprach.

## Raychem, zerstörte Erwartungen und der Crash

Gegen Ende des Geschäftsjahres am 30. Juni 1976 wurde Raychem von zwei Schlägen getroffen, die sich verheerend auf den Kurs der Aktie und das Ansehen des Unternehmens in der Finanzwelt auswirkten. Die Finanzwelt hatte mit großer Aufmerksamkeit die Entwicklung eines besonderen Polymers bei Raychem registriert, Stilan, das gegenüber anderen Stoffen einzigartige Vorteile bei der Ummantelung von

Kabeln in der Luftfahrtindustrie aufwies und sich damals im letzten Entwicklungsstadium befand. Dieses Polymer war zudem das erste Produkt, bei dem Raychem auch die Rohstoffe selbst herstellte, statt sie einzukaufen und dann zu Verbindungen zu verarbeiten. Wegen der Attraktivität dieses Produkts hatte Raychem für dieses Forschungsprojekt einen beträchtlich höheren Aufwand getrieben als für jedes andere Produkt in der Geschichte des Unternehmens. Die Finanzwelt ging davon aus, dass dieses Produkt sich bereits auf der Erfolgsstraße befand, und sich nach der üblichen »Lernkurve«, die alle neuen Produkte durchlaufen, als hoch profitabel erweisen würde.

Tatsächlich geschah genau das Gegenteil. Mit den Worten des Managements von Raychem gesprochen war Stilan »ein wissenschaftlicher Erfolg, aber ein wirtschaftlicher Fehlschlag«. Ein leistungsfähiger Konkurrent brachte eine verbesserte Version eines alten Produktes auf den Markt, die zwar technisch nicht so gut wie Stilan, jedoch viel billiger war, und sich für den geplanten Einsatz als adäquat erwies. Das Management von Raychem erkannte dies und kam innerhalb weniger Wochen zu dem schmerzlichen Entschluss, Stilan aufzugeben und die hohen Investitionen in dieses Projekt abzuschreiben. Das brachte eine Belastung der Erträge im laufenden Geschäftsjahr in Höhe von $ 9.3 Millionen mit sich. Die Erträge pro Aktie sanken, ohne Berücksichtigung einiger aufzurechnender Gewinne, auf $ 0.08 gegenüber $ 7.95 im vorigen Geschäftsjahr.

Der Vertrauensschwund in die Entwicklungskompetenz des Unternehmens erschütterte die Finanzwelt ebenso sehr wie der jähe Einbruch der Erträge. Weitgehend ignoriert wurde die Grundregel, dass in jedem Unternehmen die eine oder andere Produktentwicklung auch einmal scheitern muss. Das ist ein unvermeidliches Wesensmerkmal der Industrieforschung und wird in einem gut geführten Unternehmen durch andere, erfolgreiche Produkte mehr als ausgeglichen. Vielleicht war es nur Pech, dass gerade das Produkt, auf dessen Entwicklung das meiste Geld verwendet worden war, zum Scheitern verurteilt war. Jedenfalls waren die Auswirkungen auf den Kurs der Aktie dramatisch. Im vierten Quartal 1976 war die Aktie auf einen Tiefstand von ungefähr $14 ¾ gefallen (wieder unter Berücksichtigung späterer Aktiensplits im Umfang von sechs zu eins) oder auf ungefähr ein Drittel des letzten Höchststands. Auf diesem Niveau wurden natürlich nur recht wenige Aktien gehandelt. Wichtiger ist, das die Aktie mehrere Monate danach nur wenig über diesem Niveau gehandelt wurde.

Zum gleichen Zeitpunkt wurden die Gewinne des Unternehmens von einer weiteren Entwicklung betroffen, die zum Verlust des Ansehens Raychems in der Finanzwelt beitrug. Eine der schwierigsten Aufgaben für die Führung eines Wachstumsunternehmens besteht darin, die Managementstruktur dem Wachstum des Unternehmens anzupassen und dem Unterschied zwischen den Kontrollerfordernissen eines kleinen und denen eines großen Unternehmens Rechnung zu tragen. Bis zum Ende des Geschäftsjahres 1976 war das Management von Raychem im Wesentlichen entlang der einzelnen, jeweils auf Fertigungstechniken basierenden Unternehmensbereiche strukturiert gewesen, also entsprechend der hergestellten Produkte. Dies funktionierte gut, solange das Unternehmen kleiner war, war aber einer effizienten Kundenbetreuung nicht dienlich, je größer das Unternehmen wurde. Gegen Ende des Geschäftsjahres 1975 begann die Unternehmensführung von Raychem daher, an einem Managementkonzept für ein Großunternehmen zu arbeiten. Das Unternehmen war jetzt nicht mehr entsprechend der psysikalischen oder chemischen Beschaffenheit seiner Produkte, sondern entsprechend den belieferten Wirtschaftszweigen strukturiert. Der Stichtag für diese Umstellung wurde auf das Ende des Geschäftsjahres 1976 gelegt, und zwar zu einem Zeitpunkt, als niemand in der Führung des Unternehmens auf den Gedanken gekommen wäre, dass dieses Datum mit dem Zeitpunkt der hohen Abschreibungen aufgrund der Aufgabe des Stilan-Projekts zusammenfallen würde.

Jeder bei Raychem wusste, dass die organisatorische Änderung wenigstens ein Quartal, wahrscheinlich aber mindestens zwei Quartale reduzierter Erträge mit sich bringen würde. Zwar gab es fast keine Entlassungen oder Neueinstellungen im Managementbereich, aber so viele Mitarbeiter hatten jetzt andere Vorgesetzte, andere Untergebene und neue Kollegen, mit denen sie ihre Arbeit abstimmen mussten, dass es zu einer gewissen Ineffizienz während einer Übergangsperiode kommen musste, in der sich die Mitarbeiter bei Raychem auf die personellen Veränderungen einstellten. Einen besseren Beweis für die Berechtigung langfristigen Vertrauens in das Unternehmen und für das langfristig orientierte Denken der Unternehmensführung als die Entscheidung, das Umstrukturierungsprojekt fortzusetzen und es nicht aufgrund seiner zusätzlichen negativen Auswirkungen auf die Erträge von Raychem zurückzustellen, hätte es vielleicht gar nicht geben können.

Tatsächlich vollzog sich der organisatorische Strukturwandel des Unternehmens weitaus unproblematischer als vermutet. Wie erwartet waren die Erträge im ersten Quartal des neuen Geschäftsjahres viel niedriger, als sie es ohne die Restrukturierung gewesen wären. Der Strukturwandel war jedoch so erfolgreich, dass die kurzfristigen Kosten der Umstellung im zweiten Quartal bereits weitgehend wettgemacht waren. Im Grundsatz hätten Analysten diese Entwicklung eigentlich positiv einschätzen müssen. Raychem war jetzt für weiteres Wachstum in einer Weise gerüstet, wie es zuvor nicht der Fall gewesen war. Das Unternehmen hatte eine Hürde, die ansonsten attraktive Wachstumsunternehmen leicht ins Straucheln bringen kann, erfolgreich überwunden. Im Großen und Ganzen schien der Finanzwelt dies jedoch nicht klar zu sein, vielmehr war der vorübergehende Ertragsrückgang ein weiterer Faktor, der den Kurs der Raychem-Aktien niedrig hielt.

Für potenzielle Anleger wurde dieses Kursniveau noch attraktiver durch einen weiteren Faktor, den ich oft schon in anderen Unternehmen beobachtet habe, kurz nachdem ein größeres Forschungsprojekt erfolglos beendet worden war. Ein finanzieller Effekt der Aufgabe des Stilan-Projektes war, dass umfangreiche, zuvor in dieses Projekt investierte Mittel jetzt frei für eine neue Verwendung waren. Noch wichtiger war, dass qualifiziertes Forschungspersonal jetzt für andere Projekte zur Verfügung stand. Nach einem oder zwei Jahren wies das Unternehmen im Verhältnis zu seiner Größe mehr attraktive Forschungsprojekte auf als jemals zuvor – Raychem blühte auf wie eine Wiese nach dem Ende einer langen Trockenperiode.

## Raychem und der effiziente Markt

Was hat die Situation Raychems mit der Theorie des »effizienten Marktes« zu tun, die in gewissen Finanzkreisen jüngst eine so große Anhängerschaft gefunden hat? Dieser Theorie zufolge passen sich Aktienkurse automatisch und unmittelbar allen über ein Unternehmen vorliegenden Informationen an, sodass nur diejenigen von der Entwicklung einer bestimmten Aktie profitieren können, die über illegale Insider-Informationen verfügen. In diesem Fall legte Raychem jedem Interessenten all die Informationen vor, die ich gerade aufgeführt habe, und machte deutlich, dass das Unternehmen nur für kurze Zeit mit unbefriedigenden Erträgen rechnete.

Nach den oben dargestellten Ereignissen, zu einer Zeit, als die Gewinne des Unternehmens neue Spitzenwerte erreichten, ging das Management von Raychem noch einen Schritt weiter. Am 26. Januar 1978 gab es eine ganztägige Versammlung in der Zentrale des Unternehmens, an der ich teilnehmen durfte. Das Management von Raychem lud zu diesem Treffen Repräsentanten aller Institutionen, Maklerhäuser und Investmentberater ein, die bei Raychem investiert hatten oder daran interessiert sein konnten. Auf dieser Versammlung erläuterten die zehn ranghöchsten Manager von Raychem mit großer Offenheit und Detailgenauigkeit, wie ich es auf solchen Treffen bei anderen Unternehmen nur selten erlebt habe, die Perspektiven, die Probleme und die gegenwärtige Situation von Raychem unter ihrer Führung.

Ein oder zwei Jahre nach diesem Treffen vollzog sich das Ertragswachstum bei Raychem genau so, wie man es aufgrund der Darstellung auf dieser Versammlung hätte vermuten können. In diesem Zeitraum verdoppelte sich der Kurs der Aktie, der am Tag des Treffens $23 ¼ betragen hatte. In den Wochen unmittelbar nach der Versammlung zeigte sich jedoch überhaupt kein besonderer Einfluss auf den Kurs. Manche der Anwesenden waren offensichtlich von der Präsentation des Unternehmens beeindruckt. Viel zu viele standen jedoch noch unter dem Einfluss des ein oder zwei Jahre zurückliegenden zweifachen Schocks. Sie misstrauten offenkundig der Darstellung des

Raychem-Managements. So viel zur Theorie des effizienten Marktes.

Welche Schlussfolgerung zieht ein Anleger oder ein professioneller Investor aus Erfahrungen wie Raychem? Im Großen und Ganzen gibt es zwei Gruppen, die unter dem Einfluss der Theorie des »effizienten Marktes« stehen. Bei der einen Gruppe handelt es sich um Studenten mit einem Minimum an praktischer Erfahrung. Bei der anderen Gruppe handelt es sich seltsamerweise um Manager großer institutioneller Fonds. Der private Kapitalanleger hat dieser Theorie im Allgemeinen wenig Beachtung geschenkt.

Aus der Erfahrung mit meiner Herangehensweise an Investments würde ich daher sagen, dass auf meinem Spezialgebiet der Technologie-Aktien sich zu Beginn der achtziger Jahre mehr attraktive Anlagemöglichkeiten bei großen Unternehmen bieten, ein Segment des Aktienmarktes, in dem gewöhnlich Institutionen dominieren, als bei kleinen Technologieunternehmen, wo der private Einzelanleger eine sehr viel wichtigere Rolle spielt. Genau wie vor zehn Jahren diejenigen profitierten, die den Unsinn der Theorie des gespaltenen Marktes durchschauten, so eröffnen in jeder Dekade falsche Theorien Chancen für Leute mit Investment-Verstand.

# Zusammenfassung

Dies also ist meine Investment-Philosophie, wie sie sich in einem halben Jahrhundert geschäftlicher Erfahrung herausgebildet hat. Der Kern der ganzen Sache kann vielleicht in den folgenden acht Punkten zusammengefasst werden:

1. Kaufen Sie Aktien von Unternehmen, die auf der Basis einer verbindlichen Planung dramatische langfristige Gewinnsteigerungen anstreben und die inhärente Qualitäten aufweisen, die es einem anderen Unternehmen schwer machen, an diesem Wachstum zu partizipieren. Es gibt soviel weitere günstige und ungünstige Details, die bei der Suche nach einem solchen Unternehmen darüber hinaus auch noch berücksichtigt werden sollten, dass sie in einer so knappen Darstellung wie dieser offenkundig nicht adäquat berücksichtigt werden können. Alle Interessenten verweise ich auf die ersten drei Kapitel von »Konservative Investoren schlafen ruhig«, in denen ich dieses Thema so prägnant wie möglich behandelt habe. Ein kurzer Abriss findet sich im Anhang.
2. Kaufen Sie diese Aktien dann, wenn sie gerade nicht besonders beliebt sind. Das ist der Fall, wenn der Kurs der betreffenden Aktie aufgrund der allgemeinen Entwicklung des Aktienmarktes oder aufgrund einer in der Finanzwelt vorherrschenden irrigen Auffassung in Bezug auf den tatsächlichen Wert der Aktie sehr viel niedriger ist, als er es sein wird, wenn der wahre Wert der Aktie allgemein erkannt wird.
3. Halten Sie die Aktie so lange, (a) bis es zu einer grundlegenden Veränderung in der Qualität des Unternehmens kommt (wie beispielsweise einer Schwächung des Managements aufgrund von personellen Veränderungen) oder (b) bis das Unternehmen soweit gewachsen ist, dass sein künftiges Wachstum nicht mehr über dem Durchschnitt liegt. Verkaufen Sie nur unter ganz außergewöhnlichen Umständen aufgrund von Prognosen über die Entwicklung der Wirtschaft oder des Aktienmarktes, da die Prognose solcher Veränderungen zu schwierig ist. Verkaufen Sie Ihre attraktivsten

Aktien niemals aus kurzfristigen Gründen. Wenn ein Unternehmen wächst, dann denken Sie aber daran, dass viele gut geführte kleine Unternehmen es versäumen, ihre Managementstruktur an die neuen und gewandelten Erfordernisse anzupassen, die ein größeres Unternehmen mit sich bringt. Wenn ein Management nicht mit dem Unternehmen wächst, sollten die betreffende Aktien verkauft werden.

4. Wenn es Ihnen vor allem um einen Kapitalzuwachs geht, dann geben Sie nicht zu viel auf Dividenden. Die attraktivsten Möglichkeiten finden sich bei Unternehmen, die Gewinne machen, aber nur geringe oder gar keine Dividenden zahlen. Überdurchschnittliche Anlagemöglichkeiten finden sich seltener bei Unternehmen, wo ein hoher Prozentsatz der Gewinne als Dividende an die Aktionäre ausgezahlt wird.
5. Fehler gehören genauso zu den inhärenten Kosten auf langfristige Gewinne orientierten Investments wie Not leidende Kredite auch bei der besten und gewinnbringendsten Bank unvermeidlich sind. Wichtig ist, diese Fehler so früh wie möglich zu erkennen, ihre Ursachen zu verstehen und zu lernen, wie man solche Fehler vermeidet. Es ist ein Zeichen von gutem Investment-Management, wenn man bei einigen Aktien kleine Verluste hinnimmt und bei den vielversprechenderen Anlagen immer größere Gewinne macht. Ein Zeichen unzureichender Urteilskraft bei Investments ist es, wenn gute Anlagen geringe Gewinne bringen und man zulässt, dass die Verluste bei den schlechten Anlagen steigen. Man sollte einen Gewinn niemals nur deshalb mitnehmen, weil das befriedigend ist.
6. Es gibt eine relativ kleine Zahl wirklich hervorragender Unternehmen. Ihre Aktien sind oft nicht zu attraktiven Preisen zu haben. Wenn der Preis aber einmal günstig ist, sollte man die Situation voll ausnutzen. Das zu investierende Kapital sollte auf die besten Anlagemöglichkeiten konzentriert werden. Wer in Wagniskapital und ziemlich kleinen Unternehmen mit einem Jahresumsatz unter $ 25.000.000 engagiert ist, muss stärker diversifizieren. Für größere Unternehmen erfordert eine vernünftige Diversifikation Investi-

tionen in verschiedene Branchen mit unterschiedlichen wirtschaftlichen Merkmalen. Möglicherweise im Gegensatz zu Institutionen und gewissen Fonds ist bei einem individuellen Anleger ein Portfolio mit mehr als zwanzig verschiedenen Aktien ein Zeichen finanzieller Inkompetenz. Zehn oder zwölf verschiedene Aktien sind in der Regel richtig. Manchmal kann die Kapitalertragssteuer einen Zeitraum von mehreren Jahren bei der Konzentration des investierten Kapitals rechtfertigen. Wenn sich die Zahl der Aktien, die ein Einzelanleger hält, auf zwanzig zubewegt, ist es fast immer wünschenswert, von der am wenigsten attraktiven Anlage in eine attraktivere zu wechseln. Man sollte die ERISA-Regel im Gedächtnis behalten: Emasculated Results, Insufficient Sophisticated Action – Schwache Resultate, unkluges Handeln.

7. Ein grundlegender Bestandteil überlegenen Aktienmanagements ist die Fähigkeit, die gerade herrschende Meinung in der Finanzwelt nicht blindlings zu akzeptieren, sie aber auch nicht unreflektiert zurückzuweisen. Vielmehr bedarf es tiefer gehenden Wissens und einer überlegenen Urteilsfähigkeit bei der Analyse bestimmter Anlagemöglichkeiten und einer gewissen Zivilcourage, sich anders als die breite Masse zu verhalten, wenn die Beurteilung einer Situation dies richtig erscheinen lässt.
8. Beim Umgang mit Aktien wie in den meisten anderen Bereichen menschlichen Handelns hängt der Erfolg vor allem von einer Kombination aus harter Arbeit, Intelligenz und Ehrlichkeit ab.

   Manche von uns bringen jeden dieser drei Charakterzüge vielleicht stärker oder schwächer ausgeprägt als andere mit. Ich glaube aber, dass sich jeder von uns in dieser Hinsicht steigern kann, wenn man diszipliniert ist und sich Mühe gibt.

   Bei der Verwaltung von Aktien-Portfolios spielt Glück immer eine gewisse Rolle, mit der Zeit gleichen sich positive und negative Zufälle jedoch aus. Andauernder Erfolg erfordert Kompetenz und die stimmige Anwendung vernünftiger Prinzipien. Ich glaube, dass unter Beachtung meiner acht Punkte die Zukunft vor allem denen gehören wird, die sie sich diszipliniert erarbeiten.

# Anhang

## Schlüsselfaktoren bei der Bewertung vielversprechender Unternehmen

Meine Herangehensweise an Investitionen sieht vor, dass ein Anleger nur eine relativ geringe Zahl von Investments tätigt, und zwar ausschließlich in überdurchschnittlich vielversprechenden Unternehmen. Bei den Unternehmen, die ich analysiere, suche ich natürlich nach Anzeichen für Wachstumspotenzial. Genauso wichtig ist, dass meine Analyse dem Zweck dient, Risiken zu vermeiden. Ich möchte sicherstellen, dass das Management eines Unternehmens über die Kompetenz verfügt, das Potenzial des Unternehmens zu erschließen und meine Anlagerisiken dabei zu minimieren. Im Folgenden habe ich einige Punkte zusammengestellt, nach denen ich ein Unternehmen, das meinen Kriterien überdurchschnittlicher Erfolgsaussichten entsprechen soll, analysiere und die ich meiner Finanzanalyse, meinen Gesprächen mit Managern des betreffenden Unternehmens und meinen Diskussionen mit Kennern der jeweiligen Branche zugrunde lege.

### Funktionale Faktoren

1. Das Unternehmen muss im Verhältnis zur Konkurrenz zu den kostengünstigsten Produzenten der betreffenden Produkte oder Dienstleistungen gehören und Aussichten bieten, dass dies auch so bleibt.
   a. Eine relativ niedrige Gewinnschwelle wird dieses Unternehmen in den Stand setzen, eine Kontraktion des Marktes zu überleben und seine Markt- und Preisposition zu stärken, sobald schwächere Konkurrenten vom Markt verdrängt sind.
   b. Eine überdurchschnittliche Gewinnspanne setzt das Unternehmen in den Stand, sein Wachstum auf Eigenkapitalbasis zu finanzieren und so eine Verwässerung des Aktienkapitals durch

die Ausgabe weiterer Aktien oder eine Belastung durch die Bedienung von Krediten zu vermeiden.

2. Ein Unternehmen muss eine hinreichend ausgeprägte Kundenorientierung aufweisen, um Veränderungen in den Bedürfnissen und Wünschen seiner Kunden zu erkennen und darauf schnell und angemessen zu reagieren. Diese Fähigkeit sollte zu einem Strom neuer Produkte führen, der die Rückgänge bei ausgereiften oder überholten Produktlinien mehr als ausgleicht.
3. Ein effektives Marketing erfordert nicht nur ein Verständnis für die Wünsche der Kunden, sondern auch eine Kommunikation mit dem Kunden (Werbung, Vertrieb, u.ä.) in einer Weise, die der Kunde versteht. Eine enge Kontrolle und eine ständige Überwachung der Kosteneffektivität von Marketingmaßnahmen sind erforderlich.
4. Auch Unternehmen, die nicht auf technischem Gebiet tätig sind, bedürfen heute einer starken und richtig ausgerichteten Forschungskompetenz, um (a) neue und bessere Produkte herzustellen und (b) Dienstleistungen effektiver und effizienter zu erbringen.
5. Es gibt große Unterschiede in der Effektivität von Forschungsanstrengungen. Zwei wichtige Elemente produktiver Forschung sind (a) ein ausgeprägtes Markt- und Gewinnbewusstsein sowie (b) die Fähigkeit, verschiedene Qualifikationen zu einem effektiv arbeitenden Team zusammenzuführen.
6. Ein Unternehmen mit einem starken Finanzwesen hat mehrere wichtige Vorteile:
   a. Eine gute Kostenkontrolle erlaubt es dem Management, die Energien auf die Produkte zu konzentrieren, die den höchsten Gewinnbeitrag erwirtschaften.
   b. Die Kostenkontrolle sollte aufzeigen, wo Ineffizienzen bei Produktion, Marketing und Forschung liegen, selbst wenn es nur um Teilbereiche geht.
   c. Kapitalerhaltung durch enge Kontrolle der Investitionen in Anlage- und Betriebskapital.
7. Eine kritische Funktion des Finanzwesens besteht in der Bereit-

stellung eines Frühwarnsystems, das den Gewinnplan bedrohende Einflüsse rechtzeitig genug identifiziert, um der Entwicklung entgegenzuwirken und negative Überraschungen zu minimieren.

**Die Mitarbeiter**

1. Um seinen Erfolg zu steigern, braucht ein Unternehmen an seiner Spitze eine Unternehmerpersönlichkeit, die die Energie, die Ideen und die Kompetenz mitbringt, die zur Entwicklung des Unternehmens erforderlich sind.
2. Ein wachstumsorientierter Unternehmenschef muss sich mit einem außergewöhnlich kompetenten Team umgeben, an das er einen beträchtlichen Teil seiner Autorität bei der Leitung des Unternehmens delegiert. Das Unternehmen braucht Teamarbeit, nicht dysfunktionale Machtkämpfe.
3. Es muss darauf geachtet werden, auf den unteren Ebenen kompetente Manager heranzuziehen und sie auf die Übernahme höherer Verantwortung vorzubereiten. Beförderungen sollten überwiegend aus dem vorhandenen Talentpool vorgenommen werden. Es ist ein besonders gefährliches Zeichen, wenn ein Unternehmenschef außerhalb des Unternehmens angeworben werden muss.
4. Unternehmerisches Denken muss das gesamte Unternehmen durchdringen.
5. Erfolgreiche Unternehmen entwickeln in der Regel ganz spezifische Eigenheiten – spezielle Vorgehensweisen, mit denen ihr Management-Team besonders erfolgreich ist. Das ist ein positives, kein negatives Zeichen.
6. Das Management muss sich der Tatsache bewusst sein, dass sich die Umwelt des Unternehmens immer schneller wandelt, und dieser Tatsache Rechnung tragen.
   a. Jedes akzeptierte Verfahren muss periodisch überprüft werden, neue und bessere Methoden müssen angestrebt werden.
   b. Veränderungen im Management beinhalten notwendigerweise Risiken, die erkannt und minimiert, aber in Kauf genommen werden müssen.

7. Das Unternehmen muss echte, realistische, bewusste und fortgesetzte Anstrengungen unternehmen, seinen Mitarbeitern auf allen Ebenen, auch seinen Arbeitern, das Gefühl zu vermitteln, ihr Unternehmen sei wirklich ein guter Ort zum Arbeiten.
   a. Mitarbeiter müssen mit Würde und Anstand behandelt werden.
   b. Das Arbeitsumfeld und die Bonusregelungen des Unternehmens sollten motivationsfördernd sein.
   c. Die Mitarbeiter müssen das Gefühl haben, dass sie Beschwerden ohne Befürchtungen und in der Erwartung einer geeigneten Reaktion äußern können.
   d. Programme der Mitarbeiterbeteiligung scheinen gut zu funktionieren und eine wichtige Quelle guter Ideen zu sein.
8. Das Management muss bereit sein, sich den Imperativen gesunden Wachstums zu beugen. Wachstum erfordert gewisse Einschnitte bei den laufenden Gewinnen, um die Basis für eine lohnende Entwicklung in der Zukunft zu legen.

**Merkmale des Unternehmens**

1. Obwohl Manager bei der Entscheidung über neue Investitionen stark auf die Gesamtkapitalrentabilität schauen, muss einem Anleger klar sein, dass zu früheren Kosten bewertete alte Vermögenswerte den Vergleich der Leistungsfähigkeit von Unternehmen verzerren. Günstige Umsatzrenditen können ungeachtet unterschiedlicher Umschlagquoten ein besserer Indikator für die Sicherheit einer Investition sein, vor allem unter inflationären Bedingungen.
2. Hohe Gewinnspannen locken die Konkurrenz an, und Konkurrenz schmälert die Gewinnchancen. Die beste Waffe gegen die Konkurrenz besteht darin, so effizient zu arbeiten, dass es für einen potenziellen Eindringling keinen Anreiz mehr gibt.
3. Größenvorteile eines Unternehmens werden oft durch bürokratische Ineffektivitäten im Bereich des mittleren Managements wieder wettgemacht. Bei einem gut geführten Unternehmen bewirkt die führende Position des Unternehmens in seiner Branche jedoch

einen starken Wettbewerbsvorteil, der für Investoren attraktiv sein sollte.

4. Auf einem neuen Markt der Erste zu sein ist noch nicht das Gleiche, wie der Beste zu werden. Manche Unternehmen sind eher darauf abgestellt, der Erste zu sein.
5. Produkte sind keine Inseln. Es gibt beispielsweise einen indirekten Wettbewerb um das Geld des Kunden. Mit einer Veränderung des Preisgefüges können auch Produkte gut geführter und kostengünstig produzierender Unternehmen an Attraktivität verlieren.
6. Es ist schwierig, neue und bessere Produkte auf einen Markt zu bringen, auf dem etablierte Konkurrenten bereits über eine starke Position verfügen. Während der Neuankömmling seine Produktion, seine Marketingkompetenz und seine Reputation auf ein wettbewerbsfähiges Niveau bringt, können die etablierten Konkurrenten Maßnahmen ergreifen, um den bedrohten Markt zu halten. Innovatoren haben eine bessere Aussicht auf Erfolg, wenn sie verschiedene technologische Disziplinen, zum Beispiel Elektronik und angewandte Kernphysik, in einer im Vergleich zur Konkurrenz neuartigen Weise kombinieren.
7. Technologische Überlegenheit stellt nur einen Weg zur Position des Branchenführers dar. Eine enge Kundenbindung ist ein anderer, ein hervorragender Kundendienst ein dritter. Wie auch immer, wichtig für eine gesunde Kapitalanlage ist die ausgeprägte Fähigkeit, etablierte Marktpositionen gegen neue Konkurrenten zu verteidigen.

# Index